# DIE WEISHEIT VON RAMALA

D1666746

HEINRICH HUGENDUBEL VERLAG

Kailash
Buch

# DIE
# WEISHEIT
# VON
# RAMALA

HUGENDUBEL

Aus dem Englischen übersetzt von Bettine Braun
Die Originalausgabe erschien unter dem Titel The Wisdom of Ramala
© C. W. Daniel Company, Saffron Walden, England 1983

CIP-Titelaufnahme der Deutschen Bibliothek
Die Weisheit von Ramala / [aus d. Engl. übers. von Bettine
Braun]. – München: Hugendubel, 1988
(Kailash-Buch)
Einheitssacht.: The wisdom of Ramala
ISBN 3-88034-365-9
NE: Braun, Bettine [Übers.]; EST

© der deutschsprachigen Ausgabe
Heinrich Hugendubel Verlag, München 1988
Alle Rechte vorbehalten

Umschlaggestaltung: Dieter Bonhorst, München
Produktion: Tillmann Roeder, Buchendorf
Satz: Uhl + Massopust, Aalen
Druck und Bindung: Wiener Verlag, Himberg

ISBN 3 88034 365 9
Printed in Austria

# Inhalt

*Auch wenn Du alles Wissen der Welt besitzt*
*ohne die Weisheit es zu nutzen, ist es nichts wert.*

## WIDMUNG

*Wir widmen dieses Buch der Quelle aller Weisheit und all jenen, die dieser Quelle dienen.*

## DANKSAGUNG

*Wir möchten all jenen danken, die so großzügig zur Verwirklichung dieses Buches beigetragen haben. Seine Entstehung verdankt es der gemeinsamen Bemühung so vieler Einzelner, ihrer Gedanken, Worte und Taten.*

# VORWORT

Wenn der rationale Materialismus die einzige Wahrheit wäre, sähe die Zukunft der Menschen wahrhaftig düster aus. Laßt uns essen, trinken und lustig sein, denn morgen sterben wir – zu Millionen! Doch da tritt in unserer Zeit die holistische Weltbetrachtung zutage, eine große Hoffnung in unserem erschütterten Zeitalter. Wir entdecken wieder, was die Weisheit der Alten erkannte – daß das Universum Geist ist, daß das Leben in all seiner Vielfalt eine vielschichtige Einheit ist, daß die Erde ein Ganzes ist, ein lebendiges Wesen, dessen Gehirn und Nervensystem zu sein die Menschheit ausersehen ist, daß der ätherische Raum ein Ozean des Lebens und der Intelligenz ist und daß der menschliche Geist sich mit dem höheren Geist verbinden und Wissen unmittelbar aus der spirituellen Welt beziehen kann.

So schreitet die Menschheit auf dem Weg zu mehr Bewußtsein fort, um zunächst das Selbst, jenen Punkt im Universum, für den wir wirklich verantwortlich sind, zu verwandeln, und dann der Wahrheit gerecht zu werden, daß die Menschheit selbst ein großer Organismus ist, dessen Zellen wir bilden. Das Schaffen einer Verbindung zu einer höheren Intelligenz ist dafür von größter Bedeutung; sie zu erkennen kann dieses Buch helfen, da es diese neue Weltsicht auf eine Weise vertritt, die in Großbritannien und Amerika, aber auch in der übrigen Welt auf lebhaftes Interesse stoßen könnte.

Der »Autor« bleibt anonym, da der Band ausschließlich aus Botschaften besteht, die er während Gruppenmeditationen in Chalice Hill House im heiligen Zentrum Glastonbury übermittelt hat.

Dies ist eine Fortsetzung des 1978 erschienenen Buches *The Revelation of Ramala* (Und ich sah einen neuen Himmel. Die Ramala-Offenbarung, Hugendubel 1982); es entstand ebenfalls durch eine innere Einstimmung auf die Meister der Weisheit.

Natürlich müssen wir bei solchen Kommunikationen »die Geister prüfen« und unsere Urteilskraft und Intuition einsetzen, um ihre Gültigkeit zu erkennen. Doch in einer Zeit voller Spannungen, in der der rationale Intellekt allein offensichtlich nicht ausreicht, um mit den weltweiten Problemen, die wir geschaffen haben, fertig zu werden, kann die Verbindung mit unserem höheren Selbst und mit den nicht mehr auf der Erde lebenden Meistern der spirituellen Hierarchie unser Denken erleuchten und uns neue Hoffnung geben. Dies ist ein Faktor, der in der alltäglichen Politik, in der Ökonomie und in der Ökologie überhaupt nicht in Betracht gezogen wird. Wir wissen nichts von unseren wichtigsten Verbündeten, die bei der Erlösung des Planeten hilfreich sein können.

Das Zutagetreten der holistischen und spirituellen Weltanschauung ist eine große Hoffnung für unsere Zeit. Wir müssen uns einfach mit der Tatsache vertraut machen, daß das Universum Geist ist, eine lebendige geistige Einheit, auf deren Führung wir uns innerlich einstimmen können. Der vorliegende Band ist ein Beispiel für einen wirklich reinen Übermittler, der sich ganz den Gedanken fortgeschrittener Wesen aus den Hierarchien hingegeben hat. Man sollte diese Kapitel mit vorurteilsfreiem Blick lesen und sich ein Urteil darüber bilden, ob wir durch sie unsere Menschheitssituation in einem neuen Licht sehen können. Das Buch könnte viele Menschen davon überzeugen, daß eine Kommunikation mit der höheren Welt sinnvoll und von unschätzbarem Wert ist.

In dieser wichtigen Übergangsphase zu einem neuen Zeitalter, in dem unser verschmutzter Planet gereinigt werden wird, ist es von größter Wichtigkeit, daß wir alle entsprechend unseren Fähigkeiten lernen, uns auf die lebendigen Lichtkräfte einzustimmen, denn offensichtlich dringt ein wahrer Lichtstrom von hoher Solarfrequenz in dieser Zeit in die materielle Ebene ein, hebt das Schwingungsniveau und öffnet das Bewußtsein für Visionen der vierten Dimension. Mit dieser Tatsache, die für unser Überleben entscheidend sein kann, müssen wir uns auseinandersetzen. Und wir werden entdecken, daß die erlösende Kraft in diesem Lichtstrom die Liebe ist.

So empfehle ich Ihnen dringend, dieses Buch zu lesen, zu erspüren, welche tiefe Weisheit hinter diesen Mitteilungen liegt und zu erkennen, welchen lebhaften Anteil die Meister der spirituellen Welt an der Menschheit nehmen, während wir durch diese Zeit der Umwälzungen in ein neues Zeitalter gehen.

SIR GEORGE TREVELYAN

# Zur Einführung

Die Welt, in der wir leben, ist in einer Krise. Zu welcher Rasse oder Religion wir auch gehören, ob wir in einem reichen oder in einem armen Land wohnen, ob wir unter einer demokratischen oder unter einer autoritären Regierung leben – die Menschheit als Ganzes nähert sich mit Riesenschritten dem Augenblick der Entscheidung. Entweder wir erkennen das Göttliche in unserem Sein oder wir sterben. Entweder erkennen wir, daß wir unabhängig von unseren politischen, finanziellen oder soziologischen Bedingtheiten eine große Familie sind, oder wir müssen es hinnehmen, daß die Gespaltenheit, die die Welt prägt, immer mehr zunimmt, bis der Osten dem Westen und der Norden dem Süden in einem Konflikt gegenüberstehen, der alle Konflikte beendet. So muß sich die Menschheit entscheiden zwischen Dunkelheit und Licht, zwischen der Zentrierung auf sich selbst oder der Zentrierung auf Gott. Wir müssen uns entweder freiwillig dazu entschließen, uns zu reinigen, oder wir werden gereinigt durch das kosmische Feuer einer nuklearen Katastrophe.

Es wird kaum jemand leugnen, daß, seit die Ramala-Weissagungen vor mehr als fünfzehn Jahren zum ersten Mal veröffentlicht wurden, die Welt noch gefährdeter ist. Während man einerseits sagen kann, daß eine kleine Schar von Menschen versucht, eine neue Lebensanschauung zu finden und nach ihr zu leben, um so Zeugnis für ein neues Menschsein abzulegen, lebt die große Masse der Menschen nach dem alten Muster weiter, geprägt von Egozentrik und Selbstbesessenheit und fern von Ganzheit, Heilsein und Gemeinsamkeit. Wir müssen erkennen, daß das, was vor unseren Augen geschieht, der Niedergang der Menschheit ist, der immer raschere Abstieg in die Dunkelheit. Wie groß die technologischen und materiellen Fortschritte auch sein mögen, die Menschheit hat ihre Seele, ihren göttlichen Mittelpunkt verloren. Hier im Westen vor allem beten wir nicht Gott an, sondern den Mammon. Deshalb nähern wir uns mit Riesenschritten einer weltweiten Krise, einem Ereignis, das das Ende eines Zeitalters bedeuten wird, das Ende der alten Muster, einer Zeit, für die es verschiedene Namen gibt: Armageddon, Apokalypse, Sintflut oder Jüngstes Gericht. Darum

11

geht es bei den Ramala-Weissagungen. Jeder einzelne wird bald entscheiden müssen, wofür er eintritt. Jetzt ist der Augenblick der Entscheidung gekommen – erkennen wir unser spirituelles Erstgeburtsrecht oder leugnen wir es? Jeder von uns wird eine Wahl treffen und durch Gedanken, Worte und Taten bekräftigen müssen, ob er bereit ist, in das goldene Wassermann-Zeitalter, das Zeitalter von Frieden und Fülle, einzutreten. Die Ramala-Lehrer benutzen oft die Analogie des Rettungsbootes, um die Zielsetzung des Ramala-Zentrums und seiner Weissagungen zu beschreiben. Sie sagen, die Erde sei wie ein Schiff, an dessen Bord sich die Menschheit befindet. Noch segelt das Erdschiff auf relativ ruhigen Wassern dahin, und obwohl man sieht, daß es sich auf ein Unwetter zubewegt, hat niemand besonderes Interesse daran, Rettungsboote zu bauen oder Rettungsübungen zu machen. Aber wenn das Schiff in den Sturm gerät, wird die Menschheit plötzlich ungeheures Interesse an Rettungsbooten haben, und wenn es aussieht, als stehe der Untergang des Schiffes bevor, werden viele versuchen, sich mit diesen Booten in Sicherheit zu bringen. Das Ramala-Zentrum ist nun eines der vielen Zentren, die ein Rettungsboot bauen – kein physisches Rettungsboot, sondern eine Arche des Bewußtseins, wie sie der Prophet Noah vor 6000 Jahren, zur Zeit der letzten großen Weltkatastrophe, baute. Denn was war die Arche anderes als ein Rettungsboot des menschlichen Bewußtseins? Ziel der Ramala-Offenbarungen ist es, der Menschheit zu helfen, sich auf diese große Zeit der Veränderung und Verwandlung, auf das goldene Zeitalter, das kommen wird, vorzubereiten.

Im Frühjahr 1970 wurden die Ramala-Offenbarungen erstmals der Öffentlichkeit zugänglich. Im Laufe der Jahre wurden diese Schriften immer populärer, es wurden Hefte und dann im April 1978 ein Buch, *The Revelation of Ramala*, veröffentlicht. Dieses Buch erlebte inzwischen vier Neuauflagen und wurde auch in Holländisch, Deutsch, Spanisch und in skandinavischen Sprachen veröffentlicht. Einzelne Offenbarungen wurden auf Kassetten aufgenommen, die seit 1982 erhältlich sind und großen Anklang fanden. Nun, drei Jahre später, erscheint ein zweites Buch mit über dreißig Offenbarungen aus jüngster Zeit. Dieses Buch soll als eine Weiterführung der Bemühungen der Ramala-Lehrer gesehen werden, zur Verwandlung des menschlichen Bewußtseins beizutragen. Viele der in früheren Offenbarungen behandelten Themen sind weiterentwickelt und vertieft worden. Vor allem jene Offenbarungen, die in der Vergangenheit zu Auseinandersetzungen Anlaß gaben oder falsch interpretiert wurden, sind neu formuliert und die ihnen zugrunde liegenden spirituellen Prinzipien eingehender erläutert.

Es ist jedoch wichtig, daß in all den Jahren, in denen die Offenbarungen empfangen wurden, die Ramala-Lehrer nie das Bedürfnis hatten, etwas Gesagtes zu korrigieren oder eine ihrer Prophezeiungen zurückzunehmen. Einige ihrer Voraussagen haben sich inzwischen schon als richtig erwiesen. Die Quelle blieb dem, was sie offenbarte, inhaltlich und formal treu. Die Ramala-Lehrer haben sich nie aufgedrängt, nie Autorität ausgeübt. Sie sprechen nur, wenn man sich an sie wendet. Sie antworten nur auf das Flüstern unserer Seele, nicht auf unsere persönlichen Wünsche. Sie benutzen ihre Vermittlerrolle nur, um zu lehren und zu raten, nie, um ihre persönliche Neugier zu befriedigen. Es geht ihnen mehr um das Universelle als um das Individuelle. Zehn verschiedene Wesen haben das Ramala-Sprachrohr benutzt, die meisten Offenbarungen jedoch geschahen durch drei Lehrer. Sie wollen nicht sagen, wer sie sind, beschreiben sich jedoch als Angehörige einer spirituellen Hierarchie auf einer höheren Existenzebene, die dafür verantwortlich sind, die Menschheit durch diese Krisenzeit zu begleiten. Offensichtlich sprechen diese Lehrer durch »Kanäle« überall in der Welt, was durch die bemerkenswerte Ähnlichkeit der Offenbarungen deutlich wird, die von medial begabten Menschen aus so weit voneinander entfernten Ländern wie Indien, Australien und den USA empfangen werden.

Wie werden diese Offenbarungen empfangen? Meist trifft sich eine Gruppe von bis zu zwölf Menschen im Heiligtum von Ramala, das als das Grals-Heiligtum bekannt ist. Nach einer Zeit der Meditation, wenn zwischen David und Ann, dem Ehepaar, das als Medium dient, und das sich immer gegenübersitzt, ein Energiestrom entstanden ist, tritt einer der Ramala-Lehrer mit David in Verbindung und äußert sich durch ihn. David ist sich immer dessen, was gesagt wird, ganz bewußt. Er erlebt etwas ähnliches wie jemand, der hinter einem Redner steht und die Worte schon hört, bevor sie gesprochen werden. Thema der Offenbarung ist fast immer die Antwort auf eine Frage, die sich in den vergangenen Tagen erhoben hat, oder sie gibt Rat zu einem Problem, vor dem jemand in der Meditationsgruppe steht. Die Botschaft dauert normalerweise zwanzig bis dreißig Minuten; dann zieht sich der Lehrer zurück und Davids persönlicher Führer erscheint, um Fragen zu beantworten, die sich aus dem Gesagten ergeben haben könnten. Wenn die Lehrer manchmal unnahbar und unpersönlich zu sein scheinen, so ist Davids Führer, Zen Tao genannt, gerade das Gegenteil. Er ist eine wunderbare, starke Persönlichkeit mit einem köstlichen Sinn für Humor. Er hat die Zuneigung Hunderter von Suchern gewonnen. In den Fragen und Antworten, die den meisten Offenbarungen dieses Buches folgen, ist »Z. T.« die Abkürzung für Zen Tao, Davids Führer, der die an das Medium gerichteten Fragen beantwortet. Da Zen Tao seinem Instrument sehr nahe ist und selbst schon in jüngster Zeit mehrere Inkarnationen auf Erden erlebt hat, ist er wohl gerüstet, eine Verbindung zwischen der sichtbaren und der unsichtbaren Welt herzustellen. Oft ist er in der Lage, die spirituellen Begriffe der Offenbarungen einem praktischen und menschlichen Standpunkt mehr anzunähern. Er ist sich nur zu sehr unserer menschlichen Schwächen und Fehler und der Einschränkungen bewußt, die uns der physische Körper auferlegt. Immer jedoch legt er großen Wert darauf, nicht als Autorität oder Stütze für jemanden betrachtet zu werden. Er sagt immer, daß es ihm nicht darum gehe, unsere Fragen zu beantworten, sondern uns dazu zu bringen, selbst Antworten auf unsere Fragen zu finden.

Wenn wir Ihnen dieses Buch nun vorlegen, so liegt uns wie unseren Lehrern daran, daß Sie es nicht als Autorität betrachten. Es ist weder eine Bibel noch ein Buch religiöser Dogmen. Sein eigentlicher Sinn ist es, als Spiegel zu wirken, um im Leser die eigene spirituelle Weisheit zu wecken. Es gibt die Dreiheit von Glauben, Wissen und Weisheit oder spiritueller Erkenntnis. Diese Erkenntnis ist die Quelle, an die wir uns wenden müssen, wenn wir uns den Herausforderungen des physischen Lebens erfolgreich stellen wollen. Erst wenn wir die Beziehung zu dem Göttlich-Geistigen in uns hergestellt haben und eins sind mit dem Fluß des Lebens, können wir die wahre Bedeutung der tragischen Ereignisse, die in unserer Welt vor sich gehen, verstehen. Offensichtlich überstürzen sich die Geschehnisse im Augenblick so, daß die Menschheit die Dinge nicht mehr im Griff hat und nicht mehr verstehen kann. Mit religiösen oder wissenschaftlichen Erkenntnissen kann die Menschheit das wahre Wesen des Lebens nicht mehr erklären. Sowohl die Naturereignisse als auch das menschliche Geschehen auf weltweiter Ebene sind uns aus den Händen geglitten. Deshalb suchen viele Menschen nach einer neuen Einsicht in die Realität des physischen Lebens; doch sie ist in der Welt, in der wir heute leben, schwer zu erlangen, da wir fast alle schon von frühester Kindheit an konditioniert werden, die Autorität der Vergangenheit zu akzeptieren. Hier können uns die Lehrer aus den höheren Daseinsebenen helfen, denn sie können uns ein holistisches Bild unserer Welt vermitteln und uns zu neuen Einsichten in das wahre Wesen unserer physischen Existenz verhelfen. Vor allem aber können sie, da ihnen am Universellen mehr liegt als am Individuellen, uns helfen zu erkennen, daß die Menschheit ein Ganzes ist, das auf einem gemeinsamen Planeten lebt und einen Gott hat. Wir müssen mit ihrer Anschauung von Leben und Tod und sichtbarer und unsichtbarer Welt nicht übereinstimmen, doch wir sollten uns in aller Bescheidenheit anhören, was sie zu sagen haben.

Wie das erste Buch wird auch »Die Weisheit von Ramala« anonym veröffentlicht. Das geschieht nicht aus falscher Bescheidenheit oder aus dem Wunsch, dem Kontakt mit der Öffentlichkeit aus dem Weg zu gehen, sondern einfach um deutlich zu machen, daß die Instrumente nicht die Quelle der Offenbarungen sind. Sie ringen selbst noch darum, nach dem Bewußtseinsstand dieser Offenbarungen zu leben und ihr eigenes Leben von der Weisheit der Ramala-Lehrer durchdringen zu lassen. Die Offenbarungen sollen ganz für sich selbst stehen. Sie sollen weder schmackhaft gemacht noch angepriesen werden. Sie selbst sollen entscheiden. Was für den einen Wahrheit ist, mag es für den anderen nicht sein. Wenn die Offenbarungen in Ihnen einen Funken des Wiedererkennens entzünden, nehmen Sie sie in sich auf; kollidieren sie jedoch mit Ihrer Lebensanschauung, dann legen Sie sie für den Augenblick beiseite. Blättern Sie immer wieder in dem Buch. Sie sollen sich nicht verpflichtet fühlen, es von vorne bis hinten zu lesen. Pflücken Sie sich etwas heraus, wenn Sie sich dazu angeregt fühlen, vielleicht ist für manchen ein Samenkorn dabei, das später aufgeht.

Die Offenbarungen werden in der Reihenfolge veröffentlicht, in der sie empfangen wurden. Sie stammen aus einem Zeitraum von vier Jahren und wurden nach rein subjektiven Gesichtspunkten aus mehreren hundert ausgewählt. Viele von ihnen wurden überarbeitet, zusammengefaßt, immer jedoch wurde der ursprüngliche Sinn vollständig erhalten. Es läßt sich nicht vermeiden, daß die Offenbarungen von der Persönlichkeit und dem seelischen Bewußtsein des Instruments geprägt sind, da bei dieser Form der Kommunikation die spirituelle Hierarchie sich der geistigen Fähigkeiten des jeweiligen Instruments bedienen muß. Es hat sich jedoch im Laufe der Jahre ein Vertrauensverhältnis herausgebildet, so daß es den Lehrern möglich ist, Lebensanschauungen zum Ausdruck zu bringen, mit denen der Mensch, der als Instrument fungiert, nicht übereinstimmt oder die er noch nicht versteht. In aller Demut unterbreiten wir Ihnen, dem Leser, die

Ramala-Offenbarungen im Geist der Liebe, in dem sie uns übermittelt wurden. Unser ernsthafter Wunsch ist es, daß sie als ein Funke wirken, der die Flammen Ihrer eigenen Intuition entzündet und Ihnen so hilft, Ihre persönliche und einzigartige Beziehung zu Ihrem Schöpfer zu entwickeln.

RAMALA
Glastonbury 1985

# Vorwort des Herausgebers

Die Veröffentlichung von *The Revelation of Ramala* im Jahre 1978 rief ein vielfaches Echo hervor, das sich auf das Buch und vor allem auf die Art bezog, wie die Offenbarungen präsentiert wurden. Das Ramala-Center hat sich bemüht, in dieser neuen Folge einige der Vorschläge, die unsere Leser machten, zu verarbeiten und die Offenbarungen in einer universelleren Form wiederzugeben. Die Sprache kann natürlich bei jeder Form von Kommunikation ein großes Hindernis sein. Sinn und Interpretation jedes einzelnen Wortes sind nie universell gültig. Im ersten Buch benutzten die Ramala-Lehrer einige Begriffe, die zwar grammatikalisch männlich sind, die jedoch Männliches und Weibliches einschließen (z. B. mankind = Menschheit, entspricht etwa dem Problem, das wir im Deutschen mit ›man‹ haben) und gebrauchten den maskulinen Begriff Gott. Obwohl sie selbst auf einer ganz universellen Ebene sind, müssen sie das Instrument der Sprache, die Sprache der patriarchalen Gesellschaft benutzen. Viele Frauen wenden sich natürlich dagegen, und so haben die Lehrer ihr Vokabular bewußt geändert. (Im Englischen werden man und mankind durch humanity ersetzt und Gott von Göttin unterschieden. Das ist natürlich, wie bei all diesen Begriffen, nur eine Notlösung). Zahlreiche andere kleine Veränderungen des Vokabulars wurden vorgenommen, die der Leser – oder die Leserin – selbst entdecken wird. Beabsichtigt ist jedenfalls immer Universalität und nicht so sehr Individualität, Umfassendes und nicht Ausschließendes, und wenn immer noch Worte benutzt werden sollten, die Anstoß erregen, möchten wir daran erinnern, daß dies am mangelhaften Vokabular des Mediums liegt und nicht am Bewußtseinsstand des Lehrers.

Einer der Punkte, die am ersten Buch kritisiert wurden, war, daß es zu didaktisch sei und daß die Lehrer eher *zu* den Menschen zu sprechen schienen als *mit* ihnen. Dieser Eindruck ist jedoch völlig falsch, und der Fehler liegt auf unserer Seite, wenn wir die vielen Fragen und Antworten weggelassen haben, die jeder Sitzung folgten. Deshalb veröffentlichen wir in diesem Buch eine Auswahl der Fragen und Antworten, die oft auf die Meditationen folgten, so daß der Leser selbst sehen kann, daß es auf seiten der

Ramala-Lehrer durchaus die Offenheit und Bereitschaft gibt, zu erklären und zu diskutieren. Der Herausforderung durch ein Gespräch haben sie sich immer bereitwillig gestellt.

Schließlich sei noch einmal erwähnt, daß die Abkürzung Z. T., die sich bei den Antworten auf die Fragen findet, für Zen Tao, den Namen von Davids Führer steht, denn er ist es, der alle Fragen beantwortet, die nach einer Offenbarung an die Quelle dieser Offenbarungen gestellt werden. Auch wenn er sich nur der beschränkten Fähigkeiten des Mediums bedienen kann, beeindruckt er durch seine Offenheit und Toleranz, seine Liebe und Bescheidenheit, und wenn dieses Buch nur dazu diente, eine größere Schar von Suchern mit ihm bekannt zu machen, hat es seinen Sinn erfüllt.

GERHARD RIEMANN

# Das Ramala-Zentrum

Im Frühjahr 1975 hielten sich David und Ann, die Gründer von Ramala, in Glastonbury auf. Wie sie Chalice Hill House fanden und erwarben, ist eine Geschichte für sich; soviel sei jedoch gesagt, daß ihre innere Führung ihnen zu verstehen gab, daß dieses alte Herrschaftshaus dazu bestimmt war, der Ort zu werden, wo Ramala Wurzeln schlagen und gedeihen konnte. In den Jahren, die seither vergangen sind, kamen viele Menschen aus allen Teilen der Welt, um ihnen bei der Renovierung des Hauses zu helfen und es zu einem Ort der Schönheit und des Friedens zu machen. In der Zeit, in der all diese Arbeit auf einer äußeren physischen Ebene geschah, entstand auch auf der inneren Ebene etwas. Durch die ideale Vermittlungsarbeit und Meditationen, durch Gruppenerfahrungen und persönliche Erlebnisse begann eine wunderbare Energie zu wachsen. Heute ist das Ramala-Zentrum ein Ort, wo müde Pilger ihre spirituellen »Batterien« wieder aufladen können.

Das Ramala-Zentrum kann nun spirituell gesinnten Menschen, die alleine oder in kleinen Gruppen kommen, die Gelegenheit bieten, in Chalice Hill House zu leben und an den Offenbarungen und der alltäglichen Gemeinsamkeit teilzunehmen oder etwas von der Kraft zu spüren, die von Glastonbury, dem alten Avalon, ausgeht. Den Gästen wird Übernachtung mit Frühstück geboten; die Abendmahlzeiten können nach Wunsch ebenfalls gemeinsam eingenommen werden. Wer das Zentrum besuchen möchte, sollte schriftlich um eine Informationsbroschüre bitten, in der auch die Zimmerpreise enthalten sind. Beigelegte Briefmarken (bzw. internationaler Antwortschein) sind immer erwünscht. Wer das Zentrum besuchen will, sollte vor allem die Bereitschaft zum Dienen, die Fähigkeit, flexibel und offen auf den Augenblick zu reagieren und Respekt gegenüber den Prinzipien und Lebensrhythmen des Zentrums mitbringen.

Das Ramala-Heiligtum, das auf dem zum Haus gehörigen Grundstück liegt, spiegelt den Geist von Ramala wider – Universalität. Menschen jeder Rasse, Hautfarbe und Glaubensrichtung sind hier willkommen. Jeder kann seine Lebensanschauung zum Ausdruck bringen, und wir machen ihm die Ramala-Offenbarungen ohne jeden Zwang und jede Erwartung zugänglich. Wir haben nicht den Wunsch, jemanden zu überzeugen und sprechen nur von diesen Dingen, wenn wir gefragt werden. Im letzten Jahr haben über dreitausend Menschen das Zentrum besucht, deshalb sind Reservierungen und Terminvereinbarungen notwendig, damit Besucher untergebracht werden können, ohne die Arbeit des Zentrums zu stören. Das Zentrum bietet seinen Gästen einen umfangreichen Informationsservice sowohl über Ramala als auch über die Legenden und Traditionen von Glastonbury, wozu eine audiovisuelle Präsentation und auf Kassette und Video-Bänder aufgenommene Zusammenkünfte und Schriften des Zentrums gehören. Das Ramala-Zentrum beherbergt auch gerne andere Gruppen, die Kurse oder Konferenzen abhalten, vorausgesetzt, ihre Thematik ist in Einklang mit den Ramala-Offenbarungen.

Wenn Sie das Bedürfnis haben, sich mit Ramala in Verbindung zu setzen, hoffen wir, Sie in Chalice Hill House willkommen heißen zu können, und wünschen, daß diese Begegnung für Sie, für das Zentrum und für unseren Planeten fruchtbar ist.

Ramala-Zentrum
Chalice Hill House
Dod Lane
Glastonbury
Summerset BA6 8BZ
England

# Das neue Zeitalter

Ich frage mich, ob ihr, die ihr meine Worte hört, euch auf der physischen Ebene der Verantwortung bewußt seid, die in dieser entscheidenden Phase der Erdevolution auf den Schultern aller entwickelten Seelen ruht. Ich frage mich, ob ihr euch in eurem innersten Sein bewußt seid über die Realität der augenblicklichen Weltsituation und über die Entscheidungen, vor denen die Menschheit nun steht.

Ihr kennt selbst die Ereignisse des Fische-Zeitalters und wißt, wie sein evolutionärer Zyklus verlief. Ihr wißt um den menschlichen Fortschritt, der erreicht wurde, aber ihr könnt auch die Irrtümer erkennen, die begangen wurden. Ihr könnt sehen, wie weit sich die Menschheit von ihrem Schicksalsweg entfernt hat und wie sie heute vor einer weltweiten Krise steht. Was ist darum so bedeutsam an diesem neuen Zeitalter? Warum ist dieser Wassermann-Zyklus soviel wichtiger für den Weg der menschlichen Evolution als jedes andere Zeitalter, selbst als das Fische-Zeitalter, in dem die Christus-Energie in Erscheinung trat?

Ich möchte euch zunächst bitten, euch eine Zeremonie der alten Druiden bildhaft vorzustellen, in der sie die Sommersonnwende feierten. Sie standen in ihren Steinkreisen und warteten auf den Aufgang der Sonne. Sie wußten, wo und wann sie aufgehen würde, und während sie voller Erwartung in der Morgendämmerung dastanden, hingen ihre Blicke an dem Markierungsstein, damit sie der allerersten Lichtstrahlen gewahr würden, wenn sich die Sonne langsam dem sichtbaren Horizont zu nähern begann. Ihr könnt heute mit diesen Druiden verglichen werden; die Sonne ist nur ein Symbol des neuen Zeitalters. Ihr erlebt jetzt die Morgendämmerung des Wassermann-Zeitalters. Ihr könnt es noch nicht sehen, da es sich noch nicht über den Horizont erhoben hat, aber wie diese Druiden schaut ihr ihm voller Erwartung entgegen. Ihr könnt seine Kraft und sein Licht noch nicht sehen. Ihr wißt noch nicht, wohin der Weg in diesem Evolutionszyklus führen wird. Wenn eure Seele nicht den höchsten Bewußtseinsstand erreicht hat, könnt ihr noch nicht wissen, welches Bild dieser Wassermann-Zyklus der Erde einprägen wird.

Es gibt nun heutzutage Menschen, die behaupten, diese Tatsachen zu kennen, und die andere irreführen, indem sie das neue Zeitalter aus ihrem begrenzten Blickwinkel beschreiben. Deshalb spreche ich nun zu allen entwickelten Seelen auf der irdischen Ebene dieser Zeit. Erkennt, daß ihr Teil einer auserwählten Schar von Wesen seid, die auf die Erde kommen, um zu initiieren und zu verwandeln, um der Erde zu helfen, von einem Zyklus zum nächsten fortzuschreiten. Ihr habt dieses Ereignis in vielen Leben und vielen Zyklen miterlebt, deshalb seid ihr von einem Vorgefühl erfüllt, das der Empfindung entspricht, mit der man der Geburt eines Kindes entgegensieht. Ihr wißt, daß der Samen ausgesät wurde, daß das Kind Gestalt angenommen hat, daß das neue Zeitalter heraufdämmert und daß es genau im richtigen Augenblick ins Leben treten und von dem gleichen kosmischen Atem berührt werden wird, der ein Kind zum Leben erweckt. Ihr alle wißt, daß das neue Zeitalter bald anbrechen wird. In eurem Seelenbewußtsein lebt das Wissen um die Rolle, die ihr bei dieser Geburt zu spielen habt, die persönliche Verantwortung, die ihr zu erfüllen habt, denn ihr seid die Hebammen des Wassermann-Zeitalters. Obwohl das kosmische Energiemuster schon vorhanden ist, bedarf es großer individueller menschlicher Aktivität, um diesen Zyklus zur Verwirklichung zu bringen, ebenso wie der Nazarener vor zweitausend Jahren die Christus-Energie konkretisierte. Physische Anwesenheit auf der Erde ist notwendig, damit sich eine Energie manifestieren kann.

Doch wenn wir Wesen der spirituellen Hierarchie in dieser Zeit auf die Erde niederblicken, sehen wir überall, daß viele hochentwickelte Seelen in die Irre geführt werden. Es ist unvermeidlich, daß in einer solchen entscheidenden Zeit der Erdevolution die Mächte der Dunkelheit ebenso anwesend sind wie die Lichtkräfte. Deshalb sollt ihr, wenn ihr danach strebt, die Energien des neuen Zeitalters zur Offenbarung zu bringen, erkennen, daß alles, was ihr jetzt hervorbringt, was ihr zur physischen Erscheinung bringt, entsprechende Energien im gesamten Universum anziehen wird. Die dunklen Mächte wünschen nichts mehr als den Entwicklungsweg des Wassermann-Zyklus zu erschüttern, denn dieser Zyklus ist dazu bestimmt, der größte in der menschlichen Evolution zu werden. Er wird sogar noch über den Evolutionszyklus von Atlantis hinausgehen. Viele von euch lebten in diesem Zyklus und sind jetzt wiedergekehrt als Teil des karmischen Musters, für das ihr alle verantwortlich seid, um den Weg für das Wiedererstehen der atlantischen Energie vorzubereiten. Deshalb müßt ihr auch erkennen, daß vieles Böse, das in Atlantis lebte, nun wieder zutage tritt. Wenn ihr den Planeten heute betrachtet, wenn ihr seht, wie die Erdschwingungen sich erhöhen, wie die Häufigkeit der Naturkatastrophen zunimmt, wie Gewalt, Egozentrik, Hochmut bei den Menschen zunehmen, werdet ihr deutlich erkennen, daß ihr euch einer Zeit der Entscheidung nähert. Ihr nähert euch der Zeit, in der sich die Menschheit individuell wie kollektiv entscheiden muß, wie sie handeln will.

Der Begriff Armageddon erschreckt euch vielleicht. Er bedeutet das Freiwerden von Energien, die die Menschheit nicht mehr unter Kontrolle hat, wobei sie jedoch nicht weiß, daß sie selten im Griff hat, was geschieht. Weil sie so große intellektuelle Fortschritte gemacht hat, glaubt die Menschheit, daß sie ihr Schicksal beherrsche, daß sie die physische Welt beherrsche, daß die Menschheit selbst entscheide, welchen Weg sie geht. Doch jene von euch, die sich des Göttlichen in allen Dingen bewußt sind, die erkennen, daß sich auf dieser Erde ein einziger göttlicher Plan manifestiert, wissen im innersten Herzen, daß der Zyklus, der nun beginnt, schon vor Urzeiten bestimmt war. Er wurde auf anderen Ebenen gesehen und von vielen Wesen prophezeit. Es ist ein notwendiger Evolutionsweg für die Erde. Deshalb seid ihr hier als Zeugen dieses Evolutionsweges. In eurem innersten Sein lebt das Wissen um das, was kommen soll. Auf einer bewußten Ebene ist es euch vielleicht nicht zugänglich. Ihr könnt es nicht mit der alltäglichen physischen Realität in Verbindung bringen, aber in eurem Herzen wißt ihr, was kommen soll und was ihr dabei für eine Aufgabe habt.

Es ist deshalb von größter Bedeutung, daß jene von euch, die gekommen sind, um das neue Zeitalter anzukündigen, die der Geburt dieses Kindes beiwohnen wollen, sich selbst treu sind und dem Geist in sich treu sind. Ihr solltet euch immer um Reinheit des Denkens, Sprechens und Tuns bemühen, da das, was ihr jetzt hervorbringt, auch das neue Zeitalter prägt. Ihr bereitet den Boden vor für die Samen des neuen Zeitalters, das kommen wird. Wenn die Sonne, die das neue Zeitalter symbolisiert, nun über den sichtbaren Horizont heraufsteigt, wenn ihr sie begrüßt, wie das die Druiden der alten Zeit taten, so laßt uns hoffen, daß ihr sagen könnt, der Boden sei wohlbereitet und die Seelen, für die ihr verantwortlich seid, haben das Nötige gelernt und sind sich ihrer Verantwortung bewußt. Wir beten darum, daß ihr zurückschauen und sagen könnt: »Ich war des Vertrauens wert, das in mich gesetzt wurde«, wenn das Licht dieser Sonne, das Licht der neuen Zeit auf die Erde scheint und die Samen zu sprießen beginnen.

# Fragen und Antworten

FRAGE: Könntet ihr etwas Genaueres über das Leben im neuen Zeitalter sagen? Wir können so wenig vorausschauen.

ZT: Ich möchte diese Frage mit einer Analogie beantworten. Ihr erinnert euch vielleicht, daß Leonardo da Vinci vor 500 Jahren aus seinen intuitiven Fähigkeiten heraus ein Flugzeug zeichnete. Das war fast vierhundert Jahre, bevor das erste Flugzeug sich tatsächlich auf der physischen, irdischen Ebene manifestierte. Da nun Leonardo da Vinci dieses Flugzeug sah, bestand es schon auf einer anderen Ebene, selbst er jedoch (ich weiß nicht, ob jemand von euch schon mal seine sehr simple Zeichnung eines Flugzeugs gesehen hat) wäre nicht in der Lage gewesen, die Komplexität beispielsweise der heutigen Flugtechnik, wie sie sich in einem Überschall-Flugzeug wie der Concorde manifestiert, zu begreifen. Eure Vorstellung vom neuen Zeitalter ähnelt diesem kleinen Flugzeug, das Leonardo zeichnete.

Keiner von euch kann sich die Herrlichkeit des neuen Zeitalters vorstellen. Ihr habt alle verschieden deutliche, im Grunde jedoch sehr unzureichende Vorstellungen davon in eurem Bewußtsein, was das neue Zeitalter bedeutet; das ist aber auch schon alles. Es ist wie eine grobe Umrißzeichnung, die nicht im geringsten die Entwicklungsmöglichkeiten des Wassermann-Zeitalters ahnen läßt.

Wenn ich die Gedankenformen, die von euch ausgehen, während ihr jetzt an das neue Zeitalter denkt, betrachte, kann ich schon etwas von dem esoterischen Prinzip der heraufkommenden Zeit erkennen. Doch euch geht es jetzt noch nicht um diese esoterische Wahrheit. Ihr wollt etwas über den besonderen Aspekt dieser Zeit erfahren, der euch betrifft, denn ihr seid alle Individuen und habt als Individuen die Verantwortung für euren persönlichen Anteil am neuen Zeitalter.

Worüber ihr etwas erfahren wollt, sind aber die ersten Anfänge des Wassermanns-Zeitalters, das, was in den nächsten dreihundert Jahren geschehen wird. In diesem Augenblick kann keiner von euch über diese Zeit hinausschauen, und das ist nur natürlich, da ihr euch sicherlich noch innerhalb dieses Zeitraumes alle wieder auf der Erde inkarnieren werdet. Ihr werdet dann das ernten müssen, was ihr jetzt sät.

Die Zeit, die jetzt heraufzieht, überschreitet in Wirklichkeit euer Fassungsvermögen. Sie wird Veränderungen auf der Erde mit sich bringen, von denen ihr euch selbst in euren kühnsten Träumen noch keine Vorstellung machen könnt. Eine neue Menschenrasse wird auf der Erde leben. Es wird euch schwerfallen, das zu glauben, aber wenn bald die Christus-Energie wieder zutage treten wird, werdet ihr in der Lage sein, den Lebenszyklus des Wassermann-Zeitalters zu sehen. Es ist eine esoterische Tatsache, daß ihr am Leben eines Meisters oder mehrerer Meister, die den Beginn einer neuen Zeit ankündigen, das Schicksal des kommenden Zeitalters sehen könnt. Wenn ihr das Leben von Jesus, der ein Werkzeug der Christus-Energie war, betrachtet, könnt ihr, vor allem in den Jahren seiner Tätigkeit, schon den ganzen Evolutionszyklus des Fische-Zeitalters überschauen. Deshalb sprechen die Menschen natürlich auch von einem gewaltsamen Ende des Fische-Zeitalters, weil sie die Kreuzigung jenes Meisters mit der Kreuzigung der Menschheit, die geschehen wird, vergleichen. So werdet ihr in nicht zu ferner Zukunft am Leben der Wesen, die die Christus-Energie verkörpern, den Evolutionszyklus des Wassermann-Zeitalters ablesen können. Sie werden die wichtigste evolutionäre Veränderung, die je auf der irdischen Ebene stattfand, ankündigen.

Es werden sich in dieser Zeit hoch entwickelte Seelen auf der Erde inkarnieren. Manche von ihnen waren über zehntausend Jahre nicht auf der Erde. Dennoch inkarnieren sie sich in einer Umgebung, die zu begreifen ihnen schwerfallen wird. Die heutige Welt ist so aus dem Gleichgewicht geraten, daß es für ein entwikkeltes Kind fast unmöglich ist, die notwendige Harmonie für sein spirituelles Wachstum zu finden. Deshalb ist es sehr wichtig, eine Umgebung zu schaffen, in der diese großen Seelen ihre wahre Weisheit und ihre Fähigkeit manifestieren können und ihnen dadurch zu ermöglichen, Wegbereiter des neuen Zeitalters zu werden.

FRAGE: Es ist interessant zu sehen, wie Kinder auf die richtige Umgebung reagieren. Ich habe heute nachmittag meinen Sohn beobachtet, wie er ein Meditationsband anhörte. Er war vollkommen fasziniert davon und sagte mir, als er zu Bett ging, wie sehr es ihm gefallen habe. Das zeigt, daß Kinder, die man mit neuen Vorstellungen und Ideen bekannt macht, diese wie kleine Schwämme gierig aufsaugen.

ZT: Denkt an eure eigene Kindheit in der Fischezeit und daran, in welche Umstände ihr hineingeboren wurdet. Erinnert euch an die Einschränkungen, die man euch auferlegte und die ihr vielleicht erst jetzt allmählich überwindet und als falsch erkennt. Diese

Einschränkungen haben euch auf bestimmte Wege, auf eine bestimmte Lebensweise beschränkt. Laßt uns beschließen, daß unsere Wassermann-Kinder in Freiheit heranwachsen dürfen.

# Der Sinn des Leidens

Ihr wißt alle, was Leiden bedeutet, denn ihr selbst habt alle auf den verschiedensten Ebenen und verschieden heftig gelitten. Ihr wißt, wie einerseits ihr als Individuen gelitten habt und andererseits eure Familie und die Welt als ganze gelitten haben. Es gibt immer zwei Arten von Leiden. Es gibt das wahrgenommene Leiden, wenn ihr als einzelne seht, wie andere mit Mühsal und Ungemach zu kämpfen haben, und es gibt das Leiden, das jeder einzelne von euch als Folge seiner eigenen Handlungen erfährt. Es ist wichtig, den Unterschied zwischen beiden Arten des Leidens zu verstehen, denn es ist nicht das gleiche.

Viele Menschen glauben heute, daß sie die Ursache ihres Leidens außerhalb ihrer selbst suchen können. Sie machen Gott, die Regierung, ihren Beruf oder einen anderen Menschen dafür verantwortlich. Laßt uns deshalb zunächst sehen, welche Beziehung zu Gott und dem Leiden besteht, denn wenn wir diese Beziehung verstehen, erfahren wir damit zugleich auch etwas über die anderen Beispiele. Oft wird bewußt oder unbewußt die Frage gestellt, warum Gott, wenn er ein Gott der Liebe ist, das Leiden zuläßt? Die Antwort ist natürlich, daß Gott das Leiden deshalb zuläßt, weil es ein Verfeinerungsprozeß der Seele auf ihrem Entwicklungsweg ist. Leiden sollte nicht als eine Strafe angesehen werden, die ein mächtiger Elternteil einem unfolgsamen Kind auferlegt. Leiden ist etwas, das einzelne Menschen wie Gruppen und Nationen selbst auf sich ziehen. Meist ist es die Folge dessen, was sie getan haben, die Folge der Samen, die sie gesät haben, in diesen wie in früheren Leben. Obwohl die Macht, die wir Gott nennen, dieses Leiden von euch nehmen könnte, wenn sie es wollte, tut sie das nicht, da auch sie den Gesetzen des Universums untersteht, Gesetzen wie dem von Ursache und Wirkung und dem Gesetz des Ausgleichs. Deshalb sieht euer Gott in seiner Weisheit den Sinn des Leidens. Er sieht die Notwendigkeit, daß jeder einzelne sich mit dem auseinandersetzt, was er auf sich gezogen und selbst verursacht hat.

Wenn ihr von eurem Bewußtsein her den Begriff der Reinkarnation, der immer wieder aufeinanderfolgenden Leben, nicht akzeptieren könnt, ist es schwierig, das Leiden als Teil eines Evolutionsprozesses zu sehen. Denn wenn man nur ein Leben hat und dann für immer dahingeht und wenn man in diesem einen Leben tief und schmerzhaft gelitten hat – wie kann man darin Gerechtigkeit sehen? Wenn es so wäre, könnte man das Leben wirklich nicht als gerecht bezeichnen. Doch jene von euch, die auf dem Entwicklungsweg ein wenig weiter fortgeschritten sind als die meisten Menschen, sind sich bewußt, daß sie alles, was sie in anderen Leben, auf anderen Existenzebenen jenseits der physischen Ebene der Erde hervorgebracht haben, mit ihrem physischen Leib mit ins Leben bringen. Ihr bringt nicht nur euer spirituelles Wissen, sondern auch die Sünden der Vergangenheit, die noch nicht gelernten Lektionen, das Karma, das ihr euch selbst und anderen gegenüber noch nicht aufgelöst habt, mit. Während ihr nun in eurem jetzigen Leben fortschreitet, werdet ihr ganz unvermeidlich den Lektionen begegnen, die ihr noch lernen wolltet und dem Karma, das ihr euch zu eurer Verwandlung gewählt habt.

Auf eines will ich nun ganz besonders hinweisen: daß ihr euer Leiden selbst gewählt habt. Es wird euch nicht von eurem Schöpfer als Strafe auferlegt. Ihr habt es euch freiwillig gesucht als eine zu lernende Lektion, als eine Lektion, die eure Seele in diesem bestimmten Entwicklungsstadium braucht. Wenn ihr, die ihr jetzt in England lebt, das Leiden anderer Länder, anderer Rassen und ihre Konflikte untereinander seht, müßt ihr erkennen, daß diese Länder und Rassen eine Lektion lernen, an der ihr keinen Anteil habt, denn ihr seid gekommen, um eine andere Lektion zu lernen, einen anderen Aspekt der Entwicklung zu erleben. Ihr könnt das Leiden anderer beobachten, aber ihr dürft nicht eins damit werden. Erkennt, daß das Leiden Teil ihres Lernprozesses ist. Ihr könnt eurem Mitgefühl ihnen gegenüber Ausdruck geben, ihr könnt eure Hilfe anbieten, wenn ihr darum gebeten werdet, aber ihr könnt wenig dazu tun, ihr Leiden zu lindern und könnt ihnen ihre Schicksalsschläge nicht abnehmen, denn damit muß jeder als einzelner fertig werden. Ihr könnt so viel Erkenntnis haben, daß ihr die Lösung ihres Problems seht, die Antwort, die darauf gefunden werden muß, aber ihr könnt ihnen diese Antwort nicht aufzwingen. Sie müssen sie in sich selbst finden, um ihr Leiden zu beenden.

Wenn ihr euch umseht, könnt ihr beobachten, daß sich alles auf der Welt schneller entwickelt, daß Armageddon nahe bevorsteht. Deshalb wird überall in der Welt das Leiden zunehmen. Niemand kann ihm entgehen. Ihr müßt als einzelne damit zurechtkommen. Ihr dürft nicht zulassen, daß das Leiden, das dieser große Entwick-

*Angst = Trennung*

lungsschritt hervorbringt, euch überwältigt. Es könnte euch scheinen, daß ich euch dazu auffordere, hartherzig zu sein, eure Augen dem Leiden anderer gegenüber zu verschließen, aber das ist nicht so. Ja, ihr sollt Augen dafür haben. Ja, ihr könnt Mitleid mit ihnen empfinden, aber laßt es nicht zu, daß die Lektionen, die andere Menschen zu lernen haben, daß das Karma anderer Nationen, euer Karma wird. Natürlich könnt ihr diese Last auf euch nehmen, wenn ihr euch so entscheidet. Das ist euer Recht. Aber ist das eure schicksalhafte Bestimmung? Es ist so leicht, euer eigenes Leiden in die Außenwelt zu projizieren, eure eigene Lektion, euren eigenen Entwicklungsweg im Leiden anderer zu sehen, in den Lektionen, die ihr schon gelernt habt, nur weil ihr nicht euren eigenen Weg gehen wollt und euren eigenen Kampf kämpfen. Es gibt heute viele Menschen, die ihren eigenen Entwicklungsweg verlassen, weil sie sich auf den Weg anderer begeben.

Als Individuen müßt ihr alle leiden. Die Grundursache allen Leidens ist Unwissenheit. Das Leiden ist nicht notwendig, denn wo Licht ist, wo Wahrheit ist, wo die Liebe eures Schöpfers anwesend ist, kann es kein Leiden geben. Leiden kann nur aus der Dunkelheit entstehen. Im Licht kann es kein Leiden geben. Wenn ihr als Individuen glaubt, daß ihr leidet, so sollt ihr erkennen, daß es daran liegt, daß ihr mit eurer eigenen Individualität noch nicht zurechtgekommen seid. Ihr habt euch nicht in der Umgebung, in der ihr lebt, zurechtgefunden, habt eure Seele, euer spirituelles Wissen und eure Weisheit noch nicht mit dem von euch selbst gewählten physischen Evolutionsweg verbunden.

Es ist nicht notwendig zu leiden. Wenn man versteht, was Leiden bedeutet, wird der Schmerz, sowohl physischer, emotionaler als auch spiritueller Art, aufgehoben. Das ist schwer zu begreifen, aber es ist wahr. Wenn ihr euch zurückerinnert an die Zeiten in eurem Leben, in denen ihr gelitten habt, werdet ihr entdecken, daß dieses Leiden aus einer Trennung zwischen euch und eurem Schöpfer entsprang. Leiden entsteht nur daraus, daß ihr das Vertrauen in seinen Plan, in seine Vollkommenheit und sein vollkommenes Sein, in dem ihr lebt, euch bewegt und eure Existenz habt, verliert. Wenn ihr Angst habt, seid ihr nicht in Verbindung mit eurem Schöpfer. Wenn ihr von extremen Emotionen bewegt werdet, seid ihr nicht in Verbindung mit eurem Schöpfer. Dann leidet ihr. Die Harmonisierung des eigenen Wesens mit dem Universum, dessen Teil ihr alle seid, bewirkt ein Ende des Leidens. Wenn ihr also in den Jahren, die vor euch liegen, eure Lebenslektionen, von denen manche schmerzhaft, manche

29

weniger schmerzhaft sind, betrachtet, und wenn ihr meint, ihr leidet, dann schaut in euch. Schaut auf den Teil eurer selbst, der leidet. Ist es die Seele oder ist es das Ego, das persönliche Selbst? Selbst der Meister Jesus litt am Kreuz. Aber was war das Wesen seines Leidens? Es geschah nicht um seiner selbst willen. Es geschah um der Welt willen, die er bald verlassen würde, die Welt, die seine Botschaft und sein Dasein ignoriert hatte. Er, der erfüllt war von dem Christus, der gekommen war, um die Welt in das Fische-Zeitalter zu führen, wurde ans Kreuz geschlagen, und das Leiden, das er empfand, war das Leiden einer entwickelten Seele angesichts einer noch nicht so weit entwickelten Erde. Es entsprang aus seiner Einsicht in das, was die Erde noch würde erleben müssen. Er sah, was zukünftig war.

Das war das Wesen seines Leidens. Wenn ihr also als einzelne leidet, denkt an dieses Beispiel. Denkt nicht an euch selbst, sondern an die Erde, denn wenn die Erde als Ganzes leidet, dann müßt auch ihr leiden.

## Fragen und Antworten

FRAGE: Leiden bedeutet für mich Schmerz, physischer Schmerz, und ihr könnt nicht sagen, daß wir keinen physischen Schmerz empfinden.

ZT: Es gibt viele Formen von Leiden. Manchmal gehören Schmerzen dazu, und wenn ich von Schmerzen spreche, meine ich physische, emotionale und spirituelle Schmerzen. Ob ihr es glaubt oder nicht, der Schmerz, der am leichtesten von diesen dreien zu ertragen ist, ist der physische. Es geht also nicht darum, daß wir irgendwann dahin gelangen, den Schmerz zu überwinden, sondern mit ihm zurechtzukommen, weil man einen Sinn in ihm sieht. Schwierig ist es, wenn man Schmerzen empfindet, deren Sinn einem nicht offensichtlich ist. Wenn der Schmerz Sinn und Zweck hat, zum Beispiel beim Gebären, kann man ihn ertragen und ihn als einen Entwicklungsprozeß betrachten.

Wenn man es mit emotionalen und spirituellen Schmerzen zu tun hat, so ist das etwas völlig anderes. Physischer Schmerz ist etwas, das man verstehen kann, aber wie geht man mit emotionalem Schmerz um, sagen wir, wenn dein Mann oder deine Frau stirbt und du über den Verlust trauerst. Betrachten wir den nächsten Grad, den spirituellen Schmerz. Nehmen wir an, du müßtest in jungen Jahren an einem Schlaganfall sterben, weil du deinen physischen Leib durch falsche Ernährung und falsche

30

Ernährungsweise geschädigt hast und würdest eine Frau und kleine Kinder zurücklassen. Dann würdest du aus einer höheren Daseinsebene zusehen müssen, wie deine Familie in großen Schwierigkeiten lebt und könntest ihr nicht helfen, obwohl du es gerne tun möchtest. Das würde spirituellen Schmerz verursachen. Diese Art von Schmerz ist sehr schwer zu ertragen, aber jeder wird sich eines Tages damit auseinandersetzen müssen.

FRAGE: Mein Mann wird an Krebs sterben. Es scheint mir, daß sein Leiden weit über sein eigenes Leben hinausgeht. Es sind noch viele andere Menschen davon betroffen. Können wir nicht alle etwas daraus lernen?

ZT: Es ist ein verbreitetes Mißverständnis, daß nur schlechte Menschen leiden und daß gute Menschen durch ihr gutes Verhalten vor dem Leiden geschützt seien. Das ist Unsinn. Sehr oft leiden die Guten für die Bösen! Es ist oft der Fall, daß die guten Menschen bereit sind, großes Leiden auf sich zu nehmen, um der Menschheit nicht nur ihr Wesen zu zeigen, sondern sie auch die wahre Natur des physischen, emotionalen und spirituellen Lebens zu lehren. Kleine Kinder, vor allem Kinder unter zwölf Jahren, die sterben oder schweres Leid erleben, sind oft große Seelen, die auf die Erde gekommen sind, um der Menschheit zu helfen, um ihr bewußt zu machen, welches Geschenk das Leben ist und welch hohen Wert der physische Leib und die emotionale und spirituelle Stabilität haben.

Es ist schwierig, sich nicht mit seinem physischen Körper zu identifizieren. Euer Körper ist wie ein Wagen, mit dem ihr eine kurze Zeit fahrt. Was sich weiterentwickelt, ist nicht der Wagen, der sich im Laufe der Zeit immer mehr abnutzt, sondern der Geist in euch. Das ist es, was lernt. Das ist es, was sich entwickelt. Ihr dürft diese Tatsache nie aus dem Bewußtsein verlieren. Was ihr mitnehmt, wenn ihr sterbt, ist nicht der Wagen, sondern das, was ihr gelernt habt, während ihr ihn benutztet.

Es ist sehr schwer zu sagen, man sei nicht sein Körper, wenn man starke Zahnschmerzen hat, denn in diesem Zustand wird man sich seines Körpers ganz bewußt. Aber im Grunde versucht euer Körper euch nur etwas mitzuteilen. Schon lange bevor ihr den Schmerz empfandet, hat er zu euch gesprochen, aber ihr habt nicht auf ihn gehört. Schließlich konnte sich euer Körper nur durch Schreien bemerkbar machen, und wenn der Körper schreit, so empfindet man Schmerz. In diesem Stadium kann man wenig anderes tun, als auf das Schreien zu hören. Das ist der Sinn physischen Schmerzes. Er konzentriert eure Energie auf einen bestimmten Aspekt.

FRAGE: Gibt es auf den höheren Lebensebenen Schmerz?

ZT: Ja, es gibt auf allen Lebensebenen Schmerz, da auf jeder Ebene etwas gelernt werden muß. Ihr entwickelt euch immer weiter und müßt neue Aspekte eures Wesens kennenlernen und dazu gehört meistens auch das Leiden. Aber ihr müßt nicht leiden.

FRAGE: Ist das nicht ein Widerspruch?

ZT: Ich möchte euch das so erklären. Da sind ein paar Knaben in einer Klasse, denen Mathematik beigebracht werden soll. Wenn sie auf das aufpassen, was der Lehrer sagt, werden sie das Fach entsprechend ihren natürlichen Fähigkeiten lernen. Wenn einer aus der Klasse jedoch aus der Reihe tanzt und die anderen Schüler abzulenken versucht und sich nicht auf den Unterricht konzentriert, wird er am Ende des Schuljahres nicht viel Mathematik gelernt haben und bei einer Prüfung durchfallen. Dann wird das Lernen diesem Knaben sehr unangenehm, weil er entweder doppelt so viel tun muß wie vorher, um das Versäumte aufzuholen oder weil er nicht in seiner Klasse bleiben kann und ein Jahr zurückversetzt werden muß. So hat er sich durch sein eigenes Handeln den Lernprozeß erschwert. Ebenso ist es mit dem Leiden. Ihr zieht das Leiden durch euer eigenes Handeln auf euch. Der Schöpfer erlegt euch das Leiden nicht auf. Ich muß dazu aber auch sagen, daß es einige Male im Leben geschehen wird, daß ihr leiden müßt, wo die Auseinandersetzung mit einem bestimmten Gefühl oder einer Lektion, die Teil eures fortschreitenden Evolutionsmusters sind, unvermeidlich ist. Doch das wird sehr selten geschehen.

FRAGE: Ich dachte immer, es läge an mir, ob ich leide oder nicht. Wenn meine Mutter stirbt, kann ich mich entscheiden, ob ich daraus eine große Sache mache, ob ich mein natürliches Leiden noch vermehre oder ob ich ihren Tod in einem größeren Zusammenhang sehe und mich löse.

ZT: Das ist nur zum Teil richtig. Wenn deine Mutter stirbt, und du glaubst, daß sie dich für immer verlassen habe, wird dieser Verlust wahrscheinlich Leiden verursachen. Wenn du aber wüßtest, daß sie, obwohl sie gestorben ist, dir nun noch näher ist und dir wichtigere Dinge sagen könnte als vorher, worin bestünde dann der Verlust? Dann würdest du überhaupt nicht leiden. Deshalb bestimmt unsere Einsicht, unser Entwicklungsstand, ob wir leiden oder nicht. Wie schon vorher gesagt wurde: Wo Licht und Wahrheit ist, kann kein Leiden sein. Leiden kann nur dort entstehen, wo Unwissenheit ist. Wenn ihr also wieder einmal leidet, versucht hinter die tatsächlichen physischen Erscheinungen zu sehen und Verständnis für die wahren Gründe zu gewinnen.

FRAGE: Das ist in dem Augenblick, in dem man leidet, schwierig! Ich habe immer am meisten unter Schuldgefühlen gelitten, beispielsweise als mein Hund starb; doch es war auch eine große Lernerfahrung, da mir bewußt wurde, daß ich nie wieder in die Situation kommen würde, etwas unterlassen zu haben, von dem ich wünschte, ich hätte es getan.

ZT: Was du also jetzt im Nachhinein erkennst, ist, daß dein Leiden in Wirklichkeit eine wichtige Entwicklungslektion war, die deine Lebenseinstellung verändert hat. Auch wenn du damals leiden mußtest, vielleicht weil du unwissend warst, hast du durch die Lehre, die dir dieses Leiden erteilt hat, einen großen Schritt vorwärts getan.

FRAGE: Ja, das sehe ich auch so. Wenn man auf einer physischen Ebene sehr schwer leidet und dieses Leiden und seinen Sinn vollkommen akzeptiert, wird einem das Leiden dann genommen?

ZT: Ja, wenn man allerdings für andere Menschen leidet, damit sie etwas lernen, wird das Leiden solange andauern, bis sie ihre Lektion gelernt haben.

FRAGE: Und das geht also fast immer auf frühere Leben zurück?

ZT: Fast immer. Es ist schwierig, die Beziehung der Zeit zur Seelenentwicklung zu erklären, da ihr euch nicht vorstellen könnt, was über eure physische Zeit hinausgeht. Doch nehmt als Beispiel einen der großen Krisenherde dieser Welt, ob es nun der Mittlere Osten, Irland oder Indien ist; die Menschen, die in diese Konflikte verwickelt sind, haben sich in diesen Ländern immer und immer wieder inkarniert. Leben für Leben haben sie das Falsche getan. Deshalb kann man zwar Mitleid mit ihnen haben, muß aber verstehen, daß die Lösung des Problems in ihren eigenen Händen liegt. Sie selbst müssen damit zurechtkommen. Wie also können sie eine Veränderung bewirken? Nur dadurch, daß sie die Dinge anders betrachten, daß sie sie mit den Augen ihres Schöpfers und nicht aus ihrer eigenen tendenziösen Sicht sehen. Sie müssen das Individuelle dem Ganzen unterordnen, und das Ganze ist nicht ihr Land, sondern der Planet Erde.

# Schöpferische Energie

Die meisten Menschen, die heute auf der Erde leben, würden, wenn ich sie fragte, wie sie schöpferische Energie definieren, vielleicht wissend lächeln und sagen, es sei die Energie des Sexualaktes. Doch wir Wesen der spirituellen Hierarchie, die sich auf einer höheren Ebene des Lebens bewegen und auf die Erde herabsehen, würden eine andere Antwort geben; wir würden sagen, daß die Schöpfungsenergie die Liebe ist. Die Menschheit hat die Liebe vom Sexualakt getrennt, und dieser Irrtum symbolisiert mehr als alles andere die Probleme, denen sie sich nun gegenübersieht. Ich würde sogar so weit gehen zu sagen – denn ich kann die Ebenen oberhalb und unterhalb der physischen Lebensebene sehen – daß es gerade der Mißbrauch des Sexualaktes ist, der die Menschheit immer rascher der Katastrophe entgegentreibt. Es gibt heutzutage für die Menschheit kein dringenderes Problem als die Einsicht in das Wesen des Sexualaktes und dessen, was er auf höheren Lebensebenen bedeutet. Denn wenn die Menschheit die Weltbevölkerung nicht unter Kontrolle hält und das Hereinströmen neuer Seelen nicht begrenzt, wird die Anwesenheit all jener jungen Energien auf der überbevölkerten irdischen Ebene zu einem Ungleichgewicht führen, das die Zerstörung dieses Planeten herbeiführt.

Schöpferische Energie ist eine reine Energie, die von unserem Schöpfer ausgeht, und deshalb ist das Schöpfungsprinzip das gleiche, ob man nun von der Geburt eines Planeten oder der Geburt eines Kindes spricht. Nur die Art der Manifestation ist unterschiedlich, entsprechend der Schwingung des Wesens, das etwas hervorbringt. Es ist diese Schwingung, dieser Bewußtseinsstand, der über Art und Wesen von Empfängnis und Geburt entscheidet. Das Grundprinzip bleibt das gleiche, ob man nun ein interplanetares oder ein menschliches Wesen ist. Man bringt etwas nach dem Bild Gottes hervor, indem man die von Gott gegebene Schöpferkraft nutzt. Man schafft etwas nach seinem Bild mit der Energie Seiner Liebe. Wenn ihr durch eure Teleskope in das sichtbare Universum blickt und die vielen Galaxien seht, die geschaffen wurden, wenn ihr zum Nachthimmel aufschaut und die Sterne dort an ihren Plätzen stehen seht, wenn ihr die Ordnung eures eigenen Planetensystems wahrnehmt, könnt ihr die Vollkommenheit der göttlichen Schöpfung sehen. Ebenso sollte die Menschheit in der Lage sein, die Vollkommenheit ihrer eigenen Schöpfungen zu betrachten. Das ist die schreckliche Verantwortung, die euch von eurem Schöpfer in die Hände gelegt wurde.

Wenn ihr in einem Wörterbuch die Bedeutung des Wortes Geschlecht (englisch: sex) nachschlagt, werdet ihr es einfach als »männlich«, oder »weiblich« oder als »positiv« oder »negativ« definiert finden. Wenn ihr weiter nach der Bedeutung des Wortes »sexuell« sucht, werdet ihr sehen, daß es einfach die Zugehörigkeit zum männlichen oder weiblichen Geschlecht bedeutet. Doch was schwingt bei diesen Worten nicht alles mit in der Welt, in der ihr heute lebt. Kreist nicht ein großer Teil eures täglichen Lebens um den Begriff Sexualität? Kennzeichnet er nicht den Aspekt eures physischen Lebens, der die meiste Energie auf sich zieht? Das liegt daran, daß das Leben auf der Erde heute bis zur Unkenntlichkeit verunstaltet ist. Daraus ergibt sich ein großes Hindernis, das die Seelen des Wassermann-Zeitalters, die sich im physischen Leben inkarnieren wollen, überwinden müssen. Sie müssen das wahre Wesen der schöpferischen Energie wiederentdecken, bevor sie selbst etwas schöpferisch hervorbringen. Sie müssen die sexuelle Konditionierung der Welt, in der sie sich wiederfinden, von sich weisen und erkennen, daß das Bild, das man sich von der Sexualität macht, vollkommen verzerrt ist.

Der Sexualakt ist ein schöpferischer Akt, und man bringt dabei, wie bei jeder Schöpfung, etwas hervor, das auf vielen Lebensebenen wirkt. Ihr bringt auf der physischen Ebene etwas hervor, dessen ihr euch bewußt seid, ihr bringt aber auch zugleich auf Ebenen über und unter der physischen etwas hervor. Die Motivation eures Körpers, eurer Seele und eures Geistes in dem Augenblick des Schöpfungsaktes wird über das Wesen des Geschaffenen entscheiden. Ihr wurdet nach dem Bild eures Gottes geschaffen, selbst werdende Götter. Es wurde euch die göttliche Gabe der freien Entscheidung und das unschätzbare Recht der Selbstschöpfung und Selbstreproduktion geschenkt. Deshalb müßt ihr, wie euer Schöpfer, für alles, was ihr geschaffen habt, euch selbst verantwortlich fühlen. Jedes Mal, wenn ihr im Sexualakt zusammenkommt, bringt ihr, selbst wenn keine Kinder auf der physischen Ebene entstehen, geistige Kinder und geistige Gedankenformen auf der höheren oder niedrigeren Lebensebene hervor. Ihr seid auf vielen verschiedenen Lebensebenen schöpferisch. Wie ihr

*Verantw. — Kontrolle*

Verantwortung für das übernehmen müßt, was ihr auf der physischen Ebene hervorgebracht habt, wie eine Mutter und ein Vater sich um ihr Kind kümmern, so müßt ihr Verantwortung für das übernehmen, was ihr auf den anderen Ebenen des Lebens hervorgebracht habt.

Jedes Mal, wenn ihr im Sexualakt zusammenkommt, schafft ihr Verantwortung und Lasten für euch selbst. Auf der physischen Ebene wißt ihr nur zu gut, daß eure Verantwortung ein Leben lang währt, wenn ihr ein Kind zeugt. Zwanzig Jahre lange seid ihr an dieses Wesen gebunden, bis es die eigene Bewußtheit auf der Erde erreicht hat. Vom Augenblick der Geburt an, bis es im Alter von einundzwanzig Jahren auf seinen geistigen Füßen stehen kann, seid ihr verantwortlich, dieses Wesen zu nähren. Wenn man diese Verantwortung von sich weist, entsteht Karma für viele Leben. Weist man die Verantwortung auf den höheren oder den niedrigeren Lebensebenen zurück, geschieht genau das gleiche. Man belastet sich für viele folgende Leben. Man kann die Verantwortung für das, was man geschaffen hat, nicht ablegen, und wenn das Geschaffene im irdischen Sinn Böses in die Welt setzt, ist man auch für dieses Böse verantwortlich. Ich will euch ein Beispiel geben. Eine Gedankenform, die man in einem Augenblick der Lust erschafft, wird von einem eurer weniger entwickelten Brüder aufgegriffen. Er imitiert seinerseits diese Gedankenform und bringt durch seine sinnliche Begierde ein Kind hervor. Dann seid ihr auch für dieses Kind verantwortlich. Ihr seid für viele Leben an diesen Geist gebunden, bis die Verantwortung für seinen Entwicklungsstand, entsprechend den Gesetzen des Karma, ausgeglichen ist. Das ist das wahre Wesen der Verantwortung für die schöpferische Energie.

Ich sage das nicht, um euch vor der schöpferischen Energie Angst zu machen, sondern damit ihr sie besser versteht, denn ihr seid auf die Erde gekommen, um zu lernen, Meister des Schöpferischen zu werden. Zunächst müßt ihr lernen, euren physischen Leib, eure Gedanken und Gefühle, unter Kontrolle zu haben, um sie zu meistern und euch auf den Initiationsweg zu begeben. Dann müßt ihr lernen, die schöpferische Energie zu meistern. Ihr könnt auf vielen Ebenen und auf vielerlei Weise schöpferisch sein, wie ich schon sagte. Wenn ihr ein Meister seid, wie Jesus, könnt ihr nach Belieben Dinge in physischer Form hervorbringen. Ihr könnt Brotlaibe und Fische vermehren. Ihr könnt Totes wieder zum Leben erwecken. Ihr könnt die ganze physische Materie beherrschen. Das ist gar nichts. Ihr seid alle auf dem Weg zu diesem

*Spirituelle Ekstase!*

Wissen. Es ist das Wesen der Kraft, die ihr sucht und die ihr eines Tages beherrschen müßt.

Zum jetzigen Zeitpunkt versucht ihr alle, eine niedrige Ebene schöpferischer Energie zu beherrschen. Ihr versucht die physische Kreativität zu verstehen. Eure Einsicht ist aber durch die Welt, in der ihr lebt, getrübt, denn die Welt, in der ihr lebt, wird von sexueller Energie, von der Gewalt menschlicher Sexualität beherrscht. Junge Menschen, die heute die physische Reife erreichen, haben wenig Ahnung von der richtigen Anwendung der sexuellen Energie. Sie verstehen ihr Wesen nicht und wissen nicht, worum es dabei geht. Laßt mich ganz deutlich sagen, daß der Sexualakt nur dazu bestimmt war, die Spezies zu erhalten. Das ist sein einziger Sinn und Zweck, und wenn ihr alle euch selbst gegenüber ehrlich seid, werdet ihr wissen, daß das wahr ist. Heute jedoch wurde der Sexualakt zu einem Synonym für die Suche nach Befriedigung, eine Befriedigung, die jedoch nie gefunden wird.

Seht euch die heutigen jungen Männer und Frauen an, wie sie mit den verschiedensten Leuten sexuelle Beziehungen anfangen und eine sexuelle Erfüllung suchen, die sich ihnen immer entzieht. Sie wechseln ihre Partner, ändern ihre sexuellen Gewohnheiten, sie wechseln ihre soziale Umgebung, immer auf der Suche nach der Illusion der vollkommenen sexuellen Beziehung. Aber selbst wenn sie dieses große Vergnügen fänden, das sie so verzweifelt suchen, bedeutet das das Ende ihrer Suche, finden sie dadurch den ihnen bestimmten Partner? Nein! Das ist nie der Fall. Denn solche Menschen suchen immer weiter, überall, auch ungehindert von ehelichen Bindungen, nach einem sexuellen Vergnügen, das außer in ihrer Vorstellung nirgends existiert.

Sexualität hat heute den traditionellen Weg der menschlichen Evolution verändert. Die Suche nach sexuellem Vergnügen, die Ekstase des vollkommenen Orgasmus hat die spirituelle Ekstase verdrängt. Während die Weisen der alten Zeit spirituelle Ekstase suchten, suchen die Menschen heute sexuelle Ekstase. Wahrscheinlich denkt ihr, daß das nicht das gleiche ist, aber es ist das gleiche. Heute werden Millionen von Seelen vom Weg der spirituellen Entwicklung abgelenkt. Sie verlassen ihren Schicksalsweg für viele Jahre in einer fruchtlosen Suche nach einer Illusion, während sie das, was sie wirklich suchen, ganz leicht gefunden hätten, wären sie nur dem Weg der Liebe und der schöpferischen Energie des Kosmos gefolgt.

Die Suche nach Liebe, die Erkenntnis der schöpferischen Energie des Kosmos, wird euch die Ekstase schenken, nach der ihr sucht. Ohne Liebe könnt ihr keine Ekstase erlangen. Ihr könnt Liebe nicht in der Sexualität finden. Ihr könnt auch nicht Liebe erlangen, indem ihr ein Kind hervorbringt. Die Liebe muß zuerst da sein. Man sollte niemanden fragen, ob er sexuellen Verkehr möchte. Man sollte niemanden begehren, weil man sexuellen Verkehr mit ihm möchte. Denn es ist die Verbindung von Seelen auf einer höheren Lebensebene, die zum wahren Akt sexueller Schöpfung führt. Er sollte geschehen, ohne daß Gedanken notwendig sind. Wenn das Denken mit seiner Begehrlichkeit primär wird, wenn sexuelle Befriedigung das wichtigste Ziel ist, dann ist keine Liebe vorhanden. Es ist das Ich, das Befriedigung sucht, nicht die Seele, und wenn man aus dieser Motivation heraus etwas hervorbringt, belastet man sich für viele folgende Leben.

Die jungen Menschen von heute stehen vor einer schwierigen Aufgabe. Sie müssen sich fragen, ob es eine Form der menschlichen Beziehung gibt, die anders ist als jene, die man heute in der Welt findet. Kann man ohne Sexualität leben, in dem Sinn, wie die Welt das Wort benutzt? Kann man ohne andauerndes Bedürfnis nach sexueller Erfüllung leben? Habt ihr euch diese Fragen je gestellt? Habt ihr je die Möglichkeit in Betracht gezogen, daß der Liebesakt den Akt sexueller Erfüllung nicht erfordert und daß ihr, wenn ihr, euren Schöpfer nachahmend, durch vollkommene Liebe etwas hervorbringt, überhaupt keinen Sexualakt braucht? So schafft euer Schöpfer – durch den vollkommenen Atem. Ihr seid dazu verurteilt, durch eure Sexualorgane schöpferisch zu sein. Durch diese Tatsache seid ihr in eurer Ausdrucksfähigkeit begrenzt, aber ihr sollt erkennen, daß das nur eine Begrenzung ist. Ihr müßt Wege finden, die darüber hinaus weisen. Für die meisten Menschen liegt dieser Augenblick noch viele Leben und viele Zyklen des Evolutionsweges entfernt, aber es ist eine Begrenzung, die ihr irgendwann einmal überwinden werdet.

Ich bitte die jungen Menschen von heute, über diese Fragen nachzudenken. Befindet man sich in vollkommener Harmonie und Ausgeglichenheit, ist es möglich, ohne den Sexualakt zu leben. Erkennt, daß die Energie, die ihr zu diesem Akt braucht, schöpferische Energie ist, die auch in eine andere Richtung gelenkt werden kann. Innerhalb der Ehe war, das habe ich schon gesagt, der Sexualakt da, vorherbestimmte Kinder zu zeugen, Kinder also, die sich ihre Eltern schon gewählt haben, bevor sie sich in der physischen Materie inkarnierten. Deshalb geht es hier um kosmische Schöpfung. Wenn ein Kind dazu bestimmt ist, geboren zu werden, ist es unnötig, einen Monat lang jeden Tag sich im

Sexualakt zu verbinden, um die Empfängnis zu sichern. Die Liebesenergie zwischen den Eltern wird den richtigen Zeitpunkt und den richtigen Ort bestimmen, ohne daß die beiden sich dessen überhaupt bewußt sind. Denn das Schöpferische liegt nicht allein im Bereich des menschlichen Willens, auch wenn die Menschheit das nicht erkennt.

Es liegt also an euch, wie ihr mit der schöpferischen Energie umgeht, ob ihr sie positiv nutzt oder vergeudet oder sie zum Guten oder zum Bösen, zum Aufbau oder zur Zerstörung nutzt. Selbst auf der physischen Ebene könnt ihr das Wesen dieser Macht sehen. Ihr könnt die Eifersucht, den Haß, die Trennungen, die Zerstörungen beobachten, die sie oft hervorbringt. Ebenso könnt ihr ihre konstruktive Seite sehen: Kinder, die aus vollkommener Harmonie und Liebe geboren werden, die den Evolutionszyklus der Menschheit vervollkommnen. Immer wenn ihr im Sexualakt zusammenkommt, bedenkt, welche Formen ihr hervorbringt. Ist euer schöpferisches Handeln egoistisch oder selbstlos, handelt ihr zu eurem eigenen Vergnügen oder wollt ihr zur kosmischen Evolution beitragen? Bringt ihr eine Energie hervor, die ihr gerne als euer Kind anerkennt, für die ihr gerne Verantwortung übernehmt, wie das euer Geburtsrecht ist, wenn ihr einmal sterbt und in die höheren Lebensebenen zurückkehrt? Oder werdet ihr, vielleicht, wenn ihr nach dem Tod dieser Energie begegnet, gar nicht erkennen, daß sie eure eigene Schöpfung ist und wollt die Verantwortung dafür wieder abschütteln? Jedesmal, wenn ihr im Sexualakt beisammen seid, habt ihr diese Wahl. Deshalb sollt ihr sorgfältig abwägen, was ihr tut.

Die heutige Welt braucht sehr notwendig Menschen, die den Schöpfungsakt mit Verantwortung begehen, die klug mit dieser Energie umgehen, nicht nur, um Harmonie in ihrem eigenen evolutionären Weg zu erlangen, sondern um für das Gleichgewicht in der Welt als Ganzes zu sorgen. Sie müssen ein Beispiel sein für den richtigen Umgang mit der sexuellen Energie, damit die Kinder des Wassermann-Zeitalters zu einem Verständnis der wahren Beziehung zwischen Männlich und Weiblich, zwischen Positiv und Negativ gelangen und lernen, wie man mit dem Schöpfungsakt umgehen soll. Eine große Verantwortung wurde auf die Schultern einiger weniger hochentwickelter Seelen gelegt, denn wenn sie scheitern, wird der Mißbrauch des Sexualaktes nicht nur sie selbst, sondern auch die Welt, in der sie leben, zerstören. Wir, die wir von den höheren Lebensebenen herabschauen, können dies so deutlich sehen. Positive Schöpfungen bedeuten eine positive

Welt, einen positiven Kosmos. Negative Schöpfungen bedeuten eine negative Welt, eine unheilvolle Zerstörung. Darin liegt die Bedeutung der schöpferischen Energie.

## Fragen und Antworten

FRAGE: Ich möchte gerne wissen, welche Rolle die Ehe und der eheliche Segen beim schöpferischen Akt spielen. Macht es etwas aus, wenn zwei Menschen, die nicht verheiratet sind, sich entschließen ein Kind zu zeugen? Macht es etwas aus, wenn ein Kind illegitim ist? Sollte man eine Verbindung segnen lassen, bevor man ein Kind entstehen läßt?

ZT: Wie immer ist die Motivation entscheidend. Bei einer Ehe geht es nicht nur darum, ob die Menschen mit den sozialen und moralischen Wertvorstellungen der Gesellschaft, in der sie leben, übereinstimmen. Es kann beispielsweise zwei Menschen geben, die sich in einer ganz persönlichen Form ehelichen Dienens verbinden, deren Verbindung aber trotzdem göttlichen Segen auf sich zieht. Wenn aus dieser Verbindung ein Kind hervorgeht, sind sie vielleicht aus dem Geiste heraus schöpferisch, von dem der Meister sprach. Ebenso kann es aber zwei Menschen geben, die in der Kirche heiraten und Gelübde ablegen, aber nicht wirklich die Absicht haben, sie zu halten, ja nicht einmal erkennen, wie heilig diese Gelübde sind. Wenn aus dieser Ehe ein Kind hervorgeht, mag das zwar den moralischen Werten in ihrer Gesellschaft entsprechen, da es ein legitimes Kind ist, das Kind kann jedoch trotzdem eine Schöpfung im negativen Sinn sein und möglicherweise die Zerstörung ihrer Ehe bewirken.

Wenn man den göttlichen Segen auf eine Ehe herabruft, erbittet man damit, daß jede Schöpfung, die aus dieser Vereinigung auf irgendeiner Seinsebene, nicht nur der physischen, hervorgeht, mit dem Willen und den Absichten des Schöpfers übereinstimme. Ihr möchtet dadurch zu allen Zeiten mit der Schöpfungsenergie eins sein, da ihr sie als eine Gabe eures Schöpfers erkennt. Deshalb ist es ein wichtiger Akt, die Ehe durch euren Schöpfer segnen zu lassen, denn das bedeutet, daß ihr erkennt, wo euer Platz in der göttlichen Ordnung der Dinge ist und zeigt eure Bereitschaft, euch so lenken zu lassen, daß ihr die schöpferische Energie verantwortungsvoll gebraucht.

FRAGE: Welchen Stellenwert hat dabei die Homosexualität, die heutzutage so verbreitet ist? Ist eine sexuelle Beziehung zwischen

Menschen gleichen Geschlechts ein schöpferischer Akt wie ihr ihn definiert?

ZT: Sexueller Verkehr zwischen zwei Männern oder zwei Frauen ist kein schöpferischer Akt. Es ist nicht der richtige Umgang mit schöpferischer Energie. Es ist ein Mißbrauch, ein Gebrauch der Energie zum persönlichen Vergnügen. Es ist ein Gebrauch der Energie für egoistische Ziele, ungeachtet des Preises, den man dafür auf physischer Ebene zahlen muß, und es kann auf keiner Ebene je etwas Gutes daraus entstehen. Dazu muß ich aber auch in aller Deutlichkeit sagen, daß eine liebevolle Beziehung zwischen zwei Männern oder zwei Frauen eine positive und schöpferische Vereinigung auf vielen Ebenen sein kann. Denkt an die Geschichte von David und Jonathan in der Bibel.

FRAGE: Ist Empfängnisverhütung etwas Schlechtes? Immerhin verhindert sie, daß ungewollte Kinder geboren werden, verhindert sie aber auch, daß auserwählte Kinder auf die Erde kommen? Und wenn in der Welt keine Empfängnisverhütung praktiziert wird, besteht dann nicht die Gefahr der Überbevölkerung und der Zerstörung unseres Planeten?

ZT: Empfängnisverhütung ist nur notwendig, weil die Menschheit den Sexualakt mißbraucht. Wenn die Menschen den Sexualakt in der richtigen Motivation ausübten, wenn sie das wahre Wesen physischer Empfängnis verstünden, gäbe es keine Notwendigkeit für Empfängnisverhütung. Empfängnis ist nicht nur eine Folge der Vereinigung männlicher und weiblicher Fortpflanzungszellen. Zugleich geschieht auch ein kosmischer Akt der Vereinigung, und wenn man das erkennt, wird man beginnen zu verstehen, wie eine Empfängnis geschieht. Entwickelte Seelen kommen auf höheren Lebensebenen überein, noch bevor sie sich inkarnieren, um es zu ermöglichen, daß auf der physischen Ebene durch sie ein Kind geboren wird. Manchmal wird diese Übereinkunft schon zwei- oder dreitausend Jahre vor der Geburt getroffen. Deshalb kennen und erkennen sie die Verantwortung, ein auserwähltes Kind zu bekommen, schon lange Zeit. Entwickelte Seelen würdigen solch eine Übereinkunft fast immer, auch wenn sie die Gelegenheiten vielleicht einschränken, durch die ein Kind durch sie entstehen kann, da sie sich des Schicksals dieses Kindes und seines Einflusses auf die Welt bewußt sind. Das war wohl bei Maria und Joseph und dem Meister Jesus der Fall. Die Menschheit muß lernen, ihrem Schöpfer zu vertrauen und nach seinem Bild, nach seinem göttlichen Willen und Plan zu erschaffen.

41

Habt ihr euer physisches Schicksal wirklich unter Kontrolle? Habt ihr es wirklich unter Kontrolle, wann ihr eure Kinder bekommt? Bis zu einem gewissen Maß ist das wohl so, aber auch nur zu einem sehr geringen Maß. Ihr könnt euch entscheiden, Nein zu euren Kindern zu sagen, ob sie nun auserwählt sind oder nicht, ebenso wie ihr euch entscheiden könnt, zu vielen anderen Dingen Nein zu sagen, doch dann wird der Druck des Lebens euch immer an das Versprechen erinnern, das ihr gegeben habt, bis ihr ihm gerecht werdet.

Ich glaube nicht, daß es viele entwickelte Seelen gibt, die auf die Erde kommen wollen und nicht auf diese Lebensebene gelangen können, weil Empfängnisverhütung sie daran hindert. Es gibt vielleicht einige wenige, aber in einer Zeit wie dieser, in der es so wichtig ist, daß die richtigen Seelen auf der irdischen Ebene leben, werden all die, die hier sein sollen, auch hier sein.

FRAGE: Ihr habt davon gesprochen, daß Sex entweder ein Schöpfungsakt oder ein Lustgewinn ist, aber ihr habt nicht von Sex als einem Liebesakt gesprochen. Warum kann man sich nicht um der Liebe willen lieben?

ZT: Wie kann man sich körperlich lieben um der Liebe willen? Liebe ist kein romantisches, märchenhaftes Ideal. Es ist Energie eures Schöpfers, die in euch pulsiert. Wenn ihr mit dieser Energie in Einklang seid, seid ihr in der Liebe. Wenn ihr den Willen eures Schöpfers erfüllt, wenn ihr selbstlos handelt, so seid ihr in der Liebe. Liebe ist nicht etwas, das man planen und erzeugen kann. Ihr könnt nicht sagen, wir werden uns heute abend oder morgen lieben. Das ist keine Liebe. Liebe ist etwas viel Höheres. Liebe ist ein spontaner Schöpfungsakt. Wenn ihr euch körperlich lieben wollt, um das Prinzip der Liebe zu erfüllen, so könnt ihr das nur dadurch tun, daß ihr auf die Energie eures Schöpfers und nicht auf eure eigenen Wünsche und Begierden reagiert. Es ist die Liebe der Schöpfung, die den Wunsch nach Sexualität entstehen läßt, nicht anders herum. Jemanden körperlich zu lieben auf der Suche nach Liebe, heißt einer Illusion nachlaufen. So wird man sie nie finden. Liebe ist. Liebe wird niemals sein und war nie. Sie ist jetzt. Es ist die Freude des Augenblicks. Man kann sie nicht suchen. Sie sucht einen. Wenn ihr in Liebesromanen lest, wie die Leute sich lieben, so ist das nicht die Liebe der Schöpfung, es ist die Ego-Liebe. Wenn das Ich dabei eine Rolle spielt, so auch die Begehrlichkeit. Wahre Liebe ist ein Akt kosmischer Schöpferkraft, nicht etwas, was aus menschlicher Schwäche entsteht.

FRAGE: Wie kann man sicher sein, daß man ein Kind bekommt, das einem vorbestimmt ist? Kann nicht jede beliebige Seele sich einschleichen, wenn sie die Gelegenheit dazu hat?

ZT: Wenn ihr im Einklang mit dem Universum seid, wenn ihr nur aus eurem höchsten Zentrum und aus der höchsten Motivation heraus handelt, könnt ihr nur das Höchste auf euch ziehen. Das ist das Gesetz des Universums. Das richtige Handeln bewirkt die richtigen Dinge in eurem Leben, weil ihr in Harmonie seid mit dem Leben und allem, was euch umgibt. Das Richtige stärkt das Richtige. Umgekehrt kann nur falsches Handeln die falschen Dinge in eurem Leben hervorbringen, wenn ihr aus euren niedrigen Zentren heraus etwas entstehen laßt. Die Art der Schöpfung wird gestaltet durch euer Verhalten in Gedanken, Worten und Taten.

FRAGE: Junge Menschen haben es heute schwer, mit all der sexuellen Energie umzugehen, die in unserer Gesellschaft vorhanden ist. Es besteht ein so starker Druck, sich wie alle anderen zu verhalten und vor der Ehe sexuelle Erfahrungen zu sammeln. Welchen Rat könnt ihr da geben?

ZT: Die Gesellschaft drängt einen vielleicht in eine bestimmte Richtung, aber sie zwingt einen nicht. Sicher ist es ein Maßstab eurer heutigen Gesellschaft, daß man unnormal ist, wenn man als Jungfrau heiratet, während man vor zwei Jahrhunderten als unnormal galt, wenn man keine Jungfrau war. Ihr habt das Verständnis für das jungfräuliche Prinzip verloren, was es bedeutet, eine Jungfrau zu sein, und ich wende diesen Begriff sowohl im männlichen wie im weiblichen Sinne an. Jungfräulich zu sein, bedeutet, in Gedanken, Worten und Taten rein zu sein, bedeutet, die schöpferische Energie auf richtige Weise zu kanalisieren. In den alten Zeiten glaubte die patriarchale Tradition, daß eine Frau jungfräulich sein müsse, um rein zu sein für ihren Mann und nur mit ihm Kinder zu zeugen. Dieser Glaube war auf das alte Prinzip der jungfräulichen Reinheit gegründet, das besagte, man solle rein bleiben, bis ein Schöpfungsakt aus der richtigen Motivation heraus geschah. Erstaunlicherweise gilt dieses Prinzip für das Männliche ebenso, auch wenn diese Tatsache im Laufe der Zeit vergessen wurde. Die ursprüngliche Idee, daß Männer und Frauen keine sexuellen Beziehungen miteinander haben sollten, bevor sie verheiratet waren, war nicht nur in der sozialen Moral begründet, sondern zielte darauf ab, daß man seine Reinheit für den Akt bewahrte, der die größte Bedeutung hatte, den Schöpfungsakt. Wenn ihr hundert

Versuche gemacht habt, bevor ihr euer eigenes Kind hervorbringt
– wo ist dann die Reinheit eurer Schöpfung?

Die Gesellschaft wird sich natürlich nicht über Nacht verändern. Wir aus der spirituellen Hierarchie versuchen, junge Menschen zu einem Verständnis dafür hinzuführen, was der Sexualakt wirklich bedeutet, sie zum eigenen Denken anzuregen und zu der Erkenntnis, daß man sehr wohl innerhalb einer Gesellschaft leben kann, ohne sich all ihren Gebräuchen anzupassen. Es ist möglich, jungfräulich zu sein und ein glückliches Leben zu führen. Wenn die Energie der sexuellen Kreativität einmal erweckt und initiiert wurde, kann sie das Leben des einzelnen völlig verändern. Überlege, was geschehen würde, wenn du als unverheiratetes Mädchen von einem jungen Mann schwanger würdest, den du weder liebst noch respektierst. Was würdest du tun? Eine Abtreibung machen lassen? Ihn heiraten oder eine alleinerziehende Mutter werden? Auf jeden Fall hat dein Leben darunter zu leiden. Das Kind, das sich inkarnieren wird, hat zu leiden. Deine Eltern haben zu leiden. Das Leben deines Freundes ist in Mitleidenschaft gezogen. Deine Freunde und die Gesellschaft, in der du lebst, sind in Mitleidenschaft gezogen und so weiter. Die Wellen auf der Wasseroberfläche breiten sich kreisförmig aus. Multipliziere diese eine Welle tausendfach, und du siehst, warum die Welt in dem Zustand ist, in dem sie sich heute befindet.

Auch ich habe auf der irdischen Ebene gelebt und kenne den Druck, den ihr alle aushalten müßt. Ihr müßt mit eurem physischen Körper, mit seinen Wünschen und Bedürfnissen zurechtkommen. Ihr müßt gegen eure Begierden kämpfen. Wir alle haben solche Bedürfnisse. Selbst die größten Meister, die je diese Erde betraten, hatten sie. Sie waren genau wie ihr. Aber warum waren sie trotzdem anders als ihr? Weil sie nicht automatisch darauf reagierten, weil sie den Impulsen ihres Körpers, ihrer Wünsche nicht blindlings folgten. Sie versuchten bewußt, sich mit der Schöpferkraft in Einklang zu bringen und in Harmonie mit ihr zu leben, und wenn ihr Gedanke, ihr Wunsch, ihre Handlungsweise nicht in Einklang war mit der schöpferischen Kraft, verzichteten sie darauf. Sie beherrschten ihren Körper.

FRAGE: Was ist mit Menschen, die nicht heiraten, die ihr Leben als Partner zusammmen verbringen, ohne sich sexuell zu verbinden?

ZT: Aus solchen Partnerschaften können viele Lebenserfahrungen entstehen. Es ist nichts daran auszusetzen, wenn man innerhalb solcher Partnerschaften lebt. Der Evolutionszyklus fördert sie sogar. Man kann mit jemandem befreundet sein, man kann mit jemandem zusammenleben, ohne automatisch eine sexuelle Beziehung einzugehen. Man kann sich auf vielen Gebieten gegenseitig etwas geben. Die Verbindung von Männlichem und Weiblichem ist eine wichtige Quelle schöpferischer Kraft in vielen bedeutenden Lebensaspekten. Die schöpferische Energie des einen entzündet im anderen einen Funken, und aus beiden Menschen geht »das Kind« hervor, damit eine schöpferische Trinität entsteht.

FRAGE: Ich glaube deshalb auch, daß es noch viele unerforschte Möglichkeiten der Beziehungen zwischen Mann und Frau gibt. Es scheint mir, als habe die Sexualität viele dieser Möglichkeiten zerstört.

ZT: Dem kann ich zustimmen. Im Bereich menschlicher Beziehungen kann sich vor allem dort noch viel entwickeln, wo es um Partnerschaften zwischen Mann und Frau geht, bei denen Sexualität keine Rolle spielt. Man kann auf so vielen anderen Ebenen gemeinsame Freuden erleben.

FRAGE: Mir scheint, daß eine Frau nur in einer wirklich ausgeglichenen, liebevollen Beziehung Nein zur sexuellen Vereinigung sagen und für ihre Entscheidung respektiert werden kann.

ZT: Es mag den Frauen schwerfallen, sich das einzugestehen, aber sie sind zum großen Teil mehr als die Männer schuld daran, wie es heute um die menschliche Sexualität steht, da sie von ihrem Piedestal herabgestiegen sind und durch ihre Herabwürdigung des Sexualaktes sich selbst in den Augen des Mannes erniedrigt haben. Die Frau hat ihre Reinheit verloren. Sie hat ihre göttliche Verantwortung für die richtige Einstellung gegenüber der schöpferischen Kraft nicht genug ernst genommen. Es ist die Frau, die das Kind empfängt und austrägt. Sie ist der Ursprungsort des Schöpferischen. Welch höhere Ebene könnten die Herrscher über die Schöpfung ihr zuteil werden lassen? Jede Frau kann Nein sagen, nicht um ihrer selbst willen, sondern um des Schöpferischen willen. Frauen haben eine große angeborene Weisheit. Sie können einen Mann besser verstehen als jedes kluge Buch. Sie wissen, ob ein Mann sie liebt oder nicht. Sie sehen alles, können alles durchschauen. Sie sollten sich keinem äußeren Druck beugen. Es gibt viele Möglichkeiten zur Kreativität, die von den jungen Paaren von heute erst noch entdeckt werden müssen.

FRAGE: Das Problem ist heute, daß die Leute sich unsicher fühlen, solange sie keine sexuelle Beziehung eingegangen sind, da sie Liebe mit Sexualität assoziieren. Sie haben dann das Gefühl, ihr Partner liebe sie nicht. Sie glauben, der Sexualakt sei notwendig, um eine Bindung zu schaffen.

ZT: Wenn es so ist, lieben sie sich nicht.

FRAGE: Sagt ihr damit, daß Menschen, die sich im wahren Sinne des Wortes lieben, sich nur dann sexuell vereinigen brauchten, wenn sie ein Kind zeugen wollen?

ZT: Liebe ist ein selbstloses Gefühl. Wenn es zum Ausdruck kommt, kann man in seinem Partner die höchsten Entfaltungsmöglichkeiten sehen, die man ihm für dieses Erdenleben wünscht. Man liebt ihn nicht um dessentwillen, was man von ihm braucht oder was er einem geben kann, sondern dafür, daß er so ist wie er ist. Solch eine Liebe muß nicht durch den Sexualakt getragen werden, vor allem, wenn einer der Beteiligten nicht dazu bereit ist. Es ging mir vor allem darum, euch einen Gedanken klarzumachen: daß es nicht der Sex ist, um den sich alles dreht. Es ist die Liebe.

# Bewußtsein oder Erfahrung

Es wurde gesagt, daß die irdische Ebene mit einer Schule verglichen werden kann, mit einer Schule, die die Menschheit auf der aufsteigenden Spirale ihres Evolutionsweges durchläuft. Das ist natürlich eine sehr grobe Analogie. Zudem beruht das, was ihr unter einer Schule versteht, auf euren persönlichen Erfahrungen mit Schulen und mit dem Erziehungssystem, das in eurer heutigen Welt besteht, und ist deshalb weit entfernt von der wahren Natur der Schule des Lebens auf dieser Erde. Wenn sich eure Schulen allerdings wirklich nach dem Vorbild der Schule des Lebens, wie sie sich hier auf der Erde manifestiert, richten würden – welch starke Verwandlungen würden jene erleben, die diese Schule durchlaufen! In Zusammenhang mit dem, was hier gesagt werden soll, möchte ich euch jedoch bitten, euch vorzustellen, daß die irdische Ebene gleichsam eine Schule ist und daß ihr als einzelne diese Schule besucht und die Lektionen lernt, die sich durch das Leben hier auf der Erde manifestieren. Ihr inkarniert euch in einem physischen Leib, geführt von eurem Geist und seinem Gedächtnis, der Seele, ihr seid vorbereitet auf das, was ihr auf der irdischen Ebene lernen sollt. Ihr entscheidet über die Art eures Daseins und wo es stattfindet, über das »Klassenzimmer«, in das ihr euch begebt.

Zu diesem Zeitpunkt des Evolutionszyklus der Erde steht ihr unter dem Einfluß des Planeten Saturn, dem saturnalen oder satanischen Einfluß. Dieser Einfluß ist nicht die Kraft des Bösen, wie manche Religionen euch weismachen möchten. Ihr unterwerft euch freiwillig diesem planetarischen Einfluß, um euch einer Prüfung zu unterziehen, und diese Prüfung besteht darin, daß ihr eine Entscheidung treffen müßt. Deshalb hat euch euer Schöpfer die göttliche Gabe des freien Willens gegeben: damit ihr euch richtig entscheiden könnt, wenn ihr geprüft werdet. Es hängt von dieser Entscheidung ab, welches Wachstum, welche Entwicklung entstehen können. Euer ganzes Leben lang habt ihr immer wieder die Gelegenheit, euch freiwillig zu entscheiden, wenn ihr diesem prüfenden Einfluß unterworfen seid. Euer Geist fordert selbst solche Prüfungen heraus, während ihr auf dem euch bestimmten

Weg fortschreitet. Manchmal sind es große Prüfungen, manchmal kleine. Aber alle sind wichtig, denn wenn eine kleine Prüfung nicht erkannt oder verschoben wird, ist sie bald zu einer größeren geworden. Prüfungen müssen erkannt und angenommen werden, und wenn man sich ihnen unterzieht, sollte man daran denken, daß einem die Dualität des Lebens hilft, mit ihr umzugehen, damit die schöpferische Trinität daraus entstehen kann – die Lösung.

Das Wesen der menschlichen Schwingungen auf der Erde in dieser Zeit besteht in der Dualität von positiv-negativ, Yin-Yang, männlich-weiblich, Intellekt-Intuition. Wo es um Prüfungen geht, kann diese Dualität als Erfahrung und Bewußtsein beschrieben werden. Das Wesen der Prüfungen, die ihr zu bestehen habt, entscheidet über das Gleichgewicht innerhalb dieser Dualität, denn wie man nicht sagen kann, männlich sei richtig und weiblich sei falsch, Intellekt sei richtig und Intuition sei falsch, so gibt es auch kein Richtig oder Falsch im Umgang mit euren Prüfungen und bei der Suche nach Lösungen. Der Irrtum, den die Menschheit heute begeht bei ihrem Versuch, ihre Probleme zu lösen, besteht darin, daß sie nicht das richtige Gleichgewicht zwischen Positivem und Negativem, zwischem Männlichem und Weiblichem findet. Während es Prüfungen gibt, zu deren Bestehen mehr Intellekt als Intuition gehören, gibt es ebenso andere, die mehr Intuition als Intellekt erfordern. Manche Prüfungen wird man nur aufgrund seiner Erfahrung bestehen, andere mit Hilfe des Bewußtseins, der Erkenntnis. Ihr müßt das richtige Gleichgewicht zwischen beidem finden.

Euer Intellekt, euer physisches Gehirn stellt die Gesamtsumme aller irdischen Erfahrungen eures gegenwärtigen Lebens dar. Es verbindet euch mit dem Leben, das ihr führt. Es verankert euch innerhalb der sozialen Sitten und Traditionen der Gesellschaft, in der ihr euch inkarniert habt. Eure Intuition aber weiß nichts von diesem gegenwärtigen Leben. Sie hat nicht die Erfahrung des Intellekts. Sie gründet nur auf der Weisheit vergangener Leben. Wenn die Prüfung, mit der ihr euch auseinanderzusetzen habt, Wissen über das gegenwärtige Leben erfordert, muß die Waag-schale sich deshalb mehr zur Seite des Intellekts und der Erfahrung neigen, wenn ihr eine Entscheidung treffen wollt, wobei jedoch eure innere Weisheit bis zu einem gewissen Grad mit hineinwirken kann. Ebenso werdet ihr euch aber auch Prüfungen gegenüberge-stellt sehen, die ihr mit dem Intellekt nicht bestehen könnt, vielleicht einfach, weil ihr in eurem bisherigen Leben nie eine solche Situation erlebt habt. Dann werdet ihr euch natürlich vor allem auf eure Intuition und euer Bewußtsein stützen und auf jene feine leise Stimme in eurem Inneren, durch die ihr euch Zugang zu der in früheren Leben gesammelten Erkenntnis verschafft. Ihr müßt wieder hinabsteigen zu jener unschätzbaren Weisheit, die ihr in euren unzähligen Inkarnationen in unzähligen Leben in Schmerz und Ekstase, in Freude und Trauer gesammelt habt. Diese Weisheit wird euch helfen, die Prüfungen zu bestehen, die euch jetzt begegnen.

Ist euch eine Aufgabe gestellt worden und ihr habt sie nicht entsprechend eurem Seelenbewußtsein – und die Betonung liegt dabei auf *diesem* Bewußtsein – gelöst, wird sie ein andermal in einem anderen Leben wiederholt, um euch die nötige Lernerfahrung zu vermitteln. Deshalb werden, wenn ihr in diesem Leben vor einer schwierigen Aufgabe steht, durch intuitive Prozesse Erfahrungen aus vergangenen Leben heraufgeholt, in denen ihr vor einer ähnlichen Situation standet. Das bewirkt oft eine Zerstörung der Emotionen und Sinneswahrnehmungen in solch einer Situation. Die Art der Prüfung wird natürlich immer durch die Gesellschaft und das evolutionäre Bewußtsein der Welt, in der ihr jetzt lebt, modifiziert.

Das Gleichgewicht zwischen Intellekt und Intuition, Erfahrung und Bewußtsein ist immer variabel. Es liegt immer an euch, wie dieses Gleichgewicht aussieht. Solch eine Entscheidung kann nicht intellektuell getroffen werden, sondern dadurch, daß man sich dem Problem vollkommen öffnet. Glaubt nicht, daß Prüfungen nur eine irdische Angelegenheit wären, die nur mit dem physischen Leben, das euch umgibt, zu tun haben. Jede Prüfung kommt aus dem Geist, sie ist Geist, ihr seid umgeben und durchdrungen von Geist. Ihr seid durchdrungen von der Kraft eures Schöpfers, die alle Dinge umgibt, motiviert und erschafft. Ihr seid ein geistiges Wesen, das im Geist lebt, ihr seid ein lebendiger Teil dieses Geistes. Deshalb sind alle Dinge vom Höchsten bis zum Niedrigsten, ist das, was ihr das Heiligste und das Böseste nennt, Teil dieser geistigen Kraft. Es ist der Geist, der euch immer wieder prüft.

Ihr sollt erkennen, daß nicht nur ihr immer solchen schwierigen Aufgaben gegenübersteht, sondern daß sie ein natürlicher Teil des Wachstums, des Evolutionsprozesses sind. Erkennt, daß eine Prüfung eine Gelegenheit ist, die ihr ergreifen solltet und nicht etwas, dem man aus dem Wege gehen soll. Erkennt, daß eine Prüfung, die ihr angenommen und bestanden habt, Türen zu einer neuen Lebenserkenntnis öffnet, daß eure physische Existenz jetzt und auch in der Zukunft dadurch vollkommener wird. Solche Aufgaben erfordern deshalb große Einsicht und Hingabe. Ihr dürft nicht denken, daß das Leben eine dauernde Prüfung ist. Natürlich müßt ihr immerzu Entscheidungen treffen, aber die Prüfungen, die euch begegnen, sind meistens von Zeiten der Ruhe gefolgt, in denen ihr zeigen könnt, was ihr gelernt habt – und euch natürlich auf die nächste Prüfung vorbereiten könnt, denn darin besteht euer Leben auf der Erde. Deshalb seht euren Prüfungen hoffnungsvoll und mutig entgegen. Seid einsichtig. Nehmt sie an. Ihr müßt wissen, daß es ein Scheitern wie in einer irdischen Schule dabei nicht gibt, sondern nur die Gelegenheit zum Lernen. Wenn ihr entsprechend eurem Bewußtseinsstand eine falsche Entscheidung trefft, müßt ihr wissen, daß sie nicht für alle Zeiten getroffen ist, denn ihr werdet einfach immer wieder vor dasselbe Problem gestellt werden, bis ihr eure Lektion gelernt habt. Denkt daran, daß manche von euch viele Leben lang immer wieder vor dieselbe Prüfung, *dieselbe Prüfung*, gestellt werden, und ich spreche hier von tiefgehenden seelischen Angelegenheiten, nicht von den Trivialitäten des physischen Lebens. Es geht um die Essenz des Universums, denn ihr alle sollt göttliche Wesen werden.

Wenn ihr also vor solchen Lebensfragen steht, denkt an das Gleichgewicht zwischen Positiv und Negativ, zwischen Intellekt und Intuition. Denkt daran, daß ihr entweder durch Erfahrung oder durch Bewußtsein lernen könnt. Manchmal müßt ihr durch Erfahrung lernen. Manchmal könnt ihr nur durch euer Bewußtsein lernen. Bedenkt aber auch, daß das intuitive Bewußtsein immer wichtiger ist als die intellektuelle Erfahrung, da die Kraft der Intuition eine göttliche Kraft ist, die durch euch hindurchfließt. Intuitives Bewußtsein wird aus dem Göttlichen gespeist, während die Kraft der Erfahrung etwas ist, das ihr durch euren eigenen Intellekt geschaffen habt. Ihr sucht natürlich immer das Gleichgewicht zwischen beiden. Seid euch jedoch des Zentrums bewußt, das die Entscheidung trifft.

Der Mensch ist weise, der durch sein Seelenbewußtsein mehr lernt als durch seine Erfahrung, da er schneller und unter weniger Schmerzen lernen wird. Derjenige ist weise, der aus der Erfahrung eines anderen Menschen lernen kann, indem er durch dessen Erfahrung zur Einsicht kommt. Derjenige ist weise, der aus den Erfahrungen eines anderen Landes lernen kann, weil er durch sie zur Erkenntnis kommt. Weise ist derjenige, der aus den Erfahrungen anderer Planeten lernen kann, indem diese Erfahrungen in sein Seelenbewußtsein eingehen.

Denkt an all dies, wenn ihr geprüft werdet. Denkt an die Entscheidung, die ihr zu treffen habt. Denkt daran, daß ihr spirituelle Wesen seid, die vom Geist umgeben und vom Geist geführt sind. Wendet euch zu diesem Geist hin. Beruft euch auf euer wahres Wesen, wenn ihr geprüft werdet. Seid glücklich, wenn ihr geprüft werdet, da das eine Initiation der Liebe ist, die der Schöpfer euch zu eurer eigenen Höherentwicklung zuteil werden läßt. Erkennt die Prüfung als einen Akt der Liebe, als einen Akt göttlicher Evolution in dieser Schule der Liebe.

## Fragen und Antworten

FRAGE: Ich sehe, daß es besser ist, durch Bewußtsein als durch Erfahrung zu lernen. Ich weiß, daß ich aus den Erfahrungen anderer Menschen lernen kann, ohne sie selbst machen zu müssen. Was aber ist, wenn niemand da ist, dem eine ähnliche Aufgabe gestellt ist wie mir?

ZT: Natürlich gibt es, je weiter ihr in der menschlichen Entwicklung fortgeschritten seid, desto weniger Menschen in eurer Umgebung, die ähnliche Prüfungen wie ihr bestehen müssen und deshalb gibt es auch weniger Menschen, von denen ihr lernen könnt. Deshalb müssen entwickelte Seelen meist auch mehr durch ihre eigenen Erfahrungen lernen als durch die anderer. Dennoch wärt ihr überrascht, von wieviel Menschen ihr lernen könntet, wenn ihr euch nur aufmerksamer umsehen würdet!

FRAGE: Ich begegnete kürzlich jemandem, der eine ähnliche Aufgabe wie ich zu lösen hatte; es ging darum, ob er seine Stelle aufgeben und ein spiritueller Lehrer werden sollte; ihm sagte seine Führung, was er zu tun habe. Kann uns gesagt werden, was wir tun sollen, wenn wir es nicht wissen?

ZT: Ich glaube, daß er eine andere Prüfung bestehen mußte als du, da es zwei verschiedene Dinge sind, ob man gesagt bekommt, was man tun soll oder ob man es selbst herausfinden muß. Wenn einem gesagt wird, was man tun soll, ist die Lebenserfahrung natürlich längst nicht so groß, da man es nicht für sich selbst herausgefunden hat. Wenn du vor einer Entscheidung stehst, vor der du jedenfalls in diesem Leben noch nie standest, kann dir freilich weder Intellekt noch Erfahrung von Nutzen sein, zumindest was das Treffen der Entscheidung anbelangt; denn natürlich muß man seinen Intellekt benutzen, um seine Entscheidungen dann auf der irdischen Ebene zu manifestieren und seinen irdischen

Verpflichtungen nachzukommen. Es sind geistige Kräfte, die eine solche Aufgabe stellen, und so wird der Geist dir auch helfen, wenn du sie lösen mußt; letztlich mußt du jedoch selbst entscheiden, was du tun wirst.

FRAGE: Ich muß mich wohl zuerst entscheiden, ob der Entschluß, meinen Beruf aufzugeben und ein spiritueller Lehrer zu werden, richtig ist. Stimmt das nicht?

ZT: Ich sehe, daß du zwei Aspekte in Betracht ziehen mußt. Zunächst: Ist es die richtige Bewegung für dich, ist sie im Fluß mit deinem Schicksal, und mit Schicksal meine ich nicht nur dein eigenes, sondern auch das deiner Familie, denn niemand ist eine Insel. Und wenn es in Einklang mit deinem Schicksal ist, ist es dann auch der richtige Zeitpunkt in deinem Schicksalsweg, es zu tun? Ist es der richtige Zeitpunkt, dich nicht mehr den physischen Aufgaben, sondern einer spirituellen Aufgabe zu widmen? Für jeden gibt es den richtigen Zeitpunkt, auf seine irdische Aufgabe zu verzichten und sich zur spirituellen hinzuwenden, ein Zeitpunkt, zu dem man weiß, daß man sich um die physischen Bedürfnisse nicht mehr kümmern muß, da sie dann von selbst von den geistigen Kräften erfüllt werden. Du mußt natürlich akzeptieren, daß das auf eine Weise geschehen kann, die du als Individuum dir nicht so gewünscht und gewählt hättest, aber Hingabe an eine Aufgabe bedeutet, mit all dem vollkommen einverstanden zu sein.

FRAGE: Ich arbeite mit universellem Feedback, und wenn das Universum mir eine sehr entschiedene positive Bestätigung gibt, mache ich weiter, denn wenn es sich in der Realität verwirklicht, ist das Physische und das Spirituelle das gleiche. Stimmt das?

ZT: Natürlich wird das Universum dir ein Feedback geben, wir sprechen hier jedoch von der Hingabe an eine Sache. Du veränderst deine Rolle im Leben nicht einfach, weil du das willst. Du veränderst sie, weil du dich einer neuen Rolle in deinem Leben geistig, emotional und vor allem spirituell widmest. Es ist schwierig, jemandem den Unterschied zwischen physischer und spiritueller Hingabe zu erklären, der nur das Engagement für eine physische Angelegenheit kennt, denn wenn man sich auf spirituelle Weise dem Weg des Lebens widmet, bedeutet das, sich dem Willen des Schöpfers freiwillig unterzuordnen, also in gewissem Sinn den eigenen Willen zu unterdrücken, um seinen Willen durch das eigene Sein zu erfüllen.

Gibt man sich dem Geist hin, und ich meine das nicht in dem Sinn, wie man sich einer Religion verschreibt, sondern im Sinne einer wahren Hingabe an den Geist, wenn man also zu einem Bewußtseinsstand gelangt, der es einem erlaubt, zugleich die eigene Individualität zu erkennen und sich willig in den Dienst des Schöpfers zu stellen, so hat man einen wichtigen Schritt auf dem Weg zur Meisterschaft getan. Es ist jedoch von größter Wichtigkeit, die Bedeutung dieses Schrittes zu erkennen, denn wenn man ihn einmal getan hat, gibt es kein Zurück mehr, dann kann man es sich nicht mehr anders überlegen. Wenn die Entscheidung gefallen ist, dann ist sie gefallen. Wenn man sich bereit erklärt hat, sich auf diese Probe stellen zu lassen, kann man das nicht mehr rückgängig machen.

Dem Schöpfer zu dienen, fordert auch Opfer. Es wird Leiden mit sich bringen. Denkt an die Jünger Jesu. Wäre das in der heutigen Welt anders? Dem Schöpfer zu dienen, bedeutet Vereinsamung. Das bedeutet, seinen Weg ganz alleine zu gehen. Denkt an die Jünger Jesu. Es bedeutet, dorthin zu gehen, wo man unerwünscht ist, wo man ungeliebt ist, es bedeutet, daß mit dem Finger auf einen gezeigt wird, daß einen aber all diese Dinge nicht berühren, weil man weiß, daß man den Willen Gottes erfüllt und seinem Ziel dient. Es könnte sogar bedeuten, daß man das eigene Leben opfern muß, um diesen Willen zu erfüllen. Ich sage das nicht, um dich davon abzubringen, um dich zu erschrecken, sondern um dir bewußt zu machen, was Hingabe wirklich bedeutet. Es ist ein großer Schritt. Ich möchte eine Unterscheidung treffen zwischen dem Schritt, den es bedeutet, die Gegenwart und den Willen Gottes in allen Dingen anzuerkennen und sich zu bemühen, ihn zu befolgen, und dem Schritt, der bedeutet, daß man wirklich eins ist mit dem Willen seines Schöpfers in jedem Lebensaspekt, also die eigenen Wünsche und Bedürfnisse völlig aufgibt und vollkommen einverstanden ist mit dieser uneingeschränkten Hingabe.

# Führung

Ich frage mich, warum ihr glaubt, Führung zu brauchen und vor allem, warum ihr durch eine mediale Verbindung Führung sucht. Warum solltet ihr, Wesen, die auf der irdischen Ebene inkarniert und mit physischen Sinnen ausgestattet sind, die in der Realität des physischen Lebens existieren, Führung durch mich suchen, ein exkarniertes Wesen, das in einem Bereich jenseits eures Fassungsvermögens, weit entfernt von der physischen, irdischen Ebene, lebt? Was kann ich euch geben, das euch eine Hilfe auf eurem Lebensweg sein könnte? Vielleicht sucht ihr diese Art von Führung, weil ihr nicht mit eurer eigenen inneren Stimme, mit eurer eigenen spirituellen Führung in Kontakt seid, und deshalb froh seid, eine andere Quelle zu finden, die für euch zugänglich ist. Zudem erfordert diese Art von Führung keine Anstrengung oder Konzentration auf eurer Seite, denn ihr setzt euch einfach nieder, entspannt euch und hört zu. In gewissem Sinn wird alles für euch getan. Schwieriger wäre es für euch, die Führung, die ihr braucht, durch euren eigenen göttlichen Kanal zu erlangen.

Ich bin mir der Verantwortung sehr bewußt, die es bedeutet, Führung zu geben, denn ich bin für das, was ich sage, bis zum Ende der Zeiten verantwortlich. Ich bin karmisch verantwortlich nicht nur für das, was ich zu euch sage, sondern auch für das, was ihr daraufhin tut. Deshalb ist es sehr wichtig, bei jedem Austausch zwischen verschiedenen Lebensebenen wie diesem, sich dieser Verantwortung bewußt zu sein. Es ist sehr entscheidend, daß ihr, wenn ihr solche Führung sucht, vor allem feststellt, ob der Geist, der euch diese Führung erteilt, mindestens auf eurer Stufe des spirituellen Bewußtseins steht, möglichst aber weiterentwickelt ist; denn jede Führung, die ein weniger entwickelter Geist euch gäbe, wäre wertlos. Denn wie könntet ihr die Schwingungsebenen des Geistwesens feststellen, wenn nicht durch das richtige Umsetzen dessen, was es euch sagt, in die Praxis, und durch eine dauernde Überprüfung dieser Führung sowohl durch eure eigenen Gefühle als auch durch die euch umgebende Welt, denn was ist die Welt um euch anderes als euer Schöpfer, der zu euch spricht.

Kommt es euch nicht auch merkwürdig vor, daß ihr euch der

Führung jemandes anvertraut, der weit entfernt von eurer irdischen Ebene ist, und daß ihr akzeptiert, was dieses Geistwesen sagt, ohne überhaupt zu wissen, was für eine Persönlichkeit oder was für eine Seinsform das ist, die zu euch spricht? Aber so ist das Leben auf der Erde heutzutage, wo der Intellekt über die Intuition herrscht, daß diese Form der Führung von vielen gesucht wird, die verstehen möchten, was auf diesem Planeten geschieht. Ihr habt diese Form der Führung in früheren Leben oft gesucht. Für euch ist es eine Form der Kommunikation, die ihr akzeptiert habt, ihr habt euch in der Vergangenheit ihrer bedient und werdet das auch in Zukunft tun. Ihr akzeptiert die Führung als euer Geburtsrecht.

Ich möchte euch zunächst sagen, wie wesentlich es bei dieser Form von Führung ist, daß ihr wißt: Ich würde euch nie sagen, was ihr tun sollt. Ich würde euch nie vorschreiben, welchen Weg ihr gehen sollt. Das ist nicht meine Absicht, wenn ich zu euch spreche. Jeder Führung, die das tut, sollte man mit äußerster Vorsicht begegnen. Das Wesen der Führung ist, euch zu helfen, zu eurer eigenen Entscheidung zu gelangen; ihr sollt euch keinesfalls in blindem Vertrauen irgendwelche Entscheidungen abnehmen lassen. Das ist keine Führung. Wenn ich euch eure Entscheidungsfreiheit nehme, wenn ich euch eine Lebensprüfung erspare, wenn ich die Hindernisse beseitige, die auf eurem Entwicklungsweg liegen, dann nehme ich euch eure Lernerfahrungen, und daraus wird nichts Gutes entstehen. Ich möchte euch führen. Ich möchte euch belehren. Ich möchte euch helfen, euer Bewußtsein zu entwickeln. Aber ihr müßt diese Arbeit selbst tun, ich kann sie euch nicht abnehmen. Ich kann nur der Funke sein, der in eurem Bewußtsein das wachruft, was ihr ohnehin schon als Wahrheit erkannt habt.

Aber warum suchen die Menschen solch eine Führung? Für manche ist das ein sehr bequemer Weg. Wie einfach ist es, jemand anderen zu bitten, er solle einem die eigenen Probleme lösen und einem sagen, wie oder wann man etwas zu tun habe, anstatt es für sich selbst herauszufinden. Wenn man lange Zeit in der Illusion der eigenen Persönlichkeit gelebt und die Weisheit der Seele geleugnet hat, gelangt man irgendwann an einen Punkt, an dem man wirklich verloren ist, da man den Weg der Illusion so lange gegangen ist, daß man die Realität des Lebens, die einen umgibt, nicht mehr erkennt. Erst wenn es soweit ist, merkt man, daß irgend etwas nicht stimmt, und sucht Hilfe. Aber ihr müßt selbst die karmische Verantwortung dafür tragen, in dieser Situation zu sein, ihr habt sie selbst verursacht. Diese Lernerfahrung ist für eure Seele lebensnotwendig. Sie euch zu nehmen hieße, das Ziel zu vereiteln, um dessentwillen die Seele hier auf der irdischen Ebene ist. Andere suchen Führung, weil sie an einem Punkt ihres Lebens angelangt sind, an dem sie einfach nicht wissen, welche Richtung sie einschlagen sollen, da sie vor einer sehr weitreichenden Entscheidung stehen, beispielsweise ob sie heiraten sollen, ob sie in ein anderes Land ziehen sollen, ob sie ihren Beruf aufgeben sollen. Sie sind so durch ihre eigenen Gedanken und Ängste, durch die wohlmeinenden Ratschläge ihrer Freunde verwirrt, daß sie den Wald vor Bäumen nicht mehr sehen. Aber warum solltet ihr bei einer solch wichtigen Entscheidung nach einer Führung von außen suchen, wer könnte euch denn wirklich raten, da ihr selbst doch ein einzigartiges Wesen seid, einzigartig im ganzen Kosmos? Es gibt kein anderes Wesen im ganzen Kosmos, das auf eurer Frequenz schwingt, das an genau demselben Punkt der Seelenerkenntnis und Weisheit angelangt ist wie ihr, das auf eurer ganz persönlichen Schwingungsebene lebt. Wer also könnte euch raten, welchen Weg ihr einschlagen sollt?

Es gibt nur ein Wesen in der ganzen Welt, das euch wirklich kennt und wirklich weiß, was ihr tun solltet. Dieses Wesen ist euer Schöpfer. Euer Schöpfer erkennt nicht nur das Schicksal eurer gegenwärtigen Inkarnation, sondern auch das eurer vergangenen und zukünftigen Inkarnationen, nicht nur das Schicksal eurer Familie und eurer Freunde, sondern auch das des Planeten, auf dem ihr jetzt lebt. Wir von der spirituellen Hierarchie, die Diener des Schöpfers auf den höheren Lebensebenen, haben Einsicht in dieses Schicksal, da auf dieser Lebensebene keine Zeit existiert. Es gibt keine Vergangenheit, es gibt keine Gegenwart, es gibt keine Zukunft. Alles ist eins, und so sehen wir das, was ihr als einen Augenblick in der Zeit erlebt, klar in der Gesamtheit des Seins. Nur von diesem Standpunkt aus können wir euch Rat erteilen, da wir den Weg, den eure Seele geht, deutlich sehen. Deshalb gilt unsere Führung eurer Seele, nicht eurer Persönlichkeit. Wir sind nicht interessiert an den Facetten eurer Persönlichkeit, die sich jetzt manifestiert, die sich in der Vergangenheit manifestiert hat oder es in der Zukunft tun wird. Wir sprechen nur zur Seele, zu diesem Funken des Geistes, der unvergänglich ist, der nicht abhängig ist vom physischen Körper und der auch jetzt mit uns auf den höheren Ebenen des Lebens verbunden ist.

Führung: Rat erteilen, den Weg weisen. Es gibt viele, die sich auf der irdischen Ebene inkarnieren und einfach durch ihr Sein anderen als Führer dienen, große Meister wie der Nazarener oder

der Buddha. Das ist die Wirklichkeit des Führens. Durch ihr Leben, durch ihre individuellen Äußerungen können sie die Menschheit führen. Im Leben solcher Meister solltet ihr die Führung sehen, nach der ihr sucht. Seht in dem Weg, den sie gingen, in den Enthüllungen ihres Geistes, was die Wirklichkeit des physischen Lebens ist. Beobachtet eure Mitmenschen, in denen allen der göttliche Funke des Geistes lebt, betrachtet die physische Welt, die euch umgibt und seht, wie die Menschen auf eure Gedanken, Worte und Taten reagieren, denn sie sind der Spiegel eures Wesens. Es ist die Führung, die ihr sucht. Ihr müßt euch nicht an uns wenden, um geführt zu werden, wenn rings um euch all das ist, wodurch euer Schöpfer euch führt: die manifeste Welt und die geistigen Wesen, die in ihr leben. Diese Art der Führung war euch immer zugänglich und wird es immer sein. Wenn ihr mit den Reichen dieser Erde, nicht nur dem Menschenreich, sondern auch dem der Tiere, der Pflanzen und der Mineralien in Berührung kommt, sendet ihr Töne aus, deren Resonanz euch aus diesen Reichen entgegenkommt, eine Resonanz, die die Richtigkeit eures Handelns bestätigt oder verneint. Aber natürlich gibt es auch Menschen, die nicht sehen können oder wollen, und für sie gibt es andere Formen der Führung, deren eine wir hier anwenden. Doch wie ich schon sagte, diese Führung gilt der Seele, nicht der Persönlichkeit.

Unter den jungen Menschen von heute gibt es viele, die Führung suchen, weil sie sich in der Welt, in der sie leben, verloren und hilflos fühlen. Aber warum ist das so, da sie Söhne und Töchter dieser Welt sind? Sie haben sich dazu entschlossen, sich hier zu inkarnieren. Sie mußten auf den höheren Ebenen des Lebens sogar um das Recht kämpfen, sich in dieser entscheidenden Zeit auf der Erde zu verkörpern, da es Tausende von Seelen gibt, die sich in dieser Zeit inkarnieren wollen, um die großen Veränderungen zu erleben, die jetzt auf der Erde geschehen, um Zeugen des Überganges von einem Zeitalter zum nächsten und der Wiedergeburt des Planeten zu werden. Deshalb müssen diese jungen Menschen erkennen, daß sie aufgrund ihrer eigenen Entscheidung hier sind, daß sie hier sind, weil ihre Seele weiß, was die Erde und das Universum sie lehren kann. Wenn sie sich entschieden haben hierherzukommen, warum fühlen sie sich dann verloren und hilflos? Warum enthüllen Erde und Universum ihnen nicht den Weg, den sie einschlagen müssen?

Ein Hauptgrund ist der, daß die jungen Menschen heute nicht auf die Erde und das Universum lauschen. Sie hören nur auf sich selbst. Sie hören auf die Illusionen und die Gedankenformen, die sich in ihnen herangebildet haben, auf das, was sie für die Wahrheit halten. Sie haben ihre Ohren verschlossen gegenüber jener Quelle, die ihnen enthüllen könnte, was die wahre Realität des Lebens auf dieser Erde ist. Das Erziehungssystem, das sie durchlaufen haben, ist so geartet, daß man ihnen immer beibrachte, in der Außenwelt nach Informationen und Belehrung zu suchen. Nur sehr selten wurden ihre intuitiven Fähigkeiten kultiviert und genutzt. Nur sehr selten waren sie gefordert, schöpferisch zu sein, aus ihrem eigenen Inneren hervorzubringen, was ihnen heilig ist. Haben sie als Individuen überhaupt je darüber nachgedacht, was ihnen heilig ist und was ihnen von der Gottheit zufließt?

Heute lebt ihr in einer Welt, die sich auf Technologie gründet. Ihr lebt in einer Welt, in der die Technologie sich ganz unabhängig von menschlichen Gesichtspunkten entwickelt hat. Die wissenschaftlichen Fortschritte, die man machte, hatte man nur sehr wenig unter Kontrolle. Ergebnis ist, daß man eine hochentwikkelte Technologie hat, ohne die Weisheit sie zu nutzen. Ja, eine Maschine kann Hunderte von Männern und Frauen ersetzen, aber was ist mit diesen Hunderten von Männern und Frauen? Was sollen sie tun? Das Wesentliche im Leben ist Arbeit: schöpferische Tätigkeit, ein Nutzen der Gaben, die der Schöpfer der Menschheit verliehen hat. Diese Gaben müssen geübt werden, sonst verkümmern sie. Wenn diese Gaben verlorengehen, spüren die Menschen deutlich, daß es ihnen an Sinnhaftigkeit und Zielgerichtetheit fehlt, und sie versuchen verzweifelt noch irgendeinen Sinn in ihrem Leben zu sehen. Viele Menschen von heute verlieren ihre göttlichen Gaben entweder, weil sie sie nicht nutzen und verwirklichen können oder wollen oder weil sie den Willen zu arbeiten verloren haben. Sie sind in einer Gesellschaft aufgewachsen, in der die Arbeit kein wesentlicher Teil des Lebens mehr ist.

Arbeit ist die Möglichkeit, wie ihr den Geist eures Schöpfers zum Ausdruck bringen könnt. Arbeit ist ein Mittel für euch, die Kraft eures eigenen Geistes zu manifestieren. In allem, was ihr in eurer Arbeit tut, sei es durch Gedanken, Worte oder Handlungen, bringt ihr auf dieser irdischen Ebene etwas Gutes oder Schlechtes hervor. Vor dieser Entscheidung steht ihr immer. Ihr seid nur Vermittler der göttlichen Energie. An euch liegt es, diese Energie zu nutzen, ihr Richtung zu geben. Das ist es, was ihr im Leben lernen sollt. Da es jedoch in so vielen Ländern der westlichen Welt den sogenannten Wohlfahrtsstaat gibt, hat sich die Anschauung breit gemacht, daß man nicht arbeiten muß, wenn der Staat für einen sorgt. Das ist aber nicht so. Der Wohlfahrtsstaat, wie er heute existiert, verdirbt die Menschen, da er ihnen die Möglichkeit nimmt zu lernen, welchen Ansporn einem die Arbeit geben kann, wie wichtig und wünschenswert sie ist; Arbeit nicht um des Geldverdienens willen, sondern Arbeit um der Arbeit willen. Ihr solltet arbeiten, als hinge euer Leben davon ab, denn das tut es in Wahrheit auch. Wie ihr jetzt arbeitet, hängt davon ab, welches Leben ihr in der Zukunft haben werdet. Die Arbeit, die ihr jetzt tut, ist spirituelle Energie, die ihr sammelt und die euch in der Zukunft wieder zugute kommt, sozusagen ein spirituelles Potential, das ihr geschaffen habt. Bevor ihr euch dieses Potential nicht erarbeitet habt, kann keine Energie von oben durch euch fließen. Ihr müßt erst Energie erzeugen, bevor sie euch geschenkt wird. Wenn ihr in einem bestimmten Bereich weiterkommen wollt, müßt ihr vielleicht auf einem ganz anderen Gebiet sehr hart arbeiten, um euch dieser Gabe von oben würdig zu erweisen. Inspiration fällt nicht wie Regen vom Himmel. Sie muß erarbeitet werden. Man muß sie sich durch das richtige Verhalten, durch Arbeit, verdienen. Wenn ihr das erreicht habt, kann die Inspiration herabfließen, und ihr werdet erkennen, welche Richtung ihr einschlagen sollt und das Schicksal, das vor euch liegt, zu verstehen beginnen.

Es besteht bei den jungen Leuten von heute große Unsicherheit, was unser Zeitalter anbelangt. Viele von ihnen sind sehr alte Seelen. Manche von ihnen haben sich Tausende von Jahren nicht mehr auf der Erde inkarniert und kehren nun in eine Zeit zurück, die den Niedergang einer Zivilisation erlebt, eine Zeit, in der moralische und spirituelle Werte fast vollständig verlorengegangen sind. Zudem wird ihre Einsicht in das wahre Wesen des physischen Lebens ständig verzerrt durch die Autoritäten, vielleicht auch nur, weil diese Autoritäten angegriffen werden. Es ist dabei unvermeidlich, daß junge Menschen in Konflikt mit der Autorität geraten, da ihre Anschauung vom wahren Leben ganz anders ist. Aber dazu sind die jungen Menschen hier. Sie sind hier, um die Welt zu verändern. Sie sind hier, um das Fische-Zeitalter ins Wassermann-Zeitalter zu führen.

Was die jungen Menschen von heute als Realität des Lebens betrachten, ist sehr anders als in der Vergangenheit. Sie möchten ihr Leben anders führen, sie verhalten sich moralisch, sozial und politisch ganz anders, als man das früher tat. Habt keine Angst vor solchen Veränderungen. Habt keine Angst vor solch einer Vielfalt. Das zu leben, sind die jungen Menschen gekommen. Dieses neue Verständnis muß durch Arbeit, durch die richtige Praxis, durch eine gegenseitige Durchdringung der älteren und der jüngeren Generation manifestiert werden. Denkt daran, daß die Kinder der jungen Menschen von heute zu ihnen aufsehen werden, um etwas über die Wassermann-Prinzipien zu erfahren. Deshalb haben sie solch eine große Verantwortung, denn sie sind die Mütter und Väter des neuen Zeitalters.

Wir von der spirituellen Hierarchie nähern uns deshalb nun der Erde, um die Menschheit zu dieser neuen Lebensanschauung zu führen. Wir wollen euch in Augenblicken wie diesen zeigen, daß eine starke Quelle der Weisheit vorhanden ist, aus der ihr schöpfen könnt und müßt, und daß in euch schon eine Aufnahmefähigkeit für intuitive Erkenntnisse ist, durch die sich euch diese Weisheit mitteilen kann. Wir wollen euch zeigen, daß es eine göttliche Quelle der Kraft und Energie gibt, die jenseits der irdischen Ebene liegt und die über das Schicksal dieser Erde und über alles, was auf ihr ist, bis zum kleinsten Lebenselement, bestimmt. Die Gottheit ist rings um euch. Gott ist gegenwärtig in jedem Aspekt jedes Seins, in jedem Element, in jedem Atom der Materie, das in eurer Welt existiert. Immer, wenn ihr mit der Materie umgeht, geht ihr mit Gott um. Eure Arbeit mit dieser Materie ist Arbeit mit Gott. Und indem ihr arbeitet, wird euch das Schicksal des Universums enthüllt werden. Die Einsicht, die euch jetzt erst dämmert, wird sich zu physischer Realität verdichten, und ihr werdet erfüllen, was zu erfüllen eure Aufgabe ist: die Begründer des Wassermann-Zeitalters zu sein. Das ist eure Führung.

## Fragen und Antworten

FRAGE: Wir sind in letzter Zeit ziemlich viel gereist. Glaubt ihr, daß es richtig für uns ist oder sollten wir uns jetzt, da wir verheiratet sind, lieber niederlassen?

ZT: Das hängt davon ab, warum ihr reist. Es gibt Menschen, die reisen, um dem Dauerhaften zu entgehen; sie werden immer reisen. Es gibt andere, die reisen, um etwas Dauerhaftes zu finden. Es muß für das Reisen immer einen Grund geben, sonst wird es zu einer Art Flucht. Ihr sollt nur reisen, wenn eine Notwendigkeit dafür besteht, wenn ihr aufgrund der Reaktionen, die aus der Außenwelt kommen, aufgrund der Gelegenheiten, die sich euch bieten, seht, daß ihr reisen sollt. Ihr müßt aufpassen, daß ihr nicht nur reist, um euch die Zeit zu vertreiben, denn Reisen kann eine sehr ermüdende Sache sein, die euch eure Lebensenergie vollständig entzieht.

Was geschieht eigentlich wirklich, wenn ihr reist? Ihr löst die Wurzeln eures Seins heraus. Ihr verändert die Schwingungen des Bodens, auf dem ihr lebt, die Aura des Ortes, an dem ihr euch befindet. Ihr begebt euch in andere Kraftfelder. Ihr entwurzelt euch und müßt euch an einem neuen Ort niederlassen und akklimatisieren. Nehmt euch ein Beispiel an der Natur. Wenn man eine Pflanze aus einem Teil des Gartens nimmt und sie an einen anderen setzt, so mag sie das nicht. Es dauert eine Zeitlang, bis sie sich wieder eingewöhnt und wieder sie selbst geworden ist. Das gleiche gilt für die Menschen, auch wenn ihr das nicht merkt.

FRAGE: Glaubt ihr, ich sollte hierbleiben und versuchen, mich hier niederzulassen oder soll ich diesen Ort verlassen und einen Platz suchen, der für eine junge Ehe weniger fordernd ist als Glastonbury?

ZT: Ich glaube, daß es gut wäre, wenn ihr eine Weile in dieser Gegend bliebet. Es wäre für dich und deine Frau gut, wenn du und deine Frau eine Zeit miteinander verbrächtet, in der ihr euch harmonisch aufeinander einstellen und verstehen lernen könnt, was zu einer Ehe gehört, zum Einssein zweier Menschen auf einem gemeinsamen Weg und euch in dieser Realität zurechtfinden könntet. Ihr müßt euch entschließen, welche Arbeit ihr tun wollt, sowohl individuell als auch kollektiv, und wie ihr eure Energien nutzen wollt, um dieses Ziel zu erreichen. Ihr müßt selbst ein Gespür dafür entwickeln, was wirklich eure Aufgabe ist. Dieses Wissen ist in eurer Seele vorhanden. Nachdem ihr all das getan habt, wird es, so glaube ich, eine Veränderung geben, aber es wird einen positiven Grund haben, wenn ihr irgendwo anders hingeht, um etwas zusammen zu tun, was ihr beide tun wollt.

FRAGE: Ich habe das Gefühl, daß sich mein Leben bald stark verändern wird. Könnt ihr mir sagen, woher es kommt, daß ich dieses Gefühl habe?

ZT: Es geschehen zur Zeit viele Arten der Veränderung. Es gibt die planetarische Veränderung, die Bewegung von einem Zeitalter in das nächste. Es gibt die Veränderung der Evolutionsspirale, da die Schwingungsfrequenz der Erde sich erhöht. All das bekommt nicht nur ihr zu spüren, sondern auch jene Wesen, die über und unterhalb der irdischen Ebene leben. Natürlich haben die größeren Veränderungen zur Folge, daß ihr auch viele kleinere Veränderungen erlebt. Zur Zeit wird sehr viel Energie auf dem Planeten frei, wodurch eine neue Einsicht in die Richtung entsteht, in der sich das

Leben entwickeln wird. Vor zwei Jahren (also Anfang der achtziger Jahre) begriffen die meisten Menschen nicht, was diesem Planeten und dem Leben auf ihm bevorstand, doch nun beginnen durch dieses Freiwerden neuer Energien viele den Weg, auf dem sich die Welt befindet und das, was sie als Individuen tun müssen, um damit in Einklang zu sein, klar zu sehen.

Es ist ganz natürlich, daß sich in den verschiedenen Lebenszyklen Veränderungen ergeben. Wenn ihr euch von einem physischen Zyklus zum nächsten bewegt, was alle zehn Jahre geschieht, entstehen Veränderungen. Ihr müßt euch mit neuen Seiten eures Wesens auseinandersetzen und mit ihnen umgehen lernen. Ein neuer energetischer Zyklus öffnet sich in eurem Körper. Zum Leben gehört andauernde Veränderung, jede Minute des Tages. Was ihr jetzt seid, werdet ihr eine Sekunde später schon nicht mehr sein. Die meisten Formen der Veränderung sind euch sehr willkommen, es gibt aber auch Formen, die ihr nicht mögt, Veränderungen, die euch beunruhigen und verwirren, und das vor allem, weil ihr die Gründe dafür nicht versteht oder weil sie eine Herausforderung bedeuten, mit der ihr euch auseinandersetzen müßt. Auf diese Art von Veränderung ist deine Aufmerksamkeit gerichtet.

Normalerweise werden solche Veränderungen durch Aspekte eures Wesens, die euch noch nicht klar sind, hervorgerufen. Das bedeutet, daß die Welt, die euch umgibt, ein Spiegel wird, euch eure Unvollkommenheiten vor Augen hält und eine Veränderung fordert, indem sie euch klarmacht, daß ihr nicht nach dem gleichen Muster weiterleben könnt, daß ihr euch wandeln müßt, um in Harmonie mit der Schwingungsfrequenz der Welt, die euch umgibt, zu sein. Wenn ihr euch nicht verändert, wird die Anforderung immer größer und fordert entsprechend mehr Aufmerksamkeit von euch. Die Veränderung, die du spürst, ist ein Zeichen dafür, daß einige Aspekte deines Wesens sich wandeln müssen, um in größere Harmonie mit deiner Umgebung zu kommen.

FRAGE: Könnt ihr mir einen Rat geben, jetzt, da ich vorhabe, im Ramala-Zentrum zu arbeiten?

ZT: Wenn man sich in ein Zentrum wie dieses begibt, muß man sich bewußt sein, daß hier viele komplexe Energiespiralen anwesend sind, nicht nur die der Gründer und des Engels von Ramala, sondern auch die der anderen Menschen, die hier leben und arbeiten, der Menschen, die hierherkommen, um eine Weile hier zu bleiben, der Menschen, die einen Besuch hier machen. Deshalb ist es wichtig, daß du die Natur dieser Energien erkennst und lernst, wie du dich innerlich auf sie einstimmen kannst. Du mußt lernen, einen Ausgleich zwischen deiner eigenen Individualität, deinen spirituellen Bedürfnissen und den Bedürfnissen der Ramala-Wesenheit und dem, was hier geschieht, in Einklang zu bringen. Vor allem diene Ramala. Deshalb bist du hier. Sei dir aber auch deines eigenen spirituellen Schicksals und Geburtsrechtes bewußt. Erkenne, daß du etwas beiträgst zu der Energie, die Ramala ausmacht, und daß das, was du in Gedanken, Worten und Taten hervorbringst, von entscheidender Bedeutung ist für die Energie, die hier lebt und erzeugt wird. Suche Vervollkommnung in allem, was du tust, nicht nur für dich selbst, sondern auch in Hinsicht auf diese Gesamt-Energie. Sei dir bewußt, daß du wie ein Maurer, der einzelne Ziegelsteine zusammenfügt und aus ihnen ein großes Gebäude errichtet, Energiesteine zu einem Zentrum beiträgst, von dem viele Menschen zehren werden, nicht nur dieses Jahr, sondern auch in all den folgenden Jahren. Du baust an etwas, das für zukünftige Generationen genauso da ist wie für dich. Das macht das Wesen des Opfers aus, das man bringt, wenn man hier ist.

FRAGE: Es gibt jemanden an meiner Arbeitsstelle, der immer entweder mich oder die Menschen, die mit mir arbeiten, kritisiert. Ich habe allmählich eine ziemlich negative Einstellung ihm gegenüber. Wie soll ich mit dieser Kritik umgehen?

ZT: Wenn jemand einen kritisiert, was tut er dann wirklich? Macht er auf einen Fehler in deinem Wesen oder auf einen eigenen Fehler aufmerksam? Warum mißfällt es uns im allgemeinen, kritisiert zu werden? Warum betrachten wir Kritik gewöhnlich als etwas Schlechtes? Welches Recht haben wir, jemanden zu kritisieren? Was kommt dabei Gutes heraus? Du siehst, wir könnten den ganzen Abend damit verbringen, über Kritik zu diskutieren, aber ich weiß, daß du eine rasche Antwort haben möchtest.

Kritik kann entweder konstruktiv oder destruktiv sein. Daran solltest du dich erinnern, wenn du das nächste Mal das Gefühl hast, Kritik üben zu müssen. Destruktive Kritik ist wertlos. Aber was ist, wenn andere Menschen dich kritisieren? Sie kritisierten Galileo Galilei, weil er sagte, die Erde sei rund und bewege sich um die Sonne. Er hatte recht, aber die Menschen seiner Zeit sahen es anders. Alles, was du tun kannst, wenn du kritisiert wirst, ist, in deiner Meditation die Kritik, die man an dir geübt hat, aufrichtig zu prüfen und sie dann entweder anzunehmen oder zurückzuweisen. Wichtig ist jedoch, daß du sie dann loslassen kannst. Du sollst nicht zulassen, daß diese Kritik eine Last wird, die du mit dir herumträgst. Mit Kritik muß man umgehen, wenn sie geübt wird. Noch am selben Tag, an dem sie geübt wurde, mußt du aufrichtig entscheiden, ob sie richtig oder falsch ist. War sie zutreffend, dann profitiere von ihr. Laß sie einen Spiegel sein für dein persönliches Selbst und verändere dann deine Persönlichkeit entsprechend. Ist sie falsch, dann lehne sie ab und schicke sie liebevoll zu demjenigen zurück, der sie ausgesprochen hat.

Habt keine Angst vor Kritik. Sie kann eine wichtige Lernerfahrung sein, denn ihr könnt euch nur selbst sehen, wenn ihr in einen Spiegel schaut und die meisten von euch tun das nicht gern. Deshalb seid offen für Kritik. Wenn ihr einen Weg geht, der anders ist als der der Gesellschaft, müßt ihr natürlich auf Kritik gefaßt sein und solltet vielleicht sogar dankbar sein, daß nicht auch noch mit Steinen auf euch geworfen wird!

# Eine Osterbotschaft: Tod /

*: Gegenwart - Leben → JETZT ...*

Es ist Osterzeit. Ich werde während dieser Festzeit zweimal zu euch sprechen, zunächst über den Tod und dann über die Auferstehung. Eng verknüpft mit diesen beiden Themen ist das Wesen des Opfers und wie das Opfer sich auf Tod und Auferstehung auswirkt. Damit sind wir bei der Dreiheit unseres Osterfestes: Tod, Auferstehung und Opfer.

Diese drei Elemente sind natürlich Teil der christlichen Osterbotschaft, die mit dem Meister Jesus in Zusammenhang steht. Ich möchte jedoch nicht nur über diesen Aspekt des Osterfestes sprechen, da, wie ich früher schon erwähnte, das christliche Dogma die wahre Bedeutung von Ostern verstellt hat. Ostern ist ein Fest, das auf Zeiten lange vor der Entstehung der christlichen Kirche zurückgeht. In der alten Zeit hing das Osterfest mit dem Kult der großen Göttin, der Mutter Erde, zusammen und wurde immer am Ende eines Mondzyklus gefeiert. Die christliche Kirche legte Ostern auf diesen Zeitpunkt, um den Tod Jesu und den Sinn, der damit vergegenwärtigt werden sollte, mit diesem urzeitlichen Kult in Zusammenhang zu bringen. Laßt uns deshalb Ostern im vorchristlichen Zusammenhang sehen und daran denken, daß das Christentum nur einen Aspekt der wirklichen Bedeutung dieses Festes offenbart.

Heute ist Karfreitag, und ihr denkt als Christen an den Tod einer großen Seele, des Meisters Jesus. Aber was ist der Tod wirklich? Ihr denkt jetzt vielleicht an den Tod als das Ende des physischen Lebens, doch das ist ganz und gar nicht die wirkliche Bedeutung des Todes. Habt ihr je daran gedacht, daß ihr, wie ihr hier sitzt, für die Vergangenheit tot seid? Ihr könnt sie nicht wieder beleben. Ihr seid auch für die Zukunft tot, und wenn ihr jetzt in den nächsten Augenblicken sterben müßtet, gäbe es überhaupt keine Zukunft. Deshalb könnt ihr *nur* in der Gegenwart leben. In allen anderen Zeiten seid ihr tot. Wenn die Menschheit sich nur diese Anschauung von Leben und Tod zueigen machen könnte, würde sie den Tod im richtigen Zusammenhang sehen. Sie würde sich nicht mehr vor ihm fürchten, nicht mehr angstvoll darauf warten, sondern ihn als etwas sehen, das man jede Sekunde, jede Minute, jede Stunde des Tages erlebt. Ihr sterbt der Sekunde, die gerade vergangen ist und könnt sie nicht wieder zum Leben erwecken. Ihr könnt euch nur an sie erinnern. Diese Erinnerung ist nicht die Wirklichkeit dessen, was in jener Sekunde geschah, sondern nur, was sich euer Gehirn davon gemerkt hat. Wenn ihr also in dieser vergangenen Minute, in dieser vergangenen Stunde, in diesem vergangenen Tag lebt, lebt ihr in einer Illusion des Lebens, denn ihr lebt im Tod.

Der Tod muß deshalb in Beziehung zum Ganzen des Lebens und die Auferstehung als Befreiung vom Tod gesehen werden. Warum hat der größte Teil der Menschheit solche Angst vor dem Tode? Wenn es etwas gibt, dessen man sich in diesem Leben sicher sein kann, so ist es die Tatsache, daß man sterben wird, und ihr alle seid unendlich viele Male gestorben, nicht nur in vergangenen Leben, sondern auch in diesem gegenwärtigen Leben. Vielleicht könnt ihr euch der Augenblicke erinnern, in denen ihr gestorben seid, in denen das physische Leben eurem Sein entglitt. Ihr könnt euch der Augenblicke großer Anspannung in diesem Leben erinnern, in denen ihr mit schwerwiegenden Problemen konfrontiert wart, in denen die Welt über euch zusammenbrach und ihr das Gefühl hattet zu »sterben«. Aber ihr habt überlebt. Ihr seid wieder auferstanden. Ihr habt den Übergang von diesem Augenblick des Todes zur Auferstehung erlebt. Die Osterbotschaft sagt, daß der Tod kein Ende ist, sondern ein Anfang.

Wenn die Blumen in eurem Garten nach dem Todesschlaf des Winters wieder wachsen und ihre Schönheit, ihren Duft und ihre Farben entfalten, wenn sie erblühen, um die Geheimnisse zu enthüllen, die sie im Winter in ihrem Innersten verborgen hielten, zeigen sie, wie das Leben wieder neu anfängt. In der Natur habt ihr, wenn ihr es nur erkennen könntet, das größte Beispiel, das euch euer Schöpfer heute auf der Erde gibt, denn in ihr könnt ihr sehen, wie sich sein natürlicher Wille entfaltet. Der Mensch, der die Natur und den Kreislauf von Geburt und Tod in diesem Reich versteht, der versteht auch das Evolutionsmuster dieser Erde und der Menschheit, die auf ihr lebt.

Der Same einer Blume wächst und bricht aus der Dunkelheit hervor. In ihm liegt das Bewußtsein, die Weisheit seines Wesens, die am Licht der Sonne erblühen wird. Eine Blume manifestiert sich nicht um der Blume willen und nicht um des Menschen willen, der sie in die Erde gepflanzt hat, sondern um der Welt als Ganzes willen. Eine Blume blüht nicht für sich selbst. Ein Baum trägt keine Knospen, um den Menschen zu gefallen. Sie wachsen als

Antwort auf die Kraft ihres Schöpfers, um dem Willen ihres Schöpfers zu folgen, um Leben auf der physischen Ebene der Erde zutage treten zu lassen.

Ihr tretet auf ähnliche Weise aus der Dunkelheit hervor. Ihr wachst aus einem Samen wie diese Blume. Nach der physischen Geburt entfaltet sich allmählich aus eurem innersten Wesen euer Bewußtseinsstand und der Umfang eurer spirituellen Entwicklung. Ihr laßt den Kern eures Wesens nicht für euch selbst, nicht für eure Familie, nicht für das Land, in dem ihr lebt, sondern für den gesamten Kosmos sichtbar werden. Ihr seid ein winziges Lichtpünktchen in einem Universum des Lichts, und doch strahlt ihr euer euer Licht in das ganze Universum aus. Das ist die Essenz eurer Verantwortung als Menschen, die ihr auf der irdischen Ebene lebt. Während ihr hier lebt, verändert und entwickelt ihr euch immerzu. Immer seht ihr euch vor Aufgaben, Prüfungen und Probleme gestellt. Ihr kommt in Berührung mit anderen Menschen, ihr geratet in Konflikt mit ihnen, und aus diesen Konflikten entsteht Entwicklung. Wenn das Wasser des Lebens über die Felsen der Erde fließt, entstehen Strudel, das Wasser kräuselt sich, teilt sich. Das ist das Wesen des menschlichen Lebens: die Menschheit fließt wie das Wasser des Lebens, und die Hindernisse, die sich ihm entgegenstellen, öffnen das Bewußtsein der Menschheit, damit sie lernt.

Aber was ist mit dem Tod? Lebt ihr oder seid ihr tot? Ich sage das ganz im Ernst. Seid ihr in diesem Augenblick der Zeit wirklich lebendig? Hört ihr mir zu oder lebt ihr in der Vergangenheit oder in der Zukunft? Seid ihr tot für mich oder seid ihr für die Vergangenheit und die Zukunft tot, wie ihr es sein solltet? Ein großer Teil der Menschheit lebt heute entweder in der Vergangenheit oder in der Zukunft. Sie sind tot für das Leben. Das ist die Bedeutung des Karfreitags. Tod für die Vergangenheit, Tod für die Zukunft. Lebendig für den Augenblick. Als der Meister Jesus an jenem schicksalhaften Karfreitag gekreuzigt wurde, starb er nicht, sondern er lebte, und dieser Lebensakt führte ihn zum Übergang von einer Lebensebene zu einer anderen. Er verließ seinen physischen Körper und nahm einen seiner höheren Körper an. Er starb nicht. Da er im Augenblick lebte, lebte er im Bewußtsein, und deshalb erzeugte dieser Augenblick des Übergangs keinen Schmerz, keinen Konflikt, keinen Seinsverlust. Es war ein Übergang wie wenn man von einer Straßenseite zur anderen geht. Wenn im Augenblick vollkommenes Bewußtsein besteht, kann es keinen Tod geben, keine Angst vor dem Tod, keine Lebensführung, die auf einer falschen Vorstellung davon beruht, was der Tod ist.

So gab es auch für den Meister Jesus keine Angst. Er wußte, daß der Tod ihn erwartete. Er kannte überdies den Zeitpunkt seines Todes, etwas, was den meisten von euch verborgen ist, da ihr noch nicht das nötige Bewußtsein habt, um verantwortlich mit solch einem Wissen umzugehen. Weil ihr das Wesen und den Sinn des Todes noch nicht versteht, dürft ihr den Zeitpunkt eures Todes noch nicht kennen. Dieses Wissen ist vor euch verborgen. Aber wenn sich der Augenblick eures Todes nähert, werdet ihr euch seiner allmählich bewußt werden. Bevor der wirkliche Augenblick des Todes eures physischen Körpers gekommen ist, werdet ihr es wissen; manchmal Stunden, manchmal Tage und, für die wenigen weit Entwickelten, vielleicht sogar einen Monat bevor er eintritt. Ihr werdet im Innersten eures Seins wissen, daß der Tod kommt, daß der Übergang von der physischen zu einer höheren Ebene euch erwartet. Deshalb ist der Tod nichts, vor dem man sich fürchten müßte. Es ist der Übergang von einem Bewußtseinsstand zu einem anderen. Ihr werdet eurem physischen Körper sterben und im nächsten Augenblick euer lebendiges Sein auf der Ebene, auf der ihr euch befindet, wahrnehmen.

Der Karfreitag ist für die Christen vom Gefühl der Trauer gekennzeichnet. Sie geben ihrem Kummer darüber Ausdruck, daß ihr Meister Jesus starb. Aber er starb nicht an jenem Kreuz, er lebte und lebte vor allem in dem Bewußtsein dessen, was er tat. Denn der Akt seines Sterbens war ein Opfer, ein Opfer nicht für ihn selbst, nicht für die jüdische Rasse, sondern für die Welt als Gesamtheit. Nach zweitausend Jahren könnt ihr, die ihr auf dieses Opfer zurückblickt, erkennen, was daraus entstand. Ihr habt den zeitlichen Abstand, um die Wahrheit dessen, was er tat und warum er es tat, zu erkennen. Dennoch möchte ich euch bitten, euch an die Stelle jenes Meisters zu versetzen, als er kurz vor seinem Tod stand. Er wußte, daß er sterben würde, aber er hatte keine Angst vor dem Tod. Was konnte also in seinem Bewußtsein Angst aufsteigen lassen? Warum glaubte er im letzten Augenblick vielleicht, daß sein Opfer keinen Sinn habe? Weil er auf der physischen Ebene nicht sehen konnte, daß sein Opfer die evolutionäre Veränderung bewirken würde, die in den letzten zweitausend Jahren geschah. Das war die Prüfung, die er trotz seiner hohen Seinsebene bestehen mußte.

Viele von uns würden ihr Leben opfern, wenn sie wüßten, daß solch ein Opfer einen Sinn hat. Wenn ihr auf dem Schlachtfeld euer Leben laßt, um ein anderes zu retten, dann hat das einen Sinn. Wenn ihr sterbt, um einen großen Entwicklungsschritt zu fördern, wenn ihr euer Leben opfert um der Vervollkommnung einer technologischen Errungenschaft willen, die der Menschheit zugute kommt, dann hat auch dieses Opfer Sinn. Ihr könnt sehen, warum ihr euer Leben herschenkt. Aber was ist, wenn ihr keinen Sinn darin seht? Was ist, wenn ihr aufgefordert werdet, euer Leben einfach im Namen eures Schöpfers zu opfern? Das ist die Prüfung, die der Meister Jesus bestehen mußte, denn sein Schöpfer hatte gefordert, daß zur Erfüllung seines Planes damals Jesu Leben geopfert werden müsse. Der Grund für dieses Opfer war nicht bekannt. Es genügte, daß es gefordert worden war.

Das ist die Liebe, von der wir an Ostern sprechen: daß eine Gestalt wie der Meister Jesus durch sein Einssein mit unser aller Schöpfer und seiner Liebe zu ihm sein Leben so opfern konnte, obwohl er den Sinn dieses Opfers nicht sah. Das ist das Opfer, an das ihr in dieser Zeit denken solltet: die Hingabe eurer selbst an die Liebe eures Schöpfers, die Erkenntnis, daß jene Kraft, die euch das Leben gab, die es euch ermöglicht, euch so auf der physischen Ebene der Erde zu manifestieren, euer Sein letztlich bis zu dem Augenblick bestimmt, in dem ihr eure Identität als Individuen wieder verliert. Ob ihr diese Verbundenheit erkennt, wie ihr euren Schöpfer seht und wie ihr dieses Wesen liebt, das zeigt, welche Schwingungsfrequenz euer Bewußtsein hat.

Wie könnt ihr einen Schöpfer lieben, den ihr scheinbar nicht seht, mit dem ihr scheinbar nicht sprechen könnt, den ihr nur unwissend verehren könnt? Die Antwort ist sehr einfach: euer Gott ist rings um euch. Der Mensch, der jetzt neben euch sitzt, ist Teil eures Gottes. Wenn ihr diesen Menschen nicht lieben könnt und wenn ihr euch selbst nicht lieben könnt, so habt ihr keine Liebe zu eurem Schöpfer. Das ist etwas, was ihr lernen müßt; und ihr gelangt zu dieser Erkenntnis durch Sterben, durch das Sterben für die Vergangenheit und das Leben für den Augenblick, dadurch, daß ihr das Leben liebt, wie es geliebt werden soll – in Ausgeglichenheit und Harmonie – in der richtigen Beziehung zu euren Mitmenschen und zum Pflanzen- und Tierreich, die sich materiell auf dieser Erde manifestieren.

Habt keine Angst vor dem Tod. Er ist ein Wegweiser der Entwicklung. Habt keine Angst vor dem Tod, denn er bedeutet nur das Sterben des Vergangenen. Der Tod ist ein Bote des Lebens. Der Tod ist ein Bote der Auferstehung. Denkt daran, daß aus der Asche das Neue entsteht. Aus dem alten Leib ersteht der herrlichere neue; die neue Ebene, das neue Sein, der neue Mensch. An Ostern seid ihr aufgefordert, das Alte dem Tod zu überlassen, es freudig loszulassen und zu sehen, warum es losgelassen werden muß, damit das Neue hervortreten kann.

Wie die Knospen im Frühling sprießen, um die Lebenskraft des Baumes zu offenbaren, so müßt ihr jetzt Gebet und Meditation hervorbringen. Indem ihr tief in euch selbst hinabsteigt, könnt ihr die Weisheit des Samens offenbaren, der in eurem Innern liegt, der euch so wertvoll ist, des Geistes, der Teil eures Schöpfers ist. Dieses Seelenwissen ist euch und nur euch allein zugänglich. In eurer Verantwortung liegt es, ihn wie die Blüte treiben zu lassen und vor aller Augen zu entfalten, damit beim Anblick dieser Blüte die Menschen rings um euch ihren Schöpfer erkennen können und diesen Samen in sich selbst nähren. So pflegt eure Blüte, pflegt euer Sein. Verströmt euren Duft in den Kosmos. Teilt ihn der Welt mit, und ihr werdet die Liebe eures Schöpfers offenbaren und entdekken.

## Fragen und Antworten

FRAGE: Der Sprecher sagte, das Wesen des Osterfestes sei vorchristlich, aber trotzdem wurde heute abend sehr viel von Jesus und dem Christentum gesprochen. Warum ist das so?

ZT: Wir wissen, daß ihr alle in der christlichen Tradition erzogen wurdet, und so ging es heute abend darum, bei euch das Verständnis dafür zu wecken, daß die christliche Kirche, gleichgültig, zu welcher Sekte ihr im einzelnen gehört, nicht den umfassenden Sinn von Ostern repräsentiert. Diese Kirche offenbart nur einen kleinen, sehr begrenzten Aspekt dieses Festes. Indem sie das Osterfest auf einen Menschen konzentriert, tut sie sowohl diesem Menschen als auch seinem Schöpfer unrecht. Aber das ist das Wesen der christlichen Religion und der Grund dafür, daß sie auch nur eine begrenzte Wirkung hat. Wir fordern euch auf, euch mit dem umfassenderen Sinn von Ostern über die christliche Interpretation hinaus zu beschäftigen.

Wichtig ist, wie der erste Sprecher sagte, daß das Osterfest dieser Zeit des Jahres geweiht ist. Ostern stellt das Thema Leben und Tod in den Mittelpunkt, und das ist es, worum ich euch alle bitten möchte: daß ihr in den nächsten drei Tagen, jeder für sich in seinem Herzen, Leben und Tod bewegt und besser verstehen lernt.

Wenn ihr nicht schon fast siebzig Jahre alt seid oder das Gefühl habt, nahe vor dem Tod zu stehen, beschäftigt ihr euch normalerweise nicht mit dem Sterben. Der Tod ist eher etwas wie der Staub auf dem Boden, den man unter den Teppich kehrt. Ihr hofft, daß er dort bleiben und nicht mehr zum Vorschein kommen wird. Das liegt daran, daß ihr den Tod nur als Ende des physischen Lebens betrachtet, und so hat er für euch noch keine Bedeutung, wenn ihr nicht meint, diesem Ende des physischen Lebens nahe zu sein. Deshalb werden so viele junge Menschen, die eines gewaltsamen Todes, etwa bei einem Unfall oder im Krieg, sterben, zu verlorenen Seelen, denn sie kommen völlig unvorbereitet auf der anderen Seite des Lebens an. Ihr müßt bedenken, daß das Bewußtsein, das ihr jetzt habt, euch in die anderen Lebensebenen hinüberbegleitet. Ihr nehmt alles, was ihr jetzt denkt und glaubt, mit euch und werdet mit diesem Bewußtsein auf der anderen Seite des Lebens anlangen. Wieviel besser ist es deshalb, den Tod zu verstehen, sich nicht verloren zu fühlen und auf der anderen Seite des Lebens im vollen Bewußtsein dieses Überganges und dessen, was geschehen ist, anzulangen. Ihr könnt euch auf diesen Übergang vorbereiten, indem ihr jede Minute, jeden Tag, jedes Jahr lebt und sterbt.

FRAGE: Wie sterbt ihr auf einer höheren Lebensebene?
ZT: Das ist eine interessante Frage. Stellt ihr euch vor, daß wir auf der Astralebene oder auf der höheren Lebensebene sterben? Wir tun es wirklich.

FRAGE: Werdet ihr auf die physische Erdebene wiedergeboren?
ZT: Ja. Was für ein Tod!

# Eine Osterbotschaft: Auferstehung

Wie ich euch vor drei Tagen sagte, als ich vom Tod sprach, möchte ich unser heutiges Gespräch über die Auferstehung nicht nur auf den christlichen Standpunkt begrenzen. Aber da ihr Christen seid und in einer christlichen Gesellschaft lebt und da heute, Ostersonntag, der Höhepunkt des christlichen Kalenders ist, wollen wir uns einen Moment mit der Auferstehung des Meisters Jesus beschäftigen.

Es ist merkwürdig, daß eine Kirche, die die Auferstehung des menschlichen Lebens als ein Grundelement ihrer Glaubenslehre betrachtet, unfähig ist, ihren Gläubigen zu erklären, was beim Akt der Auferstehung tatsächlich geschieht, welche wissenschaftlichen Gesetze daran beteiligt sind und welche Aspekte kosmischer Weisheit darin zum Ausdruck kommen. Auferstehung ist etwas, das die christliche Kirche blind akzeptiert und verehrt. Aber wie bei allem, was auf dieser physischen Ebene des Lebens geschieht, steht auch hier ein wissenschaftliches oder kosmisches Gesetz im Hintergrund.

Man kann die Auferstehung Jesu mit der Auferstehung von König Artus vergleichen, denn beide sind ähnlich, wobei ich jetzt nicht von dem Artus des sechsten Jahrhunderts, sondern von dem archetypischen Artus, dem Sonnengott der alten Ordnung spreche. In beiden Fällen wird überliefert, daß der Leib von der physischen Lebensebene in einen anderen Bereich hinüberwechselte, wo er auf den Augenblick seiner Wiederkehr wartete. Es gibt noch andere geschichtliche Überlieferungen, nach denen große Gestalten diesen Vorgang erlebt haben sollen; ihr könnt sie selber entdecken, wenn ihr auf diesem Gebiet weiter nachforschen wollt.

Es ist für euch heute schwer zu verstehen, was die Neustrukturierung der physischen Materie bedeutet, da ihr die daran beteiligten kosmischen Gesetze nicht kennt. Selbst der Größte und Weiseste von euch heute Lebenden wäre, wenn er stirbt, nicht in der Lage, seinen Körper neu zu strukturieren und eine Auferstehung zu erleben wie Meister Jesus und der archetypische Artus. Der Grund dafür ist sehr einfach; der Leib dieser großen Meister ist nicht wie euer Körper, den ihr bewohnt. Ihr werdet nie in der Lage sein, mit eurem Körper in seiner gegenwärtigen Form eine Auferstehung zu erleben, aber der Körper jener großen Meister bestand aus gewissen Elementen, die von jenseits der physischen Ebene der Erde herrühren. Euer physischer Körper ist vollständig aus der Materie der Göttin, der Erdmutter, gebildet. *Ihre* Körper setzten sich zum größten Teil aus der Erdmaterie zusammen, bestanden aber auch aus bestimmten kosmischen Elementen, die an geheimen Plätzen der Erde aufbewahrt werden und von den großen Meistern zur Bildung ihres Leibes benutzt werden. Ihr Körper ist feiner, er schwingt auf einer höheren Frequenz als eurer, und deshalb sind sie nach dem Tod, nachdem sie das physische Leben hingegeben haben, in der Lage, durch Verwandlung und Einsicht in das kosmische Gesetz die Schwingungsfrequenz ihres Körpers so zu erhöhen, daß sie sie vom physischen Ort des Todes fortbewegen können. Diese besonderen Elemente, wenn ich sie so nennen darf, können aus dem physischen Körper herausgelöst werden und bis zur Rückkehr eines anderen großen Wesens aufbewahrt werden, das sich inkarnieren und sie wieder in sich aufnehmen will. Deshalb wurden, als der Meister Jesus starb, bestimmte Elemente seines Leibes von der physischen Ebene des Lebens weggehoben und sind nun, wenn ich diesen Ausdruck gebrauchen darf, aufbewahrt, um auf das nächste kosmische Wesen zu warten, das sich ihrer bedienen will, um sich auf der irdischen Ebene zu manifestieren.

Worum es mir jetzt aber geht, ist das Prinzip der Auferstehung, ihre tiefere Bedeutung für euch als Individuen in eurem alltäglichen Leben. Wie die Geschichte von Artus eine Parabel ist, von der ihr euch inspirieren lassen könnt, so mag man auch die Geschichte Jesu und seines Todes als Parabel betrachten, aus der ihr bestimmte kosmische Gesetze und eine Einsicht in die Problematik von Leben und Tod und den Sinn eures Daseins ablesen könnt. Auferstehung bedeutet im eigentlichen Sinn das Wiederauferstehen des Geistes, nicht notwendigerweise vom Tod, sondern das Sich-Erheben, das Freiwerden des Geistes, denn er ist sicherlich die Kraft, die die Auferstehung bewirkt. Wenn ihr tot seid, könnt ihr euren physischen Leib und seine Bewegungen nicht mehr kontrollieren: es muß eine Kraft außerhalb des Körpers geben, die die Auferstehung bewirkt. Diese Kraft ist die Kraft des Geistes. Ihr neigt dazu, Auferstehung als eine Bewegung vom Leben zum Tod und damit zu einer anderen Form des Lebens zu betrachten, wenn ihr jedoch auf einer der höheren Lebensebenen wärt und auf dieser Ebene »sterben« würdet, könntet ihr auf der physischen Ebene der Erde wieder auferstehen! So ist die Bewegung von einer Ebene zur anderen nur eine Form, in der die Auferstehung geschieht. Ihr erlebt eine Auferstehung auf der irdischen Ebene und ihr erlebt eine Auferstehung in die höheren Ebenen des Lebens nach dem physischen Tod.

So ist Auferstehung eine Strukturveränderung, ein Akt der Metamorphose, wie wenn aus der Raupe ein Schmetterling wird, ein Wiedererstehen in einer neuen Dimension, in einer neuen Form, in der man einen neuen Sinn zu erfüllen hat. Auferstehung kann, was sie auch oft tut, eine Bewegung zwischen den Lebensebenen bedeuten, aber die Form der Auferstehung, von der ich jetzt sprechen möchte, ist jene, die ihr erleben könnt, während ihr auf der physischen Lebensebene seid. Wie viele von euch haben die Auferstehung schon einmal als etwas betrachtet, was nicht nur ein einmaliges mystisches Ereignis am Ende eures physischen Lebens ist, sondern als etwas, das jeden Tag innerhalb eures physischen Lebens geschehen kann? Wie ich schon früher einmal sagte, ist der Tod nichts anderes als das Loslassen des Gestern, das Loslassen des Morgen. Im Augenblick zu leben, heißt Leben. Sich aus dem Augenblick herauszubegeben ist Tod, und aus dem Leben im Augenblick entsteht die Möglichkeit zur Auferstehung. Denn wenn man im Augenblick lebt, wenn man vom Tod freigeworden ist, wenn man kein Teil von ihm ist, wenn man nicht in der Vergangenheit oder in der Zukunft lebt, dann wird jener Augenblick der Spiegel für den Geist im eigenen Inneren sein, für den Geist, den wir schon als Quelle der Auferstehung beschrieben haben.

Euer Geist ist, wie ein Samenkorn, die Quintessenz eurer Existenz, die spirituelle Weisheit, die ihr in mehr als tausend Leben auf vielen Existenzebenen gesammelt habt. Dieser Same ruht dort und wartet auf den Augenblick, in dem er zum physischen Bewußtsein erwacht. Ihr könnt diesen Samen zum Leben erwecken, wann immer ihr wollt. Die Entscheidung liegt bei euch. Ihr dürft nicht denken, daß ihr, weil ihr den Aspekt des Geistes, den ihr jetzt manifestiert, gewählt habt, diesen Aspekt nicht mehr verändern könnt, weil er festliegt. Ihr sollt nicht glauben, daß die physische Form, in der ihr jetzt lebt, die Vollkommenheit eures gegenwärtigen Seins und unveränderlich sei. Sie ist es nicht. Sie verkörpert nur den Aspekt des Geistes, den ihr in der jetzigen Zeit auf der irdischen Ebene offenbaren wolltet. Wenn dieser Aspekt gemeistert ist, wird eine Veränderung notwendig, ja unvermeidlich. Euer ganzes physisches Leben auf der Erde besteht aus

Veränderungen, manchmal in kleinsten Schritten und zu anderen Zeiten, angesichts von Herausforderungen und Krisen, in großen Schritten. Immer jedoch sollt ihr euch bewußt sein, daß ihr euch Verändernde seid. Mit jeder Veränderung wird auch ein neuer geistiger Aspekt offenbar. Der Geist läßt den Körper auferstehen, legt das Alte ab und erschafft das Neue. Ihr wart nicht das, was ihr sein werdet. Das bedeutet aber nicht notwendigerweise, daß ihr sein werdet, was ihr glaubt zu werden. Denn die Gedankenformen, die ihr in eurem physischen Leben, in euren Träumen, Wünschen und Idealen schafft, sind nicht die Wirklichkeit. Wenn ihr euch selbst entsprechend diesen Gedankenformen definiert, die Hervorbringungen des Ego der niederen Persönlichkeit sind, begrenzt ihr die wirklichen Aspekte eures Seins. Das tun die Menschen heute. Sie sind sich ihrer geistigen Dimensionen nicht bewußt und wissen nicht, was befreit werden kann und sollte, damit sie zu kosmischen Wesen auf Erden werden. Das war die Mission des Christus. Wenn ihr vom Christus-Geist erfüllt seid, offenbart sich aus eurem Innersten heraus eine Energie, mit der ihr aus eigener Kraft auf der irdischen Ebene Dinge schöpferisch hervorbringen könnt.

Der Ostersonntag ist deshalb eine Aufforderung zur Veränderung, zu einer Veränderung, die der wahren Natur eures Wesens entspricht, zur Auferstehung der neuen inneren Gestalt. Euch begegnet heute das Zeichen Wassermann im Tierkreis von Glastonbury, dessen Symbol der Phoenix ist. Der Phoenix symbolisiert das Erstehen einer neuen Form aus der Asche der Vergangenheit. Das Alte muß zerstört werden, bevor das Neue hervortreten kann. Das Neue kann nicht hervortreten, wenn das Alte noch gegenwärtig ist. Das Loslassen des Alten wird im Akt des Opfers symbolisiert. Wie ich schon einmal sagte, bildet die Trinität von Tod, Auferstehung und Opfer den Weg eurer spirituellen Entwicklung auf der Erde. Ihr werdet viele Male sterben und wieder auferstehen. Dazu gehört der Akt des Opfers, der der wesentliche Lernprozeß auf diesem Planeten ist: opfermütiges Dienen in Liebe, ein Opfer, das von der Kraft der Liebe, von der Kraft eures Schöpfers getragen wird.

Das Wesen des Opfers besteht darin, loszulassen. Ihr müßt eure Individualität loslassen, euer Ego loslassen, so daß es im Feuer verbrennt und eine neue Form daraus entstehen kann. Das ist für euch, die ihr vor allem physische Geschöpfe seid, ein großes Opfer, da es das Loslassen der physischen Materie bedeutet. Es bedeutet zu erkennen, daß ihr nicht Geschöpfe dieses Planeten seid, daß ihr nicht in den Ketten der Materie gefangen liegt und daß ihr, wenn ihr sterbt, nur das Physische loslaßt und in die wahre Heimat eures Seins eingeht. Ihr seid deshalb dazu aufgefordert, die physische Materie Tag für Tag immer mehr aufzugeben. Etwas, das ihr ohnehin einmal tun müßt, sollt ihr als spirituelle Übung täglich freiwillig tun. Das bedeutet nicht, daß ihr nicht mehr für die physische Materie verantwortlich seid und die Wirklichkeit des physischen Lebens ignorieren könnt. Es bedeutet einfach, daß ihr nicht durch die physische Materie gebunden seid, daß sie nicht die wichtigste Schicksalsmacht ist, die euer spirituelles Wesen bewegt, denn ihr seid geistige Wesen. Ihr habt die Tiefen des Weltraumes durchlaufen. Ihr habt auf anderen Planeten und Ebenen gelebt, die jenseits eures Vorstellungsvermögens liegen. Diese Erde ist nur ein Übergangsstadium auf dem ewigen Weg eurer spirituellen Evolution. Sich durch die physische Materie einschränken zu lassen, hieße, seine göttliche Herkunft zu leugnen. Ihr laßt es nur zu, weil ihr euer wahres Wesen nicht erkennt.

So gehört zum Opfer das Loslassen der physischen Materie, und wenn ihr das einmal gelernt habt, wie der Meister Jesus, dann werdet auch ihr auferstehen. Ihr werdet eine neue Gestalt haben, ihr werdet neue Energien zur Verfügung haben, ihr werdet eine neue Dimension des Lebens erfahren. Die wichtigste Lehre des Meisters Jesus, die Essenz seines ganzen Lebens, lag im Wesen seines Todes. Deshalb legt die christliche Religion so viel Wert darauf. Auferstehung: die Tatsache, daß man nicht stirbt, daß man nicht für immer in der Form gefangen ist, die Tatsache, daß es immer ein anderes Leben, eine andere Form, eine andere Gestalt, ein anderes Ziel, eine andere Seinsebene gibt. Ihr seid kosmische Wesen und habt ein unvergängliches Leben. Ihr lebt die meiste Zeit außerhalb des irdischen Bereiches, und nach eurem physischen Tod werdet ihr in höhere und vertrautere Bereiche zurückkehren.

Laßt es nicht zu, daß ihr als kosmische Wesen vom Physischen eingeschränkt werdet. Beherrscht es. Das ist die Lektion, die zu lernen ihr hierhergekommen seid: über die physische Ebene zu herrschen. Und ihr könnt über sie herrschen durch opfermütiges Dienen, durch Hergeben, durch Loslassen. Ihr müßt das Alte loslassen, um das Neue zu erlangen. Ihr müßt die alten, individualisierten Gedankenformen loslassen, um das Neue zu erlangen, und bevor ihr nicht wie der Phoenix des Wassermannes das Alte aufgebt, kann das Neue nicht entstehen. Das ist für euch, die ihr in die physischen Gedanken und Erinnerungen verstrickt seid, schwierig, denn wenn ihr ganz auf der physischen Ebene lebt und euch damit zufriedengebt, durch sie begrenzt zu sein, wie könnt ihr dann die alte Form aufgeben? Wenn die physische Ebene euch alles bedeutet, dann bedeutet das Loslassen den Tod. Dann ist es eben so. Stellt euch diesem Tod. Laßt ihn los und wartet auf das Neue. Das ist vor allem die Osterbotschaft. Laßt das Alte los. Wartet auf das Neue. Versucht nicht, das Neue zu schaffen. Sucht es nicht, denn es ist schon da, in euch. Es wird sich euch enthüllen. Neue Begriffe, neue Ideale, neue Ausdrucksmöglichkeiten werden sich manifestieren. Das, was ihr früher glaubtet, nicht tun zu können, werdet ihr nun ganz leicht vollbringen. Das, was ihr früher nicht ausdrücken oder verstehen konntet, werdet ihr jetzt in aller Klarheit sehen. All das liegt in euch. Die Osterbotschaft ist die Auferstehung: die Auferstehung des Geistes, das Loslassen des Alten, die Geburt des Neuen. Wie bei dem Meister Jesus kann das Schmerz bedeuten, kann das Leiden bedeuten, kann das Tod bedeuten, aber was ist das anderes als ein Übergang. Wenn ihr diesen Übergang erkennt und ihn freudig als das annehmt, was er ist, ein Hinübergehen ins Licht, dann werdet ihr euch nach dem Augenblick sehnen, in dem ihr eure Auferstehung wirklich erlebt.

## Fragen und Antworten

FRAGE: Könnt ihr mir mehr über diesen Akt des Loslassens sagen?

ZT: Vielleicht solltet ihr erst einmal erkennen, was es ist, an dem ihr euch festhalten wollt. Ihr solltet vielleicht zuerst entdecken, was in eurem Wesen diesen individualisierten Charakter und die Prägung hervorbringt, die ihr als euer Selbst betrachtet. Erst dann könnt ihr sehen, ob ihr bereit seid, es loszulassen. Könnt ihr als Individuen leugnen, was ihr heute seid? Könnt ihr sagen, daß das Bild, das ihr von euch selbst geschaffen habt, unwichtig ist, daß ihr es, wenn notwendig, aufgeben könnt, um umzukehren und eine neue Richtung einzuschlagen, um einen anderen Sinn zu erfüllen?

Das Problem der Menschheit ist heute, daß ihr in einer Welt des Denkens lebt, daß eure intuitive Aufnahmefähigkeit schon lange blockiert ist, daß ihr in einer Zeit lebt, in der Wissenschaft und Technologie als Götter betrachtet werden, und daß ihr glaubt, die Welt sei durch diese Wissenschaft und Technologie definiert. Ihr habt euch in euren Gedanken verfestigt, und diese Verfestigung ist eure Begrenztheit. Bedenkt, daß die großen Philosophen und Wissenschaftler dieser Erde, die neuen Ideen und Begriffen zum Durchbruch verhelfen, jene sind, die dieser Verfestigung, dieser

Kristallisation entgegenwirken. Sie können immer über diese Begrenzungen hinaussehen. Sie sagen immer, daß das, was ihr für die Wahrheit haltet, in ihren Augen nicht die Wahrheit ist, und daß das, was ihr für die Begrenzung eines bestimmten Objekts haltet, in ihren Augen keine Begrenzung ist. So haltet euch auch an dem, was ihr für die Begrenzung eures Ichs haltet, nicht fest. Es gibt immer etwas Neues, das man entdecken kann. Keine Wahrheit auf dieser Erde ist je endgültig oder absolut. Ihr müßt erkennen, daß das, was ihr zur Manifestation bringt, nur ein sehr kleiner Teil eures gesamten Wesens ist. Doch wie könnt ihr dieses wahre Wesen entdecken, wenn nicht dadurch, daß ihr das Alte aufgebt? Wenn ihr an Reinkarnation glaubt, wenn ihr wißt, daß sie ein kosmisches Gesetz und eine Tatsache ist, werdet ihr erkennen, wieviele Tausende von Leben ihr schon gelebt habt. Nun bedenkt einmal, wieviel Wissen ihr in eurem gegenwärtigen Leben bis heute gesammelt habt und zieht dabei in Betracht, daß die meisten von euch noch nicht fünfundfünfzig Jahre alt sind, das Alter, in dem ihr anfangen könnt, aus der Weisheit eures Lebens zu schöpfen. Wenn ihr diese Weisheit nun mit, sagen wir, den zehntausend Leben, die ihr möglicherweise gelebt habt, multipliziert, werdet ihr zu ahnen beginnen, welch unermeßliche Weisheit in eurer Seele ruht und darauf wartet, befreit und genutzt zu werden. Das ist es, was ihr offenbaren sollt.

Es gibt keine Schwierigkeit, keine Prüfung, die euch auf dieser Erde begegnen, und der ihr aufgrund eurer Weisheit nicht augenblicklich gewachsen wärt.

FRAGE: Was uns gesagt wird, ist so schön, aber ich habe manchmal ein schlechtes Gewissen, daß ich es nicht schaffe, die Ideale, die man uns vor Augen stellt, zu erreichen.

ZT: Ein schlechtes Gewissen ist natürlich ein Gefühl, das schwer zu analysieren ist. Es gibt viele Arten von schlechtem Gewissen oder Schuldgefühl. Ihr wißt, was möglich ist. Ihr wißt, was erreichbar ist. Wenn ihr Botschaften wie diese hört, wenn ihr inspirierte Bücher lest oder Menschen zuhört, die sich auf einer seelischen Ebene austauschen, könnt ihr eine Ahnung davon bekommen, was möglich ist. Doch das, was möglich ist, ist nicht das, was ist. Dazwischen liegt ein großer Abgrund, und dieser Abgrund ist erfüllt von Schuldgefühlen oder schlechtem Gewissen, denn wenn es möglich ist, warum hat man es dann noch nicht erreicht? Wenn man etwas tun könnte, warum tut man es dann nicht?

Warum hat man dieses Schuldgefühl? Weil man nicht losläßt, weil man nicht bereit ist, diesen Abgrund zu überbrücken. Ich spreche jetzt nicht von euch als einzelnen, sondern von der Menschheit insgesamt. Wenn die Menschheit kein Opfer bringt, wird sie den Abgrund zwischen dem, was ist und dem, was sein könnte, nicht überbrücken. Das schlechte Gewissen der Menschheit ist die Summe der Schuldgefühle aller einzelnen. Wenn aber jeder von euch als einzelner seine Schuldgefühle aufgeben könnte und das jetzt wäre, was er glaubt, sein zu können, wäre das ein Fortschritt für diese Erde.

FRAGE: Ich habe nur ein schlechtes Gewissen gegenüber dem, was vergangen ist und von dem ich weiß, daß ich es nicht mehr ändern kann. Diese Schuldgefühle habe ich nicht in dem Augenblick, in dem ich weiß, daß ich noch etwas verändern kann.

ZT: Warum hast du Schuldgefühle wegen etwas, das du nicht mehr verändern kannst?

FRAGESTELLER: Weil ich mir einfach im nachhinein wünsche, ich hätte anders gehandelt und ein bestimmtes Ereignis nicht verursacht.

ZT: Du hättest es also anders machen können, wenn du gewollt hättest?

FRAGESTELLER: Ja, ich habe Schuldgefühle wegen allem, was ich in diesem Leben nicht ändern kann. Aber hinsichtlich der Zukunft habe ich keine Schuldgefühle, weil ich da noch etwas anders machen kann.

ZT: Im Grunde sind sowohl Schuldgefühle hinsichtlich der Zukunft als auch angesichts der Vergangenheit müßige Gefühle. Schuldgefühl schwächt die Seele. Deshalb sollten wir uns auf die Gegenwart konzentrieren. Wenn ihr heute abend hier sitzt und aufgrund des Gesagten Schuldgefühle und ein schlechtes Gewissen habt, dann ist jetzt der Augenblick gekommen, ein Feuer zu entzünden und das Alte zu verbrennen, damit ihr der Phoenix werdet. Es ist erstaunlich: obwohl ihr so verzweifelt am Alten festhaltet, wie manche Menschen, die sich ans Leben klammern, könnt ihr die Erfahrung machen, daß ihr es loslaßt und wie ein Schmetterling aus der Raupe befreit werdet, in eurem neuen Körper, nach der Verwandlung, und euch dann fragt, warum ihr solange am Alten festgehalten habt!

FRAGE: Der Sprecher sagte, daß verfestigte Gedankenformen unser intuitives Wahrnehmungsvermögen blockieren und uns daran hindern, unser wahres Selbst zu erleben. Wäre es dann nicht gut, wenn man zunächst Meisterschaft über die Gedankenformen erlangen und dann die intuitiven Fähigkeiten zu erwerben versuchen würde? Und was ist die Sprache der Intuition? Wie können wir auf sie hören?

ZT: Das ist eine gute Frage. Beschäftigen wir uns zunächst damit, was die Sprache der Intuition ist oder, noch wichtiger, wie Intuition vermittelt wird.

FRAGE: Ist es eine Energie?

ZT: Ja. Durch eine Energie wird sie vermittelt. Aber was für eine Energie? Sie hat nicht das geringste mit dem Denken zu tun. Sie kommt aus einer völlig anderen Quelle. Auch wenn sie sich in Gedanken ausdrückt, so sind die Gedanken doch ein Ausfluß dieser Energie. Worin aber besteht diese Energie?

FRAGE: Ist es Liebe?

ZT: Ja. Liebe ist die Energie der Intuition. Und wenn ich von Liebe spreche, meine ich nicht die egoistische Liebe der meisten Menschen, sondern ich meine die göttliche Liebe, die Lebenskraft unseres Schöpfers, die Liebe, die durch uns alle hindurchströmt. Deshalb ist die Sprache der Intuition Liebe, die freiwillig von oben wie von unten gegeben wie empfangen wird. Wenn ihr diese Energie empfangen wollt, und das hat nichts mit Denken zu tun, müßt ihr euch der Liebe öffnen. Ihr müßt empfänglich für sie sein. Diese Liebe manifestiert sich nicht nur durch euch, sondern durch alle in eurer Umgebung, die ihre Liebe zum Ausdruck bringen. Intuition kann wie ein Funke durch eure Mitmenschen entzündet werden.

So ist ein intuitiver Mensch jemand, der von Liebe erfüllt ist. Ist es nicht merkwürdig, daß es in den Liebesgeschichten immer die Frauen sind, die sich verlieben. Männer scheinen das Gefühl der Liebe weniger stark zu erleben, mit einer Leidenschaft, die nicht so groß ist wie die der Frauen. Das sagt etwas aus über die Rolle der Frau als der für die Intuition Empfänglicheren im kosmischen Lebensmuster. Natürlich besitzen auch Männer intuitive Fähigkeiten und nutzen sie in verschieden hohem Maß, das reicht jedoch nicht an die wahrhaft großen intuitiven Gaben der Prophetinnen oder Priesterinnen hin.

FRAGE: Meint ihr mit Loslassen das Aufgeben selbstproduzierter Gedankenformen?

ZT: Ja. Ihr müßt die alten Gedankenformen der Welt, die ihr geschaffen habt, loslassen und es zulassen, daß die Liebe mit euch in Berührung kommt. Liebe ist wie die Sonne. Wenn ihr die Vorhänge eurer Gedankenformen zurückzieht, kann das Sonnenlicht die Dunkelheit eures Seins erhellen. Wenn ihr euch in eurem Kopf ein Bild von euch selbst macht, ist das kein anderes Bild, da es durch die Gedanken, die ihr euch über euch selbst macht, geschaffen wurde. Wenn dann jemand kommt und euch einen Spiegel vorhält, mögt ihr ihn nicht, d. h. ihr mögt den Menschen nicht, der euch den Spiegel vorhält. Aber gerade die Menschen in eurer Umgebung, ihre Gedanken, Worte und Taten sind ja der Spiegel. Sie sind ein Spiegel eures Wesens. Deshalb müßt ihr das Alte loslassen, alle Gedankenformen, die ihr bis jetzt habt entstehen lassen.

Nehmen wir an, ihr hättet einen Streit mit jemandem gehabt, bevor ihr hier hereinkamt. Was würdet ihr tun, wenn ihr nun diesen Raum verlaßt und dem Betreffenden wieder begegnet? Ihr würdet ihn mit den Augen der Erinnerung anschauen und euch sofort all der Gedankenformen entsinnen, die ihr von ihm habt, all der Dinge, die zwischen euch geschehen sind. Das Ergebnis ist, daß ihr wie zwei feindliche Armeen eure festgefahrenen Positionen wieder einnehmen und sofort wieder dort weitermachen würdet, wo ihr aufgehört habt. Betrachtet ihr ihn jedoch nicht mit den Augen der Erinnerung, sondern grüßtet ihn unbefangen wie einen Fremden, wäre auch seine Reaktion völlig anders.

Warum also haltet ihr an euren alten Gedankenformen fest? Zunächst, weil ihr einen Konflikt, wenn er auftritt, meistens nicht sofort löst. Wenn ihr euch mit jemandem streitet, trennt ihr euch, anstatt die Probleme zu lösen und den Streit zu beenden, immer noch im Unfrieden, und setzt den Streit noch stundenlang fort, wobei ihr eure Position zu rechtfertigen versucht, auch wenn der andere gar nicht mehr da ist. Das Ergebnis ist, daß sich alles wiederholt, wenn ihr dem Betreffenden wieder begegnet. Manchmal kann ein Streit tage-, ja jahrelang dauern. Aber eine Auseinandersetzung sollte in dem Augenblick gelöst werden, in dem sie auftritt. Dann ist sie für immer vorbei. Zweitens müßt ihr die Beschränktheit des Denkens erkennen und sehen, daß die Gedanken nicht das einzige Kommunikationsmittel sind. Es gibt einen anderen Weg, der euch offensteht. Wenn ihr nicht durch Gedanken kommunizieren könnt, dann könnt ihr vielleicht durch Liebe kommunizieren. Es gibt manche Menschen, mit denen ihr nur auf der gedanklichen Ebene kommunizieren könnt, es gibt aber ebenso Menschen, mit denen ihr durch Liebe zu einem Austausch kommt.

FRAGE: Ihr sagt, die Lernaufgabe dieses Planeten sei dienende Liebe. Während der Zeit seines Wirkens offenbarte der Meister Jesus überirdische Fähigkeiten. War die Offenbarung dieser Fähigkeiten nicht ebenso wichtig wie seine Opfermütigkeit? Er war doch darin wohl jenseits aller materiellen Beschränkungen?

ZT: Der Meister Jesus mußte nicht mehr auf die irdische Ebene zurückkehren, nicht mehr in die Schule gehen. Er kehrte nicht für sich selbst zurück, sondern für die ganze Menschheit, um die Evolution der irdischen Ebene zu fördern. Er opferte sich zum Wohle des Ganzen. Ihr müßt auch verstehen, daß ein Meister, ebenso wie ein Kind Zeit braucht, um erwachsen zu werden, sich vorbereiten muß, um sein Bewußtsein auf der irdischen Ebene manifestieren zu können. Selbst der größte Meister oder die größte Meisterin muß zu physischer, geistiger und spiritueller Reife gelangen, bevor er oder sie wirklich in der Lage ist, zu dienen. Das galt auch für den Meister Jesus.

Seine Vorbereitungszeit dauerte drei Zyklen oder dreißig Jahre lang. Und welche Kräfte besaß er dann – er hätte die Welt beherrschen können. Niemand hätte ihm etwas anhaben können. Er hätte nicht sterben müssen, wenn er sich nicht freiwillig dazu entschlossen hätte. Da er seinen Leib nach dem Tod auferstehen lassen konnte, da er auf dem Wasser gehen und Wasser in Wein verwandeln konnte, da er die Toten auferstehen lassen konnte – zu was wäre er nicht fähig gewesen? Und was alles tat er sonst noch, was ihr heute nicht wißt. Er hätte die ganze Erde beherrschen können, und das war auch eine der Versuchungen, in die er geführt wurde, damit er beweisen konnte, daß er bereit war, zu dienen. Bedenkt, welch ein Opfer es bedeutet, all diese Macht zu haben, fähig zu sein, mit einem Schlag die Menschheit auf eine höhere Ebene zu heben und es nicht zu tun, weil er erkannte, daß die Menschen für ihre eigene Entwicklung selbst die Verantwortung übernehmen müssen.

So opferte der Meister Jesus auf vielen Ebenen, das Wesen seines Opfers war jedoch das Dienen, denn worin bestand sein Wirken, wenn nicht in hingebungsvollem Dienen? Er lebte nur für die Menschen, die ihn umgaben und für die Welt. Durch dieses Opfer jedoch konnte die große Auferstehung geschehen, an die wir uns heute erinnern.

# Die Frau: weibliche Schöpfungsenergie

Während das Fische-Zeitalter stirbt und die dem Fische-Zeitalter angemessenen Ideen verblassen, während das Wassermann-Zeitalter heraufzieht, erlebt ihr eine Zeit des scheinbaren Chaos, in der Altes dem Neuen Platz macht, in der Energien und Impulse des neuen Zeitalters beginnen, auf der irdischen Ebene Fuß zu fassen. Die Vorstellungen und Eigenarten des Fische-Zeitalters verlieren ihre Kraft, denn ihre Zeit ist um. Deshalb suchen viele Menschen nach einer neuen Einsicht in den Sinn und Zweck des Lebens, und nirgends geschieht das offensichtlicher als im Hinblick auf die weibliche Schöpfungsenergie, im Hinblick auf die Frau.

Wenn ihr euch heute in der Welt umschaut, könnt ihr überall sehen, daß die Frau neue Wege geht und einen neuen Sinn ihres Daseins sucht. Sie versucht neue Lebensmuster, eine neue Identität zu finden. Sie strebt danach, eine spirituelle Qualität zu verwirklichen, die sich bisher noch nie auf der irdischen Ebene manifestiert hat. Laßt uns deshalb einen kurzen Blick auf das Wesen der Frau in der Vergangenheit werfen und vor allem sehen, wohin sich ihre Energie jetzt entwickelt und was ihre Aufgabe im neuen Zeitalter sein wird.

Während des gesamten Fische-Zeitalters stand die Welt unter der Herrschaft der patriarchalen Energie, des männlichen Schöpfungsaspektes. Diese patriarchale Herrschaft war jedoch Teil des göttlichen Planes für die menschliche Evolution. Den Frauen, die diese Herrschaft erlebten, wurde damit eine schmerzhafte Lektion erteilt, sie mußten dadurch zu einem höheren Bewußtseinsstand gelangen. Es war für den Mann jedoch nur möglich, zu einer solch dominanten Stellung zu gelangen, weil die Frau in ihrer göttlichen Rolle versagt hatte. Denn wenn Mann und Frau ihre göttliche Energie wirklich manifestierten, würde auf der Waagschale des Lebens Männliches und Weibliches gleich schwer wiegen und beides würde in Harmonie miteinander leben und sich entwickeln. Nur wenn beides nicht im Gleichgewicht ist, wenn die Schöpfungsenergie ungleich verteilt ist, kann solch eine Herrschaft möglich werden. Es gab natürlich Zeitalter, in denen der Mann unter der Herrschaft der matriarchalen Energie, des weiblichen

Schöpfungsaspektes stand, weil es ihm nicht gelungen war, sein göttliches Geburtsrecht zu verwirklichen. Die Evolutionsspirale fordert, daß der Mann wie die Frau solche Lernschritte macht, damit jeder sein Wesen vervollkommne.

Wenn wir den Kampf zwischen Mann und Frau betrachten, der heute stattfindet, weil die Frau versucht, ihre Freiheit zu erlangen und die Gleichheit der Geschlechter zu erreichen, wird deutlich, daß die Zunahme der Scheidungen eine unmittelbare Folge dieses Kampfes ist. Viele zerbrochene Ehen sind das Resultat, aufgelöste Familien und infolgedessen viele gestörte Kinder, was eine gestörte Welt zur Folge hat. Wenn die Frau wirklich zu der Freiheit gelangen soll, die sie sucht, muß sie auch von innen heraus zu der Erkenntnis ihrer persönlichen Verantwortung für ihr schöpferisches Potential kommen. Sie muß die göttliche Quelle dieser schöpferischen Kraft erkennen lernen, muß sehen, woher sie kommt und muß wahrnehmen, worin die Einzigartigkeit ihrer Rolle als Mutter liegt. Wenn die repressive Disziplin der patriarchalen Gesellschaft überflüssig werden soll, muß die Frau in sich eine selbsterhaltende und selbstmotivierende Disziplin finden, einerseits, um der männlichen Energie etwas entgegensetzen zu können und andererseits, um die nunmehr verlorene Disziplin zu ersetzen. Man kann nicht einfach etwas niederreißen, ohne etwas Neues an die alte Stelle zu setzen. Man kann eine Ordnung nicht zerstören, wenn man nicht das Verantwortungsgefühl hat, sie ersetzen zu wollen. Die Frauen sollten erkennen, daß sie selbst es waren, die vor Jahrtausenden ihre Würde aufgaben, daß das solch eine Ordnung notwendig machte und zum Zyklus patriarchaler Herrschaft führte.

Uns steht nun das Ende dieses patriarchalen Zyklus und eine Zeit bevor, in der wieder Gleichheit herrschen wird. Diese Gleichheit wird den Menschen nicht nur gewährt, weil die Frauen danach gestrebt haben, sondern auch, weil jetzt die richtige Zeit dafür gekommen ist. Es wurde auf der irdischen Ebene die notwendige Lehre aus dem vergangenen Zyklus gezogen. Jetzt ist die Zeit gekommen, der Anbruch des Wassermann-Zeitalters, in dem die männlichen und die weiblichen Energien in vollkommener Harmonie und im Gleichgewicht miteinander zu leben beginnen. Das erfordert Bewußtsein und Aufmerksamkeit des Männlichen für das Weibliche und des Weiblichen für das Männliche. Jeder sollte im anderen den göttlichen Funken der Schöpfungsdualität erkennen und daß beide von ihrem Schöpfer auf die irdische Ebene gesandt wurden, um das kosmische Wesen des göttlichen Seins zu verwirklichen. Man kann die beiden gegensätzlichen Manifestationen nicht vergleichen. Jede von ihnen ist einzigartig. Jede verkörpert einen göttlichen Aspekt, den der andere nicht besitzt, denn es gibt keine Wiederholung der Schöpfungen auf dieser Lebensebene.

Die weibliche Energie, die jetzt auf der Erde Fuß faßt (und man darf nicht vergessen, daß diese weibliche Energie aus einer göttlichen Quelle stammt) berührt den Mann ebenso wie die Frau. Natürlich wirkt sie sich auf die Frauen stärker aus als auf die Männer, was all diese Veränderungen bewirkt. Sie bewirkt Veränderungen, weil die Frau endlich wieder ihr wahres Wesen erkennt. Sie gelangt zu einer wirklichen Einsicht in ihre Verantwortung gegenüber der anderen, der männlichen Hälfte der Schöpfung, ihrer Verantwortung gegenüber der Ehe, gegenüber Geburt und Kindererziehung, ihrer Verantwortung dafür, daß der weibliche Schöpfungsakt sich auf der irdischen Ebene manifestieren kann. Wenn die Frau all das verwirklichen will, muß sie sich wieder der Würde bewußt werden, die sie in vergangenen Zeiten ursprünglich innehatte, und wieder die Göttin werden, der weibliche Aspekt des Göttlichen, der sich auf der Erde manifestiert.

Ist es nicht merkwürdig, daß in den alten Zeiten immer der Mann um die Hand der Frau anhielt? Warum war das wohl so? Weil man in früheren Zeiten erkannte, daß die Frau den Weisheitsaspekt verkörperte. Sie war es, die wußte, ob der um sie Werbende der Richtige war oder nicht. Der Mann, bei dem vor allem der Intellekt betont war, besaß gewöhnlich nicht ihre Weisheit. Es war die Frau, die unter dem Einfluß der göttlichen Intuition, die in ihr wirkte, ja oder nein sagte. Sie hatte in ihrem Innersten die Gewißheit, wer zu ihrem Lebensgefährten bestimmt war und konnte dementsprechend auf den Antrag des Mannes antworten. Die Weisheit unseres Schöpfers, die bewegte göttliche Kraft, fließt am stärksten im weiblichen Aspekt der Schöpfung. Das ist das eigentliche Wesen der weiblichen Verantwortung. Das ist es, was der männliche Aspekt erkennen und akzeptieren und vor allem respektieren muß.

In den letzten Jahrhunderten wurde die weibliche Energie stark eingeschränkt, ja verfolgt und von der Erde verbannt, aber die Frau verkörpert nun ihr wahres Wesen wieder und manifestiert es in der heutigen Welt. Sie läßt einen Aspekt des Schöpferischen zutage treten, der sich zutiefst von dem im letzten Jahrhundert realisierten unterscheidet. Dieser Aspekt, der sich heute als feministische Bewegung manifestiert, ist teilweise eine Revolte gegen die Unterdrückung der wahren Rolle der Frau. Aber diese Befreiung der Frau, wie man sie manchmal nennt, ist nur ein kleiner Teil dieser

Bewegung. Ja, die Frauen müssen befreit werden, aber was tun sie, nachdem sie sich befreit haben? Frei zu sein ist eine Sache, aber diese Freiheit bringt auch die Verantwortung mit sich, richtig zu denken, richtig zu reden und richtig zu handeln.

Ihr nähert euch der Zeit, in der der weibliche Aspekt der Schöpfung seine Freiheit erhalten wird und der Zyklus der patriarchalen Unterdrückung zu Ende geht. Dann werden die Frauen auf die Energie reagieren, die durch sie hindurchfließt, und werden ihrem eigenen Bewußtsein und ihrer eigenen weiblichen Energie entsprechend auf der Erde schöpferisch tätig sein. Durch sie werden sich viele neue Ideen verbreiten, werden neue Aspekte der Schöpfung sichtbar werden, nicht nur in Beziehung auf Familie, Ehe, Geburt und Tod, sondern auch auf die schöpferische Gesamtstruktur der Menschheit, auf Kunst, Wissenschaft, Politik und vor allem auf das, was ihr Religion nennt, die spirituelle Führung der Menschheit. Die Welt befindet sich vor allem deshalb in ihrem heutigen Zustand, weil sich die weibliche spirituelle Führung auf der Erde nicht manifestiert.

Im Wassermann-Zeitalter wird die Frau große Verantwortung tragen. Es wird tatsächlich an ihr liegen, ob die Welt gerettet oder verdammt wird, denn die Welt ist aus der Gnade gefallen, weil die Frau in der Vergangenheit ihre Würde verloren hat. Es steht ihr noch einmal frei, wieder auf ihr Piedestal zu steigen und die Weisheit ihres Schöpfers in sich aufzunehmen, zu festigen und zu verkörpern, um ein Beispiel für alle zu sein, ja um wieder zur Göttin zu werden. Ein großer Teil des Übels in der heutigen Welt rührt nur daher, daß die Frau nicht das verkörpert, was sie in ihrem Innersten als Wahrheit erkennen müßte. Sie verbirgt ihre innersten Gefühle und läßt sie nicht zum Ausdruck kommen. Sie leugnet ihr wahres Wissen aus Angst, entweder die Gesellschaft, in der sie lebt, oder die Männer zu befremden. Die Frauen müssen das, was sie intuitiv in sich spüren, zur Wirkung kommen lassen. Das mag ganz Neues zutage treten lassen. Aber das soll ruhig geschehen.

Die Frauen müssen jedoch wissen, daß sie für das Neue nicht nur im Widerstand gegen die Vergangenheit eintreten, sondern daß es Ausdruck des in ihr pulsierenden Göttlichen ist. Nicht alles, was in der Vergangenheit zutage trat, ist notwendigerweise schlecht und korrupt und muß überwunden werden, nur weil es zum Zyklus der patriarchalen Herrschaft gehörte. Die Menschheit hat schließlich eine jahrtausendealte Entwicklung hinter sich und ist noch geprägt von dem im Fische-Zeitalter erworbenen Entwicklungs- und Bewußtseinsstand. Auch daraus ist noch viel zu lernen. Die Menschheit ist nun dabei, dieses Muster zu modifizieren und die Qualitäten des Wassermann-Zeitalters zum Ausdruck zu bringen, die jetzt erst allmählich erkennbar werden. Manche von euch werden eine erste Ahnung von dem haben, was geschehen wird, aber ihr könnt das gesamte Bild noch nicht überschauen. Die Frauen sind heute die Mütter des Wassermann-Zeitalters. Ihre Kinder werden diese Energie immer mehr in sich spüren und zum Ausdruck bringen. Diese neuen weiblichen Seelen werden den Frauen von heute nicht mehr gleichen. Sie werden anders denken, anders sprechen, anders handeln. Ihre Philosophie und ihre Ideen werden selbst den fortschrittlichsten Frauen von heute noch kühn erscheinen, doch so muß es sein, wenn sich ein neuer Seins-Aspekt auf der irdischen Ebene manifestieren soll. Das Neue muß kommen. Die Frauen müssen dazu beitragen, daß es Fuß fassen kann. Die Frau muß die Reinheit ihres Wesens zum Ausdruck bringen. Sie muß sich wieder ihrer Würde besinnen. Sie muß lernen, nein zu sagen. Sie muß lernen, für die Wahrheit einzutreten und das Böse und Falsche zu meiden. Sie muß lernen, sich gegen das zu wehren, was die Göttin in allen Dingen degradiert. Sie muß lernen, für das Göttliche in allen Erscheinungen einzutreten, denn dadurch wird sie tatsächlich die Welt retten können. Die Frau hat die Möglichkeit, die Welt zu retten, wo der Mann gescheitert ist. Der Mann würde sie zerstören, der Mann wird sie vielleicht zerstören, aber die Frau kann sie retten. Die Weisheit wird immer höher stehen als die Macht. Die Macht wird die Weisheit immer respektieren, wenn sie auf vollkommene Weise vertreten und manifestiert wird.

Es gibt aber heute unter den Frauen jene, die manchmal in der besten Absicht das Weibliche durch ihr Verhalten in Gedanken, Worten und Taten degradieren. Wer zum Beispiel mit Pornographie zu tun hat, zerstört die Reinheit der Göttin. Deshalb bitte ich alle Frauen, sich sehr genau zu überlegen, was sie tun. Fragt euch selbst: »Geschieht das, was ich tue, um des Göttlichen willen oder für den Mann, um des Schöpfers willen oder um des männlichen Aspektes der Schöpfung willen?« Ihr solltet nicht den Mann ehren, nicht ihm gehorchen, sondern eurem Schöpfer. Ihr seid mit der Gottheit verbunden. Eure Verantwortung, euer Karma steht mit dieser großen Kraft in Zusammenhang. Ihr müßt ihr immer treu sein.

Wenn die Energien des Wassermann-Zeitalters zu fließen beginnen, wird die Frau zwar anfangen, viele neue Lebensaspekte zu verwirklichen, ihre Verantwortung innerhalb der Familie, als

Mutter, als Eckstein des Familienlebens wird aber bleiben, da sie immer noch diejenige ist, die die Kinder empfängt und austrägt. Sie gebiert die Kinder. Das ist eine große und ehrenvolle Aufgabe. Darin gab der Schöpfer ihr vor dem Mann den Vorzug. Die Frau ist die Mutter der Schöpfung. Sie ist der physische Mutterleib der Schöpfung selbst, und ihre Verantwortung für Geburt und Mutterschaft ist von höchster Bedeutung. Wenn sie dieser Pflicht nicht nachkommt, verfehlt sie den Sinn der Schöpfung. Wenn sie ihren Kindern gegenüber versagt, dann versagt sie dem Kosmos gegenüber.

Im neuen Zeitalter wird es viele Frauen geben, die keine Kinder haben. Die Frauen werden zu der Einsicht kommen, daß sie durch ihre schöpferische Energie etwas hervorbringen können, ohne auf der körperlichen Ebene zu empfangen und zu gebären. Im kommenden Zeitalter wird die Frau der Ehe und der Empfängnis gegenüber wählerischer sein, beides wird nicht mehr notwendigerweise Funktion ihrer Existenz sein. Sie wird die Freiheit haben, in vielen anderen Lebensbereichen schöpferisch zu sein. Bedenkt jedoch: selbst wenn die Frau ein Kind in ihrem Leib hervorbringt, kann sie immer noch auf vielen anderen, genauso wichtigen Ebenen schöpferisch sein, denn auch wenn sie in ihrem physischen Leib lebt, ist sie noch auf vielen anderen Existenzebenen zu Hause. Wenn ihr Kind erwachsen ist, kann sie sich wieder mit der Würde ihrer kosmischen Verantwortung umgeben und ihr wahres Wesen zur Erfüllung bringen. Sie muß sich dieser göttlichen Verantwortung ihrem Kind gegenüber zutiefst bewußt sein, denn in ihrer Einsicht in den Sinn der Mutterschaft, im Gefühl von Mitleid und Freude angesichts dieser Schöpfung ihres Gottes, liegt die größte Möglichkeit zu lernen, die ihr im Laufe ihrer Entwicklung je zuteil wird.

Die Frau umschließt die schöpferische Energie der Gottheit in ihrem physischen Sein. Sie ist der Mutterleib der Schöpfung. Deshalb herrscht sie über den Energiefluß in dieser Welt. Wenn die Welt nicht so ist, wie sie sie haben will, muß sie niemanden anderen als sich selbst dafür verantwortlich machen, da sie die Quelle aller physischen Schöpfungen ist. Sie ist die Quelle all dessen, was je auf dieser irdischen Ebene war und sein wird. Durch ihren Leib entsteht jede menschliche Gestalt, die sich je auf der physischen Ebene manifestieren wird. Was für eine Verantwortung! Habt die Klugheit, sie zu erkennen. Bedenkt, daß der Frau eine intuitive Erkenntnismöglichkeit geschenkt ist, die eine Verbindung zu ihrem Schöpfer herstellt und die ihr hilft, diese Verantwortung zu tragen. Möge sie davon Gebrauch machen. Frauen, nehmt das in eure Herzen auf und erfüllt so den Willen eures Schöpfers.

## Fragen und Antworten

FRAGE: Glaubt ihr, daß es die Ehe und den Begriff der individuellen Familie im neuen Zeitalter weiterhin geben wird?

ZT: Die Familie gab es von Anbeginn der Zeit an. Sie entstand aus der Notwendigkeit der Verbindung von Mann und Frau zur Zeugung und Ernährung des Kindes. In menschlichen Gesellschaften gibt es ganz verschiedene Arten von Kernfamilien, entsprechend den kulturellen Traditionen, in der die Menschen leben, ihrer Auffassung von Ehe und vor allem gemäß dem Bewußtseinsstand der betreffenden Menschen. Das wird immer so sein. Die Auffassung von der Ehe wird bestimmt durch den Bewußtseinsstand. Ihr werdet entdecken, daß entwickelte Menschen mit einem hohen Bewußtseinsstand unabhängig von ihrer Religion, ihrer Rasse, ihrem Herkunftsland, ihrem Planeten aufgrund eben dieses Bewußtseins die gleiche Auffassung von der Familie, das gleiche Verantwortungsgefühl ihr gegenüber haben werden. Deshalb entscheidet das spirituelle Bewußtsein darüber, wie man die Familie betrachtet.

Die Mutter und der Vater, die sich ihrer Verantwortung für die Schöpfung und für das, was Empfängnis, Geburt und Aufziehen eines Kindes bedeuten, bewußt sind, werden sich wünschen, daß ihr Kind in ihrer Aura, in ihrer Lebensauffassung aufwächst, schon allein aus der einfachen Erkenntnis, daß das Kind sie, noch bevor es sich inkarnierte, als Eltern und Lehrer erwählt hat. Das Kind sucht sich die Eltern, die es braucht, um zur physischen Reife geführt zu werden. Deshalb ist es wichtig, daß die Eltern diese Verantwortung mit größter Hingabe erfüllen. Nun wird der soziologische Rahmen, innerhalb dessen das geschieht, natürlich entsprechend der kulturellen Tradition der Gesellschaft, in der die Eltern leben, unterschiedlich sein. Dennoch glaube ich, daß die heute herrschende Vorliebe für das Auflösen der Kernfamilie nicht durch einen Bewußtseinswandel, sondern durch den Wunsch motiviert wird, sich dem, was man geschaffen hat, nicht widmen zu müssen.

FRAGE: Viele Menschen sind der Ansicht, daß es besser ist, die Familie aufzulösen und sich scheiden zu lassen, als sie weiterzuführen, wenn die Partner in der Ehe unglücklich sind und durch ihr Verhalten ihre Kinder unglücklich machen. Sie meinen, es sei besser, sich zu trennen, als Kinder in Disharmonie aufwachsen zu lassen. Was sagt ihr dazu?

ZT: Es ist unmöglich zu verallgemeinern und Regeln für alle Situationen aufzustellen, die in den vielerlei Ehen auftreten können, aber im Prinzip würde ich sagen, daß es für die Eltern fast immer besser ist zusammenzubleiben. Auch wenn die Ehe selbst emotional oder physisch tot ist, ist sie nicht für den wichtigsten Aspekt tot, und das sind die Kinder. Die Eltern können und sollten ihre Kinder zusammen großziehen, ihnen harmonische Schwingungen zukommen lassen, um ihre göttliche Verantwortung demgegenüber, was sie empfangen und verwirklicht haben, zu erfüllen. Sie fühlen sich vielleicht unglücklich, aber was ist Glücklichsein anderes als eine Gemütsverfassung. Sie sollten ihr persönliches Glücksgefühl für ihre Kinder opfern.

FRAGE: Frauen haben eine große Begabung zur Fürsorglichkeit und Liebe, die Männer nicht zu besitzen scheinen. Ich sehe die Gefahr, daß Männer diese Kraft aus den Frauen saugen und die Energie für sich selbst benutzen. Gibt es keine Möglichkeit, den Männern beizubringen, wie sie ihre eigene weibliche Seite leben können?

ZT: Ich stimme nicht mit dir darin überein, daß nur Frauen liebevoll und fürsorglich sein können. Männer können das ebensogut wie Frauen. Natürlich ist die mütterliche Energie eine einzigartige Eigenschaft, aber Männer wie Frauen können ein Kind lieben, ihm Geborgenheit geben. Es sind beide Eltern gleich wichtig für eine ausgeglichene Entwicklung des Kindes, da jeder der beiden seine eigene, besondere Art von Menschlichkeit ausstrahlt, die zur Vervollkommnung des Kindes beiträgt. Natürlich hat die Frau die Gabe der Mütterlichkeit, und die damit verbundene Energie ist nur ihr eigen, während der Mann, der diese Energie nicht hat, sich manchmal in diesen Bereich schwer einfühlen kann. Aber abgesehen davon sollte innerhalb der Familie von beiden schöpferische Energie gegeben und ausgetauscht werden. Der Mann und die Frau sollten einander das geben, was jeder von ihnen durch seine Inkarnation zum Ausdruck bringen kann. Jeder kann vom anderen lernen. Wenn dieses Gleichgewicht nicht erhalten wird, neigt der eine, wie du richtig sagtest, dazu, sich mehr am anderen anzulehnen, es ist jedoch nicht notwendigerweise der Mann, der das tut. Es kann auch umgekehrt sein, das hängt ganz von den einzelnen und von der betreffenden Beziehung ab.

FRAGE: Es kommen so viele Leute hier ins Zentrum, die eine gescheiterte Ehe, manchmal sogar mehrere hinter sich haben. Deshalb möchte ich euch bitten, ganz klar zu sagen, welche Verantwortung die Betreffenden haben, wenn die Ehe scheitert und wie wir etwas gegen die ständig steigende Scheidungsrate tun können?

ZT: Es ging bei dieser Botschaft in gewissem Sinn darum, der Situation vorzubeugen, von der du jetzt sprichst. Es sollte zum Ausdruck kommen, daß zumindest nicht so viele Ehen wie im Augenblick scheitern müssen, wenn die Frauen ihre göttlichen, intuitiven Kräfte nutzen würden, wenn sie sich ihren Mann sorgfältiger auswählen und ihre Urteilskraft und Weisheit anwenden würden. Die Frauen setzen heute ihre Urteilskraft selten ein und heiraten gewöhnlich aus den falschen Gründen. Entweder geben sie dem Druck der Männer nach oder heiraten aus persönlichen und nicht aus spirituellen Gründen. So gehen sie eine nicht vorbestimmte Ehe ein. In solch einer Ehe treten unvermeidlich Konflikte und Spannungen auf, die gewöhnlich zur Scheidung führen, die den Mann wie die Frau und die Kinder, die sie hervorgebracht haben, unglücklich machen. Deshalb fordere ich die Frauen, die noch nicht verheiratet sind, auf, Verantwortungsgefühl zu zeigen und ihre göttliche Intuitionsgabe anzuwenden. Die Welt bricht auch nicht zusammen, wenn man nein sagt und wartet, bis der für einen bestimmte Partner kommt. Solange Ehen auf der falschen Basis geschlossen werden, habt ihr diese Scheidungsprobleme. Das ist etwas, womit die Menscheit zu kämpfen hat.

Bei genauer Betrachtung läßt sich das Problem auf die Frage reduzieren, in welchem Maß die Beteiligten bereit sind, Opfer zu bringen. Sind sie beispielsweise bereit, für ihre Kinder Opfer zu bringen oder nicht? Sind sie es nicht, werden sie sich scheiden lassen und ihre eigenen Wege gehen, aber wenn sie den Kindern den Vorrang vor sich selbst geben, wenn sie erkennen, daß ihre Kinder noch ihr ganzes Leben vor sich haben, wenn sie ihre Kinder wirklich lieben und wollen, daß sie die ihnen höchstmögliche Vollkommenheit erreichen, müssen sie ihr eigenes Glück, ihre eigenen Wünsche zugunsten der Kinder opfern. Das ist es, worum es beim Leben auf dieser Erde geht: opfermütige, dienende Liebe. Es gibt viele, die dazu nicht in der Lage sind, und ich habe großes Mitleid mit ihnen. Es fordert eine große Liebe, die persönlichen Wünsche zu opfern, und darum geht es: nicht ein Opfern der eigenen Seele, sondern der persönlichen Wünsche für ein Kind, dessen Leben nur scheinbar unwichtig im Vergleich zu dem Leben eines Erwachsenen ist. Dieses Kind *ist* die Zukunft. Wenn das Kind gestört ist, wird es später eine gestörte Zukunft schaffen, und wer wird in diese gestörte Zukunft zurückkehren, wenn nicht ihr in eurem nächsten Leben? So bereitet ihr durch euer Handeln in diesem Leben die Bedingungen für euer nächstes Leben vor. Ihr könnt eurem Karma nicht entrinnen. Das ist das Gesetz.

FRAGE: In einer gescheiterten Ehe müssen also beide Partner bereit sein, das Opfer zu bringen und um ihrer Kinder willen zusammenzubleiben. Es ist also nicht gut, wenn nur einer dazu bereit ist?
ZT: Ja, natürlich. Das bedeutet Ehe: daß zwei in ihrer schöpferischen Kraft eins werden.

FRAGE: Wenn einer der Partner nicht einsieht, daß er diese Verantwortung hat, würde es also nicht gehen?
ZT: Es wäre schwierig, wenn nicht unmöglich.

FRAGE: Heiraten an diesem Punkt der Erdentwicklung viele Seelengefährten, um die Kinder des neuen Zeitalters hervorzubringen?
ZT: Ja. Vielleicht leben zur Zeit die meisten Seelengefährten, die sich je gleichzeitig auf der Erde inkarniert haben, um die Väter und Mütter der Führer des neuen Zeitalters zu werden. Vielleicht gab es bisher nur einmal in Atlantis zu einem entscheidenden Zeitpunkt seiner Evolution eine solch große Zahl hochentwickelter Seelen wie heute im physischen Leben auf der Erde.

FRAGE: Wenn der Fall eintritt, daß eine Frau bereit ist, bei den Kindern zu bleiben und von ihrem Mann dasselbe erhofft, er sich jedoch in jemand anderen verliebt und sie verläßt, was kann sie dann tun?
ZT: Das ist eine sehr häufige Situation. Zunächst möchte ich betonen, daß die Frau, die dafür verantwortlich ist, daß der Mann seine Familie verlassen hat, das Karma für den Zusammenbruch dieser Ehe mittragen muß, da sie Verrat am weiblichen Schöpfungsaspekt begeht.

FRAGE: Nein! Es ist doch sicher der Mann, der karmisch dafür verantwortlich ist, daß er geht und nicht die andere Frau?
ZT: Der Mann fühlt sich von der anderen Frau angezogen, aber

es liegt an *ihrer* Reaktion, wie sich die Beziehung weiterentwickeln wird. Jede Anziehung, die auf Widerstand stößt, wird bald schwächer und hört ganz auf.

FRAGE: Aber der Mann ist doch sicher trotzdem auch karmisch verantwortlich? Wenn er verheiratet ist, gehört es sich nicht, daß er anderen Frauen nachläuft.

ZT: Ja, das leugne ich nicht.

FRAGE: Dann ist er der Verantwortliche, nicht sie. Sie kümmerte sich erst um ihn, als er plötzlich bei ihr auftauchte!

ZT: Du verstehst nicht, was ich sagen will. Natürlich haben sowohl der Mann als auch die Frau, jeder entsprechend dem Stand seiner eigenen Seelenentwicklung, die gleiche Verantwortung gegenüber der Erhaltung der Ehe. Das muß klar sein. Wovon ich jetzt spreche, ist die Verantwortung des weiblichen Schöpfungsaspektes, den jede Frau verstehen und verkörpern kann und sollte. Eine Frau, die den Mann aus seiner Ehe weglockt, ist sich bewußt, was sie tut. Sie zerstört diese Ehe. Sie trägt dazu bei, daß eine Familie zerstört wird. Sie muß das nicht tun, wenn sie sich nicht dafür entscheidet. Sie verrät den weiblichen Schöpfungsaspekt. Deshalb hat die Frau ihre Würde verloren, und deshalb ist die Welt in ihrem heutigen Zustand.

Die Frau muß ihre göttliche Verantwortung akzeptieren. Sie ist der Weisheitsaspekt der Schöpfung. Sie ist die Kraft Gottes in Bewegung. Sie »weiß« soviel mehr als der Mann. Sie hat eine direkte Verbindung zur Gottheit durch die Gabe ihrer Intuition. Sie hat ein stärkeres Empfinden für Richtig und Falsch als der Mann. Sie ist der manifestierte jungfräuliche Aspekt der großen Göttin. Immer, wenn sie diese Verantwortung leugnet, aus welchem Grund auch immer, sei es um der Liebe eines Mannes oder um der Liebe zu ihrer eigenen Persönlichkeit willen, verrät sie nicht nur sich selbst, sondern die ganze weibliche Spezies. So zerstört sie in gewissem Sinn in dem ewigen Dreiecksverhältnis zwei Menschen, indem sie zu dem Mann Ja sagt.

FRAGE: Ich möchte wissen, was man tun kann, um die Situation zu retten, wenn man bereits einen Mann seiner Frau weggenommen hat?

ZT: Da gibt es nicht mehr viel zu tun, denn die Tat ist geschehen.

FRAGE: Man kann doch sicher daraus lernen, damit man es nicht mehr tut. Wir tun viele Dinge dieser Art aus Unwissenheit, da wir nicht erkennen, daß sie falsch sind und weil sie von der Gesellschaft inzwischen akzeptiert werden.

ZT: Nein, ich stimme nicht mir dir überein. Es gibt so etwas wie eine unwissende Frau nicht, und das meine ich ernst! Eine Frau weiß in ihrem Herzen immer sehr genau, was in solch einer Situation richtig und was falsch ist. Daß all diese sexuelle Verführung und Manipulation weitergeht, hat seinen Grund darin, daß viele Frauen die Wahrheit nicht wissen wollen.

FRAGE: Ich möchte etwas über die Begegnung der Seelengefährten wissen. Erleben das heute nur einige wenige oder viele Menschen?

ZT: Ich glaube, wir sollten sehr deutlich zwischen Seelengefährten und wesensverwandten Seelen unterscheiden. Wesensverwandte sind die beiden Aspekte des einen Geistes, der von unserem Gott geschaffen wurde. Sie sind die beiden Seiten der Münze, die in ihrer Vereinigung das Ganze bilden. Entsprechend dem Evolutionsplan unseres Planeten, auf dem wir durch Gegensätze lernen, wird bei der Geburt der Geist in zwei Teile gespalten, aber nach Tausenden von Jahren der Entwicklung wird er schließlich wieder eins werden. Gewöhnlich inkarniert sich eine der beiden wesensverwandten Seelen auf der Erde, während ihre Ergänzung sie von der anderen Seite des Lebens aus sieht. Seelengefährten gehören zu einer Gruppe von Seelen, die zur gleichen Zeit geschaffen wurden und viele Inkarnationen zusammen erlebt haben, oft als Geschwister oder Eheleute. Sie sind karmisch sehr eng verbunden. Es gibt entsprechend dem Wesen des augenblicklichen Evolutionszyklus der Erde viele Seelengefährten, die zur Zeit leben, und es ist fast unvermeidlich, daß Menschen mit einem entwickelten Bewußtsein einen Seelengefährten heiraten. Ob wesensverwandte Seelen sich gleichzeitig inkarnieren und einander heiraten, hängt ganz und gar davon ab, welche Aufgabe sie sich gestellt haben und wie sie ihre Energie auf der irdischen Ebene am besten manifestieren können.

FRAGE: Ich bin geschieden, weil mein Töchterchen die Spannungen zwischen meiner Frau und mir nicht mehr aushalten konnte. Jetzt möchte ich wissen, was ich tun soll? Soll ich weiter getrennt leben oder zurückkehren und wieder eine Familiensituation herstellen?

ZT: Natürlich ist, wenn die Eltern wegen extremer physischer oder geistiger Konflikte nicht zusammenleben und deshalb keine Umgebung schaffen können, in der das Kind gedeihen und in Harmonie und Liebe heranwachsen kann, eine Trennung unvermeidlich. Eine Trennung bedeutet jedoch nur, daß die Verantwortung, die man dafür hat, das eigene Kind mit der notwendigen Fürsorge zu umgeben, sich ungeheuer erhöht. Wenn die Eltern sich also getrennt haben, muß dem Kind die Möglichkeit gegeben werden, die Energien des Vaters und der Mutter in gleicher Weise zu erleben, damit es zu einem ausgeglichenen Erwachsenen werden kann. Es erfordert also mehr Energie, größere Opfer und mehr Verständnis, wenn man diesem Kind helfen will, ein reifer Mensch zu werden.

FRAGE: Bedeutet das, daß beide Eltern in der Nähe des Kindes leben und täglich für das Kind da sein sollten?
ZT: Zweifellos.

FRAGE: Manche Menschen halten es für notwendig, ihre Familie zu verlassen und spirituelle Lehrer zu werden, um bei der Rettung der Welt mitzuwirken, aber ich glaube, daß man die Welt am besten retten kann, wenn man vor allem seine Verantwortung für die Geschöpfe zeigt, die man selbst hervorgebracht hat. Wie denkt ihr darüber?
ZT: Was ich jetzt sage, klingt vielleicht hart, aber ich sage es in Liebe. Zunächst einmal ist es natürlich, daß jemand, der in einem Aspekt seines Lebens versagt hat, in einem anderen Erfolg haben möchte. Wenn man also in der Ehe gescheitert ist, möchte man seine Energie verwenden, um irgendwo anders Erfolg zu haben, und da wir von Kindern als unserer »Schöpfung« sprechen, möchte jemand, der in diesem Aspekt des Schöpferischen gescheitert ist, der Schöpfung selbst helfen. Es ist die gleiche Energie, der gleiche Wunsch, die nun nur in eine andere Richtung gelenkt werden. Es ist aber wahrhaftig schwierig, die Welt zu retten, wenn man die eigene Ehe nicht retten kann.

# Die Wahl des Ehepartners

Die drei wichtigsten Wandlungsriten, die ihr Menschen feiert, sind Geburt, Tod und Ehe. Über Geburt und Tod entscheidet ihr scheinbar nicht, auch wenn ihr in Wirklichkeit auf den höheren Lebensebenen, bevor ihr euch inkarniert, freiwillig und sehr bewußt den Augenblick eurer Geburt und den eures Todes wählt. Da aber euer spirituelles Bewußtsein bei der Geburt und beim Tod von einer Lebensebene in eine andere übergeht, ist die Tatsache, daß ihr selbst eine Entscheidung getroffen habt, nicht immer offensichtlich. Beim Akt der Eheschließung jedoch scheint euch diese Inspiration, die euch auf den höheren Lebensebenen zugänglich ist, verwehrt, da ihr auf der physischen Ebene in euren materiellen Körpern lebt und da die Dichte der irdischen Schwingungen eure Sinne verdunkelt. Deshalb fühlen sich viele von euch sehr unsicher, wenn sie den Partner suchen sollen, den sie selbst als Ehegefährten für dieses Leben gewählt haben.

Ihr müßt erkennen, daß entwickelte Seelen ihren Ehepartner mit ebensoviel Sorgfalt auswählen wie den Augenblick ihrer Geburt und den Augenblick ihres Todes. Es gibt immer einen vorherbestimmten Partner, damit eine schicksalhafte Ehe zustandekommen kann, und diese Partnerschaft wurde von den betreffenden Seelen auf den höheren Lebensebenen schon beschlossen, bevor sie in die physische Materie der Erde hinabstiegen. Wie bei allen Dingen ist es der seelische Bewußtseinsstand, der sowohl über das Niveau der Ehe als auch über ihren Verlauf entscheidet. Für junge Seelen ist es nicht so wichtig, ob eine vorherbestimmte Ehe zustandekommt, da sie Entscheidendes lernen können, gleichgültig, wen sie geheiratet haben. Zudem gibt es, je niedriger der Bewußtseinsstand ist, eine desto größere Anzahl von Seelen, aus denen man den Ehepartner auswählen kann; je weiter man auf der Leiter der Evolution emporgestiegen ist, desto geringer werden die Wahlmöglichkeiten. Wenn ihr den euch bestimmten Partner nicht wählt und einen anderen heiratet, sind eurem Schicksal Beschränkungen auferlegt; im Fall einer entwickelten Seele sind das sogar sehr tiefgreifende Beschränkungen. Deshalb ist es wichtig, daß ihr den euch bestimmten Partner findet und auch heiratet.

In der Welt, in der ihr heute lebt und in der vielleicht fünfundzwanzig Prozent aller Ehen mit einer Scheidung enden und weitere fünfundzwanzig Prozent der Ehen nur noch dem Buchstaben nach bestehen, weil die Eheleute jede Freude am Zusammenleben verloren haben, ist es um so erstaunlicher, daß es noch Menschen gibt, die die Ehe als eine auf Lebenszeit eingegangene Verpflichtung betrachten. Solche Menschen legen größten Wert darauf, den richtigen Partner zu finden, obwohl sie wissen, daß sie sich rechtlich leicht aus einer Ehe befreien können, wenn sie glauben, einen Fehler gemacht zu haben. Es muß wirklich eine besondere Seele sein, eine Seele von sehr hoher Entwicklung, die eine Ehe als spirituellen Akt betrachtet, um den Segen ihres Schöpfers für die Vereinigung bittet und das, was aus dieser schöpferischen Vereinigung hervorgeht, Gott weiht. Die Ehe ist ein heiliges Sakrament, dessen Bedeutung einer fortgeschrittenen Seele immer bewußt ist. Deshalb versuchen alte Seelen immer, den ihnen bestimmten Ehepartner zu finden. Sie erkennen nicht nur, daß solch eine Vereinigung etwas Heiliges ist, sondern auch, zu welchem Ziel sie in die Ehe auf dieser Erde einwilligen.

Eine hochentwickelte Seele kann immer in Versuchung kommen, eine weniger entwickelte Seele zu heiraten; solch eine Seele zieht weniger Entwickelte magnetisch an, wie eine Flamme den Nachtfalter. Ein hochentwickelter Mensch erliegt dieser Versuchung manchmal, weil der andere scheinbar über eine sehr anziehende Persönlichkeit verfügt, und muß sich dann damit auseinandersetzen, was es bedeutet, mit einer weniger entwickelten Seele verheiratet zu sein. Das stellt sich oft als sehr schmerzhafte Lektion heraus, denn solch eine Ehe schränkt nicht nur seinen eigenen Schicksalsweg ein, sondern auch den der Kinder, die aus ihr hervorgehen. Zudem merkt die ältere Seele, wenn sie zur spirituellen Reife gelangt ist und das physische Alter erreicht, wo sie zum Lehrer werden will, daß sie durch den weniger entwickelten Partner immerzu behindert wird. Das Ergebnis ist, daß sie ihre Entwicklungsschritte denen ihres Partners angleichen muß, wenn sie kein neues Karma schaffen will. Eine alte Seele macht diesen Fehler nur ein- oder zweimal in ihrem Evolutionszyklus und hat dann eine Lektion gelernt, die sie nie wiederholen muß. Es ist wichtig, daß ihr keine weniger entwickelte Seele heiratet, es sei denn, euer Schicksal erfordere es. Ihr solltet immer nach eurem wahren Ehepartner suchen, dem Partner, den ihr für diese Inkarnation auserwählt habt. Ihr solltet euren wahren Partner suchen, nicht nur um euer Schicksal zu erfüllen, nicht nur, um eurem spirituellen Wesen gerecht zu werden, sondern vor allem, weil ihr wißt, daß das der inneren Verpflichtung entspricht, die ihr vor eurem Eintritt ins physische Leben eingegangen seid. Wie könnt ihr nun aber erkennen, wer dieser euch bestimmte Mensch ist? Der größte Fehler, den ihr machen könnt, ist, endlos darüber nachzudenken. Denken hat in diesem Prozeß nichts zu suchen, es schafft nur Alternativen, was die Persönlichkeit angeht. Es ist das Herz, das die Wahl trifft. Für das Herz gibt es keine Alternativen, denn das Herz, das der Sitz des Geistes ist, hat seine Entscheidung schon getroffen. Deshalb findet im Herzen kein Entscheidungsprozeß statt, sondern nur ein allmähliches Erkennen dessen, was schon vorbestimmt ist. An einen Menschen, den man heiraten will oder an die Art der Ehe und das, was aus ihr hervorgeht, zu denken, davon zu träumen oder sich Bilder davon zu machen, ist Verschwendung von Zeit und Energie und führt nur zu gedanklicher Verwirrung. Alte Seelen wählen ihre Partner mit ihrem Herzen. Ihr redet davon, daß man sich »verliebt«. Aber die wahre Form der Liebe ist nicht die Liebe der persönlichen Gefühle, die Liebe der Gedankenformen, die romantische Liebe, wie sie in Romanen beschrieben wird. Nein! Wahre Liebe ist die Liebe des Herzens. Es ist die Liebe eures Schöpfers, die euch durchdringt. Es ist die Erkenntnis, daß zwei Eins werden und daß daraus eine Kraft entsteht, die deutlich spürbar ist. Diese Erkenntnis ist so schicksalhaft wie der Augenblick der Geburt und der Augenblick des Todes. Wenn ihr euren Ehepartner sucht und habt diese Liebe noch nicht gespürt, dann seid ihr entweder demjenigen, den ihr heiraten sollt, noch nicht begegnet oder wenn ihr ihm schon begegnet seid, ist der Augenblick für die Ehe noch nicht gekommen.

Ihr müßt erkennen, daß es nicht nur so etwas wie einen vorbestimmten Partner gibt, sondern eine für die Ehe vorbestimmte Zeit. Viele Menschen begegnen dem ihnen bestimmten Partner und warten dann noch viele Jahre, bevor sie sich verheiraten. Dafür gibt es vielfältige Gründe, meistens sind sie karmischer Natur oder liegen daran, daß die Betreffenden sich in ihrem gegenwärtigen Leben auf einem unterschiedlichen Entwicklungsstand befinden. Ihr alle habt die göttliche Gabe der freien Entscheidung und könnt selbst bestimmen, in welchem Maß ihr eure Kraft- und Energiezentren öffnet und entwickelt und wie rasch sich euer Seelenbewußtsein entwickelt. Da sie diese Möglichkeit zur freien Entscheidung haben, verlassen viele Seelen ihren Schicksalsweg, und diese Umwege verzögern den Fortschritt der Seelenentwicklung. Deshalb hat es keinen Sinn zu heiraten, bevor nicht beide

Partner auf einer spirituellen Ebene zur Ehe bereit sind. Wenn einer von beiden noch nicht für die Ehe reif ist, wird die für die Verbindung vorbestimmte Zeit sogar hinausgeschoben, bis beide für diesen Akt der Vereinigung wirklich bereit sind. Solche Entscheidungen werden natürlich auf den höheren Lebensebenen getroffen. Deshalb müßt ihr nicht nur den euch bestimmten Partner gefunden haben, sondern ihr müßt beide innerlich bereit sein, euch zu vereinigen, um euch auf einer spirituellen Ebene der Ehe zu weihen.

Alte Seelen heiraten nicht im Überschwang des Verliebtseins. Sie heiraten, weil sie der Menschheit und dem Kosmos dienen wollen. Sie kommen zum richtigen Zeitpunkt zusammen, um ihre Energien im Dienst an ihrem Schöpfer zu vereinigen. Deshalb sollte sich jeder für sich auf dieses Ereignis vorbereiten. Sie sollten ihre Charakterstärke entwickeln, ihre persönlichen Schwächen überwinden und sich für diese spirituelle Verbindung vorbereiten. Die Ehe ist keine Zeremonie, die zwei Menschen fatalistisch mit geschlossenen Augen über sich ergehen lassen sollten, weil sie das Gefühl haben, sie sollen einander heiraten. Sie müssen eher wie ein Ritter sein, der die Nachtwache hält, bevor er sich die Sporen verdient. Dazu gehört Fasten, Gebet, Meditation, und eine Entschlossenheit, sich für diese gesegnete Verbindung vorzubereiten. Es hat keinen Sinn zu heiraten, bevor nicht beide Partner dazu bereit sind, denn der Eintritt in die Ehe ist genauso wichtig wie ihre Auflösung.

Das Wesen der Energie, die wirksam wird, wenn ihr eine Ehe schließt und eure Gelübde ablegt, wenn ihr euer gemeinsames Leben beginnt, wird über die Art der Ehe entscheiden. Sie wird das Muster des zukünftigen Ehelebens schaffen. Wenn ihr sie mit der falschen Motivation, mit falschen Gedankenformen beginnt, wenn ihr mit Illusionen behaftet seid, wird das auch der Entwicklungsweg der Ehe sein. Deshalb ist es wichtig, daß ihr die Ehe in aller Klarheit beginnt. Schaut mit den Augen der Seele, nicht mit den Augen der Leidenschaft, der Vernarrtheit, der persönlichen Gedankenformen. Schaut mit den Augen der Seele, denn wenn eine Seele die andere erkennt, entzündet sich das Feuer der vorherbestimmten Vereinigung. Es gibt kein Überlegen für eine alte Seele, nur einen Augenblick des Erwachens im Herzen, die Erkenntnis, daß der Zeitpunkt für die Ehe gekommen ist. Wenn noch Zweifel bestehen, ist dieser Augenblick noch nicht da. Für eine alte Seele gibt es keinen Zweifel, nur die Gewißheit, daß sie sich in das Schicksal fügt, das sie selbst gewählt hat.

Wenn ihr euch zur Ehe bereit fühlt, aber euren Partner nicht findet, kann es sein, daß das vielleicht ein Zeitpunkt ist, an dem ihr zwar dazu bestimmt seid zu heiraten, euer Partner aber noch nicht so weit ist. Dann müßt ihr Geduld üben und noch ein wenig warten, bis er sich weit genug entwickelt hat und sich euch zu erkennen geben kann. Anders würdet ihr es gar nicht wirklich wollen. Euer Partner muß für diesen Schritt bereit sein. Jemanden zu heiraten, der nicht im gleichen Stadium seiner Seelenentwicklung ist, jemand, dessen spirituelles Bewußtsein noch nicht ganz erwacht ist und der deshalb nicht alle Ebenen mit euch teilen kann, würde bedeuten, die Ehe zu zerstören.

Die Heirat ist deshalb ein wichtiger Ritus. Sie ist ebenso wichtig wie Geburt und Tod. Euer Schöpfer kennt den Zeitpunkt, in dem ihr zur Ehe bereit seid, er kennt euer Schicksal und das des euch bestimmten Partners und euren Bewußtseinszustand. Es gibt in eurem Lebensplan, eurem Schicksal, keinen Irrtum. Es gibt eine göttliche Kraft, die alle Dinge weiß, die jeden eurer Schritte kennt, die jedes Haar auf eurem Kopf gezählt hat. Ihr braucht keine Angst zu haben, ihr braucht nicht zu zweifeln. Wenn ihr Zweifel habt, dann meditiert darüber und hört auf die leise Stimme in eurem innersten Herzen. Sprecht mit eurem Schöpfer und sucht seinen Frieden, sucht seinen Rat, und was ihr zu wissen wünscht, wird euch zukommen.

Habt Vertrauen, glaubt an die göttliche Kraft, die euch bisher in eurem Leben geführt hat und die euch auch in Zukunft führen wird. Euer Partner wartet ebenso sehnsüchtig auf euch wie ihr auf ihn.

## Fragen und Antworten

FRAGE: Ich wußte auf der seelischen Ebene, daß ich den richtigen Menschen heirate und war so glücklich, daß der Zeitpunkt immer näherrückte, obwohl ich auf der persönlichen Ebene immer noch Zweifel hatte. Einen Tag vor der Hochzeit kam es wie eine wunderbare Gnade und ein Segen über mich, und ich wußte, daß ich das Richtige tat. Aber ich verließ mich ganz auf den Glauben. Die Frau mit ihren intuitiven Kräften sollte sich doch ihrer Wahl sicherer sein und sich mehr vertrauen?

ZT: Hast du dir je überlegt, daß dein Mann es vielleicht wußte? Du solltest nicht vergessen, daß der männliche Aspekt des Geistes sich nicht immer in einem männlichen Körper befindet und der weibliche Aspekt des Geistes nicht immer in einem weiblichen.

Der männliche Aspekt wird immer um den weiblichen werben, und es ist der weibliche Aspekt, der die Entscheidung trifft, indem er seine göttliche Kraft, seine intuitive Erkenntnisfähigkeit nutzt. Manchmal kann der weibliche Aspekt des Geistes mit seiner Fähigkeit eine Wahl zu treffen, sich auch in einem männlichen Körper finden. Deshalb ist es äußerlich betrachtet nicht immer der Mann, der sich um die Frau bemüht und die allwissende Frau, die annimmt oder ablehnt. Es kann auch umgekehrt sein, vor allem, wenn ein sehr starker weiblicher Aspekt des Geistes in einem männlichen Körper lebt.

FRAGE: Warum geschieht es so häufig, daß Menschen, die sicher sind, dem richtigen Partner begegnet zu sein, eine Beziehung eingehen und dann nach kurzer Zeit erleben, daß sie zerbricht?

ZT: Dafür gibt es unendlich viele Gründe, und diese hängen natürlich von der Art der Beziehung ab. In der Welt, in der ihr heute lebt, haben die meisten Menschen einige Beziehungen, bevor sie wirklich heiraten, so daß man sagen kann, sie waren mehrere Male verheiratet, was ich jedoch nicht im eigentlichen Sinn des Wortes meine, sondern was nur bedeuten soll, daß sie zusammengelebt und eine sexuelle Beziehung gehabt haben. Wenn jemand solch eine Beziehung aus egoistischen Motiven eingeht, weil er nur Unterstützung von seinem Partner sucht und eher nimmt als gibt, dann ist für ihn die Beziehung nur so lange sinnvoll, als sein Partner ihm etwas geben kann, solange er in der Beziehung das findet, was er sucht. Wenn er aber bekommen hat, was er wollte, oder jemand anderen findet, der ihm mehr zu geben bereit ist, beendet er die Beziehung und geht zum nächsten. Das kann auf vielen Lebensebenen der Fall sein. Ich meine, wenn ihr solch eine Beziehung eingeht und gar nicht die Absicht habt zu heiraten, ist eure Motivation meistens falsch, und ihr habt egoistische, keine selbstlosen Gründe dafür. Ihr geht die Beziehung ein, nicht um einen heiligen schöpferischen Akt zu vollbringen, sondern um die Bedürfnisse eures niedrigeren Selbst zu erfüllen. Das führt unvermeidlich zu Konflikten, und deshalb wechseln so viele Menschen immerzu ihren Partner.

FRAGE: Sehr oft sprechen bewußte Gründe für eine Beziehung, dahinter stehen aber sehr starke unbewußte Motive, die einen dazu treiben. Es scheint mir unmöglich, von jemandem die Erkenntnis zu erwarten, daß er das Falsche tut, wenn er so vielen unbewußten Antrieben unterliegt. Was meint ihr dazu?

ZT: Wenn man von unbewußten Motiven und Antrieben spricht, dann benutzt man eine Terminologie, die sehr schwer zu quantifizieren ist. Ich sehe das physische Leben jedoch so, daß man, gleichgültig ob ein Antrieb bewußt oder unbewußt ist, bevor er eine physische Realität wird, immer die Möglichkeit hat, sich zu entscheiden, Ja oder Nein dazu zu sagen, ihn anzunehmen oder abzulehnen. Es gibt immer den Augenblick, in dem ihr die göttliche Gabe nutzen könnt, frei zu wählen. Ihr müßt euch entscheiden, und diese Entscheidung sollte natürlich auf eurer Seelenweisheit basieren. Wenn ihr aber beispielsweise so vernarrt in jemanden seid, daß ihr die Stimme eurer Seele nicht mehr hört, dann solltet ihr so lange meditieren und auf euer Herz lauschen, bis ihr herausfindet, ob es richtig ist, was ihr tut.

Aber diese Entscheidung zu treffen ist vor allem Aufgabe der Frau. Es ist der Mann, der die Frau um ihrer Weisheit willen sucht. Aber es liegt an der Frau zu entscheiden, ob sie seine Werbung annimmt oder ablehnt.

FRAGE: Zeigt einem, wenn man die falsche Wahl getroffen hat, das »universelle feedback« nicht sehr rasch, daß man sich geirrt hat, noch bevor man die Ehe eingeht?

ZT: Wenn man die falsche Entscheidung getroffen hat, wobei falsch nur heißt, daß man nicht den für einen bestimmten Partner gewählt hat, wird das Universum, je nach der Motivation, die dieser Wahl zugrunde lag, einem das zeigen. Wenn man sich aber aus irgendwelchen Gründen *bewußt* dafür entschieden hat, daß man noch nicht dazu bereit ist, sich um die für einen vorbestimmte Ehe zu bemühen, und beschlossen hat, jemanden anderen zu heiraten, dann würde einem das erlaubt werden. Der Grund dafür ist, daß alles, was man in dieser Ehe lernen würde, für den eigenen Entwicklungszyklus gut wäre.

FRAGE: Ist es eine harte Lehre für eine alte Seele, mit jemandem verheiratet zu sein, mit dem sie nicht verheiratet sein sollte?

ZT: Ja, aber das sollte alten Seelen gar nicht geschehen, da sie ihre Ehepartner sehr sorgfältig auswählen, bevor sie auf die Erde kommen. Sie wissen, wen sie heiraten sollen, und so ist es sehr selten, daß eine alte Seele eine falsche Ehe eingeht. Bei alten Seelen ist die Kraft des Seelenimpulses so stark, daß sie nicht gegen das handeln werden, was sie als richtig erkannt haben. Alte Seelen wollen vielleicht nicht wissen, aber sie wissen! Sie können ihrer seelischen Verantwortung nicht ausweichen.

FRAGE: Ich habe kürzlich eine langjährige feste Beziehung mit einem jüngeren Mann gelöst, weil ich das Gefühl hatte, es sei das Richtige. Nun möchte er die Beziehung wieder aufnehmen. Soll ich ihm zuliebe – wenn schon nicht mir zuliebe – einwilligen? ZT: Du warst wie eine Mutter für ihn. Du hast ihm sehr geholfen, in seinem Evolutionszyklus weiterzukommen. Aber wie es oft bei Kindern ist, die die Rockschöße der Mutter verlassen haben und dann doch wieder in die mütterliche Geborgenheit zurückkehren wollen, so ist es auch jetzt mit deinem Mann. Er ist nicht gerne alleine in der Welt. Er scheut die Herausforderungen und die Prüfungen, denen er sich ausgesetzt sieht, und deshalb möchte er zurückkommen. Aber so ist das Leben nicht. Ein Kind muß erwachsen werden, und das muß es selbst tun. Die Entscheidung, die du in deinem Herzen getroffen hast, ist richtig. Die Zeit zur Trennung ist gekommen.

Würdest du jetzt heiraten, und du kannst dich dafür entscheiden, wenn du willst, würde die Ehe nicht lange dauern. Weißt du warum? Weil er sich nicht entwickeln würde. Er würde nicht weiterkommen. Er ist noch ein Lehrling, der noch viel lernen muß und viel schaffen kann. Er muß seine Persönlichkeit und seinen seelischen Einfluß noch stärken, er muß sich wohl mit seiner physischen als auch mit seiner spirituellen Arbeit identifizieren. All das muß er selbst tun, er muß auf eigenen Füßen stehen und seine eigenen Lebenserfahrungen machen. Wenn du ihm diese Erfahrungen nimmst, wird er für den Rest seines Lebens unentwickelt bleiben. Du kannst ihn heiraten, wenn du willst, aber du wirst in den kommenden Jahren nicht sehr glücklich sein. Du hast etwas anderes zu tun. Du hast dein eigenes Schicksal, das du erfüllen mußt. Er muß frei sein, um ein Mann zu werden. Das klingt vielleicht hart, aber es ist das gleiche, was geschieht, wenn man junge Vögel aus dem Nest stößt. Sie lernen sehr schnell zu fliegen und sich selbst zurechtzufinden.

FRAGE: Ich würde aufpassen, daß ich ihm nicht im Weg stehe. ZT: Ich weiß, daß du ihm nicht bewußt im Weg stehen würdest, aber du würdest ihn daran hindern, seinen eigenen Weg zu finden.

FRAGE: Ich habe mich vor zwei Jahren von meinem Mann getrennt. Wir hatten keine Kinder. Würde sich die Tatsache, daß ich verheiratet war, auf irgendeine Weise hinderlich auswirken, wenn ich mich noch einmal verheiratete, beispielsweise weil ich das Karma meiner ersten Ehe aufarbeiten muß?

zt: Natürlich muß das Karma, wenn durch die erste Ehe eines entstanden ist, irgendwann einmal verwandelt werden, aber das sollte die Möglichkeit deiner zweiten Ehe auf keinerlei Weise einschränken. Viele Menschen machen den Fehler, zu jung und aus den falschen Motiven zu heiraten. Viele Ehen scheitern einfach, weil sie zu einer Zeit eingegangen wurden, in der keiner der Betreffenden wirklich wußte, was er tat. Aber wenn du älter und reifer wirst und vielleicht einen spirituelleren Sinn in der Ehe siehst, wird dich nichts davon abhalten, deinen wahren Gefährten anzuziehen. Du hast nur deinen Schicksalsweg eine Weile verlassen und einen kleinen Umweg gemacht, der dich viel gelehrt hat. Du kannst leicht auf deinen Weg zurückkehren.

# Scheidung

Ihr lebt in einer Zeit, in der etwa ein Viertel aller Ehen in einer Scheidung enden, wobei diese Zahl nicht die vielen Verbindungen einschließt, die von der Gesellschaft heute nicht Ehe genannt werden, in denen die Betreffenden aber viele Jahre zusammenleben, als wären sie verheiratet, und sich dann trennen. Ich möchte zunächst betonen, daß der Akt der Scheidung tatsächlich nur ein rechtlicher Vorgang ist. Er wird auf den höheren Lebensebenen nicht anerkannt. In Wirklichkeit gibt es so etwas wie Scheidung nicht. Es heißt ja auch in der christlichen Eheschließungszeremonie ganz klar, was Gott verbunden hat, soll der Mensch nicht trennen. Es ist ganz klar, was das bedeutet: daß eine Ehe, die den Segen des Schöpfers auf sich gezogen hat, nicht aufgelöst werden kann, nicht nur in diesem Leben, sondern auch später.

Wenn ein Mann und eine Frau eine Ehe eingehen, verbinden sie sich nicht nur auf der physischen Ebene, sondern auch auf den höheren Lebensebenen, und das Karma, das sie durch diese Ehe miteinander schaffen, wird sie für viele folgende Leben miteinander verbinden. Der Vorgang, den ihr Scheidung nennt, ist nur ein physisches Instrument, das die Vertreter des Rechts geschaffen haben, um die zu trennen, die durch das Recht ehelich verbunden werden. Auf der physischen Ebene der Erde mag das Gültigkeit haben, auf den höheren Lebensebenen wird es nicht anerkannt. Deshalb möchte ich, daß euch dies vor allem klar ist, bevor ich über Scheidung zu sprechen beginne. Ihr könnt auf der physischen Ebene geschieden werden, nicht jedoch auf den höheren Ebenen, da ihr für die Ewigkeit mit dem Menschen verbunden bleibt, mit dem ihr die Ehe eingegangen seid.

Scheidung ist also eine menschliche Vorstellung. Es bedeutet das Ende einer Ehe. Wir sollten uns jedoch klarmachen, daß es heute viele Menschen gibt, die glauben, sie seien verheiratet, die jedoch in Wirklichkeit nie eine Ehe eingegangen sind. Manche Menschen beginnen eine Ehe, als sei sie ein Spiel, ein Vergnügen für ihr Ego, und für sie hat die Scheidung keine größere Bedeutung als die Eheschließungszeremonie. Zudem gibt es heute viele, vor allem junge Menschen, die von keiner Form der Ehe etwas halten, sei sie kirchlich, zivil oder eine durch irgendeine andere Zeremonie geschlossene Verbindung. Viele Menschen leben heute einfach zusammen und trennen sich dann wieder. Diese Trennung ist auch eine Form von Scheidung, auch wenn sie von rechtlicher Seite nicht als solche anerkannt wird. Die Scheidungen, die in der heutigen Welt soviel Schmerz und Leiden verursachen, sind jene, die eine in der Kirche gesegnete und deshalb unauflösliche Ehe beenden, und das nur aufgrund der persönlichen Schwäche der Betroffenen.

Man kann und sollte nicht verallgemeinern, was Ehe und Scheidung anbelangt. Alles, was ich tun kann, ist, euch die Aspekte des universellen Gesetzes näherzubringen, das für alle Dinge auf der Erde, einschließlich Ehe und Scheidung, gilt. Alles auf der physischen Ebene wird durch universelle Gesetze geregelt, und eines dieser Gesetze ist das Gesetz des Ausgleichs oder des Gleichgewichts. Bei jeder Scheidung muß deshalb in allen Einzelheiten Ausgleich geschaffen werden. Das Gleichgewicht zwischen Mann und Frau muß und wird erhalten bleiben, gleichgültig wie eine rechtliche Regelung auf der physischen Ebene entschieden hat, gleichgültig wer in einer Scheidungsverhandlung zu gewinnen oder zu verlieren scheint. Die Waagschalen der Gerechtigkeit, die die Herren des Karma in der Hand halten, sorgen dafür, daß niemand gewinnt und niemand verliert. Auch wenn Mann oder Frau im Augenblick einen Vorteil erlangt zu haben scheinen, wird dieses Ungleichgewicht in den folgenden Leben wieder ausgeglichen. Ja, wenn das Karma einer Ehe nicht vollständig aufgelöst ist, wird man immer und immer wieder zu ihr zurückkehren. Man wird diesen Menschen wieder heiraten und wird sich wieder vor die Aufgaben dieser Ehe gestellt sehen. Die physische Erscheinungsform mag anders sein. Die Persönlichkeiten sind vielleicht nicht die gleichen. Aber der unvergängliche Geist, der im Körper lebt, ist es, und die Seele ist es auch, denn sie ist das Gedächtnis des Geistes, das aufbewahrt, was sie in der Ehe in der Vergangenheit, in der Gegenwart und in der Zukunft lernt. Ihr seid verurteilt, zurückzukehren und alles zu wiederholen, was ihr nicht vollständig in Harmonie mit euren höchsten Bewußtseinsmöglichkeiten getan habt.

Wie eine Ehe in der Kirche geschlossen wird, so finde ich, sollte auch eine Scheidung dort stattfinden. Ich glaube, wenn Mann und Frau in einer Kirche in der nötigen Ehrfurcht zusammenkämen, möglichst an demselben Ort, an dem sie geheiratet und ihr

Gelübde abgelegt haben, dann würden sie ernsthafter über den Schritt nachdenken, den sie nun zu tun gedenken. Durch eine Scheidungszeremonie könnten sie zu der Einsicht gelangen, daß dieser Schritt nicht notwendig ist und daß die persönlichen Widersprüche wieder versöhnt und in die richtige Perspektive gerückt werden könnten. Vielleicht würden sie erkennen, daß sie größere Opfer für ihren Ehepartner bringen könnten und sollten, damit sie weiterhin zusammen lernen und sich entwickeln und der Erde etwas Positives aus ihrer Vereinigung abgeben könnten. Wer aus egozentrischen Gründen eine Ehe eingegangen ist, um seine eigenen Wünsche zu befriedigen, hat hier eine schwierige und schmerzhafte Lektion zu lernen. Da soviele Menschen heute aus dem falschen Impuls heiraten, zu früh heiraten, auf den ihnen bestimmten Partner nicht warten, den heiraten, den sie mit ihrem Ego, mit ihrer irdischen Persönlichkeit gewählt haben, aus niedrigen persönlichen Motiven heiraten, wurde aus der ehelichen Verbindung ein Gefängnis, aus dem sie zu entrinnen wünschen. Für sie ist Scheidung eine Möglichkeit, diesem Gefängnis zu entrinnen.

Wenn ein Mann und eine Frau sich entschlossen haben, sich scheiden zu lassen, ist es sehr wichtig, daß das in Liebe geschieht. Es sollte mit ebensoviel Liebe geschehen wie die Eheschließung. Im Akt der Scheidung sollte gegenseitiges Verständnis und Anteilnahme liegen, die Erkenntnis, daß, auch wenn ihre Ehe in diesem Leben gescheitert ist, die Grundlage für eine andere Ehe in einem anderen Leben, vielleicht unter günstigeren Umständen, gelegt ist. Sie sollten erkennen, daß sie sich nicht zum letzten Mal Lebewohl sagen, sondern daß sie sich wahrscheinlich in diesem Leben und ihren zukünftigen Leben ganz gewiß noch einmal begegnen werden. Scheidung ist einfach ein Sichtrennen der Wege, eine Trennung, die eine kurze Zeit dauern wird, bevor die Wege wieder zusammenführen. Es sollte keinen Haß, keine Bitterkeit, keine Schuldzuweisungen oder Rechtfertigungen geben; nur die Erkenntnis, daß die Ehe vielleicht eine zu große Prüfung für sie war, daß der erforderliche Bewußtseinsprung zu groß gewesen wäre, daß das erforderliche Opfer nicht gebracht werden konnte. Aus der Trauer über das innere Wissen, daß die Ehe gescheitert ist, trotz ihrer Gelübde ihrem Partner und ihrem Schöpfer gegenüber, entsteht für die Betroffenen die Einsicht in das, was in ihren zukünftigen Leben notwendig sein wird.

In den meisten Fällen wird man heute bei einer Ehe auf Kinder Rücksicht nehmen müssen. Darin liegt vielleicht die größte Probe, auf die man in einer Ehe gestellt wird. Obwohl der Sinn der Ehe nicht nur darin liegt, Kinder zu haben, wird für die meisten Eltern der schöpferische Akt auf den höheren Lebensebenen in der Hervorbringung eines Kindes auf der physischen Ebene resultieren. Das universelle Gesetz ist sehr eindeutig, wenn es um die Verantwortung geht, die man seinen Schöpfungen gegenüber hat. Es sagt klar, daß man bis ans Ende aller Zeiten vollständig verantwortlich ist für das, was man geschaffen hat, und wenn eine Scheidung einen davon abhalten würde, diese Verantwortung voll zu übernehmen, sollte sie nicht stattfinden. Die Eltern sollten erkennen, daß selbst wenn aufgrund ihrer persönlichen Schwäche die Ehe gescheitert ist und sie sich trennen wollen, sie dennoch ihr eigenes Leben und ihre eigenen Wünsche zugunsten ihrer Kinder opfern müssen. Das bedeutet, daß sie zusammenbleiben sollten, zumindest bis das Kind das zwölfte Lebensjahr erreicht hat und sein Geist sich vollständig im physischen Körper inkarniert hat, besser aber, bis das Kind zwanzig Jahre alt ist und seinen zweiten Zyklus beendet hat, also zur physischen Reife gelangt ist. Ein Kind braucht die physische, emotionale und spirituelle Begleitung seiner Eltern bis zum Alter von einundzwanzig Jahren. Eltern, die ihren Kindern diese Begleitung verweigern, laden nicht nur auf sich selbst, sondern auch auf die Welt als Ganzes schweres Karma.

Eine gestörte Schöpfung schafft eine gestörte Welt. Ein gestörtes Kind wird ein gestörter Erwachsener, wird dieses Muster der Gestörtheit immer weiter fortsetzen und in der Welt Disharmonie und Zwietracht schaffen. Manche Eltern ziehen heute durch ihre Amoralität und Egozentrik eine Generation von Kindern groß, die die menschliche Gesellschaft zerstören werden, weil sie selbst in so vielen Lebensaspekten gestört sind. Das wird sich in den nächsten zwanzig Jahren immer mehr verstärken.

Ich weiß, daß es großes Bewußtsein erfordert, die Schwächen der Persönlichkeit zu überwinden und sich selbst zugunsten des Ganzen zu opfern, aber heute sind viele dazu aufgerufen, das zu tun. Manche Menschen sind gefordert, ihr Leben zu opfern, ihr physisches Sein zur Rettung der anderen hinzugeben. Von Eltern wird selten ein solches Opfer verlangt, sie sollen nur zwanzig Jahre ihres Lebens opfern, um der Verantwortung gegenüber den Kindern, die sie hervorgebracht haben, gerecht zu werden. Wenn sie das nicht tun können, sind sie es nicht wert, Menschen genannt zu werden und haben das Erbe nicht verdient, das ihnen freiwillig geschenkt wurde, das Erbe, das aus dem Opfer vergangener Generationen hervorgegangen ist.

Seht das Beispiel eures Schöpfers, jenes Wesens, das ihr Gott nennt. Euer Schöpfer ist vollkommen verantwortlich für jeden Aspekt seiner Schöpfung, für euch und alle anderen Wesen auf der Erde. Zu keiner Zeit sagt sich euer Schöpfer von dieser Verantwortung los. Zu keiner Zeit seid ihr von seiner Liebe, seinem Schutz, seiner Führung und Weisheit getrennt. Ihr seid Eins und werdet immer Eins sein mit eurem Schöpfer und ebenso sollt ihr mit euren Kindern Eins sein. Eltern, die sich scheiden lassen und die Verantwortung gegenüber ihren Kindern vernachlässigen, laden sich für viele Leben Karma auf. Sie werden bis in die dritte Generation ernten, was sie gesät haben. Eltern müssen sich für das verantwortlich zeigen, was sie geschaffen haben. Das ist das Gesetz des Universums. Und wenn diese Verantwortung Opfer fordert, dann muß dies so sein. So entwickelt sich die Menschheit und wird göttlich.

Eltern, die Kinder haben, sollten sich also nicht scheiden lassen. Dennoch wird das geschehen, da die Menschheit jetzt noch nicht den Bewußtseinsstand hat, den das dafür geforderte Opfer braucht. Nachdem eine Scheidung vollzogen wurde, müssen die Eltern zu jeder Zeit dafür sorgen, daß ihre physische Gegenwart und ihre spirituelle Energie ihren Kindern zur Verfügung stehen, wenn sie sie brauchen. Deshalb muß die Familienenergie und das Familiengefühl erhalten bleiben, auch wenn eine Trennung stattgefunden hat. Männliche und weibliche Energie müssen gleichermaßen präsent sein, um das Kind im Gleichgewicht zu halten. Ein Kind braucht die Energie beider, die es geschaffen haben, um reifen und ein ausgeglichener Erwachsener werden zu können.

Selbst bei Menschen, die keine Kinder haben, sollte der Entschluß zur Scheidung sorgfältig erwogen werden, denn eine Ehe bringt auch andere Schöpfungen hervor als die physische Schöpfung eines Kindes. Ein Mann und eine Frau bringen jedesmal, wenn sie sich körperlich vereinigen, nicht nur ein ätherisches Kind auf den höheren Lebensebenen hervor, für das sie dann verantwortlich sind, sondern sind auch auf der emotionalen und geistigen Ebene schöpferisch. So schaffen sie während ihres Ehelebens viele Gedankenformen, für die sie die Verantwortung tragen. Es ist einfacher mit dem Karma für all das, was sie geschaffen haben, umzugehen, wenn sie in Liebe beieinander bleiben. Sie können alles verwandeln, wenn sie alt und weise werden. Wenn sie in ihrem sechsten Lebenszyklus, also zwischen fünfzig und sechzig Jahren sind und die spirituelle Reife erlangt haben, können sie gemeinsam auf das Leben zurückschauen, das sie geführt haben und die

Schöpfungen ihrer Ehe sehen. Sie können gemeinsam feststellen, wo sie irrten und zusammen diese Irrtümer verwandeln, sich weiterentwickeln und so zu Lehrern der jungen Menschen werden.

Es gibt heute Menschen, die glauben, sie müßten ihre Ehe opfern, um spirituelle Lehrer zu werden und eine göttliche Mission zu erfüllen. Ich meine, wenn sie ihre Ehe nicht im Gleichgewicht halten können, ist es auch nicht ihr Schicksal, spirituelle Lehrer zu werden. Wenn sie auf der physischen, auf der äußeren Lebensebene nicht im Gleichgewicht sein können, sind sie es gewiß auch nicht auf der spirituellen, inneren Ebene. Selbstloses Dienen kann auf den höheren Ebenen nicht geschehen, wenn es sich nicht zunächst auf der physischen Lebensebene manifestiert.

Für viele Menschen bedeutet die Scheidung das Ende einer Ehe, die in Wirklichkeit nie eine spirituelle Vereinigung war. Heute heiraten viele und lassen sich viele scheiden, ohne an die Auswirkungen ihres Handelns auf die Welt zu denken. Es bedeutet nichts für sie. Sie waren nie im Geiste verheiratet, obwohl sie natürlich für viele zukünftige Leben karmisch aneinander gekettet sind. Was uns von den spirituellen Hierarchien betroffen macht, ist, daß so viele Menschen, die heute eine spirituelle Ehe eingehen, die einen göttlichen Segen erbitten und in den kommenden Jahren von ihrem Schöpfer geführt werden wollen, dann ihr Gelübde wieder brechen und ihre Ehe durch Scheidung beenden wollen.

Einer der größten Irrtümer der modernen Gesellschaft besteht darin, daß ein Ehemann oder eine Ehefrau gewöhnlich keine Fehler machen dürfen, vor allem wenn es um Ehebruch geht. Es scheint mir heute in der Ehe wenig Vergebung zu existieren. Jeder Partner muß vollkommen sein, und wenn einer einen Ausrutscher macht, wird das als Anlaß zur Beendigung der Ehe genommen. Bedenkt, daß euch in dem Maß vergeben wird, wie ihr vergebt. Die Menschen werden in der Ehe immer wieder Fehler machen. Sie werden sich nicht immer würdevoll verhalten. Dafür muß man Verständnis aufbringen. Wenn ein Mensch Liebe im Herzen hat, wenn er den wahren Wert seines Mannes oder seiner Frau erkennt, dann wird er den anderen nicht für seine Entgleisung bestrafen, sondern ihm beistehen, wenn er ihn braucht. Fehler zu machen ist menschlich. Es ist ein notwendiger Teil der menschlichen Entwicklung. Es ist kein Anlaß zu einer Scheidung.

Viele lassen sich heute scheiden, weil sie das Gefühl haben, die Ehe halte sie davon ab, zu werden, was sie sein wollen. Sie meinen, die Ehe schränke sie ein, die persönlichen Eigenarten ihres Partners engten ihre Möglichkeiten ein, sie könnten nicht das werden, was sie der Ansicht ihres Schöpfers nach sein sollten, sie könnten ihrem Gott in einer großen Sache nicht dienen, da ihr Mann oder ihre Frau es nicht zuließen. Sie gehen von einer falschen Voraussetzung aus, denn sie haben nicht erkannt, daß ihr Partner die andere Hälfte der menschlichen Schöpfung, die andere Hälfte ihres Seins ist. Die Ehe ist ein Akt der Vereinigung zweier göttlicher schöpferischer Funken. Gott ist in beiden Ehehälften gegenwärtig, und wenn man die eine Hälfte ablehnt, lehnt man auch Gott ab – und es ist sinnlos, sich einer großen Aufgabe zu widmen, wenn man Gott abgelehnt hat. Wenn man eine Ehe nicht im Gleichgewicht halten kann, kann man auch im göttlichen Plan keinen Dienst erfüllen. Daran ist nicht zu rütteln.

Viele Menschen werden heute vom materiellen Besitz verführt. Vielleicht stellt dieser Aspekt mehr als alle anderen heute die Ehen auf eine Probe und führt zur Scheidung. Wenn ein bestimmter materieller Standard nicht erreicht wird, wenn der Ehemann und die Ehefrau glauben, daß sie mehr materiellen Besitz bräuchten, mehr Geld oder Status, wird dadurch die Ehe bedroht. Was bedroht wird, ist natürlich im Grunde nicht die Ehe, sondern die Vorstellungen, die Mann oder Frau von dieser Ehe haben. Der Geist, der gegenwärtig war, als sie vor den Altar traten, ist noch da, aber wieviele Menschen fragen nach seiner Weisheit. Wenn die Menschen heute auf diese feine Stimme in ihrem Inneren horchten, gäbe es sehr wenige Scheidungen. Wenn die Menschen einander liebten, nicht die Persönlichkeit, sondern den Geist liebten, gäbe es nicht die Notwendigkeit zur Trennung, müßten sie nicht leugnen, was sie auf den höheren Lebensebenen geschaffen haben.

So möchte ich euch alle dringend bitten, wenn ihr eine Scheidung in Erwägung zieht, sehr genau darüber nachzudenken, was ihr tut. Ihr könnt das Band der Ehe für eine kurze Zeit auf der physischen Ebene auflösen, aber das ist alles, was ihr erreicht. Und was bringt ihr durch diesen Akt hervor? Das Karma, das ihr eurem Ehepartner schuldet, das Karma, das ihr eurem Schöpfer gegenüber bewältigen müßt, die Notwendigkeit zurückzukehren und die Ehe zu wiederholen, das Karma, das ihr euren Kindern schuldet, wenn aus der Ehe welche hervorgegangen sind, das Karma, das ihr eurem Land, der Welt, ja dem Kosmos schuldet, die Wellen, die ihr auf dem Teich der Ewigkeit in Bewegung gesetzt habt. Wägt sorgfältig ab, bevor ihr diesen Schritt tut.

# Fragen und Antworten

FRAGE: Wenn nur einer sich scheiden lassen möchte und der andere nicht, wenn der andere die Ehe unbedingt weiterführen möchte, was soll dann geschehen?

ZT: Die Scheidung sollte eine gemeinsame Übereinkunft sein, Ehemann und Ehefrau sollten in die Trennung einwilligen. Wenn diese Übereinstimmung nicht besteht und einer von beiden die Ehe weiterführen möchte, sollte der andere das Opfer bringen und die Ehe aufrecht erhalten, um dem Betreffenden zu helfen. Das ist das spirituelle Ideal: daß man das Opfer bringt, dem anderen Partner zu helfen, der die Ehe noch braucht. Rechtlich betrachtet kann, wie ihr wißt, die Tatsache, daß der eine die Ehe weiterführen möchte, oft eine Scheidung nicht verhindern, wenn dem Richter genügend »Beweise« für die Berechtigung des Scheidungswunsches erbracht werden können. So wird die Scheidung weiterbetrieben, ungeachtet der Gefühle des Betroffenen.

FRAGE: Nehmen wir an, daß, wie so oft, die Frau sich um die Kinder kümmert und die Scheidung nicht will und daß der Ehemann jemand anderen gefunden hat und sie verläßt. Wie ist sie an der karmischen Verantwortung für die Scheidung beteiligt?

ZT: Es ist unmöglich, etwas Allgemeines über alle Scheidungssituationen zu sagen. Das Gesetz des Karma teilt Verantwortung nicht in Prozentsätzen auf, aber dennoch wird sich derjenige, der die Ehe erhalten will, wahrscheinlich mit weniger Karma belasten als derjenige, der sie beenden möchte.

FRAGE: Aber warum sollte sie sich überhaupt karmisch belasten, wenn es vielleicht gar nicht ihre Schuld ist, daß er sie verlassen hat?

ZT: Ich spreche nicht von Schuld. Das ist eine menschliche Betrachtungsweise. Eine Scheidung ist keines Schuld. Meist sind beide Ehepartner an der entstehenden Situation beteiligt. Mann und Frau müssen beide die Verantwortung für all das übernehmen, was sie in der Ehe hervorgebracht haben, einschließlich der Scheidung. Sie müssen sich mit dem Karma, das sie geschaffen haben, gemeinsam befassen und es verwandeln.

FRAGE: Ich möchte etwas über das Karma wissen. Wäre es richtig zu sagen, daß Karma das ist, was einem widerfährt, wenn man jemandem Unrecht tut?

ZT: Karma ist die östliche Bezeichnung für das Gesetz, das ihr im Westen »Ursache und Wirkung« nennt und das ich Ausgleich nenne. Was man gesät hat, was man getan hat in Gedanken, Worten und Handlungen, hat eine Wirkung, und diese Wirkung wird man zu spüren bekommen. So einfach ist das. Was du nicht nur in diesem, sondern auch in deinen vielen früheren Leben getan hast, wird sich auf den Teich des Lebens auswirken. Und wenn du in dieses Wasser eintauchst, wirst du die Wellen zu spüren bekommen, die du jetzt und in der Vergangenheit in Bewegung gesetzt hast.

Das Wesen des Karmagesetzes beruht auf der Tatsache, daß alles in der Schöpfung in vollkommenem Gleichgewicht gehalten wird. Es gibt keine Ungleichheit. Das Karma sorgt dafür, daß dieser Ausgleich stattfindet, es bewirkt, daß zwischen allen Menschen und allen kosmischen Wesen des Universums das Gleichgewicht gewahrt bleibt. Ihr dürft das Karma nicht als ein Plus oder Minus in der göttlichen Buchhaltung sehen, wo festgehalten wird, was ihr jemandem schuldet, weil ihr ihm Unrecht getan habt! So ist es nicht. Es ist eher ein Lernprozeß, in dem ihr Erfahrungen sammelt durch das, was ihr getan habt. Ihr habt diese Wellen auf dem Teich des Lebens in Bewegung gesetzt und werdet sie auch selbst wieder zu spüren bekommen. Bei dem Gesetz des Karma geht es nicht um Bestrafung. Es ist eher ein Prozeß des Ausgleichs und der Erziehung.

FRAGE: Ich glaube, ich habe ein schweres Karma auf mich geladen, weil ich mich von meinem Mann habe scheiden lassen. Aber sicher ist das Leben ein Lernprozeß, und es gehört dazu, daß man Fehler macht. Ihr redet von Karma, als sei es eine Bedrohung, ein Damoklesschwert, das über meinem Kopf schwebt und herunterfällt, wenn ich etwas falsch mache. Ich glaube nicht, daß ein Gott der Liebe eine solche Waffe benutzen würde. Er wird seine Kinder doch behutsam an das heranführen, was sie lernen sollen. Was meint ihr dazu?

ZT: Das glaube ich auch. Ich hoffe, daß ich das Karma nicht wie ein Damoklesschwert dargestellt habe! Karma ist keine Bestrafung. Karma ist meist ein Vorgehen, dem ihr selbst nach eurem Tod zugestimmt habt. Nachdem ihr in die höheren Lebensebenen eingegangen seid, überschaut ihr zusammen mit einem sehr weisen Wesen euer ganzes Leben. Geführt und beraten von diesem weisen Wesen seht ihr selbst ein, wo ihr gefehlt habt, welche Lektionen ihr zu lernen habt und welche Schritte unternommen werden müssen, um das Gleichgewicht in der Zukunft wiederherzustellen. Karma ist nicht etwas, das euch gegen euren Willen auferlegt wird. Es ist etwas, das zu bewältigen ihr euch freiwillig entscheidet, für euch selbst und für das Energiemuster, das ihr im Teich des Lebens geschaffen habt. Es sollte nicht als Bestrafung gesehen werden. Laßt mich euch ein Beispiel geben. Nehmt an, ihr hättet jemanden aus Eifersucht umgebracht. Das bedeutet nun nicht, daß das Karma des Mörders nun so aussähe, daß der Ermordete das Recht hätte, ihn in einem anderen Leben selbst umzubringen. Das ist nicht Karma. Es wäre vielmehr so, daß ihr nach eurem Tod auf das zurückblicken würdet, was ihr getan habt und herauszufinden versuchtet, warum ihr diesen Menschen umgebracht habt. Ihr würdet klären, welches Motiv hinter eurer Tat stand, welche Wirkung sie auf seine und eure eigene Familie und auf die gesamte Welt hatte. Dann würdet ihr entscheiden, was ihr daraus lernen müßt. Ihr könntet zum Beispiel entscheiden, daß ihr dem Betreffenden aufgrund dessen, was ihr ihm angetan habt, einen gewissen Dienst zu leisten habt. Ihr könntet euch entscheiden, um des Betreffenden willen in ein anderes Leben zurückzukehren und ihm in seiner Entwicklung beizustehen. Vielleicht kommt ihr als sein Kind zurück und hättet das Schicksal, in jungen Jahren an einer schmerzhaften Krankheit zu sterben. Der Mann, den ihr ermordet habt, würde so den Schmerz erfahren, sein Kind schon früh zu verlieren und dadurch zu Wachstum und Entwicklung geführt werden. Aus dieser Erfahrung würde er sehr viel lernen. Diese Inkarnation wäre euer Opfer für ihn, damit ihr ihm in seinem Evolutionszyklus helfen könnt. Ihr dürft Karma nicht als Bestrafung sehen, sondern als Instrument der Evolution, durch das alle Taten der Menschheit ausgeglichen werden und ihre weitere Entwicklung gesichert wird.

FRAGE: Ich halte die ganze Karma-Vorstellung für sehr gefährlich. Sie kann als Drohung benutzt werden, damit man sich richtig verhält. Es kann mich davon abhalten, Dinge zu tun, die ich tun möchte, aus Angst vor dem Karma, das ich dadurch schaffe.

ZT: Das Gesetz des Karma ist nur eines der vielen kosmischen Gesetze, die euer physisches und spirituelles Verhalten auf der irdischen Ebene beherrschen. Diese kosmischen Gesetze bestimmen alle Aspekte eurer Existenz. Sie sind allmächtig, allesdurchdringend, und selbst wenn ihr euch ihrer nicht bewußt seid, werdet ihr dennoch von ihnen regiert. Unwissenheit ist keine Entschuldigung dafür, das Gesetz zu brechen. Viele Menschen brechen ein

Gesetz und wissen gar nicht, daß sie es tun. Das Karma ist dann natürlich weniger gewichtig, als wenn man bewußt etwas tut. Die Zurechtweisung, die ein Kind braucht, wäre natürlich nicht die gleiche wie die für einen Erwachsenen, der ein Gesetz gebrochen hat. Das gleiche gilt natürlich für das Brechen kosmischer Gesetze. Das Gesetz wird immer in dem jeweils entsprechenden Maß angewendet, wie ihr euch vorstellen könnt.

Viele Menschen gehen eine Ehe ein und entdecken dann, daß sie einen Fehler gemacht haben. Das ist sehr verbreitet, etwas, das wir alle kennen. Es geschah immer, seit die Menschheit auf die irdische Ebene gekommen ist und der Bund der Ehe geschaffen wurde. Wichtig ist, wie Mann und Frau mit ihrer Ehe und ihrer Scheidung umgehen. Natürlich können zwei Menschen in den besten Absichten, ihr Gelübde zu halten, heiraten, aber später feststellen, daß es für sie nicht der richtige Zeitpunkt war, ihre Verpflichtungen zu erfüllen. Deshalb wollen sie dann aus ihrer Ehe entlassen werden. Dazu haben sie auch die Freiheit, vorausgesetzt, sie vergessen nicht, daß sie sich mit der karmischen Verantwortung für ihre Ehe in einem anderen Leben zu einem späteren Zeitpunkt wieder auseinandersetzen müssen. Aus diesem Grund gibt es auch Menschen, die im Laufe eines Lebens zweimal denselben Partner heiraten.

FRAGE: Wenn eine Frau sich scheiden läßt und wieder heiratet, werden ihre Kinder von einem Stiefvater aufgezogen. Sollte der richtige Vater trotzdem in der Nähe der Kinder bleiben, oder ist es besser, er geht und läßt die neue Familie zusammenwachsen?

ZT: Auch hier kann ich nicht verallgemeinern, denn der Mensch ist einzigartig und jede Situation ist anders. Dennoch kann man sagen, daß ein Kind unter zwölf Jahren immer, wenn es das will, in der Lage sein sollte, die physischen Schwingungen seiner beiden Eltern zu erleben. Das ist nicht möglich, wenn ein Elternteil nicht in der Nähe des Kindes lebt. Auch wenn es über zwölf Jahre alt ist, im zweiten Zyklus, braucht das Kind noch die Unterstützung der Eltern, jedoch nicht mehr im gleichen Maß wie im ersten Zyklus. Deshalb ist es wünschenswert, daß die Eltern immer noch in erreichbarer Nähe sind, wenn das Kind sie braucht. Wenn ein Elternteil sehr weit entfernt wohnt, ist das nicht möglich. Deshalb glaube ich, man kann seine elterlichen Pflichten nur erfüllen, wenn man wirklich in der Nähe des Kindes lebt.

FRAGE: Was ist mit dem Stiefvater? Kann er nicht die Stelle des richtigen Vaters einnehmen?

ZT: Der Stiefvater kann bis zu einem gewissen Grad als Ersatz dienen, aber er wird im Gemüt des Kindes unvermeidlich Verwirrung stiften, vor allem, wenn es die Schwingungen seines Vaters eine Zeitlang erlebt und geliebt hat. Später im Leben wird es deshalb psychologische Probleme geben.

Ich möchte mit folgender Analogie abschließen: Nehmen wir an, ihr habt einen Garten und pflanzt dort ein paar ganz besondere, seltene, wertvolle Samen. Ihr bereitet den Boden sorgfältig vor, und wenn die ersten Triebe sich zeigen, dann pflegt ihr sie liebevoll. Ihr schützt und umhegt sie, während sie heranreifen. Dafür erlebt ihr große Freude, wenn die Blumen beginnen Knospen zu tragen und zu blühen. Ihr liebt sie so sehr, daß ihr niemand anderen damit betrauen würdet, sich um sie zu kümmern. Wenn die Blume unter eurer Liebe voll erblüht, leuchtet sie und sendet ihren Duft in die Welt. Natürlich erwächst euch viel Zufriedenheit und Freude aus dem, was ihr getan habt.

Dieser Same ist wie das Kind. Und es erscheint mir seltsam, daß ihr zulassen könntet, daß dieser Same unter der Obhut eines anderen aufwächst, daß er ohne eure Schwingung heranwachsen sollte, ohne das, was sein Geburtsrecht ist: eure göttliche Energie, eure Liebe, euer Licht. Wolltet ihr wirklich, daß euer Kind durch einen Pflegevater oder eine Pflegemutter erzogen wird, durch jemanden, der bewußt oder unbewußt das, was das Kind sich im Leben vorgenommen hat, durchkreuzt? Denn trotz der guten Absichten des Mannes oder der Frau, die wieder heiraten, wird der neue Ehepartner die Schöpfungen der ersten Ehe nicht vollkommen respektieren. Er oder sie wird selten das gleiche Einfühlungsvermögen und die gleiche Liebe für das Kind haben, es sei denn, es handle sich um eine außergewöhnlich hochentwickelte Seele. So gebt ihr einen Teil von euch selbst, einen Teil, der kostbarer ist als ihr selbst, in die Obhut eines völlig Fremden.

116

# Probleme und Prüfungen

Im Laufe eures Lebens auf der Erde müßt ihr euch alle mit Problemen und Prüfungen auseinandersetzen. Ja, für manche Menschen scheint das Leben sogar nichts anderes zu sein als eine ununterbrochene Reihe von Problemen und Prüfungen, denen sie sich jeden Tag ausgesetzt sehen. Deshalb wollen wir sehen, worum es bei Problemen und Prüfungen eigentlich geht und wie man ihnen begegnet. Ich will zunächst definieren, was ich unter diesen Begriffen verstehe.

Prüfungen gehören zur seelischen Ebene. Sie sind Hindernisse, die euch auf eurem Schicksalsweg begegnen, denen ihr euch unterziehen müßt, die ihr bestehen müßt. Prüfungen hängen deshalb meist mit den wichtigen Lebensentscheidungen zusammen. Das bedeutet allerdings nicht, daß es nicht auch kleinere Prüfungen gäbe; vor allem kleinere persönliche Irritationen werden oft durch die Art, wie man mit ihnen umgeht, fast zu einer Prüfung.

Im Grunde inkarnieren sich jedoch die meisten Menschen, um in ihrem Leben eine große Prüfung zu bestehen, und sie werden dann ihr ganzes Leben lang viele Gelegenheiten haben, sich mit dieser Prüfung auseinanderzusetzen und daraus zu lernen.

Wenn eure Seele versucht, ein eingefahrenes Verhaltensmuster zu verändern, wird sie wahrscheinlich einen großen Teil des Lebens brauchen, um eine Veränderung herbeizuführen, um soweit zu kommen, daß sie die Prüfung wirklich besteht. Wenn ihr beispielsweise im vergangenen Leben oft Dinge gestohlen habt und den Besitz und das Eigentum anderer Menschen immer mißbraucht habt, ohne an ihre Bedürfnisse zu denken, wenn ihr nicht erkannt habt, daß die physische Materie, auch wenn sie in menschliche Obhut gegeben ist, nicht der Menschheit, sondern einem göttlichen Wesen gehört, dann wird dieses Muster nicht im Handumdrehen, durch eine Prüfung, aufgelöst sein. Es werden viele Lernschritte über mehrere Leben hinweg notwendig sein, bis ihr schließlich noch einmal auf die Probe gestellt werdet und durch euer Lernen den notwendigen Bewußtseinsstand erreicht habt, um sie zu bestehen.

Deshalb begegnen einem Prüfungen nur selten, und man muß oft viele Tage, ja monatelang kämpfen, um zu einer Entscheidung zu kommen. Bedenkt jedoch, wenn ihr zur Entscheidung gekommen seid, da euch die göttliche Gabe frei zu wählen verliehen ist, daß ihr eine bewußte Entscheidung trefft, eine Entscheidung, die weder richtig noch falsch ist, sondern einfach euren Bewußtseinsstand zu diesem Zeitpunkt widerspiegelt. Nachdem ihr diese Entscheidung getroffen habt, werdet ihr auf eurem weiteren Lebensweg Aspekte des Universums zu spüren bekommen, die dem Ton entsprechen, den ihr im Augenblick der Entscheidung erklingen habt lassen.

Laßt uns nun sehen, was Probleme sind. Probleme werden von eurem physischen Gehirn, euren Gedanken hervorgebracht. Sie sind nicht seelischen Ursprungs. Sie sind irdischen Ursprungs und haben deshalb fast immer mit irdischen Dingen zu tun. Bei Problemen geht es selten um so wichtige Entscheidungen wie bei den Prüfungen, denen die Seele ausgesetzt ist. Meistens stellen sie sich ein als Ergebnis des eigenen Handelns, des Mißbrauchs der Naturgesetze. Jemand, der viel besitzt, macht sich beispielsweise meist Sorgen um seinen Besitz. Diese Sorgen, dieser verstandesmäßige Konflikt schafft Probleme, mit denen der Betreffende sich dann auseinandersetzen und die er lösen muß. Die Probleme bestehen jedoch aus dem, was er selbst geschaffen hat. Natürlich ist das Ergebnis oft, daß solche Probleme seine ganze Energie und Aufmerksamkeit auf sich ziehen, so daß für die wichtigeren Aspekte seines Lebens nicht viel übrig bleibt. Ihr sollt jedoch nicht glauben, daß, weil ich dieses Beispiel angeführt habe, reiche Menschen immer mehr Probleme haben als Arme, denn ein weiser Mensch kann ebenso reich wie arm sein. Die Probleme entstehen dadurch, wie jemand sich der Herausforderung von Reichtum und Armut stellt. Das Beispiel, das ich angeführt habe, könnte durch Beispiele vieler anderer Lebensumstände ersetzt werden.

Manchmal besteht eine seltsame Beziehung zwischen Problemen und Prüfungen. Sehr oft weiß man auf einer seelischen Ebene, daß einem eine Prüfung bevorsteht. Man fühlt es im Innersten. Wenn beispielsweise ein Umzug bevorsteht, wenn man sich in einer ganz neuen Gegend ansiedeln muß oder seinen Beruf wechseln, spürt man oft schon intuitiv die Veränderung, bevor sie sich in der physischen Realität abzeichnet. Dieses Vorgefühl wird im Gehirn registriert, und schon beginnt man auf der persönlichen Ebene damit zu spielen. Man nimmt die Veränderung, die kommen wird, vorweg und macht damit ein Problem daraus. Sehr oft beschäftigt man sich mit einer Prüfung schon, bevor der richtige Augenblick dafür in der physischen Zeit gekommen ist. So könnte man, um beim Beispiel des Umzugs zu bleiben, schon vor dem richtigen Zeitpunkt nach einer neuen Wohung oder einem Haus suchen und deshalb die falsche Gegend wählen, seine Wahl aus falschen Gründen treffen und dadurch Probleme schaffen, mit denen man sich dann später auseinandersetzen muß. In diesem Fall können Prüfungen und Probleme zusammenhängen, meist aber unterscheide ich klar zwischen beidem.

Ein Problem kann nach irdischen Maßstäben am besten mit einer mathematischen Aufgabe verglichen werden. Es gibt eine Lösung. Die Antwort liegt immer in einem für das menschliche, physische Gehirn faßbaren Bereich. Jedes Problem kann durch eine akzeptable und einsehbare Lösung überwunden werden, vorausgesetzt man wendet genug Energie dafür auf. Gleichgültig um welches Problem es sich handelt – wenn man sich hinsetzt und sich damit befaßt, wenn man die einem offenstehenden Möglichkeiten betrachtet, sich mit der Ursache oder den Ursachen des Problems beschäftigt und überlegt, welche Schritte unternommen werden können, es zu lösen, kann und wird das menschliche Gehirn diese Lösung finden. Kann man das nicht alleine tun, wird man wahrscheinlich die Hilfe von Freunden oder Verwandten in Anspruch nehmen. Wenn genug Energie und Aufmerksamkcit auf das Problem gerichtet werden, wird es sich lösen lassen. So einfach ist das. Was ist also so problematisch daran, ein Problem zu haben? Ein Problem bleibt nur so lange ein Problem, als es ungelöst ist. Es bleibt nur so lange eines, wie man nicht bereit ist, Zeit, Energie und Aufmerksamkeit für seine Lösung aufzuwenden, also tatsächlich nur so lange, wie der einzelne es nicht lösen will. Manche Menschen scheinen Probleme geradezu gern zu haben. Für sie sind Probleme das Salz des Lebens. Dadurch haben sie etwas, worüber sie sich Sorgen machen können, etwas, worüber sie mit ihren Freunden sprechen können! Hätten sie keine Probleme, mit denen sie sich beschäftigen können, gäbe es eine große Leere in ihrem Leben, und darin liegt die Crux der Materie, denn ohne Problem würde in diese Leere ihre intuitive Kraft eindringen und sie mit der Weisheit des Kosmos erfüllen.

Natürlich müssen physische Probleme auf einer physischen Ebene gelöst werden. Das ist euch allen bewußt. Wenn ihr ein Problem mit eurem Auto, eurem Haus oder eurer Arbeitsstelle habt, muß es gelöst werden, indem ihr der Sache Zeit, Energie und Aufmerksamkeit widmet. Es sollte euch aber klar sein, daß es

*Probleme - Prüfungen!*

wichtig ist, *wie* ihr Zeit, Energie und Aufmerksamkeit aufwendet. Wenn ihr das halbherzig, gedankenlos, ohne Zielstrebigkeit, ohne Energie, ohne klaren Überblick tut, kann ein Problem, das in einer Minute hätte gelöst werden können, Stunden, ja Tage in Anspruch nehmen. Je länger ihr ein Problem habt und es ignoriert, desto komplexer wird es, denn Probleme wachsen. Was anfangs in einem Augenblick lösbar gewesen wäre, braucht später vielleicht Monate zur Klärung. Je länger ihr ein Problem ungelöst laßt, desto größer wird der Konflikt, desto mehr Zeit wird von euch gefordert, desto mehr lenkt das Ungelöste euren Geist von seiner eigentlichen Aufgabe ab. Zunächst einmal müßt ihr wissen, daß Probleme dann gelöst werden sollen, wenn sie auftauchen. Der Konflikt, den sie in eurem Geist schaffen, muß so bald wie möglich bereinigt werden, damit ihr am Ende des Tages, bevor ihr euch schlafen legt, frei davon seid. Ist das nicht gelungen, dann sind die Probleme am nächsten Morgen, wenn ihr aufwacht, immer noch da, erfordern immer noch eure Energie und Aufmerksamkeit und stören den Lernprozeß dieses Tages.

Es ist wichtig, daß ihr zwischen euren Problemen und euren Prüfungen unterscheidet. Wenn ihr auf die Probe gestellt werdet, wißt ihr, daß es von innen kommt und daß eure Seele sich dessen bewußt ist. Eure Seele verbindet euch mit den Prüfungen des Lebens. Wenn das Universum euch prüft, dann weiß eure Seele das, und wenn ihr auf diese innere Stimme hört, werdet ihr diese Tatsache bald auf einer konkreteren Ebene wahrnehmen. Eine Prüfung ist etwas, was ihr selbst gewählt habt. Ihr *wollt* sie bestehen. Deshalb ist eine Prüfung selten etwas, das man im Handumdrehen hinter sich gebracht hat. Während ein Problem manchmal blitzartig gelöst werden kann, dauert es oft lange, bis man eine Prüfung bestanden hat. Manchmal braucht es Monate, ja sogar Jahre, bis man die universelle Lektion gelernt und sein Bewußtsein dementsprechend entwickelt hat. Oft ist es auch so, daß man, was man lernen soll, durch eine Reihe von kleineren Prüfungen erkennt, die auf die große Schicksalsprobe hinweisen. Oft bestätigt eine solche Prüfung auch nur, was man schon als wahr erkannt hat. Etwas, das man in vergangenen Leben gelernt hat, wird wieder und wieder geprüft, bis eure Seele sicher ist, daß dieser Aspekt des universellen Wissens Teil eures Bewußtseins geworden ist. Viele der kleineren Prüfungen sollen euch nur beweisen, daß das, was ihr schon als Wahrheit erkannt habt, wirklich Wahrheit ist, und daß ihr bereit seid, eurem Seelenbewußtsein zu folgen.

Wenn ihr auf die Probe gestellt werdet und es nicht erkennt oder wahrhaben wollt, könnt ihr sicher sein, daß diese Prüfung euch zu einem anderen Zeitpunkt wieder auferlegt wird. Einer Prüfung könnt ihr euch nicht entziehen. Ihr werdet im Grunde bei jeder Gelegenheit auf die Probe gestellt, deshalb inkarniert ihr euch auf die Erde, deshalb seid ihr hier. Wieder und wieder werden euch Prüfungen begegnen, aber sie werden zu ihrer Zeit und auf ihre Art kommen. Das Universum wird euch von selbst genau die Aufgaben stellen, die ihr zu lösen habt. Ihr müßt jedoch aufpassen, daß euer Gehirn, euer Verstand das Wesen dieser Prüfung nicht verzerrt, daß eure irdische Konditionierung nicht den seelischen Aspekt der Prüfung überlagert. Laßt eine spirituelle Prüfung nicht zu etwas werden, bei dem eure Persönlichkeit auf die Probe gestellt wird. Denkt daran, daß eure Seele mit den Augen der Seele sieht, wie sie auf die Probe gestellt wird. Sie achtet nicht auf eure Persönlichkeit, auf die Einflüsse des äußeren Lebens, auf die irdische Konditionierung. Sie möchte nur die Weisheit der Ewigkeit in einer Prüfung erkennen. Viele Menschen, die auf einer hohen Ebene seelisch geprüft werden sollen, machen daraus auf subtile Weise eine Prüfung für ihre Persönlichkeit, und so wird das, was auf der seelischen Ebene im tiefsten Inneren hätte gelöst werden sollen, herabgezerrt auf die persönliche Ebene mit all ihren Emotionen, Ängsten und Sorgen, mit Vorlieben und Abneigungen, und im Morast der Persönlichkeit wird die Prüfung meist zu schwer und ist nicht mehr lösbar.

So laßt uns unsere Probleme und Prüfungen als das erkennen, was sie sind. Laßt uns weder das eine noch das andere fürchten. Laßt sie uns willkommen heißen als notwendigen Teil unseres Lebens: Prüfungen als Teil unseres spirituellen Lebens. Laßt uns erkennen, wie wir sie lösen können. Die Seele kann ein persönliches Problem durchschauen und lösen, aber die Persönlichkeit kann und wird nie eine Seelenprüfung bestehen. Wenn ihr euch Problemen und Prüfungen gegenübersteht, seid euch bewußt, worum es dabei wirklich geht. Nehmt all eure Kraft zusammen. Meditiert darüber. Wenn ihr bis morgen früh ein Problem zu lösen habt, das so entscheidend wäre, daß euer Leben davon abhinge, dann würdet ihr wohl alle Kraft und Aufmerksamkeit auf seine Lösung verwenden. Meist widmet ihr euch euren Problemen leider jedoch nicht mit soviel Intensität, da ihr sie als Störungen an der Oberfläche eures persönlichen Lebens betrachtet.

Ich lebe natürlich nicht in eurer Welt der Materie mit all den dazugehörigen Problemen. Ihr wacht jeden Morgen auf und habt eure physischen, irdischen Aufgaben vor Augen; aber könnt ihr denn nicht einsehen, daß, wenn ihr jeden Morgen mit den Lasten des vorigen Tages erwacht, der ganze kommende Tag davon geprägt ist. Deshalb sollt ihr frei erwachen, ohne Lasten aus der Vergangenheit; dann werdet ihr die Kraft und das Bewußtsein haben, um euer Leben richtig zu leben. Wenn ihr jedoch belastet erwacht, wird das Leben selbst zu einer Last. Derjenige, der mit dem geringsten Besitz durchs Leben geht, kann sich frei und leicht bewegen, und wenn ich Besitz sage, dann meine ich das nicht im Sinne von Geld und Eigentum, sondern im Sinne von physischer Erinnerung, Gewicht der Persönlichkeit. Laßt beides los und ihr laßt eure Lasten fallen. Seid offen für den Augenblick. Hört auf die Stimme des Universums, die zu euch spricht, richtet euch nach der Struktur und dem Plan des Universums, und eure Probleme werden sich auflösen.

Vor allem sollt ihr daran denken, daß euch kein Problem gestellt und keine Prüfung auferlegt wird, mit denen ihr nicht fertigwerden könnt. Euer physisches Gehirn kann jedes Problem, das es schafft, lösen. Euere Seele kann jede Prüfung bestehen, der sie ausgesetzt ist. Wenn ihr die Antwort auch mit größter Mühe wirklich nicht finden könnt, dann bittet um die Hilfe eures Schöpfers, hört auf ihn und nehmt auf. Bedenkt aber auch, daß die Antwort, die ihr erhaltet, vielleicht nicht jene ist, die ihr sucht oder wünscht, denn die Antwort des Universums spiegelt nicht unbedingt das wider, was ihr wissen wollt, sondern nur die Wahrheit, mit der ihr euch auseinandersetzen müßt.

# Erziehung für das neue Zeitalter

Ihr lebt in einer Zeit, in der das Gewebe der menschlichen Gesellschaft zu zerfallen scheint. Eure Welt ist heute mehr von Ehrgeiz, Gier, Egozentrik und Gewalt erfüllt als jede erinnerbare frühere Zeit, aber dennoch sind die Möglichkeiten, sich zu bilden, größer denn je. Mehr Kinder als je zuvor in der Geschichte der westlichen Zivilisation haben Schulen und Gymnasien besucht und können studieren. Dennoch lebt ihr, trotz all dieser Möglichkeiten, heute in der Situation, daß »wohlerzogene« Kinder und Jugendliche Selbstmord begehen, uneheliche Kinder zur Welt bringen oder Abtreibungen machen lassen, regelmäßig Drogen und Alkohol konsumieren, stehlen, fremdes Eigentum zerstören und natürlich oft völlig unvorbereitet sind für die Welt, in der sie leben und arbeiten müssen. Natürlich kann das nicht nur der Schulerziehung zur Last gelegt werden, dennoch kommt ihr sehr viel Verantwortung dafür zu. Wenn ich Schulerziehung sage, meine ich nicht nur das existierende Bildungssystem, sondern auch die Systeme, aus denen es hervorging. Ihr, die ältere Generation, seid das Produkt eines formalen Erziehungssystems, das sich im Laufe der Jahrhunderte Schritt für Schritt entwickelt hat.

Man muß natürlich sagen, daß die Gesellschaft das Erziehungssystem hat, das sie verdient, ebenso wie man sagen kann, daß sie die Regierung, die Kirche oder das Rechtssystem hat, das sie verdient. Die Menschheit bringt dieses System hervor, nur sie kann es verändern. Wenn die Gruppe derer, die unter dem System leiden, einen gewissen Umfang erreicht hat, wird die Forderung nach Veränderung unübersehbar. Diejenigen aber, die das Land regieren und die das Bildungs- und Erziehungssystem unter Kontrolle haben, werden es immer stützen, da sie selbst dieses System durchlaufen haben, sein Produkt sind, und da das System ihren Lebensstil, ihre Vorstellungen von der Gesellschaft und der Rolle, die der einzelne darin zu spielen hat, stützt. Nur jene, die in diesem System gescheitert sind, die keine Vorteile davon haben oder dadurch sogar behindert werden, erkennen die Notwendigkeit zur Veränderung. Daß das gegenwärtige Erziehungssystem den Bedürfnissen vieler junger Menschen nicht entspricht, kann

123

man unschwer sehen, wenn man den Zustand der Welt betrachtet. Viele junge Menschen scheitern in der Gesellschaft. Das liegt zum einen daran, daß sich die Industriegesellschaft stark verändert, zum anderen auch daran, daß in der westlichen Welt die Zahl der technischen Neuerungen rapide wächst, vor allem aber, weil ihr euch auf ein neues Zeitalter zubewegt, ein Zeitalter, in dem das Dasein einen anderen Sinn haben wird, ein Zeitalter, in dem die Menschheit einen neuen Aspekt ihres Daseins auf der Erde manifestiert.

Das heute bestehende Erziehungssystem ist die Schöpfung von Politikern und Gelehrten der letzten drei Jahrhunderte. Es ist im wesentlichen ein patriarchales System. Das heißt, es wurde zum größten Teil von Männern geschaffen und spiegelt so die evolutionären Charakteristika des Fische-Zeitalters wider, in dem das Männliche über das Weibliche herrschte. Diese Herrschaft führte zu der Überzeugung, es sei notwendig, nur die Männer zu erziehen und zu bilden, die Frauen jedoch könne man vernachlässigen, da sie ohnehin nur dazu bestimmt seien, die Funktion der Ehefrau und Mutter zu erfüllen. Auch die folgenden Generationen stützten diese Überzeugung, deshalb spiegelt sich im gegenwärtigen Erziehungssystem dieses Mißverhältnis wider. Erziehung und Bildung beschäftigen sich heutzutage ausschließlich mit der Entwicklung und Übung der intellektuellen Fähigkeiten, wobei die intuitiven Kräfte vollkommen ausgeschlossen werden. Man kann nun nicht leugnen, daß die Menschheit sich intellektuell stark entwickelt hat und dadurch in der Lage war, die Kernkraft zu entdecken, den Mond zu erreichen, komplizierte Computer zu erfinden und so weiter. Die Menschheit hat ihre Intuition jedoch, durch die sie in der Lage wäre, das, was sie geschaffen hat, richtig und aus guten Motiven zu nutzen, nicht im gleichen Maße entwickelt. Die Menschheit hat zudem nicht gelernt, wie sie ihre Gedankenmuster verändern oder wenigstens modifizieren könnte. Ihre Ziele und Absichten haben sich verfestigt, das ist an ihrem Erziehungssystem deutlich abzulesen.

Die Verstandesentwicklung ist natürlich ein wesentlicher Teil eines jeden Erziehungssystems. Ihr müßt lernen, euer physisches Gehirn zu nutzen und zu entwickeln, diesen »Computer« zu verfeinern, den euer Schöpfer euch gegeben hat, damit ihr euch auf der physischen Lebensebene ausdrücken könnt. Ihr müßt die menschlichen Fähigkeiten lernen, die zur Kommunikation notwendig sind: Lesen, Schreiben und Arithmetik. Ihr müßt die technischen Fähigkeiten der Zivilisation, in der ihr lebt, lernen. Ihr müßt lernen ein Auto zu fahren, an einer elektrischen Maschine zu arbeiten und so weiter. Ihr müßt auch etwas über euren physischen Körper lernen, über das Land, in dem ihr lebt, über den Planeten, auf dem ihr euch bewegt, über die Atmosphäre, die ihr atmet. Das ist das technische Wissen, das euch in der Schule übermittelt werden sollte, damit ihr in eurer Umgebung sinnvoll funktionieren und euch in sie einfügen könnt.

Was eure Vorfahren entdeckt und genauestens in Büchern niedergelegt haben, ist das menschliche Erbe, das euch übermittelt wird. Hand in Hand mit diesem Wissen muß jedoch die Intuitionskraft gehen, die Fähigkeit, dieses Wissen neu abzuschauen, neue Inspirationen zu empfangen, das von eurer Gesellschaft als Wahrheit Erkannte zu entwickeln und zu erweitern. Leider wird heute das, was in den wichtigsten Gebieten wissenschaftlicher Aktivität als Wahrheit festgelegt wurde, wie ein »Gott« betrachtet, und wer es wagt, sich diesem »Gott« zu widersetzen, wird zum Ketzer erklärt oder ignoriert, man macht sich über ihn lustig oder er wird sogar vom Establishment exkommuniziert. Aber man muß doch sehen, daß viele der großen Fortschritte, die beispielsweise auf dem Gebiet der Wissenschaft gemacht wurden, den Menschen zu verdanken sind, die sich der zu ihrer Zeit herrschenden Strömung wissenschaftlichen Denkens und Erkennens widersetzten. Das gilt auch für die meisten anderen menschlichen Aktivitäten, sogar für das einfache häusliche Leben. Diese großen Fortschritte, die in der menschlichen Entwicklung errungen wurden, stammten gerade nicht aus dem Bereich des anerkannten Erziehungs- und Bildungssystems.

Es geht mir jedoch nun nicht darum, einfach einige Fehler des gegenwärtigen Erziehungssystems anzuprangern und zu behaupten, es sei gescheitert. Ihr könnt ja sehen, daß es gescheitert ist. Es ist gescheitert, weil es die Hoffnungen und Bestrebungen der Kinder des neuen Zeitalters nicht mehr zum Ausdruck bringt. Es ist gescheitert, weil es die Kinder dazu konditioniert, einen Lebensstil zu unterstützen, der keine Lebensfähigkeit mehr hat. Es ist gescheitert, weil es junge Menschen hervorbringt, die sich nicht in der Umgebung zurechtfinden, die sie nach dem Verlassen der Schule vorfinden. Der Sinn der Erziehung liegt sicher darin, junge Menschen für die Zeit vorzubereiten, in der sie ihren zweiten Zyklus beendet und ihr zwanzigstes Lebensjahr erreicht haben, damit sie aus ihrer Schulzeit als reife, gebildete Menschen hervorgehen, die bereit und willens sind, der Welt zu dienen. Wenn sie nicht dienen können, werden sie nur Enttäuschungen erleben und sich unvermeidlich gegen das System wenden, unter dessen Obhut sie groß wurden.

Die Erziehungssysteme der Vergangenheit, da sie sich nur auf den Intellekt auf Kosten der Intuition konzentrierten, haben unausgeglichene, gestörte Kinder hervorgebracht. Diese Kinder wurden ihrerseits zu unausgeglichenen Erwachsenen, die unwillkürlich zur Verfestigung dieser Systeme beitrugen. Da sich die Menschheit aber nun dem Beginn des Wassermann-Zeitalters nähert, muß das Erziehungssystem sich natürlich verändern, nicht nur um das Wesen des neuen Zeitalters zum Ausdruck zu bringen, sondern auch um die vielen Kinder, die in den nächsten Jahren das System durchlaufen, für die kommenden Veränderungen vorzubereiten. Schon rumort es in den Systemen selbst. Viele Lehrer merken, daß die Erziehung, die sie den Kindern zuteil werden lassen, nicht richtig ist, da sonst mehr ausgeglichene und erfüllte Kinder mit einundzwanzig Jahren in die Welt hinausgehen würden.

Was kann man also in dieser Zeit tun, um die Grundlagen für die Erziehung im Wassermannzeitalter zu legen? Denkt zunächst daran, daß die Erziehung das Wesen des Kosmos widerspiegelt und in jeder Hinsicht ausgeglichen sein muß. Sie muß das Gleichgewicht zwischen männlich und weiblich zum Ausdruck bringen. Sie muß das Gleichgewicht zwischen Intellekt und Intuition, zwischen Wissen und Bewußtsein widerspiegeln. Das muß im Lehrplan jeder Schule zum Ausdruck kommen. Man muß Wissen erwerben, man muß den Intellekt entwickeln, damit er ein Werkzeug ist, das einem auf dem Lebensweg hilft, aber man muß ebenso die intuitive Aufnahmefähigkeit entwickeln, die einen mit der Weisheit des Kosmos verbindet. Intuition ist die Quelle der Inspiration, nicht der Intellekt. Der Intellekt kann nie etwas Schöpferisches hervorbringen. Der Intellekt kann analysieren, er kann logisch sein. Der Intellekt kann argumentieren und Schlüsse ziehen, aber er kann nicht erneuern. Der Intellekt ist wie ein Computer, und ein Computer kann nur aus den Daten schöpfen, die eingespeichert wurden. Das zukünftige Erziehungssystem muß Gewicht auf die Intuition legen, und zwar sowohl auf die Notwendigkeit, sie in den Kindern zu wecken, als auch darauf, daß die jungen Menschen lernen müssen, sie zu respektieren.

Die Erziehung im Wassermannzeitalter wird das richtige Verhältnis zwischen Lehrer und Schüler mit sich bringen. Es gibt zwei Wege des Lehrens: den Weg der Erfahrung und den Weg der Erkenntnis. Lehrer können ihren Schülern etwas von dem beibringen, was sie an menschlicher Erfahrung haben und was sie gelernt

*Erkenntnis nicht lehrbar!*

haben: Lesen, Schreiben, Arithmetik, Einsicht in die Zusammenhänge des Universums, alles Wissen, das gesammelt und in
Büchern niedergeschrieben wurde. Das können sie ihren Schülern
weitergeben unter der Voraussetzung, daß sie es nicht als »Gott«
betrachten, als die letzte und unbestreitbare Wahrheit, sondern nur
als die Summe dessen, was man bisher entdeckt hat. Doch wie
können Lehrer ihre Schüler Erkenntnis lehren? Sie können es nicht!
Die Aufgabe der Lehrer ist es, in ihren Schülern die göttliche Gabe
ihrer eigenen Erkenntnisfähigkeit zu wecken. Lehrer sollten ihren
Schülern nicht die eigene Erkenntnis übermitteln und sie auffordern, ihnen auf ihrem Weg zu folgen. Sie sollten ihre Schüler durch
die richtige Beziehung zur Welt, in der sie leben und durch richtige
Beobachtung dazu ermutigen, ihre eigene Lebenserkenntnis zu
gewinnen, für sich selbst den Sinn des Lebens zu entdecken und
herauszufinden, welches Schicksal sie sich erwählt haben.

Heute herrscht aufgrund der Gegebenheiten eurer Erziehungssysteme die Tendenz, Kinder zu katalogisieren und ihre Aktivitäten einseitig zu kanalisieren, damit sie ganz bestimmte Ziele
erreichen. Wie wunderschön wäre es, wenn jedes einzelne Kind
beim Verlassen der Schule viele verschiedene Wege gegangen
wäre, verschiedene Rollen ausprobiert und die Talente, die es in
sich entdeckt hat, in seiner Schule entwickelt hätte. Heute verlassen
die Kinder ihre Schulen jedoch entweder als Erfolgreiche oder
Gescheiterte, klassifiziert durch Prüfungen und Noten, oft egozentrisch und unfähig, sich der Welt zu opfern, ja nicht einmal darauf
vorbereitet, ein Teil der Gesellschaft zu sein oder die sozialen Werte
zu respektieren, die sogar im Tierreich hochgeachtet werden.

Die Lehrer müssen deshalb im Klassenzimmer vollkommene
Gleichheit zwischen Männlichem und Weiblichem herrschen lassen, aus der Erkenntnis, daß beides der Gesellschaft etwas zu geben
hat, beides in ihr schöpferisch wirken kann. Sie sollten erkennen,
daß unausgeglichene Kinder das Ergebnis sind, wenn dieses
Gleichgewicht auch nur in irgendeinem Aspekt ihres Unterrichts
nicht vorhanden ist. Das Erziehungssystem der Zukunft wird
deshalb vollkommene Gleichheit der Geschlechter fordern, und so
werden die Kinder den wahren Sinn des Lebens und die Einheit
und Vollständigkeit ihrer Welt verstehen lernen.

Es verwundert auch nicht, daß selbst heute unsere Erziehungssysteme Wissenschaft und Religion immer noch trennen können,
denn in Wahrheit existiert solch eine Trennung nicht. Sie sind eins.
Wissenschaft ist Religion. Gott ist in allen Dingen. Gott weiß von
jedem Atom im Kosmos. Die Wissenschaftler erforschen nichts

Wissenschaftliches. In Wirklichkeit erforschen sie Gott, aber diese grundlegende Tatsache haben sie bis jetzt noch nicht begriffen, so gespalten sind sie untereinander, so eng ist ihr Blickwinkel. Das gilt ebenso für die Medizin, die Industrie, für die Landwirtschaft, im Grunde für jeden Aspekt des menschlichen Daseins, denn Gott ist in allen Dingen, in allen Wesen, in jeder menschlichen Aktivität.

Erziehung im neuen Zeitalter wird deshalb von der Erde als einem Ganzen, einer im Gleichgewicht befindlichen Sphäre sprechen. Es wird bei ihr um Erkenntnis von Welt und Weltall, von Planeten und ihren Einflüssen gehen. Astrologie wird deshalb ein wesentlicher Teil jedes Lehrplanes sein. Man wird in den Schulen des neuen Zeitalters offen über das Wissen der alten Religionen sprechen, über die Weisheit vergangener Zivilisationen, über das Leben großer Persönlichkeiten, die auf das Wirken der Menschen verwandelnden Einfluß hatten. All diese Wissensinhalte sollten nicht ungesehen als Wahrheiten akzeptiert werden, nur weil der Lehrer sie vermittelt hat, sondern sollten erwogen, meditiert, diskutiert werden, und dem Kind sollte die freie Entscheidung überlassen werden, ob es sie annimmt oder ablehnt. Warum sollte ein Kind als Wahrheit akzeptieren, was seine Eltern oder Lehrer ihm sagen, wenn das Kind selbst diese Wahrheit nicht erfahren hat. Wenn ihr eure Wahrheit jemandem aufzwingt, unterdrückt ihr das ureigene Recht des Kindes, die Wahrheit dieser Welt für sich selbst zu entdecken und sich für das Leben zu entscheiden, das es leben möchte. Das größte Geschenk, das ihr einem Kind machen könnt, ist die Gabe der Urteilsfähigkeit, der Fähigkeit alles abzuwägen und nichts zu akzeptieren, was es nicht für sich selbst als Wahrheit herausgefunden hat.

Die Erziehungssysteme des Wassermannzeitalters werden zum Ziel haben, den Kindern zu erlauben, alle Facetten des Lebens, zu denen es sie hinzieht, ganz zu erforschen und durch eigene Erfahrung und Entscheidungen zur eigenen Lebenswahrheit zu gelangen. Man muß Kindern, damit sie lernen können, erlauben, ihren selbstgewählten Weg zu gehen. Nun befürworte ich nicht, daß Kinder vollkommen in Freiheit leben sollten, in der Wahl dessen, was sie lernen wollen, wann und wie sie es lernen wollen. Sie sind jung. Wie auch viele Erwachsene haben sie wahrscheinlich keine Disziplin gelernt, und so brauchen sie eine Struktur, innerhalb derer sie lernen und etwas über das Leben erfahren können. Es ist wesentlich, daß innerhalb dieser Struktur Lehrer zu finden sind, die dazu geboren sind zu lehren, das heißt Seelen, die auf die Erde gekommen sind, weil das ihre Lebensaufgabe, ihr Schicksal ist.

Heute lehren viele Lehrer aus den falschen Gründen. Viele sind falsch motiviert und haben nicht die nötige Bescheidenheit, die man braucht, wenn man der Jugend etwas geben möchte. Es geht ihnen nur darum, den Schülern ihre eigenen Meinungen und Lebensansichten aufzudrängen. Viele, die lehren sollten, werden dazu verführt, sich in anderen Richtungen zu betätigen, werden nicht nur durch Geld und Ansehen verlockt, sondern auch durch den Reiz intellektueller Beschäftigung um ihrer selbst willen und dem Leben in einer Welt wissenschaftlichen Scheins und nicht der menschlichen Realität. Ich fordere diejenigen von euch auf, die im Inneren fühlen, daß sie Lehrer sind, dazu zu stehen und sich zum Dienen bereit zu erklären. Das Opfer ist nicht groß. Denn wenn ihr einmal erkannt habt, daß die Generation, die ihr lehrt, wenn sie richtig motiviert wurde, dann ihrerseits der nächsten Generation Wesentliches weitergeben wird, werdet ihr erkennen: Das größte Geschenk, das ihr dieser Welt machen könnt, ist die richtige Erziehung und Bildung von Kindern und Jugendlichen.

Eure Welt stirbt, weil eure Kinder sterben. Rettet eure Kinder und ihr werdet eure Welt retten. Ältere Menschen verändern sich meist nicht mehr. Sie sind in ihren Gedankenmustern und ihrem gesellschaftlichen Umfeld fixiert. Sie können das, was sie für die Wahrheit halten, für ihre Sicherheit halten, die Welt, die sie geschaffen haben, nicht loslassen. Nur die jungen Menschen können das tun. Deshalb habt ihr die Gelegenheit, ihnen die unschätzbare Gabe zu gewähren, die so vielen von euch versagt blieb: eine ausgeglichene Erziehung, die die in vielen, vielen Jahren erworbenen Fähigkeiten und Talente fördert. Sie brauchen eine Erziehung, die sie für das von ihnen gewählte physische Leben richtig vorbereitet, die ihren Intellekt und ihre Intuition zur höchstmöglichen Entfaltung bringt, die aber vor allem ihre Seelenentwicklung und das Schicksal, das sich an ihnen erfüllen soll, respektiert. Jeder ist anders. Jeder ist einzigartig. Jedes Kind auf dieser Erde fordert Respekt für sich als individueller Lichtfunke und dafür, daß es seinen eigenen Weg zu gehen, sein eigenes Schicksal zu erfüllen hat. Das müßt ihr erkennen. Erzieht das Kind zum Wissen von sich selbst, und diese Welt wird gerettet.

# Fragen und Antworten:

FRAGE: Das klingt alles wunderbar, aber es ist gar nicht daran zu denken, daß die Schulen, die es hier gibt, irgend etwas von dem verwirklichen, wovon eben gesprochen wurde. Wir haben Kinder und wir wollen das Beste für sie tun, aber wie sollen wir es anfangen? Unsere eigene Schule gründen?

ZT: Natürlich könnt ihr nur ein Erziehungssystem benutzen, das schon existiert, aber es scheint mir, daß ihr den Sinn des Wortes »Lehrer« vergeßt. Ein Lehrer ist nicht nur jemand, der im Klassenzimmer steht. Eltern sind Lehrer. Verwandte sind Lehrer. Vor allem ist die Welt, in der ihr lebt, der größte Lehrer. Natürlich wird es eine Weile dauern, bis ihr die Erziehungssysteme eurer Schule verändert habt. Es wird Zeit brauchen, ein neues System zu schaffen und Lehrer zu finden, die dafür arbeiten. Aber das Lernen im Klassenzimmer macht nur einen kleinen Prozentsatz des Lernens im Leben aus. Ich würde sagen, ein Kind lernt dreißig Prozent in der Schule und siebzig Prozent anderswo. Auf dieses »Anderswo« habt ihr Einfluß.

FRAGE: Ich finde, daß es in den meisten Schulen sehr viel Wettbewerb gibt, nicht nur auf dem Spielfeld, sondern auch im Klassenzimmer. Ist der Wettbewerbsgeist ein notwendiger Teil dieses Erziehungssystems? Ich habe da meine Bedenken, da Kinder, die nicht ehrgeizig sind, große Schwierigkeiten in unseren Schulen und natürlich auch im Leben außerhalb der Schule haben.

ZT: Natürlich müßt ihr eure Kinder auf die Welt, in der sie sich zurechtfinden und ihren Lebensunterhalt verdienen sollen, vorbereiten. Wenn ihr selbst in einer Wettbewerbsgesellschaft gelebt habt und ihr Produkt seid und wollt, daß euer Kind euch in euren Fußstapfen folgt, muß es selbst lernen, ehrgeizig zu sein. Manche Kinder blühen richtig auf, wenn sie mit jemandem in Wettstreit treten sollen. Der Wettstreit selbst ist nichts Schlechtes. Natürliche Selektion durch Wettbewerb findet auch bei vielen Spezies des Tierreichs statt. Das seht ihr nicht nur beim Überlebenskampf, sondern auch darin, daß nur die geeignetsten ausgewählt werden, um sich zu paaren und zu vermehren. Die Menschheit irrt nur bezüglich der Begriffe, die sie mit Wettbewerb und besonders mit dem Gewinner-Verlierer-Syndrom verbindet.

Eine alte Weisheit sagt, daß nicht wichtig ist, wer gewinnt, sondern daß das Spiel selbst wichtig ist. Das vergißt man manchmal beim Wettbewerb unter den Menschen. Ihr seid Teil des großen Lebensspiels. Wenn euch der Ehrgeiz treibt, verdeckt das den Sinn des Spiels, denn es gibt weder einen Gewinner noch einen Verlierer. Wenn beispielsweise fünf Menschen sich um eine Stellung bewerben und einer von ihnen gewinnt, haben die anderen vier nicht verloren. Vielleicht hat der Richtige die Stelle bekommen und die anderen vier waren gar nicht dafür bestimmt, aber Wettstreit nur um des Wettstreits willen ist eine Lektion, die gelernt werden muß. Wer mit dem Schwert umgeht, wird durch das Schwert sterben. Wer nur seinem Ehrgeiz lebt, wird daran sterben. Das ist eine Lebenstatsache. Deshalb müßt ihr die Notwendigkeit des Wettstreits unter den Menschen an seinem Ort erkennen. Ihr solltet ihn als manchmal notwendiges Mittel zur natürlichen Selektion sehen. Bringt euer Kind nie dazu, an einem Wettbewerb teilzunehmen, wenn es das nicht selbst will und sich nicht freiwillig dazu entschlossen hat, und wenn es zudem nicht erkennt, daß nicht das Ergebnis wichtig ist, sondern der Wettstreit selbst, der Lernprozeß des Spieles.

FRAGE: Als Lehrer habe ich Schwierigkeiten, mich jedem Kind individuell zu widmen, da die Zahl und Verschiedenartigkeit der Schüler zu groß ist. Es gibt zu viele menschliche Aspekte, als daß ich sie alle erfassen könnte.

ZT: Alles, was du als Lehrer tun kannst, ist, deiner eigenen Einsicht in das, was das Lehren bedeutet, treu zu bleiben, die richtige Atmosphäre in deinem Klassenzimmer zu schaffen und dein Bestes zu geben. Wenn du damit beginnst, werden andere das aufgreifen und weiterführen. Man braucht nur ein Zündholz, um einen Waldbrand zu entfachen.

1. FRAGESTELLER: Ja, der Meinung bin ich auch. Ein Franzose, der eine neue Form der Geburt propagiert hat, verursachte auf der ganzen Welt eine Revolution in der Einstellung zum Thema Geburt. Es braucht nur einen Menschen, der wirklich für seine Überzeugung einsteht, um ein neues Erziehungssystem zu schaffen.

2. FRAGESTELLER: Eines der Probleme, die Lehrer heute haben, besteht darin, daß sie den Kindern ein ziemlich umfangreiches technisches Wissen vermitteln müssen, was einen nicht geringen Zeitaufwand bedeutet, vor allem, wenn das Kind langsam lernt. Wenn wir die Hälfte der Zeit dazu benutzen müßten, die intuitiven Fähigkeiten zu entwickeln, wären wir nicht mehr in der Lage, das uns zur Verfügung stehende Wissen zu vermitteln – oder sollte die Unterrichtszeit erweitert werden?

ZT: Zunächst einmal dürfen wir nicht übersehen, daß alles, was ihr lehrt, alle Fakten, die ihr euren Schülern beibringt, im besten Fall Wissen aus zweiter Hand ist und im schlimmsten Fall jahrhundertealt. Ich möchte das durch eine Analogie verdeutlichen. Bis zur Zeit des Kopernikus hatte man den Kindern beigebracht, daß die Erde der Mittelpunkt des Universums sei. Und da kommt ein Visionär, der ganz neue Vorstellungen ausspricht, und man sagt den Kindern, sie sollten sich vor ihm hüten, ja er müsse beseitigt werden, denn er bedrohe das bestehende Wissen. Aber was ist dieses Wissen schon wert?

Der Sinn der Erziehung liegt darin, den Kindern das gesamte Lebensspektrum nahezubringen. Die größte Schwäche des heutigen Erziehungssystems ist vielleicht die, daß es sich zu sehr spezialisiert, daß das Kind keine Erkenntnis in die Ganzheit des Lebens gewinnt und nicht weiß, welchen Platz es darin einnimmt. Wie könnte es sonst sein, daß eure Wissenschaftler die Durchführung solch schrecklicher Experimente an Tieren rechtfertigen? Wie können sie so weit von der Wirklichkeit und von dem, was sie tun, entfernt sein, daß sie ihre Experimente über die Unantastbarkeit des Lebens stellen?

Kinder sollten so lange erzogen werden, bis sie das Ende ihres zweiten Zyklus, das einundzwanzigste Jahr, erreicht haben, was aber nicht bedeutet, daß wir die Schulzeit nur ausdehnen, um mehr oder langsamer zu lehren. Es bedeutet, daß wir das Kind zunächst an die Ganzheit des Lebens heranführen und ihm dann erlauben, nach seiner eigenen Neigung und seinem Wesen zu wählen, was es lernen will und sich mit dem zu befassen, zu dem es sich hingezogen fühlt. Deshalb erstellt das Kind im Grunde seinen eigenen Lehrplan. Ihr werdet mir sagen, daß es dazu viel mehr Lehrer braucht. Dann muß es eben mehr Lehrer geben.

FRAGE: Man hat vorgeschlagen, Schulsemester und dann sehr lange Ferien einzurichten. Ist das ein gutes System?

ZT: Nein. Es sollte in allen Dingen Ausgeglichenheit herrschen. Manchmal bin ich nicht sicher, wer in eurem gegenwärtigen System die Ferien mehr braucht, die Schüler oder die Lehrer! Das sagt sicher viel über das System aus, unter dem ihr leidet. Ich habe schon oft gesagt, und das hat immer Entsetzen hervorgerufen, daß alte Seelen keine Ferien brauchen. Wenn man ein ausgeglichenes und entwickeltes Wesen ist, sollte man in solcher Harmonie leben, daß man Ferien gar nicht nötig hat!

FRAGE: Wir können versuchen, jungen Menschen diese Ideen nahezubringen, aber ist es beispielsweise möglich, den Wissenschaftlern, Psychologen und Politikern klarzumachen, daß sie die vier Reiche der Materie ehren müssen und sie davon abzuhalten, mit lebenden Tieren Experimente durchzuführen und aus nationalem Egoismus Kriege zu beginnen? Können wir die ältere Generation belehren?

ZT: Man hat diese Hoffnung immer, aber die Geschichte unserer Zivilisation beweist das Gegenteil. Wir von den spirituellen Hierarchien sind immer von Hoffnung erfüllt, aber der Weg, den die Menschheit geht, führt unvermeidlich zur Zerstörung, wenn sie sich nicht ändert. Wir beten um diese Veränderung. Wir versuchen sie zu bewirken; aber wenn nicht einzelne dafür eintreten, werdet ihr die Führer der Gesellschaft nicht verändern. Ihr müßt die Gesellschaft von innen heraus verändern. Ihr könnt nicht erwarten, daß jene, die euch führen, sich vor allem verändern, denn sie sind keine wahren Führer: sie spiegeln nur die Meinungen und Ansichten der Gesellschaft wider, in der sie etwas zu sagen haben. Wenn ihr euch erst selbst verändert habt, werdet ihr die Führer bekommen, die ihr verdient, die ihr braucht, die darauf warten, dem Ganzen zu dienen. Diese neuen Führer können nur dann Veränderungen bewirken, wenn sie von den Menschen gestützt werden, die sie gewählt haben.

Nehmen wir an, ihr hättet heute eine Regierung, die erfährt, daß in einem bestimmten Land in Afrika eine Hungersnot herrscht und die bereit wäre, diesem Land die Hälfte der eigenen Getreidevorräte zu geben. Das würde bedeuten, daß euer Land dann zwar an Getreideknappheit leiden würde, aber es könnte auf andere Nahrungsmittel zurückgreifen. Würde dieses Land eine solche Aktion unterstützen oder würde es sagen: »Ihr könnt nur das Getreide haben, was wir nicht brauchen. Unser Land, unsere Menschen, unsere Bedürfnisse kommen zuerst.«? Egoistische Menschen wählen eine egoistische Regierung. Heilige Menschen eine holistische Regierung. Ihr könnt alles ändern, indem ihr euch selbst verändert. Das ist es, was wir von euch erwarten: daß ihr euch verändert.

FRAGE: Es gibt eine Gesellschaft, die befürwortet, daß Eltern ihre Kinder zu Hause unterrichten und Gruppen von Eltern Kindergruppen Unterricht geben. Glaubt ihr, daß das gut ist?

ZT: Ich halte das für eine ausgezeichnete Methode, wenn es um kleine Kinder geht. Für Kinder unter zehn Jahren wäre das ein hervorragendes Erziehungssystem, das sich auch leicht einrichten ließe. Für kleine Kinder braucht man keine formalisierte Erziehung. Das Kind gedeiht besser in der häuslichen Umgebung, da es sich dort geborgener fühlt, vorausgesetzt natürlich, daß die häusliche Umgebung, in der es lebt, heil, gesund und ausgeglichen ist. Das Problem ist heute, daß die Eltern ihre Kinder in die Schule schicken müssen, weil zu Hause die Welt nicht mehr heil ist!

FRAGE: Aber Kinder über zehn Jahren sollten in die Schule gehen?

ZT: Ja, weil ein Kind dann mehr lernen muß, als die Eltern geben können, es muß unter die Menschen kommen, sich mit Freund und Feind auseinandersetzen, mit Energien, denen es bisher noch nicht begegnet ist, es muß lernen, auf eigenen Füßen zu stehen und sich von seinem Zuhause zu lösen.

FRAGE: Doch könnte das nicht in einer kleinen Schule geschehen, die von einer Gruppe von Eltern geführt wird?

ZT: Ja, alles ist möglich. Wichtig ist zu sehen, daß jeder anders ist. Jede Schule ist anders und spiegelt die Bedürfnisse der Menschen wider, die in diese Schule gehen. Ihr würdet einen Chinesen nicht ebenso unterrichten wie einen Engländer. Die Bedürfnisse eines Afrikaners sind anders als die eines Eskimos. Es gibt kein Raster für die vollkommene Schule für alle. Wie Gemeinschaften, Gruppen und Freunde sich unter bestimmten Vorzeichen zusammentun, so entstehen auch Schulen. Die besten Lehrer sind jene, die die Individualität ihrer Schüler erkennen und sich bemühen, diese Individualität zu stärken, damit sie so werden können wie ihr Schöpfer sie gemeint hat.

FRAGE: Welche Rolle spielt das Fernsehen bei der Erziehung?

ZT: Fernsehen kann ein sehr nützliches Werkzeug sein. Es kann euren Kindern Lebenswahrheiten zeigen, ebenso aber kann es auch das Gegenteil zeigen. Wenn man dem Kind erlaubt, unkontrolliert fernzusehen, zerstört man damit den erzieherischen Wert des Fernsehens. Wenn man seinem Kind nicht klarmachen kann, was wahr und was unwahr ist, sollte man ihm nicht erlauben fernzusehen. Wenn eure Kinder nicht verstehen können, daß das, was sie sehen, nur Unterhaltung ist, nur ein Drama auf einer Bühne, das wenig mit der Wirklichkeit des Lebens zu tun hat, dann sollten sie nicht fernsehen. Kleine Kinder sollten ganz gewiß nicht alleine vor den Fernseher gelassen werden. Wenn ihr ein Kind unbeaufsichtigt fernsehen laßt, was es will, bringt ihr dadurch gerade die Zustände hervor, die ihr verändern wollt.

Ich möchte euch zuletzt noch einmal den wesentlichen Gedanken vermitteln: Der größte Dienst, den ihr der Menschheit erweisen könnt, der größte Dienst, den ihr eurer Welt, eurem Planeten, eurem Schöpfer erweisen könnt, ist, euch selbst zu erziehen.

# Das Ende der Welt?

Ich möchte zunächst darauf hinweisen, daß hinter unserem heutigen Thema ein Fragezeichen steht. Ich habe diesen Titel nicht bewußt als Provokation gewählt, sondern weil er ausdrückt, was in den Köpfen vieler Menschen in eurer heutigen Welt vorgeht. Selbst unter spirituell gesinnten Menschen gibt es einzelne, die nach dem Sinn der Ereignisse, die jetzt auf diesem Planeten vorgehen, fragen; die sich fragen, ob die Erde überleben kann, ob sie überleben soll; die sich nicht sicher sind, ob die auf euch zukommenden Veränderungen auf der Erde verhindert werden oder willkommen geheißen werden sollen. Wenn ich jetzt zu euch spreche, geht es mir nur darum, euch eine Sicht aus einer anderen Lebensebene nahezubringen und euch zu bitten, sie in den kommenden Jahren nicht zu vergessen.

Ich möchte zunächst eine einfache Feststellung machen, nämlich daß die Erde wie ihr vom Geist erfüllt ist. Deshalb wird sie nie sterben. Während ihre physische Form sich in Perioden der Wandlung verändert, wird der Geist, der sie hervorgebracht hat, nie sterben. Ebenso wie ihr in euren physischen Leibern sterbt und auf einer höheren Ebene wiedergeboren werdet, so ergeht es der Erde auf einer anderen Ebene. Es ist eine kosmische Tatsache, daß alle Lebensformen, gleichgültig auf welcher Stufe der Evolution sie stehen, geboren werden, sterben und dann im unendlichen Zyklus der Entwicklung wiedergeboren werden. Die Erde hat das schon viele Male erlebt, aber natürlich nicht so häufig wie ihr euch in euren physischen Körpern reinkarniert, und sicher wird sie es auch noch in Zukunft erleben.

Jene unter euch auf der irdischen Ebene, die den Tod fürchten, die den wahren Sinn dieses Verwandlungsschrittes nicht verstehen, werden auch das Ende der Welt fürchten, da es scheinbar die gleiche Folge hat: das Ende des physischen Lebens, wie es euch bekannt ist. Doch jene unter euch, die sich des Lebens nach dem Tod bewußt sind, die erkennen, daß der Tod auf der irdischen Ebene nur das Öffnen einer Tür zu einer höheren Bewußtseinsebene ist, eine Rückkehr zu eurer wahren Wesensheimat, müssen sehen, daß das gleiche für die Erde in ihrer Gesamtheit gilt. Die

Menschheit muß erkennen, daß die Herrin dieses Planeten, jenes Wesen, das ihr als die Göttin kennt, weil seine Energie weiblich ist und das diese Form, die ihr die Erde nennt, geschaffen hat, auch sterben und eine Verwandlung in eine höhere Bewußtseinsebene erleben muß. Das wird eines Tages geschehen. Dieser Tod der Erde sollte jedoch nicht mit den Veränderungen der Erde verwechselt werden, die bald auf euch zukommen. Der gegenwärtige Zyklus der Erdevolution wird trotzdem noch sehr lange dauern. Die Veränderungen, von denen wir jetzt sprechen, sind mit dem Beginn des neuen Zeitalters verbunden. Es ist wichtig, daß ihr, die ihr in dieser Übergangszeit lebt, Sinn und Ziel dieser weltweiten Veränderungen versteht.

Der Planet Erde, auf dem ihr lebt, ist erst seit einer sehr kurzen Zeit von Menschen bewohnt. Die Erde bestand schon Hunderttausende von Jahren bevor die Menschheit sie betrat und sich zu entwickeln begann. Die Menschheit ist ein winziger Zeitabschnitt auf der Uhr der Weltevolution. Die Erde entwickelte sich, noch bevor die Menschheit existierte. Sie wird sich auch weiterentwikkeln, wenn die Menschheit sie verlassen hat, denn die Herrin dieser Erde, die große Göttin und Erdmutter, deren Gestalt sie ist, ist ein großes und hochentwickeltes spirituelles Wesen. Auch wenn sich die Menschheit auf der irdischen Ebene erst seit kurzer Zeit inkarniert hat, erreichte sie große psychologische und evolutionäre Fortschritte, wie das ihrem seelischen Ursprung angemessen ist. Aber schon nach wenigen kurzen Zyklen hat die Menschheit den Augenblick erreicht, indem sie scheinbar das Wissen besitzt, nicht nur sich selbst, sondern auch den Planeten, auf dem sie lebt, zu zerstören.

Es ist deshalb nur natürlich, daß die Menschen sich fragen, wird der Planet überleben? Viele Menschen sind heute von der Furcht erfüllt, daß die Menschheit nun, wo sie die Möglichkeiten hat, sich selbst zu vernichten, das schreckliche auch tun wird, denn eines ist sicher: Wenn die Menschheit in der Vergangenheit Kriegswaffen hatte, benutzte sie sie auch, ohne Ausnahme. Die Menschheit führt nur aus einem Grunde Krieg, weil sie siegen will und das, wenn nötig, um jeden Preis. Viele Länder besitzen heute die neuesten Kriegswaffen sowohl zum Angriff wie auch zur Verteidigung. Die Großmächte können mit einem Knopfdruck ihre Feinde auslöschen oder ihnen damit drohen, falls sie angegriffen werden. Zudem verbreitet sich die Nukleartechnologie auf der Welt so rasch, daß viele kleinere Länder bereits solche Waffen besitzen oder sie bald besitzen werden. Angesichts solch eines Arsenals von

Nuklearwaffen, eines Arsenals, das in der Lage ist, diesen Planeten mehrfach zu zerstören, kann man leicht verstehen, warum die Länder Angst voreinander haben und vor allem Angst vor den Menschen, die den Einsatz dieser Waffen unter Kontrolle haben. Wo Angst ist, wo Haß ist, da besteht die Möglichkeit und die Wahrscheinlichkeit zu einem Atomkrieg. Aber ich kann euch versichern, daß die großen Wesen, die über diesen Planeten wachen und für die Entwicklung der Menschheit verantwortlich sind, das nicht zulassen werden. Die hohen Wesen, die über das Schicksal dieser Erde herrschen, können und wollen die völlige Vernichtung dieses Planeten verhindern, wobei ich jedoch bewußt »völlige« Vernichtung sage. Diese Erde wird ihren Evolutionszyklus fortsetzen und wird von den höheren Lebenskräften beschützt werden. Sie können jedwede oder alle nuklearen Explosionen verhindern, wenn sie es wollen. Die Existenz eures Planeten ist in dieser Hinsicht also gesichert.

Deshalb müssen wir einen anderen Faktor ins Auge fassen, den Zyklus der menschlichen Evolution. Wenn ihr betrachtet, wie stark sich die Menschheit in den vergangenen tausend Jahren vermehrt hat und diese Zahl unter Berücksichtigung der Ressourcen der Erde in die Zukunft projiziert, kann man unschwer sehen, daß die Menschheit, so wie sie jetzt lebt, im nächsten Jahrhundert nicht mehr wird existieren können. Die Menschheit wächst viel zu schnell, gemessen an ihrer spirituellen Erkenntnis. Sie reproduziert sich viel zu rasch und trägt so zur Verschmutzung und Zerstörung des Bodens bei, aus dem sie die notwendige Nahrung beziehen muß. Sie benutzt landwirtschaftliche Methoden, die bald nicht mehr den Anforderungen einer steigenden Weltbevölkerung entsprechen werden. Zudem pfuscht die Menschheit an jenem heiligen Wesen Mutter Natur herum, um kurzfristig größere Erträge herauszuschlagen, ohne die langfristigen Implikationen zu bedenken. Deshalb steht eine Zeit der Hungersnöte, Seuchen und Pestilenzen bevor, denn die Natur reagiert auf das, was die Menschheit ihr angetan hat. Diese Reaktion sollte nicht als eine Form göttlicher Strafe gesehen werden, sondern eher als das Aufgehen der Saat, die die Menschheit selbst gesät hat. Diese beiden Faktoren, die wachsende Zahl von Menschen und die Verschmutzung des Planeten, werden mehr als alles andere Veränderungen von katastrophalem Ausmaß notwendig machen, damit das Gleichgewicht wiederhergestellt wird.

Diese Veränderung wird sowohl auf einer inneren als auch auf einer äußeren Ebene geschehen. Sie ist etwas, das ihr willkommen heißen sollt, wenn ihr den Tod fürchtet und den Sinn der Wiedergeburt erkennt. Bedenkt, daß das Symbol des Wassermannzeitalters der Phoenix ist. Der Phoenix ist der mythische Vogel, der sich bewußt im kosmischen Feuer opfert und seine alte Gestalt aufgibt, um gereinigt und erneuert daraus hervorzugehen. Symbolisiert der Phoenix nicht die Sehnsucht eures spirituellen Wesens nach Reinigung der Erde, damit die alte menschliche Gestalt überwunden werden und die neue Gestalt des Wassermannzeitalters zutage treten kann? Wenn ihr euch heute in der Welt umschaut, könnt ihr gar nicht übersehen, wie überall die menschlichen Konflikte zunehmen, wie Nationen und Individuen einander aus politischen, ideologischen oder religiösen Gründen anfeinden. Aber die Menschheit leidet nicht nur auf einer äußeren Ebene unter Hungersnot, Erdbeben, Krankheiten und Kriegen, sondern auf der inneren Ebene an einem Mangel an Spiritualität, an ihrer Egozentrik, an ihrer Gier und ihrer Eigensüchtigkeit auf Kosten ihrer Mitmenschen und des Tier- und Pflanzenreiches. All diese Ereignisse zeugen davon, daß Armageddon und das Ende des Zeitalters bevorstehen. Die Menschheit muß gereinigt werden. Die Menschheit muß das kosmische Feuer der Reinigung erleben, um neugeboren im Wassermannzeitalter wiedererstehen zu können.

Ich weiß, daß es eine Reihe von Menschen gibt, von denen einige spirituell motiviert sind, die glauben, daß das nicht geschehen wird, daß es entweder durch das Eingreifen eines großen Meisters oder durch die Menschheit selbst verhindert wird, die sich besinnt, auf welchem Weg sie ist. Ich möchte euch aber daran erinnern, welche Wirkung der letzte große Impuls der Christus-Energie, das Erscheinen des Meisters Jesus auf der Erde vor zweitausend Jahren hatte. Denkt daran, wie lange es dauerte, bis diese Energie auf der irdischen Ebene wirksam wurde, selbst nach dem großen Opfer des Meisters. Selbst wenn die Christus-Energie in dieser Zeit zurückkehren würde, könnte sie die Menschheit nicht von dem Kurs abbringen, den sie eingeschlagen hat. Deshalb konnten die alten Propheten und Seher mit solcher Gewißheit Voraussagen machen. Um kosmisches Wissen auf der Erde zu begründen, um es in einem Zyklus menschlicher Evolution zu manifestieren, braucht man Zeit, menschliche Zeit. Das spirituelle Bewußtsein, das notwendig wäre, um diese Welt zu retten, kann in der Zeit, die euch noch vor den großen Veränderungen auf der Erde bleibt, nicht mehr Fuß fassen.

Jene von euch, die diese Tatsache erkennen, die zwar nicht wissen, wann dieser große Augenblick der Verwandlung kommen wird, die aber darauf vertrauen, daß es ein göttlicher Akt sein wird, vom göttlichen Willen gelenkt, könnten nun fragen, was der Sinn eures Daseins ist. Wie ich in der Vergangenheit schon sagte, sollte man an das Bild des Rettungsbootes denken. Ihr segelt auf dem großen Schiff Mutter Erde. Im Augenblick segelt ihr auf stillen Gewässern, denn ihr lebt in den rosigen Tagen der westlichen Zivilisation, der Zivilisation der weißen Rasse, die die Welt in das neue Zeitalter führen soll. Diese Zivilisation hat hoch entwickelte Seelen angezogen, Seelen, deren Bewußtsein zur Manifestierung der Technologie und der menschlichen Kenntnisse, zu dem hohen Lebensstandard, dessen ihr euch heute erfreut, führte. Ihr habt es auf dieser Erde sehr gut. Das ist eine Tatsache. Ihr solltet aber auch bedenken, daß das Bewußtsein, das euch euren hohen Lebensstandard geschenkt hat, der weißen Rasse zuteil wurde, weil sie die Rasse ist, die vor allem die Verantwortung für das Heraufkommen des neuen Zeitalters trägt. Auf einer sehr innerlichen, seelischen Ebene ist dieses Bewußtsein auf die großen Veränderungen, die kommen werden, vorbereitet.

Betrachtet euch also selbst als Rettungsboote der Bewußtheit, die nicht für den Augenblick, sondern für die zukünftigen Stürme da sind. Ich könnte auch sagen, ihr seid die Noahs der letzten großen Katastrophe. Ihr bekommt nur eure göttliche Inspiration, um eure Archen zu bauen, keine Archen aus physischer Materie, sondern Archen des spirituellen Bewußtseins, das die kommenden Veränderungen auf der Erde verstehen kann, das den Tod und die Zerstörung verstehen kann, die unvermeidlich folgen werden, und ein Bewußtsein vor allem, das dazu da ist, die menschliche Zivilisation wieder zu erneuern und ihr zukünftiges Wachstum zu sichern. Das ist wichtig: daß die menschliche Zivilisation wiedersteht und einen neuen Weg geht, den Weg des Wassermannzeitalters. Dieses Zeitalter wird die physischen Manifestationen der göttlichen Prinzipien leben, die ihr jetzt nur als Ideale, als spirituelle Vorstellungen in eurer innersten Seele tragt. Die höchsten Dinge, die ihr euch für die Erde wünscht, werden sich verwirklichen. Alles wird im neuen Zeitalter möglich sein.

Wie und wann werden diese Veränderungen auf der Erde geschehen? Sie können auf verschiedene Weise eintreten, je nachdem, ob sie durch menschliche Zerstörung oder durch göttliche Intervention herbeigeführt werden. Über den Zeitpunkt dieser Ereignisse bestehen viele Meinungen, aber in Wirklichkeit gibt es nur ein Wesen, das davon weiß, und das ist euer Gott, unser aller Schöpfer. Das Wissen um diesen Zeitpunkt wird niemandem

140

*Ein Stern naht!*

zugänglich, bevor er nicht nahe herbeigekommen ist. Ich glaube, daß die wichtigsten dieser zukünftigen Veränderungen durch das, was ich den Feuerboten nenne, in Gang gesetzt werden. Schon jetzt bewegt sich ein Stern von großer Kraft auf unseren Sonnenkörper zu. Dieser Stern ist im Augenblick für das menschliche Auge, ja selbst durch ein Fernrohr nicht zu sehen, aber er läuft auf einer Bahn, die ihn in Konjunktion mit unserem Planetensystem bringen wird. Wenn er vorüberzieht, wird er die Bewegungen aller Planeten unseres Systems beeinflussen und deshalb Veränderungen auf den Oberflächen der Planeten selbst hervorrufen. Die Wirkung dieser Berührung mit unserem System wird die prophezeiten Veränderungen auf der Erde in Gang setzen. Viele Länder werden versinken, andere sich aus dem Meer erheben, um das karmische Evolutionsmuster dieser Erde zu erfüllen, wie das damals auch mit Atlantis geschah.

Es liegt in den Händen der Menschheit, die Art dieser Veränderung durch ihr eigenes Verhalten, durch ihren Gebrauch der Nukleartechnologie, durch ihren Umgang mit den drei Reichen der Materie auf dieser Erde zu beeinflussen. Das kann den Einfluß dieses wichtigen Sternes entweder verstärken oder abschwächen. Wie ihr euch als Individuen jetzt verhaltet, wie ihr euer Leben führt und euer Bewußtsein manifestiert, wird sich auf diese große Wandlung der Erde auswirken. Ich sage euch also jetzt, wie ich es schon vor fünf Jahren sagte, daß diese Erdveränderungen kommen werden. Man kann sie nicht umgehen. Sie sind Teil des Erdenschicksals.

Ist es nicht merkwürdig, daß es der Menschheit schwerfällt, über das Jahr 2000 hinaus zu planen? Es ist fast, als sei das Ende des Jahrhunderts das Ende eines Zyklus. Ich sage nun nicht, daß dies genau das Jahr ist, in dem die erwähnten Veränderungen geschehen werden, aber der endgültige Abschluß des Fische-Zyklus wird ungefähr in diesen Zeitraum fallen. Das läßt euch also zwei Jahrzehnte Zeit, in denen ihr euch vorbereiten könnt, in denen ihr eure Rettungsboote bereithalten und herausfinden könnt, was eure wirklichen Werte sind, in denen ihr euer Licht leuchten lassen und euch auf das Ende eurer Welt vorbereiten könnt. Ich betone *eure* Welt, nicht *die* Welt, denn es ist eure Welt, die sich verändern muß, die WELT. Die Göttin dieser WELT ist in sich vollkommen. Was beeinträchtigt ist, das ist die Welt, die die Menschheit sich aus diesem göttlichen Wesen geschaffen hat. Die Göttlichkeit des Planeten Erde wird durch keine menschliche Tat ausgelöscht werden. Die Göttin existierte schon lange, bevor die Menschheit entstand. Sie wird noch da sein, wenn die Menschheit wieder dahingegangen ist. Obwohl die Menschheit die Macht hat, sich selbst zu zerstören, wird sie sich nicht durch Atombomben zerstören, nicht durch die Vernichtung des Planeten, den sie in ihrer Unwissenheit und Gier mißbraucht, sondern durch Zerstörung ihrer eigenen Seele.

Wenn die Menschheit schließlich ausstirbt, wenn sie diesen Planeten schließlich verläßt, um ihren nächsten Evolutionszyklus auf einem anderen Planeten, in einer anderen Gestalt und einem völlig anderen Zeitalter zu beginnen, wird Mutter Erde immer noch dasein. Die Göttin wird immer noch gebären. Der Planet wird wieder in seiner früheren Schönheit entstehen und den ihm zugehörigen Platz im Planetenkörper dieses Sonnensystems einnehmen. Ihr werdet dann vielleicht von einem anderen Planeten aus die wahre Schönheit der Göttin sehen und die unschätzbare Gabe erkennen, die in eure Hände gelegt war. Ihr werdet dann wahrnehmen, was euch in einem großen Akt kosmischer Evolution geschenkt worden war und was ihr vielleicht mißbraucht habt. Möget ihr in jener Zeit zurückschauen und sagen, daß ihr schuldlos an dem großen Verbrechen wart.

## Fragen und Antworten

FRAGE: Ich weiß, daß die Dinge auf der Erde wirklich schiefgelaufen sind und daß ich teilweise zu dem, was geschehen ist, beigetragen habe. Ich habe aber auch das Gefühl, daß ich nie wirklich wußte, was ich falsch machte und daß alles nur ein Reifeprozeß war. Trotzdem habe ich Schuldgefühle. Gibt es eine Möglichkeit, von dieser Schuldenlast befreit zu werden?

ZT: Natürlich hast du während deiner vielen Erdenleben zur Verschmutzung und Zerstörung des Planeten beigetragen, wobei ich nicht so sehr von physischer Verschmutzung, sondern von der weit größeren Verunreinigung durch die menschlichen Gedankenformen spreche. Mutter Erde weiß sich der physischen Verschmutzung wohl zu erwehren. Ist es nicht erstaunlich, daß sie sogar heute noch mit den Anforderungen, die die westliche Zivilisation an sie stellt, fertig wird? Was ihr schwerer fällt, ist, mit der Verunreinigung durch die menschlichen Gedankenformen fertig zu werden, denn sie sind unglaublich stark und brauchen zu ihrer Verwandlung und Auflösung sehr viel Energie.

Es mag euch hart erscheinen, aber Unwissenheit ist keine Entschuldigung für falsches Handeln. Was ihr in Unwissenheit getan habt, müßt ihr dennoch verantworten, und wenn ihr zur spirituellen Reife gelangt seid und erkennt, was ihr getan habt, müßt ihr das Übel verwandeln und reinen Tisch machen. Darum geht es in dieser Erdenschule, die ihr alle durchmachen müßt. Es wird gar nicht anders erwartet, als daß ihr Fehler macht, ihr werdet falsch handeln, aber ihr werdet aus diesen Fehlern lernen, sie verstehen und verwandeln, was ihr getan habt. Dann werdet ihr in der Lage sein, euren Weg ungehindert zu gehen und auf diesem Wissen und dieser Kraft aufzubauen. Mutter Erde akzeptiert und versteht eure Fehlhandlungen, weil sie sie als Teil eures Entwicklungsprozesses sieht. Deshalb braucht ihr keine Schuldgefühle um eurer Taten willen zu haben.

Natürlich gibt es heute viele Menschen, die nicht genug spirituelles Bewußtsein haben und deshalb nicht akzeptieren können, was sie angerichtet haben und nicht erkennen, daß Mutter Erde eine eigenständige Gottheit ist, daß alles auf der Erde Bewußtsein hat und ebenso viel Recht auf Freiheit und Respekt wie sie. Deshalb ist das, was wir jetzt auf der Erde erleben, keine Strafe, sondern nur das Aufgehen der Saat, die die Menschheit selbst ausgesät hat. Es sind Dinge, die die Menschheit durch ihr Denken, Reden und Handeln auf sich gezogen hat. Wenn ihr nicht Teil dieser Gedanken, Worte und Taten seid, werdet ihr nicht zu leiden haben. So einfach ist das. Die Reinheit eurer seelischen Ausstrahlung wird dafür sorgen, daß ihr die Zerstörung, die geschehen wird, überlebt, es sei denn, ihr hättet als eine Seele mit hohem Bewußtsein eingewilligt, mit der Masse der Menschheit zu sterben und in diesem Augenblick der Zerstörung das Gleichgewicht aufrechtzuerhalten.

FRAGE: Was mich erstaunt, ist die Tatsache, daß es schon seit der Erschaffung der Erde bekannt gewesen sein muß, daß wir an diesen Punkt gelangen werden. Ich höre Menschen vom göttlichen Plan und vom göttlichen Schicksal sprechen und sagen, daß alles vorbestimmt ist. Ich verstehe nicht, warum die Zerstörung und dieses Fehlverhalten vorherbestimmt waren?

ZT: Zerstörung und Fehlverhalten waren nicht in dem Sinn vorherbestimmt, wie du es meinst. Die Menschheit kann sich frei entscheiden. Sie hat sich entschieden, auf eine gewisse Weise zu leben und hat deshalb diese Geschehnisse auf sich gezogen. Das einzige, was vorherbestimmt ist, ist der zyklische Evolutionsplan, und der Tod ist ein notwendiger Teil dieses Evolutionsplanes. Ihr würdet doch nicht für immer auf der irdischen Ebene leben wollen.

Das wäre ja die Hölle! Gewiß könnt ihr Sinn in eurem eigenen Tod sehen. Gewiß könnt ihr verstehen, daß der Tod euch in die Ebene eures wahren Seins, eures wahren Bewußtseins entläßt. Deshalb ist der Tod einfach ein Akt der Verwandlung. Ihr müßt die Veränderung auf der Erde ebenso sehen. Wie sonst könnte Mutter Erde die notwendige Veränderung bewirken? Wie sonst könnte sie das Ungleichgewicht des Planeten ausgleichen, ein Ungleichgewicht, das schließlich tatsächlich zu ihrer Zerstörung führen würde, wenn die Menschheit freie Hand hätte. Ein Lehrer erlaubt seinen Schülern, ihre eigenen Experimente zu machen und aus dem zu lernen, was sie tun. Wenn die Experimente aber zu gefährlich werden, muß der Lehrer eingreifen, nicht nur um der Sicherheit der Schüler willen, sondern auch um der Sicherheit des ganzen Klassenzimmers willen. Ihr seid euch der Kraft nicht bewußt, die die Menschheit in Händen hat. Ihr seid euch der riesigen Energie nicht bewußt, die das Militär auf eurer Welt unter Kontrolle hat. Wärt ihr euch dessen bewußt, dann würdet ihr einsehen, warum ein Eingreifen notwendig ist.

FRAGE: Kann eine Gruppe von bewußten Menschen nicht, indem sie zusammenkommt und Licht und Liebe aussendet, Einfluß auf das Weltgeschehen haben?
ZT: Natürlich ist der Einfluß jeder Gruppe, die Licht und Liebe in die Welt sendet, sehr wertvoll. Die Situation, in der ihr euch heute befindet, ist jedoch so, daß selbst ein Christus-Impuls, wenn er auf die Welt käme, nicht in der Lage wäre, abzuwenden, was die Menschheit heraufbeschworen hat.

FRAGE: Hat es dann überhaupt einen Sinn zu versuchen, die Menschen davon abzuhalten, die Erde auszubeuten und die Umwelt zu verschmutzen, wenn alles sowieso zerstört wird?
ZT: Es ist wichtig, daß die Menschen weiterhin lernen und Bewußtsein entwickeln, bis jener letzte Augenblick der Verwandlung kommt. Ihr seid in einer Schule. Jeder einzelne, der zu einem Verständnis des Lebenssinnes gelangt, ist sozusagen eine gerettete Seele, eine Seele, die ihre Lektion gelernt hat. Viele werden diese Lektion wohl gerade im Augenblick der Umwälzung lernen, da sie dann plötzlich schlagartig verstehen werden.
Stellt euch vor, ihr hättet zur Zeit der Sintflut vor fast siebentausend Jahren gelebt. Ihr hättet das Leben in den Städten des mittleren Ostens gekannt. Ihr hättet von den weisen Seelen gewußt, die vor dem kommenden Unheil warnten. Dann hätte

*Rettungsboote*
*d. Bewußtseins!*

*Haleysche*
*Komet*

jene große Planetenbewegung stattgefunden, durch die eine riesige Flutwelle in Gang gesetzt worden wäre. Als die Sintflut das Land überschwemmte, in jenem Augenblick der großen Verwandlung, hätten viele Seelen einen starken Bewußtseinswandel durchgemacht. Es ist wie im Krieg, wenn ein Soldat, der viele andere Soldaten getötet hat und dann selbst tödlich verwundet wird, im Augenblick seines Sterbens plötzlich sehr klar die Bedeutung seines Lebens erkennt und sieht, was er getan hat, und daß das, was er jetzt erlebt, ihm zu Recht geschieht.

FRAGE: Wie kann ein Zentrum wie dieses am besten helfen? Wie können wir am sinnvollsten dienen?

ZT: Indem ihr helft, ein Rettungsboot des Bewußtseins zu schaffen und indem ihr dieses Boot nicht nur für euch selbst baut, sondern auch für all jene, die in stürmischen Zeiten in ihm Schutz suchen. Ihr müßt sicher sein, daß das Lebensboot solide gebaut ist, daß es den Stürmen trotzen kann und seinen Zweck erfüllt, wenn man es braucht. Denkt daran, daß in Zeiten physischer Katastrophen das Tierreich weiß, was geschehen wird. Es spürt vorher, wenn ein Unwetter kommt, wenn ein Vulkan ausbricht, wenn eine Flutwelle kommt. Die anderen Reiche wissen, daß Katastrophen bevorstehen und können fliehen, wenn sie wollen. Ihr habt das gleiche Recht.

FRAGE: Betreffen die Katastrophen, von denen ihr sprecht, nur Zerstörungen auf der physischen Ebene?

ZT: Die Zerstörung wird auf der physischen, aber auch auf den höheren Lebensebenen stattfinden. Durch sie werden Energien frei, die die Gedankenformen auf den höheren Lebensebenen verwandeln.

FRAGE: Ist der Stern, von dem gesprochen wurde, schon einmal in dieses Sonnensystem eingetreten?

ZT: Ja.

FRAGE: Ist es der Haleysche Komet?

ZT: Nein. Er ist viel größer.

FRAGE: Könnt ihr uns mehr über die Zerstörung der Gedankenformen erzählen? Auf welcher Ebene wird sie stattfinden?

ZT: Die Gedankenformen der Menschheit haben sich in Tausenden von Jahren angesammelt. Sie werden intensiver in dem

Maß, wie die Menschheit sich vermehrt und stärkere Gedankenformen hervorbringt. Wenn sie wollte, könnte die Göttin diese Gedankenformen zerstören, sie tut es aber nicht, weil sie Teil des Evolutionszyklus der Menschheit sind. Sie sind etwas, für das die Menschheit allein verantwortlich ist. Sie sind ein wesentlicher Teil der Schule des Lebens und müssen von den Menschen selbst verwandelt werden. Sie sind die Last, die die Menschheit tragen muß. Wenn man ihr diese Last nehmen wollte, würde man damit den Sinn des Evolutionszyklus negieren.

Wir nähern uns aber einer Zeit, in der eine Kraft, die noch größer ist als die Göttin, eingreifen wird, und das Bewußtsein dieser Kraft wird darüber entscheiden, was geschieht. Das Unheil der Menschheit kann nur durch die Menschheit selbst verwandelt werden. Aber Unheil kann zeitweise durch die höheren Kräfte unterdrückt oder zurückgehalten werden, damit es in einem späteren Stadium des Evolutionszyklus verwandelt werden kann, wenn die Menschheit das nötige Bewußtsein dazu erlangt hat. Das war der Fall mit Atlantis. Das Unheil von Atlantis ist immer noch vorhanden. Ihr werdet euch mit ihm auseinandersetzen müssen, wenn es wieder zum Vorschein kommt, um es dann zu verwandeln.

FRAGE: Viele Menschen glauben, daß Wesen von anderen Planeten in ihrem Raumschiff kommen werden, um vor der nächsten Katastrophe auserwählte Menschen zu retten. Was sagt ihr dazu?

ZT: Offensichtlich sind sich die Wesen, die auf anderen Planeten dieses Sonnenkörpers leben, dessen bewußt, was auf der Erde vor sich geht. Sie haben schon mehrmals eingegriffen und große Zerstörungen auf der Erde verhindert. Sie tun dies nicht, um der Menschheit ihre notwendigen Lektionen abzunehmen, sondern nur um dafür zu sorgen, daß die Menschheit weiter lernen kann. Deshalb ist es möglich, daß sie zu einem gewissen Zeitpunkt in ihren Raumschiffen herunterkommen und die Auserwählten in Sicherheit bringen. Nur man sollte folgendes bedenken:

Wenn ihr nicht von diesem Planeten seid, wenn ihr von einem anderen Planeten gekommen seid, um bei der Evolution der Erde und der Menschheit, die auf ihr lebt, zu helfen, werdet ihr auf den höheren Lebensebenen schon mit dem Planeten, von dem ihr kommt, in Berührung sein. Deshalb wäre nichts natürlicher, als daß die Wesen von dort kämen und euch vor der Katastrophe holen würden, um euch dann wieder auf die Erde zu bringen, wenn die

Zeit der Verwandlung vorüber ist. Da hier Menschen von verschiedenen Planeten leben, könnte es geschehen, daß ihnen auf diese Weise geholfen wird.

Wenn man sich jedoch mit der Theorie der Intervention auf weiter Ebene beschäftigt, muß man sich die Frage beantworten, warum die Geschöpfe aus dem Weltraum bis jetzt noch nicht eingegriffen haben. Warum haben sie in all ihrer Weisheit und ihrer Erkenntnis der kosmischen Energie noch nicht versucht, der Selbstzerstörung der Menschheit vorzubeugen? Sie hätten beispielsweise alle Atomwaffen neutralisieren und einen nuklearen Krieg unmöglich machen können. Warum ist das nicht geschehen? Weil die Menschheit sich entwickeln muß. Es hat keinen Sinn, ihr ihre Lernerfahrungen zu nehmen. Die Menschheit muß durch ihre eigenen Fehler, durch ihre eigenen Opfer, durch ihr eigenes evolutionäres Bewußtsein und vor allem durch den großen Lehrer Tod lernen. Die Lehren, die sie daraus zieht, sind von größter Bedeutung, und deshalb würden jene Wesen niemals eingreifen und damit diese Entwicklung verhindern. Das heißt jedoch nicht, daß sie der Menschheit auf den höheren Lebensebenen nicht helfen würden, wenn sie ihrer Prüfung entgegengeht.

# Das wahre Wesen des Tierreichs

Ich werde zu euch über das wahre Wesen des Tierreichs und wie es sich im Wassermannzeitalter manifestieren wird, sprechen. Es geht mir jedoch nicht nur darum, euch einen Blick in die Zukunft tun zu lassen, sondern auch darum, euch dazu anzuregen, euch selbst zu betrachten und eure Beziehung zum Tierreich zu überprüfen, denn ich möchte dazu beitragen, daß der Bewußtseinswandel, der notwendig ist, in Gang gesetzt wird. Denn wenn die bevorstehenden Erdveränderungen stattgefunden haben, wenn der Konflikt zwischen dem Tier- und dem Menschenreich gelöst ist, muß es Rettungsboote des Bewußtseins geben, die den Kindern des Wassermannzeitalters eine neue Lebensanschauung bieten, die ganz anders ist als jene, die im letzten Jahrtausend der menschlichen Entwicklung herrschte. Denn das jetzt heraufziehende Wassermannzeitalter kündigt ein Jahrtausend des Friedens und der Harmonie an, und wenn die Menschheit in Verbundenheit mit dem Tierreich leben soll, sollte sie ganz klar sehen, welche Beziehung da entstehen muß.

Bevor wir die Zukunft betrachten, sollten wir zunächst einen Blick in die Vergangenheit werfen. Wir wollen in die Zeit zurückgehen, die noch keine Menschen kannte, die Zeit, in der die Erde geschaffen wurde. Wir müssen erkennen, daß der Schöpfer dieser Erde, jenes Wesen, das wir Göttin nennen, und das zwar keine weibliche Gestalt hat, aber von weiblicher Energie ist, diese Erde als Teil ihrer göttlichen Verantwortung ihrem Schöpfer, dem Herrn der Sonne gegenüber hervorbrachte. Diese Erde ist also ihr Leib, ihre Lebensebene, und alles, was sie auf ihr geschaffen hat, sind Manifestationen ihrer Seele und ihrer persönlichen Eigenart. Alles, was sich im Tierreich, im Pflanzenreich und im Mineralreich manifestiert, veranschaulicht einen Aspekt ihres Wesens.

So bestanden diese drei Reiche, die Dreiheit des physischen Lebens, schon Tausende und Abertausende von Jahren, bevor die Menschheit auf die Erde gesandt wurde, um ihren Entwicklungsweg zu gehen. Zu dieser Zeit lebten die Reiche in Frieden und Harmonie auf der irdischen Ebene miteinander. Die Tiere wurden von Wesen gelenkt, die ihr vielleicht als die Titanen kennt, große

Geschöpfe, manche von ihnen halb Tier, halb Mensch, andere halb Engel oder halb Vogel. Sie waren eine Verbindung zwischen der irdischen Ebene und den höheren Lebensebenen. Sie waren der Herrschaft der Göttin unterstellt und führten das Tierreich durch seinen Entwicklungsweg.

Es mag euch merkwürdig erscheinen, daß sich ein Wesen im Körper eines anderen Wesens entwickeln kann, aber bedenkt, daß es sogar bewußte Wesen gibt, die sich jetzt innerhalb eures eigenen physischen Körpers entwickeln, wie ihr euch im Leib der Göttin entwickelt. Sie entwickelt sich ihrerseits im Leib jenes Wesens, das ihr Gott nennt und dessen physische Form das Planetensystem ist, das ihr kennt. So laßt uns einfach akzeptieren, daß jene großen Wesen Aspekte von sich selbst manifestieren, um den Plan der Evolution zu erfüllen, und daß das Tierreich unmittelbar mit der Göttin durch diese göttliche Autorität in einem wachsenden Evolutionszyklus verbunden ist.

Dann schickte aus Gründen, die uns nicht bekannt sind, jenes große Wesen, der Gott unseres Planetensystems, die Seele der Menschheit auf die Erde. Die Menschheit stammte nicht von der Erde, sie war keine Schöpfung der Göttin. Es war das Opfer der Göttin, die Menschheit anzunehmen, ihr zu erlauben, sich entsprechend deren eigenem Evolutionszyklus und -muster zu entwikkeln, das sich von dem von ihr geschaffenen stark unterschied. Da die Göttin aber eine weibliche Energie ist, ein Wesen der Schöpferkraft und Liebe, nahm sie diese Herausforderung an und erfüllte diesen Wunsch unseres Schöpfers. Zunächst lebte die Menschheit in Frieden auf der irdischen Ebene, sie achtete die Führung jener großen Titanen, der großen Engelwesen, sie lernte vom Mineralreich, vom Pflanzenreich und vom Tierreich, erkannte die Einheit der drei an und die Notwendigkeit von Harmonie und Gleichgewicht, damit der Evolutionszyklus erfüllt werden konnte. Doch dann fiel die Menschheit aus der göttlichen Gnade.

Da sie die Gabe des freien Willens verliehen bekommen hatte, über die die Titanen nicht verfügten und deshalb die Fähigkeit hatte, sowohl die Richtung als auch den Zeitpunkt ihres Evolutionszyklus entsprechend ihrem eigenen Bewußtseinsstand zu wählen, konnte die Menschheit ihren eigenen Weg bestimmen. Das führte unvermeidlich zu einem Zusammenstoß der Menschen mit den Titanen. Das Ergebnis dieses Zusammenstoßes war der allmähliche Rückzug der Titanen von der irdischen Ebene und dem Tierreich, da sie erkannten, daß ein neuer Gott auf die Erde gekommen war, der nun die Führung übernahm, die früher direkt von der Göttin kam. Das ließ die Göttin zu, da sie wußte, welch große Möglichkeit in den Herzen der Menschen lagen. Sie wußte, daß sie auf dem Weg der Vergöttlichung waren und sich sogar noch zu einem größeren Bewußtsein als sie selbst entwickeln konnten, wenn sie die Möglichkeiten, die ihnen gegeben waren, ergriffen und die jetzt noch ruhenden Fähigkeiten verwirklichten, die ihnen der Schöpfer unseres Planetensystems verliehen hatte.

So wurden die Menschen Herren des Tierreichs. Damit hatten die Menschen die Autorität, die bisher die Titanen innehatten, und jene großen Wesen zogen sich zurück, oft um im Mineralreich anwesend zu sein. Das zeigt sich heute noch an den vielen Legenden, in denen von großen Wesen die Rede ist, die unter der Erde in einem Hügel oder einem Berg liegen und auf den Augenblick warten, indem sie wieder zum Leben erweckt werden. Sie sind die verborgenen Aspekte der Göttin, die sie jetzt noch nicht freiläßt, um durch sie Macht auszuüben. Sie hat der Menschheit die Freiheit gegeben, sich zu entscheiden, sich überall hinzubewegen und mit ihren Geschöpfen, mit den Aspekten ihrer Persönlichkeit, ja mit ihrem Herzen in diesem Zyklus der Evolution zu tun, was sie will.

Bedenkt, daß das Tierreich sich über buchstäblich Hunderttausende von Jahren entwickelt hat, um die verschiedenen Punkte seines Evolutionszyklus zu erreichen. Die Menschheit ist erst einen kurzen Atemzug lang auf der Erdoberfläche, aber seht, wie weit sie sich entwickelt hat. Das zeigt die Möglichkeiten, die in der menschlichen Rasse liegen, die in jedem von euch liegen, Möglichkeiten, die weit größer sind als die des Tierreiches und die der Göttin, die es geschaffen hat. Das zeigt der Menschheit sicher, welches Potential sie nicht nur auf der Erde, sondern auch im Kosmos verwirklichen könnte.

Als die Titanen sich zurückzogen, übernahmen also die Menschen die Herrschaft über das Tierreich. Aber die Menschheit war aus der Gnade gefallen. Die Menschheit nutzte ihre Kräfte nun nicht mehr, um dem Evolutionsplan ihres Schöpfers zu folgen, um nach seinem Bilde zu schaffen, sondern um nach ihrem eigenen Bild zu schaffen. Die Menschheit wurde ego-zentrisch, sie war nicht mehr auf Gott zentriert. Die Menschheit versuchte, Besitz für sich selbst zu erwerben und erkannte nicht die Universalität alles dessen, was sie umgab. Die Menschheit erkannte nicht mehr die grundlegende Wahrheit, daß alles nicht ihr gehörte, sondern ihrem Schöpfer und der Dienerin ihres Schöpfers, der Göttin. Die Tiere folgten der Autorität an dem Beispiel der Menschheit. Auch sie fielen aus der göttlichen Gnade. Und als die Menschheit begann zu jagen und zu töten, zu kämpfen und zu streiten, und die materiellen Dinge nur für sich selbst zu wollen, anstatt die Bedürfnisse und Opfer der untergeordneten Wesen zu achten, begann auch das Tierreich das bis zu einem gewissen Grad zu tun.

Es geht mir heute vor allem darum, euch zur Erkenntnis zu führen, damit ihr euch selbst, eure eigenen Schwächen und Fehler in eurer Beziehung zum Tierreich seht. Wenn ihr die Tiere mißbraucht und ausbeutet, tut ihr das gleiche mit euren Mitmenschen. Die Tiere sind nur ein Spiegel des menschlichen Charakters. Sie sind ein Spiegel des menschlichen Entwicklungsweges auf der Erde. Ist es nicht so, daß ihr eure Mitmenschen ebenso rasch auslöscht wie eure Mitgeschöpfe, die Tiere? Das ist das wahre Wesen des menschlichen Bewußtseins in dieser Zeit. Die Natur ist nur ein Spiegel der Menschheit. Das ist ihr wichtigster Sinn: der Menschheit vor Augen zu führen, was sie wirklich tut. Wenn ihr von euren Mitmenschen nicht lernen könnt, wenn ihr durch sie nichts von der wahren Schwingung eures Wesens erfahren könnt, dann seht euch das Tierreich an. Seht euch an, wie die Menschheit dieses Reich behandelt, und ihr seht, wie ihr euch selbst behandelt. Natürlich will ich damit nicht sagen, daß die Menschheit nur schlechte Beziehungen zum Tierreich hat. Das ist nicht so. Viele Menschen verhalten sich den Tieren gegenüber richtig.

So wurde das Tierreich also der Autorität der Menschheit unterstellt. Das war die unschätzbare Gabe der Göttin, daß sie von ihrer eigenen Schönheit, ihrer eigenen Weisheit, ihrem eigenen Wesen gab und dieses Geschenk in die Hände eines jungen, sich entwickelnden Gottes, der Menschheit legte, einer Rasse von Wesen, die darum kämpfte, das notwendige Bewußtsein zu erlangen, um größere Kraft und größere Weisheit zu entwickeln. Ihr selbst wißt nur zu genau, welchen Weg das Tierreich gegangen ist und welche Beziehung die Menschheit zu ihm hat. Ihr seid Zeugen des Niederganges der Menschheit und der Entwürdigung des Tierreiches bis zum heutigen Tag, wo wir vielleicht den tiefsten Stand der Entwürdigung erreicht haben, wo Tiere zu den eigenen egoistischen Zwecken der Menschheit benutzt werden, ohne daß man Schicksal, Sinn und Bewußtsein des Tierreiches achtet, ja ohne daß man bedenkt, welche Rolle es im Evolutionszyklus der Erde spielen könnte.

Die Göttin schuf das Tierreich zu einem ganz bestimmten Zweck. Als drittes Element in der Dreiheit ist das Tierreich das göttliche Verbindungsglied zwischen Mineralreich und Pflanzenreich; wenn es fehlt, zerstört man das Evolutionsmuster dieser Erde, denn es müssen alle drei Elemente in Ausgeglichenheit und Harmonie zusammenwirken, um die Atmosphäre, die Fruchtbarkeit und die Umweltbedingungen auf der Erde für die menschlichen Rassen zu erhalten. Doch die Menschen zerstören jetzt, ohne es zu wissen, dieses Verbindungsglied, und mit jeder Spezies, die ausgerottet wird, mit jeder Spezies, die die Menschen verdorben, überfüttert, mißbraucht und deformiert hat, findet eine Schwächung dieses Verbindungsgliedes statt. Ihr nähert euch einer Zeit, in der es für immer zerrissen werden kann, und das wäre nicht nur der Beginn des Untergangs der Menschheit, sondern auch der anderen drei Reiche. Ich sage das nicht, um euch zu erschrecken, sondern um euch die Verantwortung des Menschen in dieser Hinsicht klarzumachen, damit ihr es nicht als die Tat eines zornigen Gottes oder sogar ein Geschehen des Zufalls betrachtet, wenn es wirklich eintrifft, sondern als das unmittelbare Ergebnis eines über die Jahrhunderte fortdauernden Verhaltens der Menschheit gegenüber dem Tierreich.

Schon jetzt ist dieses Verbindungsglied sehr schwach. Das Gleichgewicht zwischen den Naturreichen ist stark gestört. Wenn die Bibel prophetisch von den Seuchen spricht, die kommen werden, so ist das eines der Ereignisse, das durch die Zerstörung dieses Bindegliedes eintreten wird. Im Augenblick versucht die Menschheit das Insektenreich mit ihren Giften und Pestiziden zu beherrschen, aber sie wird mit diesem System scheitern. Bald wird sie nicht mehr fähig sein, die Weiterentwicklung dieses Aspektes des Tierreiches zu verhindern. Die Insekten werden sich immer stärker vermehren, es wird eine Plage über die Erde kommen, da die Kraft, die sie im Zaum halten könnte, von den Menschen zerstört wurde. Das natürliche Gleichgewicht ist nicht mehr da. Das Insektenreich wird auf der Erde überhand nehmen und unter den Menschen große Zerstörung anrichten. Es gibt heute Wissenschaftler, die diese Tatsache erkennen und verzweifelt versuchen, neue Methoden zu entwickeln, um diese mögliche tödliche Invasion unter Kontrolle zu bekommen.

So hat die Menschheit ihre Verbindung zur Göttin unterbrochen. Sie hat das ihr gewährte heilige Vertrauen mißbraucht. Sie hat das Tierreich versklavt. Sie hat seinen Sinn, seine Bestimmung mißachtet. Die Menschheit betrachtet das Tierreich als gefühllose Materie, die sie nach Belieben für ihre egozentrischen Interessen und Ziele benutzen kann. Da die Menschheit gerade ein Zeitalter des Intellekts durchlaufen hat, in dem die Intuition unterdrückt wurde, und in dem die Weisheit des Weiblichen daran gehindert wurde, sich zum Ausgleich des männlichen Intellekts zu manifestieren, ist heute auf der Erde ein rein verstandesmäßiger Umgang mit dem Tierreich üblich. Bei diesem Umgang heiligt der Zweck die Mittel, und die Tiere werden für das sogenannte Wohl der Menschheit geopfert, werden für wissenschaftliche Experimente benutzt, als Nahrungsmittel angesehen, zum Vergnügen mißbraucht und als persönlicher Besitz betrachtet, der nur zur Befriedigung des menschlichen Ego da ist. Diese Zeit wird sich bald dem Ende zuneigen. Die Göttin wird zurückfordern, was ihr rechtmäßig zusteht und was sie geschaffen hat.

Was kann man über das Tierreich im Wassermannzeitalter sagen? Das Bevölkerungsgleichgewicht auf der Erde wird drastisch verändert werden. Das Verlangen danach, Tiere als Nahrungsmittel zu benutzen, wird nicht mehr bestehen, es wird in dem dann bestehenden Bewußtsein keine Bedeutung mehr haben. Man wird das Tierreich als Verwalter der Erde anerkennen, dem die Aufgabe zukommt, für Fruchtbarkeit und Fremdbestäubung zu sorgen und die Wünsche der Göttin in alle Teile des Planeten zu tragen, die vielen Aspekte der Göttin in ihrer Schönheit und Weisheit zu manifestieren. Die Tiere werden als verantwortungsvolle Mitschöpfer auf dieser irdischen Ebene gesehen werden. Die Menschheit wird unter dem Einfluß der Wassermann-Energie beginnen, ihre höchsten Möglichkeiten zu verwirklichen. Sie wird versuchen, dem Willen ihres Schöpfers zu folgen und das heilige Band wieder zu knüpfen, wie es früher die Titanen taten. Das wird das Zeichen für das Wiedererwachen jener großen Wesen sein. Sie werden sich auf der irdischen Ebene wieder manifestieren, um der Menschheit in ihrem Evolutionszyklus zu helfen, um sie zu führen, um sie das Wesen des Lebens auf dieser Erde erkennen zu lassen.

Ihr seid nicht von dieser Erde. Ihr kommt von einem anderen Planeten, von einer anderen Lebensebene. Die auf der Erde existierenden Bedingungen sind euch eigentlich fremd. Ihr seid an diese aus Erde gemachten Leiber nicht gewöhnt. Ihr seid nicht daran gewöhnt, euch ernähren, kleiden und euch um eine physische Gestalt kümmern zu müssen. Deshalb braucht ihr in dieser Materie Hilfe und Führung. Ihr müßt über das Wesen der Erde und die Verantwortung, die ihr den auf ihr lebenden Geschöpfen gegenüber habt, belehrt werden. Die großen Engelwesen werden das tun. Ihr werdet lernen, mit den Tieren zu kommunizieren, wie es die Titanen konnten: von Geist zu Geist. Dazu ist Sprache nicht notwendig. Die Tiere werden auf euch hören und euch gehorchen.

153

Sie werden eure Führung, eure Hilfe und Weisheit suchen. Ihr werdet sie ihnen zuteil werden lassen, und dafür werden sie euch in eurem Evolutionszyklus helfen, da sie euch etwas von der Göttin offenbaren können. Jene von euch, die mit Bewußtsein durch einen Garten gehen können, erkennen, wie sich in den Zyklen des Pflanzen- und Tierlebens die Weisheit eines hohen Wesens offenbart. Dieses Wesen gab euch den Körper, in dem ihr jetzt lebt, ernährt den Körper, in dem ihr jetzt lebt und wird ihn schließlich wieder zurückfordern. Denn wenn ihr sterbt und euren physischen Körper verlaßt, um in eure wahre geistige Heimat zurückzukehren, wird die Göttin das, was ihr gehört, wieder zu sich holen.

So sind die Tiere eure direkte Verbindung zur Göttin und ihrer Weisheit, und ihr inkarniert euch auf dieser Lebensebene, um von der Göttin zu lernen, um an ihrer Weisheit teilzuhaben. Ihr habt die Wahl, ob ihr sie achtet oder nicht. Ihr seid werdende Götter. Ihr habt die Möglichkeit, göttlich zu werden. Das ist der eigentliche Sinn des Experiments, das darin besteht, die Menschheit auf die Erde zu schicken. Bis jetzt hat sich die Menschheit des Vertrauens der Göttin nicht würdig erwiesen. Sie hat zerstört. Sie hat geschwächt. Sie hat die Hand verschmäht, die ihr die Göttin entgegenstreckte, um ihr in ihrer Entwicklung zu helfen. Diese Hand wird bald zurückgezogen, und wenn sie sich wieder darbietet, dann einer anderen Rasse von Menschen, den Erwählten, die die kommenden Veränderungen überlebt haben, die das Bewußtsein haben werden, sie zu ergreifen, die ihre Weisheit hüten werden und die das Tierreich als das erkennen, was es ist: Diener der Göttin, nicht Diener der Menschheit.

## Fragen und Antworten

FRAGE: Heute werden Tiere in Fabriken gehalten und in Laboratorien für Experimente benutzt. Wie können wir einen Anstoß zur Veränderung dieses Systems geben, der darüber hinaus geht, die Produkte dieser Industrien nicht zu benutzen?

ZT: Wichtig ist zu erkennen, daß das, was ihr verändern wollt, nicht die Auswirkungen des menschlichen Bewußtseins sind, sondern das menschliche Bewußtsein selbst. Wenn ihr versucht, nur die Auswirkungen anzugreifen oder zu verändern, dann vergeudet ihr eure Zeit, denn sie werden, wie das Unkraut in eurem Garten, auch dann wieder zum Vorschein kommen, wenn ihr sie bekämpft habt. Was ihr tun könnt, um das Bewußtsein der

Menschheit zu ändern, ist, euch selbst zu verändern. Das braucht natürlich Zeit. Ihr verändert nur etwas, indem ihr ein Beispiel gebt, indem ihr in Licht und Liebe die Wahrheit ausstrahlt, indem ihr richtig erzieht, indem ihr mit jenen sprecht, die zuhören, indem ihr der Menschheit in Liebe zeigt, daß sie auf dem falschen Weg ist. Wenn die Menschen beginnen zu spüren, daß etwas schiefläuft, werden sie auf jene hören, die in aller Klarheit zeigen können, warum das so ist.

FRAGE: Es gibt Aktivisten auf der physischen Ebene, die Jagden sprengen und Tierversuchslaboratorien überfallen und die ganz aufrichtig der Überzeugung sind, daß sie durch physischen Widerstand gegen das, was sie für schlecht halten, und durch das Erregen öffentlicher Aufmerksamkeit dem Tierreich helfen. Ist das wirklich der Fall?

ZT: Daß Jagden und Tierversuche stattfinden, wissen die meisten Menschen, ebenso wie sie den sogenannten Nutzen dieser Dinge kennen. Wir sprechen also von Gewalt als einem Mittel, um Aufmerksamkeit auf etwas zu lenken, das schon bekannt ist. Wird diese Gewalt für die Tiere oder für die Menschen angewandt? Wir müssen erkennen, daß wir zwar ein Geschwür aufstechen können, daß aber bald neue entstehen werden. Nun kann man sich natürlich weiter mit den Geschwüren befassen, aber wieviel besser wäre es, ihre Ursache zu erkennen und zu verhindern, daß sie überhaupt entstehen. Was wir verändern müssen, ist das Bewußtsein der Menschen. Wir müssen ihre Herzen berühren, damit sie klar sehen, daß solche Aktivitäten und solche Einrichtungen nicht notwendig und nicht wünschenswert sind. Die Notwendigkeit, Tiere zu fangen, um ihnen den Pelz abzuziehen, wird nur dann nicht mehr bestehen, wenn die Frauen dieser Welt den Wunsch nicht mehr haben, ihn zu tragen. Solange der Markt vorhanden ist, wird die Grausamkeit weitergehen. Ihr müßt das Bewußtsein verändern. Ihr müßt dieses Bewußtsein erziehen, und Erziehung ist ein Akt der Liebe, nicht der Gewalt.

FRAGE: Aber leiden die Tiere nicht?
ZT: Doch.

FRAGE: Aber ist es dann nicht sinnvoll, wenigstens etwas von diesem Leiden zu lindern und zugleich in den Menschen ein Bewußtsein dafür zu wecken?
ZT: Natürlich werdet ihr einige Tiere retten und im Augenblick

etwas von ihrem Leiden lindern, aber wird das das Leiden des Tierreichs in seiner Gesamtheit aufheben?

FRAGE: In der pharmazeutischen Industrie gibt es viele gequälte Tiere, die zu schrecklichen Experimenten benutzt werden. Ist es nicht richtig, diesem Leiden ein Ende zu machen?

ZT: Ja. Aber die Forderung nach solchen Tests ist das unmittelbare Ergebnis davon, daß viele Menschen die pharmazeutischen Produkte benutzen. Solange das weitergeht, werden die Tests nicht aufhören. Die Menschheit als Ganzes leidet. Ich frage mich, wer mehr leidet, die Menschheit oder das Tierreich, wenn ich bedenke, was der erste Sprecher sagte, daß das Tierreich nur ein Spiegel der Menschheit ist?

FRAGE: Muß die Verbindung zwischen Menschen und Tierreich wirklich zerbrechen? Ist es zu spät, um das zu verhindern?

ZT: Natürlich ist mit der Zeit alles möglich, doch ich habe den Eindruck, daß die Menschheit auf einem ganz bestimmten Weg ist und kann mir eine Veränderung nicht vorstellen.

FRAGE: Was ist mit Haustieren? Es besteht eine so starke Beziehung zwischen Menschen und ihren Haustieren. Ist das gut oder nicht?

ZT: Die Beziehung, die zwischen Menschen und ihren Haustieren besteht, ist nur eine Parallele zu jener eben erwähnten höheren Beziehung. Der stärkere Wille des Menschen ist zwangsläufig dem schwächeren Willen des Tieres überlegen. Das bringt große Verantwortung mit sich. Deshalb ist vor allem wichtig, aus welchem Motiv heraus man ein Haustier hat. Man sollte sich darüber genau klarwerden, bevor man die Verantwortung übernimmt. Dann sollte man darauf achten, daß das Tier, für das man sich entscheidet, in Harmonie mit einem ist. Man sollte dafür sorgen, daß sein Leben so natürlich wie möglich ist; wenn man ihm kein natürliches Leben ermöglichen kann, sollte man kein Haustier haben. Man darf nicht vergessen, daß das Haustier Bewußtsein hat, daß es einen Willen hat und einen Evolutionszyklus erfüllen muß. Man sollte ihm die Freiheit lassen, das zu tun. Wenn man dazu nicht bereit ist, darf man sich kein Haustier nehmen. Die Freude, die man mit dem Tier hat, rührt daher, daß man die Einheit des Lebens mit ihm teilt, gemeinsam mit ihm die Schönheit der irdischen Ebene erkennt. Vielleicht ist die beste Form der Beziehung zu einem Tier so, daß man sich mit einem wild lebenden Tier vertraut macht und sich beide in Freiheit und gegenseitigem Vertrauen begegnen und dann wieder ihrer Wege gehen können, wie sie wollen. So war es in der Anfangszeit der Menschen auf der Erde.

FRAGE: Wie steht es mit dem Kastrieren von Tieren? Dadurch wird viel Leiden durch ungewollte Junge vermieden, aber es greift in den Willen der Tiere ein.

ZT: Ich glaube nicht, daß euer Gott selbst in dieser Zeit der äußersten Überbevölkerung der Welt Menschen kastriert! Alle Dinge haben einen natürlichen Zyklus und Rhythmus. Der einzige Grund, aus dem Menschen Tiere kastrieren, ist der, daß die Tiere in einer Umgebung leben, die für sie wie für den Menschen künstlich ist. Das heißt, daß derjenige, der ein Tier in eine künstliche menschliche Umgebung bringt, die volle Verantwortung dafür übernehmen und das Tier schützen muß. Kann die Beziehung aber vollständig sein, wenn das Tier kastriert wurde? Die Antwort ist nein. Das Tier ist dann nicht vollständig. Wenn man das will, muß man eben danach handeln, sollte sich aber dieser Tatsache bewußt sein. Natürlich kann es im Zusammensein immer noch Entwicklung und Freude geben, auch wenn das Tier kastriert wurde, aber ich würde euch immer raten, nach einer Beziehung mit dem Geist eines freien Tieres nach seinen eigenen Bedingungen zu suchen.

Ihr lebt in einer unvollkommenen Welt, die die Unvollkommenheiten der Menschheit widerspiegelt. Das Tierreich ist heute grausam, wie das Menschenreich, die Tiere vermehren sich übermäßig, wie die Menschen. Es ist gar nicht zu vermeiden, daß das Tierreich ein Spiegelbild des menschlichen Handelns ist, es ist ebenso aus dem Gleichgewicht geraten, deshalb müssen die Menschen das Verhaltensmuster ihrer gezähmten Tiere modifizieren, damit sie in einer Welt leben können, die von der Realität so weit entfernt ist. Eine künstliche Menschenwelt fordert auch eine künstliche Tierwelt. Was ihr tun könnt, ist, eine neue Beziehung zwischen Menschen und Tierreich zu schaffen. Wie kann das geschehen? Indem ihr euch selbst gebt, indem ihr eure Zeit und eure Energie in die Beziehung einbringt. Das bedeutet Kommunikation. Es bedeutet, daß ihr voller Hingabe wie einem Kind gegenüber seid. Es bedeutet, daß ihr lehrt und liebt. Es heißt nicht, daß ihr eurem Hund einmal am Tag den Kopf tätschelt, wenn ihr ihn füttert. Natürlich ist die beste Beziehung jene, die in der freien Natur entsteht, wo ihr dem Tier seinen eigenen Bedingungen gemäß begegnet.

FRAGE: Ist es gut für uns, Milchprodukte zu uns zu nehmen?
ZT: Wir müssen anfangen zu erkennen, auf welche Weise wir diese Milchprodukte gewinnen. Es war beabsichtigt, daß Tier- und Menschenreich einander etwas geben. Das Tierreich gibt dem Menschen freiwillig von seinem Überfluß. Dafür kann die Menschheit dem Tierreich auch von ihrem Überfluß geben. Leider hat die Gier der Menschen heute wie bei allem dazu geführt, daß eine riesige Industrie Milchprodukte im Überfluß produziert. Der menschliche Körper hat sich in der westlichen Welt an eine Ernährung mit Milchprodukten gewöhnt, was aber nicht bedeutet, daß die Menschen ohne diese Ernährung sterben würden. Die Zeiten, in denen ein Mensch Milchprodukte braucht, sind relativ selten. Man sollte sie nicht täglich genießen, sondern für besondere Gelegenheiten aufsparen, wenn man beispielsweise krank oder überanstrengt ist. Man kann sich sogar sehr schaden, indem man zu viele Milchprodukte zu sich nimmt. Zudem ist das System, das heute Milchprodukte herstellt, sehr grausam, da es die Tiere ausbeutet und ihnen keinen Spielraum zu ihrer eigenen Entwicklung läßt, da sie vollkommen unter der Kontrolle des Menschen stehen. Das Ergebnis ist, daß vielen Milchprodukten die wesentlichen Vitamine und Nährstoffe sowohl auf der physischen als auch auf einer spirituellen Ebene fehlen, Stoffe, die den Menschen wirklich zugute kämen. Ihr müßt eure eigene Entscheidung treffen, wann ihr Milchprodukte zu euch nehmt. Wir wollen nur, daß ihr erkennt, welche Opfer zu ihrer Entstehung notwendig waren.

Wenn ihr sehr jung oder sehr alt seid, ist Milch eine wichtige Form der Ernährung. Bei Säuglingen sollte sie aus Muttermilch bestehen. Da viele Mütter heute ihre Kinder nicht lang genug stillen, wird die Notwendigkeit bestehen, auf andere Arten von Milch zurückzugreifen, da Säuglinge diese Art von Nahrung am besten verarbeiten können. Ebenso sind, wenn man alt ist und sehr wenig Nahrung zu sich nimmt, und der Körper zu verfallen beginnt, bestimmte Grundnährstoffe und Vitamine, die in Milchprodukten enthalten sind, notwendig, um diesem Verfall vorzubeugen. Der normale gesunde Erwachsene kann diese Vitamine aus anderen Nahrungsquellen aufnehmen und braucht deshalb keine Milchrprodukte.

FRAGE: Glaubt ihr, daß es möglich ist, daß die Menschen eines Tages aufhören werden, Tiere zu töten, um sie zu essen, und zwar nicht nur wenige, sondern der Großteil der Menschen? Glaubt ihr, daß das noch vor einer großen Katastrophe geschehen könnte?

*Tiere Töten
Fleisch essen?*

ZT: Meiner Meinung nach ist solch eine Veränderung nicht möglich, weil die Menschen sich nicht verändern wollen.

FRAGE: Kann man nicht sagen, daß wir alle auf verschiedenen Entwicklungsstufen sind und daß das, was für den einen gut ist, für den anderen nicht unbedingt gut sein muß? Wenn wir das Leben heute betrachten, scheint es völlig unwahrscheinlich sich vorzustellen, daß plötzlich alle erkennen, daß es falsch ist, Tiere als Nahrungsmittel zu benutzen. Aber ist das für alle Menschen falsch? Es könnte für uns falsch sein, aber könnt ihr sagen, daß das für alle gilt?

ZT: Wir haben es hier mit zweierlei Dingen zu tun. Man kann es von der Seite der Menschen und von der Seite der Tiere betrachten. Beschäftigen wir uns zunächst mit dem letzteren Aspekt.

Kann es irgendeine Rechtfertigung für ein System geben, das zunehmend grausam ist, Druck ausübt und ungesund ist? Da der finanzielle Aspekt in der Tierhaltung eine immer größere Rolle spielt, geht es in der Fleischproduktion nur noch darum, zu geringeren Kosten mehr zu produzieren, um ökonomischer zu sein und mehr Geld zu verdienen. Die Menschen vergessen, daß sie es mit lebendigen Tieren zu tun haben. Die Weiterführung dieses Systems ist auf keiner Ebene gerechtfertigt.

Betrachten wir nun den menschlichen Aspekt. Die Menschheit ist von Natur aus sehr konservativ. Die meisten von euch haben Eltern, Großeltern und sogar Urgroßeltern, die wahrscheinlich Fleisch gegessen haben. Es ist zu einer Gewohnheit geworden. Das bedeutet nun nicht, daß ihr das nicht verändern könnt, aber es ist eine Tradition, die sich über Generationen eingeprägt hat. Es bedeutet, daß ihr daran gewöhnt seid, daß Tiere geopfert werden, daß ihr es als euer natürliches Recht anseht. Jene unter euch, die sich verändert haben oder diese Veränderung in Betracht ziehen, brechen mit solchen Traditionen, weil ihr Bewußtsein es fordert. Wenn ihr diese Veränderung bewirken wollt, wird eine Auseinandersetzung mit diesen Traditionen unvermeidlich sein, ihr werdet Widerstand von eurer Familie und euren Freunden erfahren, denn durch euer Handeln bringt ihr sie dazu, ihr eigenes Handeln zu überprüfen.

Es ist schwierig, das menschliche Bewußtsein zu verändern, wenn nicht gerade Krisenzeiten herrschen. Nur das Feuer der Reinigung kann plötzliche Veränderungen bewirken. Dennoch beginnen die Menschen zu erkennen, was zur Produktion von Fleisch gehört: das Opfer, der Schmerz, die Zerstörung eines

159

Naturaspektes. Solange die Menschheit nicht erkennt, daß sie sich selbst zerstört, wenn sie Tiere tötet, wird es keine Veränderung geben.

FRAGE: Wenn Menschen gerne Fleisch essen und das nicht ändern wollen, wie kann man sie dann überzeugen, daß der Genuß von Fleisch für sie nicht gut ist?

ZT: Man muß sich, wenn man Fleisch ißt, nur einmal ansehen, was man da wirklich ißt. Wenn man sich reinigen möchte, wenn man aus seinem Körper ein empfindsames Instrument machen, seine Sinne verfeinern und über den physischen Körper hinausgehen will, sollte man nur die reinste und beste Nahrung zu sich nehmen, die natürlich gewachsen ist und die Reinheit der Göttin verkörpert. Wenn man tierische oder pflanzliche Nahrungsmittel zu sich nimmt, die unter unnatürlichen Bedingungen entstanden sind, wenn man Fleisch ißt, das von einem kranken Tier kommt, einem Tier, das unvollkommen ist, weil es ein Abbild der Menschheit ist, wenn man Fleisch ißt, das mit den Ängsten und Aggressionen des Tieres getränkt ist, hat man Teil an diesen Ängsten und Aggressionen. Was man ißt, bestimmt, was man ist. Es beeinflußt das Temperament, es beeinflußt das Sein eures Körpers als Instrument des Dienens, als Instrument der Gottheit. Ihr solltet vielleicht das nächste Mal, bevor ihr ein Tier tötet, darüber nachdenken, welchen Aspekt der Göttin es repräsentiert.

160

# Lichtträger

Was versteht ihr unter dem Wort »Licht«? In der Dualität der physischen Lebensebene ist Licht das Gegenteil von Finsternis. Wo Licht ist, kann keine Finsternis sein. Die Abwesenheit von Licht ist Finsternis. In dieser Zeit entstehen überall auf der Welt sogenannte Lichtzentren. Die Menschen sprechen davon, daß sie das Licht vermehren und verbreiten wollen. Der Begriff »Licht« ist unabhängig von Rassen, Sprachen, Religionen, es ist ein Symbol, das überall auf der Welt verstanden wird.

Das Licht widersetzt sich der Dunkelheit, und der Kampf, der heute auf eurem Planeten tobt, ist nur ein Abglanz des größeren Kampfes in höheren Lebensebenen zwischen den Mächten des Lichtes und den Mächten der Finsternis, denn nichts manifestiert sich auf der physischen Lebensebene, wenn es sich nicht schon auf einer höheren Seinsebene manifestiert hat. Ihr Seelen am Ende einer langen Evolution kämpft auf der Erde den Kampf gegen die Finsternis. Wenn ihr eure heutige Welt betrachtet und glaubt, daß die Finsternis triumphiert, daß die Kräfte und Mächte der Dunkelheit über diesen Planeten herrschen, so sollt ihr erkennen, daß das nur so sein kann, weil das Licht nicht stark genug ist. Ihr laßt es nicht leuchten.

Die Indianer Nordamerikas pflegten einen interessanten Brauch. In den letzten Stadien dieser Rasse degenerierte er vielleicht etwas, aber ursprünglich lag in diesem symbolischen Akt große kosmische Erkenntnis. Während eines Kampfes pflegte einer der Krieger, meistens der Häuptling des Stammes, sich anzupflocken. Er rammte eine hölzerne Stange in den Boden, band ein Stück Tierhaut daran und fesselte damit sein Bein an das Holz. So stand er auf seinem Posten, bis er siegte oder starb. Es war eine Tat von großer Tapferkeit, ein Opfer. Er sagte seinen übrigen Stammesgenossen damit deutlich: Hier stehe ich. Um das tun zu können, mußte der Krieger einen gewissen Bewußtseinsstand haben. Er mußte Vertrauen in seine physischen Fähigkeiten haben. Er mußte Erkenntnis über Leben und Tod haben, sein Schicksal annehmen und vor allem davon überzeugt sein, daß der Wille seines Schöpfers geschah.

*Licht in uns!*

Wie viele von euch wären bereit, euch selbst so für eure Mitmenschen oder gar für euren Schöpfer dem Kampf auszusetzen? Ich frage das, weil in der heutigen Welt so wenige dazu bereit sind, Lichtträger zu sein. Es sind jetzt viele alte Seelen auf der Erde inkarniert. Sie haben sich sehr bewußt dafür entschieden, auf die Erde herabzukommen, um in dieser Zeit der planetarischen Transformation hier zu sein, um Zeuge des Überganges von einem Zeitalter in das nächste zu sein, um teilzuhaben an dem großen Kampf zwischen Finsternis und Licht am Ende des Fische-Zeitalters, und um das Wassermannprinzip willkommen zu heißen. Aber viele dieser Seelen erfüllen ihre Möglichkeiten nicht. Sie offenbaren die spirituellen Qualitäten, die sie manifestieren könnten und sollten, nicht.

Es gibt oft Menschen auf der Welt, die bereit sind, sich »anzupflocken«, denen aber die körperliche, seelische oder geistige Grundlage dazu fehlt, und nur deshalb scheitern sie. In diesem Akt lag etwas Dunkles, denn wenn der Krieger die Prüfung nicht bestand, war es ein Zeichen der Niederlage für alle, die mit ihm kämpften, und diese Niederlage wirkte sich auf den ganzen Stamm aus. Wenn ihr Lichtträger seid, wenn ihr an eurem Platz kämpft und scheitert, müßt ihr bedenken, daß ihr die anderen in dieses Scheitern mit hineinzieht. Deshalb solltet ihr, bevor ihr diesen symbolischen Akt vollbringt, eurer selbst sicher sein. Seid euch der Weisheit gewiß, die in euch liegt. Seid euch gewiß, daß die vielen Aspekte eures Seins in vollkommener Harmonie miteinander sind. So weit zu kommen, daß ihr dieses Opfer für euren Schöpfer bringen könnt, bedeutet, daß ihr in das Innerste eures Wesens geschaut habt und das Licht ausstrahlt, das zu manifestieren ihr auf diese Erde gekommen seid.

Die Finsternis hat deshalb heute so viel Kraft, weil es zu wenig Licht gibt. Es gibt zu wenig Licht, weil das Licht nicht strahlen kann. Ihr lebt in einer dichten physischen Welt und seid euch dessen sehr bewußt. Diese physische Welt kann und wird nie vollkommen sein. Selbst eine große Seele wie der Meister Jesus wurde dadurch, daß er auf die irdische Ebene herabstieg, in gewissem Maß verdunkelt. So kann und wird es auf der Erde nie Vollkommenheit geben, aber das bedeutet nicht, daß ihr nicht trotzdem nach allen euren Kräften danach streben solltet, das Licht auszustrahlen, das ihr in euch habt, um es auch in anderen zu erwecken. Das fordert Opfer. Es erfordert, daß ihr all jene unterstützt, die mit euch im Licht stehen. Vor allem aber erfordert es, daß ihr die Quelle und den Sinn des Lichts erkennt. Ihr seid nur Widerspiegelungen dieses

Lichts. Ihr seid nicht die Quelle. Nur die Vollkommenheit eures Seins kann dieses Licht widerspiegeln.
Das Licht zerstört die Finsternis. Es kann keine Finsternis sein, wo Licht ist. Es gibt in der westlichen Welt heute eine Anschauung, nach der die Dunkelheit in einem großen Kampf besiegt wird und die Menschheit von der Finsternis durch einen Retter, vielleicht ein Christus-Wesen, errettet wird, das herabkommt und die Menschheit aus den Fesseln der Finsternis befreit. Das ist nicht so. Das Christus-Prinzip kam vor zweitausend Jahren auf die Erde und gab den Impuls für das Fische-Zeitalter, aber immer noch ist Finsternis auf der Erde. Genauso wird es im kommenden Zeitalter sein. Nur die Menschheit kann diese Welt retten. Nur noch entwickelte Seelen, die ihr Licht leuchten lassen und dafür einstehen, was sie in ihrem Herzen als Wahrheit erkannt haben, werden dieser Erde die Erlösung bringen können. Das ist das Schicksal, das vor euch liegt. Das ist die Aufgabe, die ihr hier erfüllen sollt. Das ist die Pflicht, die euch auferlegt ist. Es ist so leicht, sich durch die Versuchungen und Vergnügungen der Welt, in der ihr heute lebt, verführen zu lassen und den Begrenzungen der physischen Ebene zu unterliegen. Wenn ihr euch nur als physische Wesen betrachtet, begrenzt ihr euch selbst, denn ihr seid Geistwesen. Ihr seid Licht, das kurze Zeit in einem Körper aus physischer Materie lebt.

Die wichtigsten menschlichen Institutionen auf der Welt sind zum größten Teil korrupt. In der Regierung, der Kirche, im Bereich von Medizin, Justiz und Industrie, ja in fast jeder menschlichen Organisation und Unternehmung kann man Korruption und Finsternis finden. Wie wollt ihr diese Finsternis beseitigen, wenn nicht dadurch, daß ihr euer Licht leuchten laßt, denn wo Licht ist, kann keine Finsternis sein. Ihr könnt diese Veränderung nur bewirken, indem ihr euer spirituelles Bewußtsein zutage treten laßt. Ob ihr bestimmte berufliche Fähigkeiten habt, spielt dabei keine Rolle. Es ist das Licht eures Seelenwesens, das das Licht der anderen entzünden und sie zur Selbst-Entdeckung führen wird. Ihr könnt die Welt nicht verändern, ihr könnt nur euch selbst verändern, und indem ihr euer Licht leuchten laßt, werdet ihr andere dazu bringen, das Licht in sich zu erkennen und es ebenfalls leuchten zu lassen.

Die große Masse der Menschheit lebt in Finsternis und wird in Finsternis sterben. Das ist eine Tatsache. Ihr werdet immer von Menschen umgeben sein, die spirituell oder seelisch arm sind. Es sind die alten Seelen, die die Veränderungen auf der irdischen Ebene in Gang setzen werden. Es sind die Erwählten, die Wesen mit hoher Seelenerfahrung, die schon bevor sie sich physisch manifestierten, eingewilligt haben, diese Rolle in der schwierigsten Zeit der Erdevolution zu spielen. Sie sind gekommen, um ihr Licht leuchten zu lassen. Sie sind gekommen, um die Finsternis zu vertreiben, um diesen großen evolutionären Schritt nach vorne zu bewirken. Aber wo ist dieses Licht heute? Wie viele von euch sind innerlich stark? Wie viele von euch würden für dieses Licht sterben? Das Licht ist keine Philosophie, keine intellektuelle Vorstellung. Es ist der innerste, heiligste Teil eures Wesens, das, was ihr als Wahrheit erkannt habt, das was göttlich in euch ist. Es ist die Realität des Lichtes, die ihr ausstrahlen sollt.

Ihr habt es mit der Welt der Materie und mit der Welt des Geistes zu tun. Ihr müßt diese Dualität ausbalancieren. Ihr müßt ein geistiges Leben in einer Welt der Materie führen. Die Materie wird versuchen, den Geist zu korrumpieren. Das sollt ihr nicht zulassen. Selbst das korrupteste menschliche System auf der Erde kann durch das Licht des Geistes verändert werden. Ihr müßt das System selbst nicht verändern. Ihr müßt nur euer Licht leuchten lassen, und die Finsternis wird verschwinden. Das ist es ja auch, was Jesus tat. Er war nur eine kurze Zeit auf der Erde. Er sprach zu relativ wenig Menschen. Persönlich erreichte er nur das Bewußtsein einer Handvoll Jünger, und dennoch breitete sich dieses Licht über die ganze Welt aus. Dieses Licht veränderte das westliche Denken. Dieses Licht wirkte sich auf den Evolutionszyklus der letzten zweitausend Jahre aus.

Licht geht vom Göttlichen aus, es läßt die Finsternis nicht zu. Ich wünschte, daß all jene unter euch, die ein helles Licht in sich haben, dessen gewahr würden und erkennen würden, daß es an ihnen liegt, wenn noch Finsternis da ist. Wenn ihr euer Licht leuchten laßt und euch selbst treu seid, wenn ihr den Verlockungen der materiellen Welt widersteht und euch über die Einschränkungen des physischen Lebens erhebt, wenn ihr nur das wärt, wozu ihr bestimmt seid, würdet ihr diesen Planeten verwandeln. Ihr würdet Finsternis, die heute auf der Erde ist, verwandeln. Wenn ihr in euren Zeitungen von Tod und Zerstörung, von kollektiver und individueller Gewalt, von Egozentrik und Gier lest, müßt ihr doch erkennen, daß der Weg, den die Menschheit heute geht, in die Selbstzerstörung führt. Und nun lebt ihr auch noch unter der Bedrohung einer nuklearen Katastrophe. Wie kann sie verhindert werden? Manche glauben, daß der aktive Kampf gegen Atomwaffen, daß die Abschaffung der Atomwaffen den Frieden bringen würde. Das wird ihn nicht bringen. Der einzige Weg zum Frieden

*Licht-zentren! scheitern oft!*

ist der Weg des Lichts, denn wo Licht ist, kann keine Finsternis sein. Ich werde euch das immer wieder sagen, da ihr Lichtwesen seid, da ihr das Licht der Welt seid. Ihr habt die Möglichkeit, diese Welt zu verändern. Es liegt in euren Händen. Einzelne können sich zu einem Lichtzentrum vereinigen. Viele Lichtfunken können zusammenkommen, um eine gemeinsame Lichtquelle zu werden. Wenn man sich über sein Ziel einig ist und seinen Willen vereint, ist man viel stärker, aber ihr müßt auch wissen, daß mehr auf dem Spiel steht, wenn ein Lichtzentrum scheitert, als wenn ein Individuum scheitert. Denn viele Menschen sehen dieses Licht und beobachten kritisch, ob es den Kräften der Finsternis widerstehen kann. Überall auf der Welt entstehen jetzt Lichtzentren, aber viele scheitern auch, weil die Menschen, die sich dort zusammengeschlossen haben, ihr Bewußtsein noch nicht so weit entwickelt haben, daß sie bereit sind, Lichtträger zu sein, für das Licht auf der Erde einzustehen.

Erkennt, daß ihr Lichtpunkte seid, daß diese Lichtpunkte eines Tages Teil eines Lichtzentrums werden, und daß dieses Lichtzentrum eines Tages ein Lichtplanet werden wird, der einmal zur Quelle des Lichts zurückkehren wird. Ihr müßt euren Platz in diesem Entwicklungszyklus ausfüllen. Wenn ihr jetzt scheitert, wirkt sich das auf euer Schicksal für viele zukünftige Leben aus. Ihr seid nicht hier, um eine Prüfung zu bestehen, denn ihr habt diese Prüfung schon oft bestanden. Ihr seid einfach hier, um das zu tun, was ihr schon viele Male getan habt, wenn in vergangenen Leben ähnliche Krisenzeiten kamen; einen festen Standpunkt einzunehmen und das Licht leuchten zu lassen. Nicht für euch selbst, sondern für den ganzen Planeten, nicht für eure Familien, sondern für die Menschenfamilie. Ihr lebt, um dem Licht zu dienen. Deshalb seid standhaft und laßt dieses Licht leuchten. Nehmt diese Verantwortung auf euch. Hört auf die Stimme eures Schöpfers, hört auf eure Herzen und folgt dem Flüstern eurer Seele. Seid Lichtträger.

## Fragen und Antworten

FRAGE: Der Sprecher scheint Dunkelheit als etwas Böses zu verstehen, was nicht ganz zu meinem Begriff von Dunkelheit paßt. Ist Dunkelheit etwas Böses?

ZT: Wenn wir in der Terminologie von Licht und Dunkelheit oder Finsternis sprechen, benutzen wir Begriffe, die die Dualität eures Lebens widerspiegeln. Ihr habt immer die Wahl, immer die

Möglichkeit, die göttliche Gabe zu nutzen, euch entscheiden zu können, eine Gabe, die wenigen planetarischen Körpern zuteil wurde. Licht und Finsternis stammen gleichermaßen von Gott. Das Böse ist eine Schöpfung der Religion. Wenn ihr von Finsternis sprecht, so sprechen wir von Energien, die ihren Einfluß auf der irdischen Ebene geltend machen wollen. Diese Kräfte werden von einer spirituellen Hierarchie beherrscht, ebenso wie die Kräfte des Lichts. Der Sinn der Mächte der Finsternis ist, einfach gesagt, die Lichtkräfte auf die Probe zu stellen. Die Entscheidung, die die Menschheit heute treffen muß, ist die Entscheidung zwischen Licht und Finsternis. Die Kräfte der Finsternis sind nicht böse in dem Sinn, in dem die Religion vom Bösen spricht; dort ist es eine Sünde gegen ihre Glaubensanschauungen. Das Böse ist das Gegenteil von Leben, deshalb hat es im Englischen dieselben Buchstaben, nur von hinten gelesen (böse = evil, leben = live). Es ist die gleiche Energie, die in der entgegengesetzten Weise eingesetzt wird. Finsternis ist das, was das Gesicht der Erde verdunkelt, was die Seele der Menschheit verdunkelt und unterdrückt. Licht ist das, was die Seele der Menschheit erhöht, was den göttlichen Aspekt ihres Seins zum Ausdruck bringt.

Wir sprechen hier von dem zyklischen Evolutionsmuster der Menschheit, das sich seit Tausenden von Jahren entwickelt. Dieser Kampf zwischen Finsternis und Licht währt schon viele Zyklen lang auf vielen Lebensebenen. Wenn die Finsternis zu triumphieren scheint, bedeutet das noch nicht das Ende des Lichts. Es bedeutet nur, daß die Menschheit eine Zeitlang unter Bedingungen leben muß, in denen es das Licht nicht leicht hat, und daß die Menschen, die sich in dieser Zeit inkarnieren, vor größere Herausforderungen gestellt sind. Ihr lebt in einer Zeit, in der ihr vielleicht glaubt, schon die schlimmste Finsternis erlebt zu haben. Das ist nicht so. Es gibt jetzt Kräfte, die eine für euch unvorstellbare Finsternis herbeiführen können. Deshalb ist das Licht, das ihr heute ausstrahlt, nicht nur für euch selbst und eure Kinder, sondern auch für eure Enkel und Urenkel wichtig. Finsternis ist nicht böse. Sie ist die satanische, die saturnische Seite des Schöpfers, durch die die Menschheit geprüft wird, die sie vor die Wahl: Licht oder Finsternis stellt. Durch die Entscheidung zwischen diesen beiden Kräften tragt ihr nicht nur zu eurer eigenen und zur Entwicklung dieses Planeten bei, sondern auch zur Entwicklung aller spirituellen Wesen, die mit ihm in Verbindung stehen.

*Blinder u. verstehende Glaube!*

FRAGE: Welche Rolle spielt der Glaube dabei, wenn man, um im Bilde des ersten Sprechers zu bleiben, bereit ist, sich dem Kampf auszusetzen, sich »aufzupflocken«?

ZT: Es gibt zwei Arten von Glauben: blinder Glaube und Glaube aus Gewißheit. Laßt mich den Unterschied anhand eines Beispiels illustrieren. Ein Athlet trainiert seinen Körper für einen Wettkampf. Er weiß, daß er eine bestimmte Leistung erreichen kann, auch wenn sie von Tag zu Tag, je nach seiner Motivation und Willenskraft, etwas schwankt. Der Athlet begibt sich mit der Überzeugung in das Rennen, daß er seine Trainingsleistung reproduzieren kann. Wollte er das Rennen jedoch ohne jede Vorbereitung und ohne jedes Training mitmachen, nur weil er gerade Lust dazu hätte, geschähe das in blindem Glauben. Nun gibt es Zeiten im Leben, in denen der blinde Glaube der einzige ist, den man hat, dann bleibt einem nichts anderes übrig, als sich darauf zu verlassen; meist aber geschieht das, weil der Betreffende sich selbst in diese Lage gebracht hat. Unser Schöpfer verlangt nach meiner Erkenntnis niemals blinden Glauben.

Glaube ist ein notwendiger Bestandteil des Menschseins. Ihr werdet im Leben immer wieder vor völlig neuen Herausforderungen stehen. Neue Probleme, Prüfungen, Konflikte kommen auf euch zu, aber ihr habt immer das Wissen um eure Fähigkeiten, die Einsicht in euer Schicksal, die Weisheit eurer Seele. Sie helfen euch, jeder Herausforderung zu begegnen. Ihr habt immer die Möglichkeit, euch einer Herausforderung mit innerer Überzeugung zu stellen.

FRAGE: Gibt es irgendein Rezept, eine Technik, die uns helfen können, das Licht auszustrahlen?

ZT: Ich weiß zwar, daß eure Bücherschränke von Do-it-your-self-Büchern voll sind und daß diese Art zu lernen ziemlich weit verbreitet ist, aber ihr müßt auch sehen, daß es für viele Menschen nicht möglich ist, auf diese Weise zu lernen. Es gibt viele Möchte-gern-Schreiner, die selbst mit so einem Buch vor der Nase nie richtige Schreiner werden. Die Menschen sind individuell verschieden. Jeder hat andere Schwerpunkte. Ihr alle seid einzigartige Aspekte des Geistes, habt verschiedene Talente, Eigenschaften und Fähigkeiten. Sie solltet ihr auf ganz natürliche Weise nach besten Kräften zum Ausdruck kommen lassen. Wenn ihr das in Harmonie mit eurem Wesen tut, werdet ihr ganz von selbst Licht ausstrahlen. Das ist nicht etwas, das man üben muß, das man Schritt für Schritt aus einem Handbuch lernt. Es ist ein Akt des Daseins. Es ist ein

*göttlich ausgerichtete Wesen = Licht*

göttlicher Akt. Wenn ihr ein göttlich ausgerichtetes Wesen seid, werdet ihr ganz von selber euer Licht leuchten lassen. Natürlich wird es Zeiten geben, in denen ihr scheitert, das wissen die höheren Kräfte sehr wohl, aber sehr viel öfter wird es euch gelingen. Denkt vor allem an das Beispiel des Leuchtturmes. Euer Geist ist wie ein Leuchtturm, und wenn euer Licht hell ist, kann es viele Meilen weit gesehen werden und vielen Menschen eine Hilfe werden. Wenn ihr eine alte Seele seid, werden sehr viele euer Licht sehen und damit ihren Weg erhellen. Ihr ahnt nicht, wie sehr ein helles Licht der Welt helfen kann. Unterschätzt den Einfluß nicht, den eine richtige Tat auf der Ebene des physischen Lebens hat. Ein Gedanke, ein Wort oder eine Tat, die richtig motiviert sind, können hundertfältig verwandelnd wirken. Deshalb müßt ihr immer verantwortungsvoll handeln, nicht für euch selbst, sondern für die Menschen, die euch umgeben.

FRAGE: Wie steht es damit, daß das, was für den einen Licht ist, für den anderen Finsternis ist? Ein Bauer kann beispielsweise seine Schafe liebevoll aufziehen und ernähren und sich dann nichts dabei denken, wenn er sie auf den Markt schickt, damit sie geschlachtet werden, weil er ganz selbstverständlich glaubt, daß es richtig ist, was er tut. Jemand anderes könnte es so sehen, daß dieser Bauer das Tierreich ausbeutet. Kann das Licht des einen Menschen die Dunkelheit des anderen sein?

ZT: Ihr vergeßt, was die Quelle von Licht und Finsternis ist. Lassen wir uns nicht von den individuellen menschlichen Aspekten ablenken. Denken wir daran, daß die Quelle allen Lebens das Wesen ist, das nicht nur uns das Leben gab, sondern alle Dinge schuf. Wir reflektieren nur sein Licht entsprechend unserem Wesen. Dieses Wesen urteilt nicht, dieses Wesen vergleicht nicht. Es nimmt uns so, wie wir sind. Denkt an das Beispiel des Meisters Jesus und seines Lichts. Deiner Definition nach wären alle, die ihn umgaben, im Dunkeln gewesen, aber das war nicht der Fall. Jesus strahlte sein Licht aus, und dieses Licht berührte viele Menschen. Er war der Funke, der ihr Bewußtsein entzündete und sie auf den Weg des Lichts brachte. Belastet euch nicht mit dem Gedanken an die Taten anderer. Sucht nicht sie zu verändern, sie zu überzeugen. Zeigt ihnen nur euer Licht.

FRAGE: Aufgabe eines spirituellen Lehrers ist es natürlich, andere zu lehren. Wenn das, was man lehrt, aber der Lebensart der Menschen, die einen umgeben, entgegengesetzt ist?

*Lehren*

ZT: Nein. Die Lehren des neuen Zeitalters, die ihr jetzt auf der irdischen Ebene erteilt, sind keine intellektuellen Konzepte, mit denen ihr Gedankenspiele betreibt. Sie sind entweder Wirklichkeit für euch oder sie sind es nicht. Wenn sie für euch keine Wirklichkeit sind, dann lebt so weiter wie bisher und vergeßt sie. Wenn sie Wirklichkeit sind, dann lebt sie. So werdet ihr diese Welt verändern. Es ist nicht gut, über den Lebensstil des neuen Zeitalters zu sprechen und ihn nicht zu leben. Nur richtiges Denken, richtiges Sprechen und richtiges Handeln wird diesen Planeten verwandeln. Ihr müßt bereit sein, euer Licht in die Dunkelheit leuchten zu lassen.

FRAGE: Uns ist durch die Lehrer, die durch dieses Instrument sprechen, viel gesagt worden. Ich halte all das im Licht meiner eigenen Erfahrung für wahr, doch wenn ich diese Lehren im Gespräch oder in Diskussionen wiederhole, frage mich angesichts der Reaktionen oft, ob es besser wäre, nichts zu sagen. Oder wäre das Feigheit, weil ich dann nicht bereit bin, für das einzustehen, was ich für wahr halte?

ZT: Ich möchte betonen, daß es nicht um ein Fürwahrhalten geht. Der indianische Krieger hätte sich nicht an den Pfahl gebunden, nur weil er etwas für wahr hielt. Diese großartige Tat war nichts Alltägliches. Der Krieger vollbrachte sie nicht, um die anderen Kämpfer zu ermutigen, weil sie in Gefahr waren, einen Kampf zu verlieren. Er tat es, weil er durch ein tiefes inneres Gefühl dazu motiviert war. Er war bereit, sich dem hinzugeben, was ich die Kraft des Schicksals, die göttliche Kraft, nennen möchte. Er war bereit, diese Erkenntnis und diese Hingabe vor allen Menschen zu demonstrieren. Daß er das tat, bedeutete nicht, daß er und sein Stamm den Kampf gewinnen oder daß er überleben würde. Nicht deshalb band er sich an den Pfahl. Es war ein Akt spiritueller Initiation.

Viele von euch nähern sich einem ähnlichen Punkt der spirituellen Initiation. Ihr habt ein neues Bewußtsein von eurem Schöpfer und seinen Absichten mit euch und diesem Planeten gewonnen. Durch das von höheren Lebensebenen kommende Wissen beginnt ihr, eine neue Lebensweise zu verstehen und einzuüben, die sehr verschieden von dem ist, was die Gesellschaft heute praktiziert. Aber solange ihr nicht wirklich danach lebt, könnt ihr nicht sagen, daß das die Wahrheit ist. Ihr müßt danach leben, um es zu wissen, und solange ihr es noch nicht wißt, könnt ihr auch nicht dafür einstehen. Menschen werden kommen und euch beobachten. Sie werden auf euch hören. Aber ihr könnt nicht die Verantwortung für das übernehmen, was sie sagen oder fühlen. Alles, was ihr tun könnt, ist, euer Licht leuchten zu lassen. Ich möchte euch zum Schluß noch bitten, mutig zu sein. Es ist schwer, eine Konditionierung zu überwinden, die durch ein ganzes Leben, durch Generationen entstanden ist. Nur eine alte Seele kann und wird das tun. Man muß schon ein Kopernikus oder ein Galileo sein, um die innere Stärke zu haben und zu sagen: Gleichgültig, was die Gesellschaft oder die Wissenschaft sagt, ich weiß, daß es falsch ist, und ich werde mich dem entgegensetzen. Ich will mein Licht in diese Finsternis scheinen lassen. Das wird von euch allen erwartet.

# Das wahre Wesen des Mineralreiches

Ihr lebt in einer Zeit, in der die Menschheit glaubt, auf dem Höhepunkt ihrer Entwicklung zu sein. Vor allem die westliche Zivilisation glaubt, sie wäre allen anderen Lebensformen überlegen, vor allem, weil sie so große technische Fortschritte gemacht und sogar den Mond erreicht hat. Bei der Jagd nach diesen Errungenschaften hat die weiße Rasse die anderen Rassen und vor allem die drei anderen Reiche der Materie meist als ihren Zielen, ihrer Lebensauffassung und ihrem Entwicklungsstand unterlegen betrachtet. Der Gedanke an Gemeinsamkeit und Zusammenarbeit mit diesen Reichen hat ihre Gedanken nie beschäftigt. Die weiße Rasse hat ihre Entwicklung mit bemerkenswerter Zielstrebigkeit verfolgt. Deshalb möchte ich euch in meiner Botschaft eine kosmische Anschauung jener untergeordneten Reiche, vor allem des Mineralreichs, vermitteln, damit ihr etwas von seinem wahren Wesen und Sinn versteht und versuchen könnt, in den kommenden Jahren das richtige Verhältnis zu ihnen zu gewinnen.

Ich frage mich, ob ihr je die Göttlichkeit des Mineralreiches erkannt habt, ob ihr seinen Sinn, ja sein Bewußtsein seht oder ob ihr glaubt, daß das Mineralreich ohne Lebenskraft, ohne spirituelle Energie sei, unbelebte Materie, die von den Menschen ganz nach Belieben benutzt werden kann. Wenn wir in die Zeit zurückgehen könnten, in der der Planet geschaffen wurde und in der an eine menschliche Evolution auf diesem Planeten noch gar nicht zu denken war, würden wir sehen, daß die Erde aus einer Vereinigung des Sonnengottes und der Erdgöttin hervorging und daß aus diesem Akt kosmischer Befruchtung die Göttin ihren physischen Körper, die Erde, entstehen ließ. Das Hervorbringen von Leben auf der kosmischen Ebene ist dem auf der menschlichen Ebene ähnlich. In die Moleküle der Materie wird durch Schwingungen der spirituellen Energie Leben eingehaucht. Da die Frequenz der Schwingungen unterschiedlich ist, ist es auch die Gestalt, die die Materie annimmt. So hauchte die Göttin den Molekülen der physischen Materie ihren Atem ein und schuf die Gestalt der Welt: die Felsen, die Erde, den Sand, die Edelsteine, nach denen die Menschen heute suchen. Jeder Aspekt des Mineralreiches wurde von ihr geschaffen, dem Sinn ihres Evolutionszyklus zu entsprechen.

Die Göttin schuf den Planeten Erde, um die Energie ihres Wesens auf der physischen Ebene des Sonnenkörpers, dessen Teil sie war, zu verwirklichen. Die Erde sollte ihre Energie auf der physischen Ebene den anderen physischen Aspekten des Sonnenkörpers hinzufügen. Der Planet sollte als Vermittler ihrer Liebe und ihrer Schöpferkraft wirken. Die Energie ihres Wesens ergoß sich daher in alle Aspekte des Mineralreiches. Ihre Weisheit, ihr Bewußtsein manifestieren die vielerlei Aspekte des Mineralreiches, die euch heute bekannt sind und von denen die Menschheit sogar einige noch entdecken muß, da die höheren Elemente ihres Wesens dem menschlichen Auge immer noch verborgen sind. Es sind sogar noch heute gewisse Elemente des Mineralreiches unentdeckt und werden es auch bleiben, bis die Menschheit das Bewußtsein erlangt hat, um verantwortungsvoll mit ihnen umzugehen.

Das Mineralreich ist deshalb unmittelbarer Ausdruck der Schwingungsenergie und Kraft der Göttin. Jedes Element schwingt entsprechend einem ihrer verschiedenen Bewußtseinsaspekte. Über das Mineralreich wachen ihre Diener aus dem Engelreich. In alten Zeiten erfüllten diese Aufgabe jene Wesen, die man Titanen nannte, eine Rasse von Riesen, die die Würde und Macht haben, die Lebensvorgänge auf der Erde zu überwachen und zu überschauen. Die Titanen wußten, daß sie sich auf göttlichem Boden befanden und daß alles, mit dem sie in Berührung kamen, ein Aspekt der Göttin war, der sich um der Evolution des Planeten Erde und um der beiden Reiche, die auf ihr lebten, des Pflanzenreiches und des Tierreiches willen, manifestierten.

Viele Evolutionzyklen lang lebten die drei Reiche in vollkommener Harmonie miteinander. Dann wurde die Menschheit, deren Ursprung in ganz anderen Bereichen lag, auf die Erde geschickt, und die Göttin und ihre Diener, die Titanen, überließen den Menschen, wie ich schon ein andermal sagte, allmählich die Herrschaft. Und wie das Tierreich zu den Menschen, den neuen Göttern, die über die Erde gingen, aufsah, tat es auch das Pflanzen- und das Mineralreich. Den Menschen wurde Macht über die drei anderen Reiche der Materie verliehen, um ihnen in ihrem Evolutionszyklus auf den Weg zur Vergöttlichung zu helfen. So wurde zugelassen, daß das Mineralreich, das doch die Energie und Weisheit der Göttin besaß, durch die Gedankenformen der

Menschen gelenkt wurde. Die Menschheit durfte das Mineralreich nach ihren eigenen Vorstellungen, Gedanken und Wünschen benutzen.

Es ist euch oft vielleicht nicht bewußt, aber die Menschen haben die Elemente der Natur auf sehr subtile Weise unter Kontrolle. Ihr meint vielleicht, daß Erdbewegungen wie Erdbeben, Vulkanausbrüche, Überflutungen und Dürre etwas sind, das die Menschheit nicht unter Kontrolle hat, daß sie den Veränderungen irgendeines der Aspekte des Mineralreiches nur untätig zusehen kann und dann lernen muß, mit ihnen zu leben; das ist aber durchaus nicht so. Heute bezweifelt man, daß die Menschheit für solche Veränderungen verantwortlich sein könnte. Blicken wir jedoch auf die Zeremonien alter Zivilisationen wie der Indianer, der Azteken oder der Ägypter zurück, können wir sehen, daß sie die Beziehung zwischen Menschen und Mineralreich besser verstanden. Sie wußten, daß ein Zusammenwirken, eine Einheit mit diesem Reich, lebensnotwendig war, da man einen gemeinsamen Evolutionszyklus durchmachte. Dieses Ineinanderwirken äußerte sich in ihren Ritualen. Sie erkannten, daß nur dadurch Dürrezeiten, Überschwemmungen, Erdbeben und Vulkanausbrüche, also Verwandlungen der physischen Materie, die Teile der Erde für die menschliche Rasse unbewohnbar machten, zu verhindern waren.

Mir ist deshalb vor allem wichtig, nicht nur euch, sondern allen Menschen verständlich zu machen, daß die Menschheit Einfluß auf das Mineralreich durch ihre Gedankenformen und ihre Verhaltensweisen hat. Die Menschheit kann und muß im Einklang mit dem Mineralreich handeln, wenn sie ihren Evolutionsweg auf dem Planeten Erde fortführen will. Der egoistische Mißbrauch und die Ausbeutung durch die Menschen zerstört diese Einheit. Deshalb kommt auf die Menschen jetzt eine Zeit der planetarischen Transformation zu, in der die Mineralien der Erde in eine andere Schwingung geraten. Wenn die Menschheit das nicht erkennt und verhindert, wird sie untergehen.

Ihr verdankt es dem Mineralreich, daß ihr auf dieser Erde leben könnt. Es verleiht euch die Möglichkeit, euch physisch auszudrücken, von ihm rührt euer physischer Körper her. Es ernährt diesen Körper auch. Ohne seine Energie wärt ihr tot. Die Atome eures Körpers schwingen im Einklang mit dem Mineralreich, sie haben ein gemeinsames Schicksal mit ihm. Die Nahrung, die ihr zu euch nehmt, enthält eine Fülle der mineralischen Elemente, und sie verleihen euch die Energie für eure physische und spirituelle Entwicklung. Es ist ein sehr vereinfachtes Bild, wenn man das

Mineralreich als Lieferant von Energie betrachtet, aber es ist zutreffend. Das Mineralreich strahlt die Energie der Göttin in einem weiten Spektrum aus, damit sie von den Menschen auf der irdischen Ebene genutzt werden kann. Jeder einzelne Aspekt des Mineralreiches vermittelt etwas von ihren Schwingungen zur Vervollkommnung des Ganzen.

Es ist im Grunde ganz natürlich, daß sich die Menschen zu bestimmten Aspekten des Mineralreiches, vor allem zu dem, was ihr die Edelsteine nennt, hingezogen fühlen. Man bezeichnet bestimmte Steine heute als wertvoll, nicht wegen ihrer Eigenschaften, sondern wegen ihres Geldwertes. Früher betrachtete man sie als edel, weil die Priester die Energie kannten, die in ihnen wirksam war. Man sah einen Edelstein als einen Vermittler der Energie der Göttin an, die der Menschheit zugute kam, als eine Quelle der Kraft, an die man sich wenden und die man nutzen konnte. In der alten Zeit fühlte man sich von Edelsteinen beschützt, man benutzte sie als Transportmittel, um Tiere anzulocken, um kosmische Energie aufzunehmen und wegen ihrer Heilkräfte. Edelsteine sind tatsächlich Kanäle für die kosmische Energie. Sie empfangen Energie aus der unendlichen kosmischen Vielfalt und strahlen sie aus.

Wenn man sich zu einem Edelstein hingezogen fühlt, so liegt das an der Energie, die in ihm pulsiert. Die Energie eines Edelsteines kann einem helfen, seinen Schicksalsweg zu gehen, sich mit allen anderen Elementen des Mineralreiches in Einklang zu bringen. Der Edelstein dient dem Individuum dazu, mit der allgemein menschlichen Energie zu verschmelzen. Das bringt den Menschen wie das Mineralreich in ihrer Entwicklung weiter. Es entsteht gemeinsame Evolution. Manche Menschen benutzen Edelsteine als Hilfe bei ihrer spirituellen Arbeit. Die in ihnen gebündelten Energien können sich positiv auf die verschiedensten Tätigkeiten auswirken und die berufliche Arbeit unterstützen. Deshalb hat sich bis heute der alte Brauch erhalten, Ringe mit Edelsteinen zu tragen. Doch man sollte das nur bewußt und mit einer gewissen Ehrfurcht tun. Der Kauf und Verkauf von Edelsteinen zum Zweck der Geldinvestition ist eine Entwertung, eine Degradierung ihres wahren Wesens. Denkt auch daran, daß Edelsteine Energie absorbieren. Sie absorbieren die Gedankenformen aller Dinge und Menschen, mit denen sie in Berührung kommen.

Ihr würdet wahrscheinlich sagen, daß ein Diamant mehr Wert hat als ein Stück Granit. Aber ich weise euch darauf hin, daß ein Stück Granit mehr Weisheit, mehr Kraft, mehr Energie enthalten

*Steine !!!*

*Granit !*

kann als ein Diamant, daß es euch mehr helfen kann. Aber wer würde heute für ein Stück Granit so viel zahlen wie für einen Diamanten? Laßt euch deshalb nicht von dem Wert beeinflussen, den die Menschen den Edelsteinen gegeben haben. Sucht ihren kosmischen Wert. Entwickelt ein intuitives Gefühl für die Steine, die ihr braucht, und dann laßt sie zu euch kommen. Lauft den Steinen, die ihr euch wünscht, nicht nach. Laßt die Ausstrahlung eures Wesens die Steine anziehen, die ihr für eure menschliche Entwicklung braucht. Denkt daran, daß das Göttliche sich durch Menschen offenbart und daß die Steine zu euch kommen werden, die ihr braucht. Wenn ihr euch von den Wünschen eures niedrigeren Selbst, eures Ego, leiten laßt, werdet ihr die Art von Steinen anziehen, die euch dann nicht nur nicht helfen, sondern euch auch in die Irre führen, ja vielleicht sogar vernichten können. Ihr wißt, daß manche Steine als verhext gelten, man sagt, sie hätten eine negative Ausstrahlung. Das gibt es tatsächlich, und jemand, der solche Steine anzieht, wird das zu spüren bekommen. Wenn ihr einen Stein verwünscht und ihn dann einem anderen Menschen gebt, wird diese Energie auf ihn übertragen, und er wird von dieser Gedankenform beeinflußt werden.

Denkt daran, daß die Steine schon lange da waren, bevor sich der Mensch auf der Erde inkarnierte. Sie sind durchdrungen von den Schwingungen von Millionen von Bewußtseinsformen dieses Planeten und aus anderen Bereichen. Sie könnten euch, wenn ihr nur zuhörtet, eine Geschichte der Evolution erzählen, die ganz anders ist als ihr heute glaubt. Sie haben viele, viele Evolutionszyklen erlebt. Sie waren Zeugen des Entstehens und Vergehens vieler Lebensformen. Sie erlebten den Aufstieg und den Niedergang vieler menschlicher Zivilisationen. Wenn ihr einen Baustein berührt, müßt ihr wissen, daß ihr dadurch einen Blick in die Akasha-Chronik der Menschheit tun könnt. In den Mauern des Hauses, in dem ihr jetzt seid, ist die Erinnerung an all jene Menschen gegenwärtig, die je darin lebten. Wenn ihr die Sensibilität habt, diese Steine zu euch sprechen zu lassen, könnt ihr etwas über das Leben erfahren, das sich darin abgespielt hat, seit das Haus erbaut wurde. Ihr könnt etwas lernen aus der Energie, die in sie eingegangen ist, aus allem, was in diesen Mauern geschah.

Wenn ihr ein Stück Granit berührt, berührt ihr das älteste Gestein des Planeten Erde, den heiligsten Stein. Ihr berührt die Quelle der Akasha-Chronik dieser Erde, denn dieser Stein kann euch vom wahren Wesen der Göttin erzählen. Er kann euch von den vergangenen Zyklen berichten und von denen, die kommen werden. Felsen und Steine haben ein Bewußtsein. Sie haben das Bewußtsein der Göttin, und sie bewahren das Bewußtsein jeder einzelnen Form auf, die mit ihnen in Berührung kam. All das ist in sie eingegangen und sie strahlen es aus. Deshalb wird ein Stein, der von jemandem verehrt wurde und auf dem ein Segen liegt, diese Energie, diese Liebe übermitteln, wenn er jemandem anderen geschenkt wird. Ein Stein ist ein Energieträger.

Wie ich schon sagte: Wählt eure Steine sorgfältig aus, sowohl jene, die ihr tragt, als auch jene, die ihr verschenkt. Es ist besser, überhaupt keinen Stein zu haben als den falschen, denn ein falscher Stein kann tatsächlich das Schicksal beeinträchtigen. Es ist kein Zufall, daß es gewöhnlich die Frauen sind, die gerne Edelsteine tragen. Äußerlich könnte es so scheinen, als wollten sie sie nur zum Schmuck tragen, aber das ist nicht so. Der Wunsch der Frau, Edelsteine zu tragen, entspringt ihrer unmittelbaren Verbindung zur Göttin, der Schöpferin des physischen Lebens, des Mutterleibs all dessen, was ist und all dessen, was je auf der Erde sein wird. Die Frau ist schöpferisch wie die Göttin und erkennt deshalb, oft auf einer unbewußten Ebene, die Bedeutung des Steins als eines Energiespenders, als eines Symbols der Reinheit, eines Symbols für Mutter Erde. Natürlich ist die Frau auf einer niedrigeren Ebene als die Göttin schöpferisch, aber sie erfüllt eine ähnliche Funktion. Die Steine, die ihr tragt, wirken sich auch auf das aus, was ihr hervorbringt: eure Kinder.

Vertieft euch in die Steine, die ihr habt, und findet heraus, ob sie wirklich in Harmonie mit eurem Wesen sind. Sucht nach dem Bewußtsein dieser Steine. Versucht mit den Elementargeistern dieser Steine in Verbindung zu gelangen und hört auf sie. Wenn ihr entdeckt, daß ein Stein mit eurem innersten Wesen nicht in Einklang ist, dann trennt euch von ihm, gleichgültig, für wie wertvoll ihr ihn haltet. Auch wenn ihr den wertvollsten Diamant der Welt besäßet – was würde er euch nützen, wenn er nicht in Einklang mit euch wäre und sich deshalb negativ auf euch auswirkte?

Laßt die Anziehungskraft eures Wesens auf das Mineralreich wirken, wie sie auf das Pflanzen- und Tierreich wirkt. Der Stand eurer Seelenentwicklung, eure Bewußtseinsebene, eure Schwingung wird die Steine anziehen, die ihr braucht, um euren Entwicklungsweg zu gehen. Die Steine üben einen großen Einfluß auf die Entwicklung eures spirituellen Bewußtseins, eurer medialen Fähigkeiten, eurer Heilkräfte aus. Sie können mit dem Pflanzenbereich zusammen schöpferisch tätig sein, um das Gemüse und

Getreide, das ihr zieht, zu verbessern. Sie können den Boden fruchtbar machen und aus einer Wüste einen Garten Eden entstehen lassen. Die tatsächlichen Kräfte eines Steines gehen über euer Fassungsvermögen hinaus. Damit hat sich die Menschheit nie befaßt. Im neuen Zeitalter wird die Menschheit von innen heraus zur Erkenntnis und Wertschätzung des wahren Wesens des Mineralreiches, seines Sinnes und Schicksals gelangen. Die Menschheit wird erkennen, daß das Mineralreich schon Millionen Jahre vor ihrem Erscheinen auf der Erde war und seinen eigenen göttlichen Weg gegangen ist. Die Menschheit wird erkennen, daß sie die Ehrfurcht vor seiner Göttlichkeit verloren hat und daß sie lernen muß, mit ihm zusammenzuwirken. Das Mineralreich wird euch großmütig von seiner Kraft zuteil werden lassen. Dafür müßt ihr diese Kraft verantwortlich nutzen, müßt euch in schöpferischem Tun mit ihm verbinden und so euer wahres Wesen erfüllen: göttlich zu sein.

## Fragen und Antworten

FRAGE: Du hast gesagt, daß man Steine zur Fortbewegung und zum Heilen benutzen kann. Haben die Menschen sie schon früher so verwendet?

ZT: In der Vergangenheit haben die Menschen Steine für viele Zwecke benutzt. In einer hochentwickelten Zivilisation wie Atlantis beispielsweise nutzte man ihre Heilkräfte nicht nur, indem man die Steine auf den menschlichen Körper legte, sondern auch indem man das durch sie scheinende Licht auf ihn fallen ließ. Die Atlanter benutzten Steine auch als Energiequelle, um das hervorzubringen, was ihr heute Elektrizität nennt. Sie benutzten Steine zur Fortbewegung auf der physischen Ebene der Erde, aber auch für interplanetare Reisen.

FRAGE: Wie steht es mit der heute so verbreiteten Begeisterung für Kristalle? Ich bin da vorsichtig, nicht weil ich an ihrer Kraft zweifle, sondern weil ich das Gefühl habe, daß wir so wenig über Kristalle und Energien wissen und trotzdem so unbesorgt mit ihnen umgehen.

ZT: Ich gebe dir darin recht, daß manche Menschen heute Kristalle benutzen, wie sie ein Aspirin schlucken. Beides kann gleich giftig sein! Wie bei Medikamenten muß man auch bei Steinen oder Kristallen wissen, was man tut. Es wäre töricht, einem kleinen Kind ein geladenes Gewehr in die Hand zu geben.

Man kann tatsächlich sagen, daß der Kristall, den ein Mensch hat, für einen anderen Gift sein kann. Ein bestimmter Kristall mag für den einen wichtig sein, für den anderen aber nicht. Die Vorstellung, daß ein Kristall oder eine bestimmte Form für alle Menschen universelle Bedeutung hat, ist falsch. Jeder Mensch braucht einen anderen Kristall, eine andere Schwingung, und es ist sicher nicht sehr sinnvoll, ja in manchen Fällen sogar gefährlich, sie in großem Stil zu vermarkten und an Leute zu verschicken.

FRAGE: Die Leute sehen ein, daß es falsch ist, Menschen zu kaufen und zu verkaufen, und sie beginnen sogar zu ahnen, daß man das mit Tieren nicht tun soll, aber niemand scheint einzusehen, daß es ebenso falsch ist, Edelsteine zu kaufen und zu verkaufen.

ZT: Wir sprechen hier nicht in erster Linie vom Kaufen und Verkaufen, sondern von der materialistischen Lebenseinstellung, an der die Menschen heute hängen. Die Menschheit glaubt, sie sei die Quelle allen Lebens, sie habe die physische Materie zu ihrer Verfügung. Deshalb hält sie es für unvorstellbar, daß etwas zu ihr kommt, wenn sie nicht selbst handelt. Daß einem etwas gehören könne, ist eine Illusion, die die Menschen geschaffen haben, um ihre Egozentrik zu befriedigen; in Wirklichkeit besitzen die Menschen nichts, nicht das Geringste. Auch wenn man für etwas bezahlt hat und meint, es gehöre einem, kann es einem augenblicklich von der göttlichen Kraft genommen werden. Elemente der Materie zu besitzen, ist euch nur deshalb erlaubt, damit ihr in eurer Evolution weiterkommt. Ihr zieht bestimmte Dinge an, was mit bestimmten Lektionen, die ihr lernen müßt, verbunden ist, aber ihr könnt durch eure Wünsche auch Dinge anziehen, die ihr nicht braucht, und die wirken sich dann nur als zusätzliche Belastung aus.

Offiziell erkennt ihr heutzutage an, daß Menschen nicht gekauft und verkauft werden dürfen. Aber inoffiziell tut ihr es sogar in der zivilisierten westlichen Welt noch, nur auf subtilere Weise. Es wird nicht offen gehandelt, aber die Gedankenform besteht noch. Ihr wißt alle, wovon ich spreche, wenn ich das sage. Die Menschen leben heute vom Kaufen und Verkaufen. Geld scheint in der westlichen Welt immer noch das Machtmittel schlechthin zu sein. Die reich sind, haben, was sie wollen. Die arm sind, haben es nicht. Doch ich möchte das Gegenteil sagen: Die reich im Geist sind, haben, was sie brauchen, und die arm sind, nicht. Und reich im Geist sein, bedeutet natürlich nicht dasselbe wie materieller

Reichtum. Jeder, der reich ist an Wissen und geistiger Differenziertheit, kann sich all das verschaffen, was er zu seiner Entwicklung braucht. Es ist ein Gesetz des Geistes, daß er nur das anzieht, was ihm notwendig ist; dieses Gesetz von Anziehung und Abstoßung existiert auf jeder Ebene des Kosmos. Und so wird auch der Edelstein, den ihr braucht, zu euch kommen. Ich möchte sogar sagen, daß in neunundneunzig Prozent der Fälle ein Stein, der euch geschenkt wird, fast immer von höherem Wert für euch ist als einer, den ihr euch selbst kauft. Denn der Stein, der euch geschenkt wird, kommt freiwillig als ein Geschenk der Liebe zu euch, während der Kauf wohl nur einem Wunsch entspringt, den ihr selbst geschaffen habt, eine Vorstellung, etwas Bestimmtes zu brauchen. Das Kaufen und Verkaufen wertvoller Steine ist also im Grunde nur eine menschliche Schwäche, wie es das Kaufen und Verkaufen aller anderen Dinge auch ist.

FRAGE: Wie ist es, wenn man Edelsteine als Schmuck trägt?
ZT: Wählt die Steine, die ihr tragt, sehr sorgfältig aus. Meditiert darüber. Findet heraus, ob ihr sie wirklich braucht und ob sie wirklich zu euch gehören. Geld und Wert sollte dabei für euch kein Maßstab sein. Erspürt, ob die Steine, die ihr habt und die ihr tragt, wirklich für euch bestimmt sind. Es kommt hinzu, daß es Jahreszeiten, ja auch bestimmte Tage innerhalb des Monats gibt, in denen ihr einen bestimmten Stein einem anderen vorziehen sollt. Übrigens solltet ihr euch von einem Stein, den ihr über ein Jahr lang nicht getragen habt, trennen.

FRAGE: Ist es falsch, tief in der Erde nach Edelsteinen zu graben? In bestimmten Teilen Australiens beispielsweise werden große Gebiete auf der Suche nach Opalen verwüstet.
ZT: Die Weise, in der Menschen Steine zutage fördern, ist falsch. Mutter Erde gibt der Menschheit die Steine, die sie braucht. Durch die natürliche Verschiebung der Erdschichten werden jene Steine freigelegt, die die Menschen nutzen können. Sie haben das Recht, nach diesen Steinen zu suchen und sie zu benutzen, aber tief in die Erde vorzustoßen, um die verschiedenen Schichten freizulegen, um der Erde gierig zu entreißen, was man gar nicht braucht, schafft Karma mit dem Mineralreich für viele zukünftige Generationen.

FRAGE: Kohle und Erdöl fördern wir auf die gleiche Weise zutage. Ist das auch nicht richtig?

179

*Atom – Energie*

ZT: Kohle und Erdöl sind natürlich Teil des Göttlichen im Mineralreich. Auch sie haben ein Evolutionsmuster. Zufällig sind sie zu diesem Zeitpunkt der menschlichen Entwicklung eine zugängliche Energiequelle, aber die Menschen brauchen diese Minerale nicht. Es gibt andere natürlichere und bessere Energieformen, die ebenso zugänglich sind. Da das spirituelle Wissen der Menschen nicht Schritt gehalten hat mit ihrem materiellen Wissen, konnte es sich nur beschränkt entwickeln, und deshalb wurden viele alternative Energiequellen nicht entdeckt. Doch die Menschheit braucht Kohle und Erdöl zu ihrer Weiterentwicklung, und deshalb hat die Göttin erlaubt, daß diese Energieformen zugunsten der menschlichen Evolution genutzt werden. Die Zeit naht jedoch heran, in der man nicht mehr auf diese Energiequellen zurückgreifen wird, nicht nur deshalb, weil sie zu Ende gehen, sondern auch wegen des Schadens, den sie in der Atmosphäre anrichten. Das werden die Menschen erkennen und dann eine andere Energiequelle entdecken und nutzen.

FRAGE: Das führt zur Atomenergie. Ist es richtig, wenn die Menschen mit ihr experimentieren und sie als Energiequelle nutzen?

ZT: Der gegenwärtige Fortschritt in der Nukleartechnologie ist ein Irrweg. Natürlich kann die Energie, die in den Molekülen der Materie, in der Sonne zu finden ist, angezapft und genutzt werden, aber die Art, in der man das Atom gespalten und diese Energie verwertet hat, hat verheerende Nebenwirkungen nach sich gezogen, verheerend nicht nur für die Menschen, sondern auch für die anderen Reiche der Materie. Es wird sehr bald die Zeit kommen, in der die Menschen ihren Umgang mit der nuklearen Energie und nuklearen Treibstoffen bitter bereuen werden. Diese Entwicklung führt in eine Sackgasse und das wird man auch sehr rasch erkennen.

FRAGE: Was ihr sagt, klingt so, als seien wir Menschen in unserem Umgang mit dem Tierreich, dem Pflanzenreich und dem Mineralreich völlig auf dem Irrweg. Es bekümmert mich sehr, daß ich diese Reiche immerzu ausbeute, selbst wenn ich versuche, mein Bestes zu tun. Ich bin ziemlich verzweifelt darüber, daß es so ungenügend scheint, was ich als einzelner tun kann.

ZT: Vielleicht ist es gut, einen Vergleich anzuwenden. Betrachten wir ein kleines Kind. Es kann in ihm eine hochentwickelte Seele voll Weisheit und Kraft liegen, und doch läuft es im Garten herum und hat die größte Freude daran, den Blumen die Köpfe abzureißen. Sein Handeln hat nichts mit seinem wahren Wesen zu tun. Eines Tages aber wird es erwachsen sein, sein wahres Wesen wird den physischen Körper beherrschen und es wird erkennen, was es tut. Das gleiche gilt für die Menschheit. Damit will ich nicht sagen, daß ihr alle Kinder seid, so ist es natürlich nicht. Manche von euch sind schon zu frühreifen Teenagern herangewachsen.

Im Evolutionsplan der Erde war es vorgesehen, daß die Menschen diese Fehler machen. Sie wurden als notwendige Schritte angesehen. Und deshalb sollt ihr nicht verzweifeln. Wenn Mutter Erde diese Opfer nicht bringen wollte, würde sie es nicht zulassen. Wesentlich ist in der heutigen Zeit, daß jene von euch, die das richtige Bewußtsein haben, ein Beispiel geben und durch ihre Erkenntnis zu einer neuen Beziehung zu diesen Dingen kommen. Natürlich werden sich die Dinge nicht über Nacht ändern, aber selbst eine Änderung in eurer Einstellung und die Erkenntnis, daß alles, was euch umgibt, göttlich ist und Bewußtsein, Sinn und Zweck hat, ist schon ein Anfang. Ich weiß, daß das, was ich sage, keine plötzliche Veränderung bewirken wird. Vielleicht werden in zehn Jahren einige von euch auf das reagieren, was ich heute gesagt habe, und die allmähliche Entfaltung eures spirituellen Wesens wird zum richtigen Verständnis dieser Zusammenhänge führen. Alles was ich tun kann, ist, eurer Seele einen Spiegel vorzuhalten, damit das zum Ausdruck kommen kann, was schon in ihr liegt. Auch die schlichteste Seele kann in Einklang mit der Natur sein, indem sie auf sie hört, kann wissen, wie man mit dem Mineralreich richtig umgeht. Wenn ihr Steine sammelt und damit euren Garten einfaßt, wißt ihr nicht, warum ihr es getan habt, aber ihr habt es getan. Wenn ihr hier eine bestimmte Blume, dort ein bestimmtes Gemüse pflanzt, wißt ihr nicht, warum ihr es getan habt, aber ihr habt es getan. Die Kraft der Göttin fließt durch euch alle hindurch. Mehr Gespür für diese Dinge zu bekommen, ist keine bewußte intellektuelle Übung. Es ist eine Verfeinerung der intuitiven Kräfte, durch die sich die Liebe und Weisheit der Göttin in ihrer Schönheit offenbaren wird.

Die Erde ist da, um euch von allem abzugeben. Ihr wißt im Innersten eures Herzens, wann ihr dieses Vertrauen mißbraucht. Ihr wißt, wenn ihr etwas falsch macht. Kümmert euch nur um euch selbst. Die anderen mögen tun, was sie wollen. Seid für euch selbst verantwortlich, und wenn ihr durch eure Liebe mehr Einsicht schafft, wenn ihr durch eure Energie Dinge wachsen lassen könnt, die bei anderen nicht wachsen, werdet ihr die Welt verändern. Beginnt mit einem Radieschen. Seid nicht so ehrgeizig.

*Diamanten!*

Ein Radieschen, das ohne chemische Düngemittel gewachsen ist, ist mehr wert als ein ganzer falsch gedüngter Kartoffelacker.

FRAGE: Könnt ihr etwas über außerirdisches Gestein sagen, über Steine, die nicht von Mutter Erde stammen?

ZT: Wie es Menschen auf dieser Erde gibt, die nicht menschlicher Herkunft sind, sondern von anderen Planeten stammen, so ist es auch mit den Steinen. Gestein, das auf die Erde kommt, trägt natürlich die Gedankenformen, die Energie und die Schwingungen des Planeten, von dem es stammt, in sich. Solches Gestein wirkt sich auf die Erdenenergie aus und schafft ein bestimmtes Energiemuster, das gut für den Entwicklungszyklus der Erde ist. Ist es nicht seltsam, daß die Wissenschaftler, die damals das Mondgestein untersuchten, nichts Besonderes daran finden konnten? Wie mußten sie enttäuscht sein, daß sie so viel Geld ausgegeben hatten, um so uninteressante Gesteinsbrocken mitzubringen! Natürlich untersuchten sie es auf der falschen Ebene. Sie stellten keine Energiemessungen an. Sie dachten nicht daran, daß es dabei um Bewußtsein ging. Äußerlich mag alles Gestein ähnlich aussehen, aber das ist mit den Menschen genauso. Nur wenn man die subtilen inneren Ebenen betrachtet, bemerkt man die Einzigartigkeit alles Existierenden. In nicht zu ferner Zukunft wird noch viel mehr Gestein auf die Erde kommen.

FRAGE: Viele Menschen tragen heute Diamantringe. Es scheint, als wollten alle Frauen unbedingt einen Diamantring haben. Liegt darin ein spiritueller Sinn?

ZT: Die meisten Menschen kaufen heute Diamanten und tragen Diamantringe, ohne zu wissen, was sie tun. Sie bedenken nicht, woher der Diamant kommt, welche Energien er anzieht und wie diese Energien sich auf sie auswirken werden. Ein Edelstein ist wie ein Radioempfänger, der nicht nur die Energie seiner Göttin, seiner Schöpferin, aufnimmt, sondern auch die Energien und Gedankenformen der Menschen, ob sie nun gut oder böse seien. Wenn ihr einen Edelstein habt, verhext und schenkt ihn jemandem; ihr werdet sehen, wie sich das auf das Leben des Betreffenden auswirken wird!

FRAGE: Gilt das für alle Edelsteine?

ZT: Ja, das gilt für alle Edelsteine und Kristalle, vor allem für jene, die man tief in der Erde findet. Die Menschen sollten nur die Steine benutzen, die in der Nähe der Erdoberfläche zu finden sind.

Ihr müßt wissen, daß die Erdoberfläche nicht so fest ist, wie ihr glaubt. Die Erdkruste bewegt sich andauernd. Die Erdsubstanz, die für ein bestimmtes Zeitalter notwendig ist, wird an die Oberfläche gebracht, und mit ihr auch die für die Evolution der Menschen in dieser Zeit notwendigen Edelsteine, auch wenn dieser Zyklus zehn- oder zwanzigtausend Jahre dauert. So wurde der Kontinent Atlantis für die Atlanter vorbereitet, und als ihr Zeitalter endete, verschwand das Land, und neues Land kam für ein neues Zeitalter an die Oberfläche. So sind das Land, die Erdschichten, die euch zur Verfügung stehen, für euren Bewußtseinsstand, für die Lektionen, die ihr in diesem Zyklus zu lernen habt, genau richtig. Sehr oft rührt ihr an vergangene Zivilisationen, an vergangenes Karma und vergangene Kräfte, mit denen die Menschheit noch nicht umgehen kann, wenn ihr in zu tiefe Erdschichten vorstoßt. Man sollte Edelsteine immer mit großer Behutsamkeit behandeln. Ihre wichtigste Aufgabe besteht darin, kosmische Energie aufzunehmen und einen Ausgleich auf der Erde zu schaffen. Sie sind wie die Steine in einer Uhr. Seid euch also, wenn ihr einen Edelstein an eurer Hand tragt, bewußt, daß ihr dadurch eine bestimmte kosmische Energie aufnehmt, die euch beeinflußt. In alten Zeiten durften nur die Priester und Initiierten bestimmte Steine tragen. Man ging voller Ehrfrucht mit ihnen um und trug sie nur nach einer entsprechenden Zeremonie. Ich möchte euch bitten, eure Edelsteine ebenso zu behandeln.

# Was man durch Geld lernen kann

Ihr lebt in einer Welt, in der das Geld zu einem Gott geworden ist, in der es mehr wert ist als das Leben, eine Welt, in der das Tier-, Pflanzen- und Mineralreich um eines raschen finanziellen Gewinns wegen leichten Herzens geopfert werden, in der die Menschen sogar ihre Gesundheit, ihr individuelles Wohlergehen opfern, um möglichst viel Geld anzuhäufen. Aber was ist das wahre Wesen des Geldes? Warum ist das Geld in der heutigen Welt so wichtig geworden und warum glaubt vor allem die westliche Welt, daß sie ihre Probleme lösen könnte, wenn sie noch mehr Geld hätte? Warum glaubt ihr als einzelne, daß Geld die Antwort auf die meisten eurer Probleme sei? Warum glaubt ihr, euer Leben wäre glücklicher, hättet ihr nur mehr Geld? Warum erhaltet ihr diese Illusionen aufrecht, wenn ihr doch in eurem Innersten wißt, daß es Illusionen sind?

Sehen wir uns das Leben der großen Meister an. Sie inkarnierten sich nicht nur nicht in Machtpositionen, sondern sie hatten während ihres physischen Lebens überhaupt kein Geld nötig. Das ist das Kennzeichen eines wahren Meisters. Denn wenn man diesen Grad von Meisterschaft erreicht hat und die physische Energie beherrscht, braucht man kein Geld. Geld ist deshalb nur ein Ersatz für spirituelle Energie. Das könnte der Prüfstein für jene sein, die sich heute spirituelle Lehrer nennen. Das Kennzeichen eines wahren spirituellen Lehrers ist, daß er kein Geld verlangt für das, was er zu geben hat. Wenn ihr also jemandem begegnet, der euch seine spirituellen Gaben nur gegen Geld zuteil werden läßt, könnt ihr daran erkennen, daß er hier noch eine Schwäche hat, daß es ihm hier noch an Einsicht fehlt. Die wirklich großen Meister wie Jesus und der Buddha verlangten für ihre Dienste niemals Geld, da sie es nicht brauchten. Sie kannten die Gesetze der Manifestation und konnten sich alles beschaffen, was sie für ihren Schicksalsweg brauchten. Das ist eigentlich auch euch zugedacht.

Geld ist eine spirituelle Energie, und deshalb müßt ihr mit ihm umgehen lernen, wenn ihr euch auf der physischen Lebensebene inkarniert. Durch Geld kann man etwas lernen. Es ist eine Herausforderung, der ihr euch stellen und die ihr meistern müßt. Erkennt

184

es als eine notwendige Prüfung, die euch euer Schöpfer auferlegt. Was ihr dadurch lernen sollt, ist ganz einfach. Ihr sollt es beherrschen, nicht euch von ihm beherrschen lassen. Wie könnt ihr verstehen lernen, was Geld eigentlich bedeutet? Einfach indem ihr erkennt, daß es die Form, nicht die Wirklichkeit ist. Geld ist nur die Form einer Energie. Ein Beispiel dafür ist eure eigene physische Existenz. Ihr seht eure Gestalt, aber ihr seht auch, daß hinter dieser äußeren Form spirituelle Energie steht. Diese Energie war auch schon vor der Geburt da und lebte nach dem Tod weiter. Sie schuf den physischen Körper, in dem ihr jetzt seid. Energie manifestiert sich in äußerer Form, sie ist immer schon vor der Form da. Weil ihr auf der physischen Ebene der Erde lebt, ist euch die Erscheinungsform natürlich wichtig. Eine der wichtigsten Lektionen, die ihr lernen müßt, ist, mit den Erscheinungsformen umzugehen, sie in ihren vielerlei Aspekten zu beherrschen, und um eine Erscheinungsform zu verstehen, muß man immer zur Energie zurückgehen.

Das Wesen des Geldes ist Energie. Wenn ihr Geld benutzt, geht ihr mit Energie um, wenn nicht mit eurer eigenen, dann mit der eines anderen, denn jemand hat zu irgendeiner Zeit dazu beigetragen, auch durch seine spirituelle Energie dieses Geld zu schaffen, diese Energie zu schaffen. Wenn Geld also spirituelle Energie ist, könnt ihr erkennen, daß euer Umgang damit von großer karmischer Bedeutung ist, da ihr letztlich mit der Energie eures Schöpfers umgeht. Zuviel Geld zu haben, ist fast das gleiche wie zu wenig zu haben. Beides wird sich negativ auf euer Schicksal auswirken. Kann man nicht mit Recht behaupten, daß ein Geizhals, der seine viele Engerie nicht mit anderen teilt, genauso schlecht dran ist wie jemand, der zu wenig Energie hat und der nicht erkannt hat, daß Geld eine spirituelle Energie ist und als solche ganz einfach dadurch manifestiert werden kann, daß man den Schöpfer bittet, einem das zu geben, was man braucht. Wesentlich im Umgang mit dem Geld in eurer heutigen Welt ist, wie bei allem, das Gleichgewicht.

Es gibt heute vor allem unter den jungen Leuten in der westlichen Welt die Tendenz, sich den Prüfungen des physischen Lebens zu entziehen. Da sie gesehen haben, daß aus dem Mißbrauch von Geld sehr viel Schlechtes entsteht, sagen sie, sie wollen mit Geld gar nichts zu tun haben und vollständig ohne alles Geld leben. Das ist nur möglich, wenn sie Meister sind, wenn sie alles manifestieren können, was sie für ihr irdisches Leben brauchen, aber dazu sind leider nur wenige von ihnen fähig. Jeder muß sich mit dem Problem des Geldes auseinandersetzen und muß lernen, sowohl auf der Ebene der Form wie auf der der Energie richtig mit Geld umzugehen. Ihr müßt richtig damit umgehen lernen in Beziehung zu euren Mitmenschen, zu eurer Regierung, eurem Land, zur Welt, denn das Geld gehört der ganzen Welt; und wenn ihr zuviel davon habt, wie das heute in der westlichen Welt der Fall ist, dann haben andere Teile der Welt zu wenig, weil die Menschheit nur ein gewisses Maß an Energie schaffen und manifestieren kann. Für den Evolutionsprozeß ist nur ein bestimmter Energievorrat vorhanden. Die Basis eines jeden Austausches von Geld ist Gleichgewicht, ist ein Ausgleich zwischen Geben und Nehmen. Es gab natürlich Zivilisationen, in denen man kein Geld hatte und in denen Tauschhandel ganz alltäglich war. Auch andere Formen von Energieaustausch wurden praktiziert, vor allem von Menschen, die mehr Gemeinschaftssinn hatten als ihr. Es ist bekannt, daß Druiden Geld verliehen und eine Rückzahlung erst im nächsten Leben erwarteten, so fest glaubten sie an Reinkarnation! Das Grundprinzip beim Tauschhandel wie beim Geldaustausch ist es, nach einem Gleichgewicht im Energiefluß zu streben. Man muß soviel geben wie man bekommt. Das ist das göttliche Gesetz. Wenn man spirituelle Energie für sich selbst manifestiert, muß man ebensoviel von der eigenen Energie zurückgeben. Wird dieser Ausgleich nicht geschaffen, entsteht dadurch Karma.

Viele Menschen schaffen sich heute Reichtum auf Kosten ihrer Mitmenschen oder der drei anderen Reiche der Materie. In vielen Ländern sehe ich eure weniger entwickelten Brüder und Schwestern zu Sklaven degradiert, ich sehe, wie eine Jahrtausende alte Entwicklung des Mineral- und Pflanzenreiches für einen scheinbar raschen finanziellen Gewinn geopfert wird. Die Menschen müssen erkennen, daß sie der Erde so viel Energie zurückgeben müssen, wie sie ihr nehmen, um sie im Gleichgewicht zu halten. Was die Menschheit der Göttin nimmt, muß mit Liebe, schöpferischer Energie und Verehrung zu ihr zurückkehren, und das, was man genommen hat, muß unter allen Menschen gerecht aufgeteilt werden, denn ihr könnt spirituelle Energie nicht für euch in Anspruch nehmen, sondern sie nur benutzen, um euren Evolutionszyklus zu vollenden.

In der Gesellschaft, in der ihr heute lebt, braucht ihr Geld zum Leben. Das zeigt, welcher Art eure Zivilisation ist. Viele von euch erkennen die Grenzen solch eines Systems. Manche von euch versuchen es zu verändern, indem sie, inspiriert durch ihr Bewußtsein, richtig handeln und ein richtiges Vorbild sind. Andere weigern sich einfach, das mitzumachen. Aber dennoch müßt ihr, wie der Nazarener sagte, »dem Kaiser geben, was des Kaisers ist«. Die Regierung eures Landes und die Regierungen der Welt fordern diesen Teil eurer Energie in Form von Geld, damit ihr dadurch etwas zum Ganzen beitragt. Das ist die Basis des Steuersystems. Durch den Austausch von Geld wird weltweiter Handel möglich. Wenn man helfen will, tut man es meistens durch Geldgeschenke oder Kredite. Das zeigt, welchen Bewußtseinsstand die Menschheit in dieser Zeit hat. Es ist der falsche Weg. Ich habe schon einmal über die finanziellen Aspekte der heute gepflegten Wohltätigkeit gesprochen und betont, daß das Geld meistens aus einer vollkommen falschen Motivation hergegeben wird. Ich wiederhole noch einmal, daß man mit Geld keinen guten Zweck erreichen kann, wenn man es nicht aus dem richtigen Motiv heraus hergibt und die Energie nicht positiv gelenkt wird. Aus negativer Energie gewonnenes Geld ist wertlos. Wenn Menschen beispielsweise durch den Verkauf von Drogen oder durch den Mißbrauch anderer Reiche der Materie Gewinne machen, belasten sie ihr Leben schwer, auch wenn sie äußerlich beneidenswert reich erscheinen, denn sie häufen eine ungute Energie an, die sich letztlich nur unheilvoll für sie auswirken wird.

Wenn ihr Geld verdient, seid euch immer der Motivation bewußt, aus der heraus ihr das tut. Erkennt euch selbst als geistige Wesen. Erkennt, daß die euch so vertraute Erscheinungsform nur ein Ausdruck dieses Geistes ist. Erkennt, daß Geld spirituelle Energie ist. Es ist nicht falsch, Geld zu haben. Es ist nicht schlecht, Geld zu verdienen. Es ist sogar oft das Schicksal bestimmter Menschen, große Summen Geldes zu erwerben. Meist sind es jüngere Seelen, die durch Reichtum eine bestimmte Lektion zu lernen haben. Erkennt, daß Reichtum immer etwas Schicksalhaftes ist und einem nie zufällig zuteil wird. Es hat immer einen Grund, wenn Menschen Reichtümer anhäufen, und manchmal müssen nicht sie die damit verbundene Prüfung bestehen, sondern ihre Kinder oder Enkel.

Wenn ihr das Leben von Menschen betrachtet, die durch einen Lotteriegewinn oder Glücksspiele plötzlich zu großen Geldsummen kommen, habt ihr ein anschauliches Beispiel dafür, was für Probleme mit Reichtum verbunden sind. Denn solche Menschen bekommen nicht durch Zufall so viel Geld. Das Schicksal will, daß sie etwas Bestimmtes dadurch lernen. Manchmal wird ihr Leben durch so viel Geld zerstört. Wenn sie auch eine Zeitlang glücklich und frei von Problemen zu sein scheinen, geraten sie bald in größte Schwierigkeiten, weil es ihnen an der notwendigen Erkenntnis mangelt. Reichtum ist eine schwierige Lektion, und alle von euch, die verhältnismäßig wenig Geld haben, sollten dem Herrn danken, daß es in dieser Inkarnation nicht ihr Schicksal ist, reich zu sein, denn die Verantwortung für große Summen von Geld ist sehr schwer zu tragen. Das ist der Sinn des biblischen Berichts von der Versuchung des Meisters Jesus, als er vierzig Tage in der Wüste war und der Teufel versprach, ihm Macht zu verleihen, wenn er ihn anbeten würde. Geld ist die größte Versuchung: die Energie des Schöpfers zu benutzen, um physische Macht auszuüben.

Geht deshalb mit dem Geld, mit der spirituellen Energie, die euch euer Schöpfer gegeben hat, weise um. Erkennt, daß das Geld, das ihr bekommt, das Geld ist, das ihr manifestiert habt. Wenn ihr glaubt, mehr Geld zu brauchen, dann geht in euch und meditiert und prüft, ob eure Bedürfnisse real sind. Sind sie es, dann könnt ihr das notwendige Geld in aller Aufrichtigkeit manifestieren, indem ihr sagt, was ihr braucht und euren Schöpfer bittet, es euch zu geben. Das Geld wird zu euch kommen, vielleicht nicht auf die Weise, wie ihr euch das wünscht, vielleicht nicht in der Form, in der ihr es erwartet, aber eure Bedürfnisse werden erfüllt werden. Denkt daran, daß Gott eure Bedürfnisse erfüllt, nicht Menschen, auch wenn sich Gott durch Menschen offenbart. Durch Anrufung der Gottheit entsteht ein Ausgleich im physischen Bereich.

Betrachtet Geld als Prüfung. Jedesmal wenn ihr damit umgeht, segnet und verwandelt es, denn alles Schlechte, was ihm anhaftet, kann durch die richtig motivierte Energie verwandelt werden. Jeder Geldschein, den ihr segnet, jeder Geldschein, den ihr mit dem Kreuz zeichnet und mit eurer Liebe weitergebt, ist ein Bote eures Schöpfers. Das ist eine eurer Lebensaufgaben: die Energie des Geldes zu verwandeln. Geld ist nichts Schlechtes. Schlecht ist, wie die Menschheit damit umgeht. Wenn die Menschheit das Geld höher achtet als ihren Gott, wenn sie es höher achtet als die anderen drei Reiche der Materie, dann könnt ihr sicher sein, daß das verheerende Folgen hat, denn euer Schöpfer sieht nicht lange zu, wenn die Menschheit den Mammon anbetet.

# Fragen und Antworten

FRAGE: Worüber ich mir nie klar war, ist die Frage der Bezahlung für spirituelle Gaben, z. B. Heilen oder mediale Tätigkeit. Ist es richtig, dafür Geld zu verlangen, und wie kann man entscheiden, wann man das tun soll und wann nicht?

ZT: Ich glaube, es wurde sehr deutlich gesagt, daß es ein wesentlicher Lernschritt im Leben ist, den Ausgleich zwischen dem, was ihr Spiritualität nennt, und Geld zu schaffen, wenn man noch kein Meister ist und jenen Grad der Meisterschaft erlangt hat, indem man alle physischen Bedürfnisse manifestieren kann. Es wird immer Leute geben, die glauben, sie müßten für ihre spirituellen Dienste Geld verlangen; dieser Standpunkt spiegelt oft einfach ihren Entwicklungsstand wider. Es ist ihre Lektion, mit diesem Problem umgehen zu lernen, und man sollte sie dafür nicht kritisieren. Ihr müßt aber auch sehen, daß es für einen charismatischen spirituellen Lehrer heutzutage sehr einfach ist, viel Geld zu verdienen, und ihr könnt leicht verleitet werden, Geld mit Erfolg gleichzusetzen. Man könnte also etwas dadurch lernen, daß man nur einen kleinen Betrag verlangt, vielleicht gerade nur soviel, daß man die eigenen Kosten decken kann. Ihr seid alle auf einem unterschiedlichen Entwicklungsstand und müßt unterschiedliche Lektionen im Umgang mit Geld lernen.

FRAGE: Ich kenne Gruppen, die ziemlich viel Geld für ihre spirituelle Arbeit verlangen und anscheinend gedeihen und viel Erfolg haben. Kann man sagen, daß das falsch ist?

ZT: Es steht mir nicht zu zu sagen, was richtig und falsch ist. Ihr müßt selbst entscheiden aufgrund eurer eigenen Erkenntnisse, aufgrund der Lehren, die euch erteilt wurden und des Vorbilds der großen Meister. Ihr wißt beispielsweise, daß Jesus oder Buddha kein Geld verlangen mußten. Sie konnten ganz nach Belieben physische Formen manifestieren. Wenn sie beispielsweise einen Wagen gewollt hätten, hätten sie ihn in Sekundenschnelle »herbeizaubern« können. Das lag in ihrer Macht. Wenn sie Geld gebraucht hätten, wäre es kein Problem für sie gewesen, sofort welches in Händen zu haben. Aber die meisten Menschen auf der Erde sind noch auf dem Weg zur Meisterschaft und müssen noch viel lernen, wobei einer der Lernschritte darin besteht, mit Geld richtig umzugehen. Geld ist eine große Versuchung, da so viel Macht darin liegt. Deshalb mußte auch der Meister Jesus in Versuchung geführt werden. Wenn man eine große Seele ist, hat man eine sehr starke Anziehungskraft, durch die es einem relativ leicht fällt, die Herzen einfacher Menschen zu berühren und sie nicht nur zu inspirieren, sondern ihnen auch Geld zu entlocken. Das ist eine der größten Prüfungen. Jeder muß auf seiner Ebene das tun, was er für richtig hält. Man kann umsonst arbeiten oder etwas dafür verlangen. Man kann einen angemessenen Betrag verlangen oder viel Geld herausschlagen. Jeder einzelne muß das seinem Bewußtseinsstand entsprechend für sich entscheiden.

FRAGE: Ist es wahr, daß spirituelle Lehrer etwas von ihrer Kraft verlieren, wenn sie Geld verlangen?

ZT: Man kann nicht verlieren, was einem zu Recht gehört, was man in vielen Leben gewonnen hat. Viele Lehrer behaupten natürlich, gewisse mystische Kräfte zu haben, die sie nicht wirklich haben, und zehren im Grunde von der Kraft ihrer Anhänger. Wenn die Menschen diese Illusion erkennen, verlieren sie ihre Macht. Die Macht eines wahren Meisters wie des Meisters Jesus geht über eure Vorstellungskraft hinaus. Die Macht, eine ganze Zivilisation durch ein einziges magisches Wort zu zerstören, kann nicht in die Hand von Initianden gelegt werden. Solch eine Macht wird nur nach Tausenden von Leben verliehen, in denen man sich im Feuer der Erde bewährt hat.

Laßt mich das am Beispiel eines Bäckers verdeutlichen. Wenn euer Bäcker ein großer Meister wäre, würde er jeden Morgen sein Brot backen, indem er alle Zutaten manifestiert, indem er es gleichsam mit seiner Liebe und Kraft auflädt und es dann umsonst an all die verteilt, die es haben wollen. Seine Kunden würden den größten Nutzen aus diesem wunderbaren Brot ziehen. Wenn aber nun kein göttlicher Bäcker da ist, kann man dann nicht froh sein, wenn es wenigstens einen normalen Bäcker gibt, der sein Brot bäckt, so gut er kann, und dann etwas dafür verlangt? Wenigstens bekommen die Leute auf diese Weise Brot. Natürlich würdet ihr alle lieber zu so einem göttlichen Bäcker gehen, aber das ist nicht immer möglich.

FRAGE: Um in diesem Bild zu bleiben, würde ein göttlicher Bäcker nicht auch ein Stadium erleben, in dem er für sein Brot und seine Dienste Geld verlangen müßte?

ZT: Bevor man ein göttlicher Bäcker wird, muß man viele Leben lang ein normaler Bäcker gewesen sein. Man muß das physische Leben kennenlernen und dadurch Wissen und Weisheit sammeln. Meister wie Jesus haben viele Evolutionszyklen erlebt, um ihren Bewußtseinsstand zu erlangen und aus der reinsten Motivation heraus mit der Materie spirituell und richtig umzugehen.

FRAGE: Jemand entschließt sich, Heiler zu werden. Er gibt seine normale Arbeit auf und sagt: »Jetzt bin ich Heiler und muß dafür Geld verlangen, denn ich habe keine andere Möglichkeit, meinen Lebensunterhalt zu verdienen.« Wäre es für den Betreffenden nicht besser, seine Arbeit zu machen und in der Freizeit als Heiler zu wirken, um für diese Tätigkeit kein Geld verlangen zu müssen? ZT: Wir müssen alle einmal anfangen. Natürlich werden wir Fehler machen auf dem Weg zur Meisterschaft. Es ist immerhin schon etwas, wenn man dienen will, wenn man heilen will, selbst wenn man dafür Geld verlangt. Es stünde besser um die heutige Welt, wenn mehr Menschen versuchen würden, einander zu helfen und zu dienen.

FRAGE: Die meisten Menschen haben heute vor allem das Problem, genug Geld für den Lebensunterhalt zu verdienen. Es scheint mir nicht falsch, wenn jemand, der die Gabe zu heilen hat, dafür ebenso Geld verlangt wie jemand, der ein fähiger Schreiner ist oder irgendeine andere Begabung hat. Wenn ich eine feste Stelle annehmen müßte, um meine Heiltätigkeit ausüben zu können, hätte ich nur ein paar Stunden Zeit dafür, während ich mich jetzt den ganzen Tag damit beschäftigen kann, weil ich etwas dafür verlange. ZT: Wenn wir das Ideal betrachten, nach dem wir alle streben, die Meisterschaft über Energie und Form zu bekommen, dann muß man, auch wenn man aus noch so edlen Beweggründen dienen möchte, einsehen, daß man seine Möglichkeiten, sein Wachstum beschränkt, indem man Geld verlangt für die Heilkraft, die durch einen hindurchfließt, denn diese Energie wird einem umsonst geschenkt. Ihr heilt dank einer göttlichen Kraft, die von euch nichts dafür verlangt, daß ihr diese Energie nutzt. Auch wenn man also die edelsten Motive hat, tut man im Grunde doch nichts anders, als Geld zu verlangen für eine Kraft, die einem umsonst zuteil wurde. Ihr sollt diese Energie freiwillig übermitteln und allen Menschen etwas davon abgeben, ohne dabei an Gewinn zu denken. Betrachtet das Beispiel der Natur und seht, wie die drei anderen Reiche der Materie der Natur der Menschheit alles umsonst schenken. Betrachtet das Beispiel der großen Meister, die sich nie bezahlen ließen, da sie sahen, daß das ihre Kräfte beschränken würde. Leider schränkt ihr das ein, was ihr für Geld hergebt, euer Schöpfer aber schenkt uneingeschränkt.

FRAGE: Geht es also darum, einen Ausgleich zu finden zwischen dem Bewußtsein, das man hat und dem Dienst, den man für andere leisten kann?

ZT: Ja, so kann man es sagen.

FRAGE: Es ist aber doch eine Tatsache, daß viele Menschen für etwas bezahlen müssen, bevor sie es wirklich für wertvoll halten, gleichgültig ob es um einen Lernprozeß oder um ein materielles Objekt geht.

ZT: Dieser Meinung bin ich nicht. Ich glaube, wie ich schon sagte, daß etwas so viel Wert für einen hat, wieviel man dafür bezahlt hat. Wenn man tausend Mark für einen Ring bezahlt, dann ist das der Wert, den der Ring für einen hat. Wenn einem aber jemand aus Liebe einen Ring schenkt, dann ist der Ring nicht nach Geld zu bewerten. Man würde ihn auch für eine Summe, die das Hundertfache seines Wertes ist, nicht hergeben. Er ist nicht bezahlbar und nicht begrenzbar. Und die Freude, die einem dieser Ring schenkt, geht weit über jeden materiellen Wert hinaus, weil sie einen Fluß kosmischer Energie darstellt. Ihr begrenzt die kosmische Energie, indem ihr materielle Dinge bewertet. Natürlich sehe ich ein, daß ihr Preise und Wertfestsetzungen braucht, um handeln zu können, aber dieser Vorgang läßt sich nicht auf das Erwerben von kosmischem Bewußtsein übertragen. Ihr könnt keine Erleuchtung erlangen, indem ihr viel Geld bezahlt. Die Verbindung zu eurem Schöpfer, der Quelle allen Bewußtseins, liegt in euch selbst, und es gibt keine Einschränkungen für diese Bewußtseinsmöglichkeiten, außer jene, die ihr euch selbst auferlegt.

FRAGE: Ihr sprecht von jungen und alten Seelen. Was ist damit gemeint?

ZT: Zur Zeit sind auf der Erde Menschen von sehr verschiedenartiger Seelenentwicklung, die von einem einfachen mongoloiden Kind, das sich zum ersten Mal auf der Erde inkarniert, bis zu einem Meister, wie du ihm folgst, Sai Baba, reicht. Zwischen diesen beiden Extremen liegen Millionen von Bewußtseinsmöglichkeiten innerhalb der Seelenevolution. Von jungen oder alten Seelen zu sprechen ist tatsächlich irreführend, aber ich benutze diesen Ausdruck, um zwischen der Seelenevolution und der Art von Lektionen zu unterscheiden, die ein mongoloides Kind oder ein Sai Baba hier zu lernen haben. Beide manifestieren verschiedene Aspekte des Bewußtseins und der Welt auf verschiedene Weise. Ich werte also nicht, wenn ich von jung oder alt spreche, sondern möchte damit nur den Unterschied zwischen dem, was von einer entwickelten Seele und dem, was von einer unentwickelten Seele verlangt wird, ausdrücken. Wir Wesen aus den spirituellen Hierarchien sprechen zu hoch entwickelten Seelen, weil wir wollen, daß sie die große Weisheit, die sie in ihrem Innersten besitzen, zum Ausdruck bringen und für alle sichtbar auf der Erde manifestieren. Zuletzt möchte ich euch noch einen Gedanken mitgeben. Man sagt bei euch: »Was im Leben zählt, bekommt man nicht für Geld« und »Das letzte Hemd hat keine Taschen«. Beide Redensarten drücken ganz einfache Tatsachen aus. Warum will die Menschheit sie nicht wahrhaben? Vielleicht solltet ihr einmal darüber nachdenken, was ihr wirklich mitnehmt, wenn ihr einmal geht!

# Kinder und die Zukunft der Schöpfung

In eurer Welt leben die Menschen selten im Augenblick. Meistens lebt die Menschheit in ihren Träumen, ihren Wünschen, ihren Erinnerungen, sie hängt der Vergangenheit nach oder denkt an die Zukunft – noch öfter an die Zukunft, da in ihr noch mehr Illusionen als in der Vergangenheit liegen. In dieser Zeit der Disharmonie und des Ungleichgewichts in der Welt, in der die Menschheit auf ihrem apokalyptischen Weg fortschreitet, ist es verständlich, warum sie so handelt, denn wie könnte man sich besser der gegenwärtigen Realität entziehen als durch einen Blick in die Vergangenheit oder in die Zukunft.

Die Menschen haben noch nicht erkannt, wie dadurch, daß sie der Gegenwart ausweichen und sich der Verantwortung für den Augenblick entziehen, der Grund für ihre eigene Zerstörung gelegt wird. Sie haben nicht erkannt, daß die Zukunft dieses Planeten in den Händen der Kinder von heute liegt. Nur wenn man seine Kinder richtig erzieht, bildet und behütet und ihnen die richtige Umgebung schafft, tut man etwas für eine ausgeglichene und harmonische Zukunft. Denn wenn die Menschheit die Bedürfnisse ihrer Kinder mißachtet, wenn sie sie hintanstellt und nur an sich selbst denkt, wenn sie ihre Energie darauf verwendet, finanziellen oder materiellen Wohlstand für sich selbst zu erlangen, um ihre physischen Gelüste zu erfüllen, ignoriert sie damit die Realität des Lebens. Denn ohne ausgeglichene Kinder gibt es keine Zukunft, keine Welt, keinen evolutionären Lebensstrom.

Kinder sind der Ursprung der Schöpfung. Sie sind die Geburt der Schöpfung selbst, der göttliche Atem. Sie sind das Geschenk unseres Schöpfers, das Versprechen unseres Schöpfers, das Leben und den Evolutionszyklus dieses Planeten zu tragen. Ohne Kinder gibt es kein Leben, keinen Sinn. Deshalb sind sie die höchsten Wesen der menschlichen Spezies. Kinder *sind* wichtiger als Erwachsene, denn sie bestimmen die evolutionäre Zukunft der Erde. Deshalb ist es von größter Wichtigkeit, daß die Kinder von heute sich ihrer Verantwortung bewußt werden, daß sie erfahren, welches göttliche Erbe ihnen zuteil wurde und welchen Weg die Welt jetzt geht.

Über die Erziehung der Kinder habe ich schon einmal gesprochen und ich möchte mich nicht wiederholen. Natürlich ist die Erziehung eines Kindes der wichtigste Aspekt der Elternschaft. Die Erziehung umfaßt zwei Bereiche: Sie muß den Verstand und die Intuition schulen. Ihr lebt in einer Welt, die vom Intellekt geprägt ist und die den Intellekt für das Höchste hält, aber die Intuition ignoriert. Die meisten Kinder bringen das zum Ausdruck. Aber die Kinder des neuen Zeitalters müssen ihre Intuition ebenso entwickeln lernen wie ihren Intellekt. Natürlich müßt ihr versuchen, den Verstand der Kinder zu disziplinieren und zu schulen, damit sie sich der physischen Realität aller von den Menschen geschaffenen Dinge bewußt werden. Aber diese Seite muß im Gleichgewicht sein mit der Ausbildung ihrer intuitiven Kräfte, durch die sie die Inspirationen aus den höheren Ebenen aufnehmen und am Energiestrom des menschlichen Bewußtseins teilhaben können. Deshalb muß den Kindern eine ausgeglichene Erziehung zuteil werden. Wie sollen sie ausgeglichene Erwachsene werden, wenn sie nicht so erzogen werden, wie sollen dann die Menschheitsprobleme in der Zukunft gelöst werden?

Daß ihr heute hier sitzen könnt, verdankt ihr dem Opfer eurer Eltern. Auch ihr wart einmal Kinder, so wie es eure Kinder heute sind. Erkennt, daß ihr das Bewußtsein, das ihr heute habt, auch schon als Kind hattet. Euer Bewußtsein hat sich in den Jahren, in denen ihr auf der Erde lebt, wenig entwickelt. In jedem Kind ist ein Erwachsener. Ein Kind hat ein reifes Bewußtsein, auch wenn es in seiner physischen Erscheinungsform noch unreif ist. Wenn sich die Seele im Alter von zwölf Jahren ganz im Körper inkarniert hat, hat das Kind schon das Bewußtsein und die spirituelle Lebenserkenntnis, die ihr noch heute als Erwachsene habt. Natürlich muß dieses Bewußtsein noch durch die intuitiven Kanäle manifestiert werden, aber es ist schon da. Das Kind ist ebenso weise wie der Erwachsene. Das Kind kennt das Schicksal der Welt, und es hat mehr Einsicht als ihr, denn eure Einsicht ist auf euer Leben beschränkt. Ihr habt euch auf der Erde mit den Gaben inkarniert, die ihr für euer Leben, für euer Schicksal braucht. Ihr wißt wenig oder gar nichts vom Schicksal der Erde nach eurem Tod. Aber eure Kinder wissen davon. Deshalb bringen sie schon das Rüstzeug für eine andere Welt, für ein anderes Schicksal mit. Deshalb würde es bedeuten, eure Kinder einzuschränken und ihnen den Sinn ihres Lebens zu nehmen, der darin besteht, die Menschheit zu verändern und der Same des neuen Menschen zu sein, wenn ihr eure Kinder eurem Lebensstil anpaßt und durch euren Bewußtseinsstand einschränkt.

Eure Kinder müssen frei sein. Man muß sie sich entwickeln lassen, wie sie wollen und vielfältige Erfahrungen machen lassen, denn je mehr sie erleben, desto tiefer werden sie das Leben verstehen. Alles, was die Eltern zu tun haben, ist, Hüter dieser Seele zu sein, den physischen Körper zu schaffen, zu nähren, während das Kind heranwächst, und es über die physischen Gegebenheiten auf dem Planeten Erde zu belehren, damit es die Welt, in der es lebt, verstehen kann; dann muß man es in die Freiheit entlassen, damit es werden kann, was es nach dem Wunsch seines Schöpfers werden sollte: ein einzigartiger Aspekt des Universums. Das größte Verbrechen, das jemand begehen kann, besteht darin, das Bewußtsein eines Kindes einzuschränken, ihm die elterliche Disziplin, die Disziplin der Gesellschaft, der Religion, der Erde aufzuerlegen. Das bedeutet natürlich nicht, daß ein Kind keinerlei Disziplin bräuchte. Natürlich braucht es sie, aber es soll dadurch nicht eingeschränkt, sondern in seinen Möglichkeiten erweitert werden. Disziplin bedeutet Verantwortung. Selbstdisziplin ist Selbstverantwortung. Ihr erzieht ein Kind, damit es zunächst für seinen Körper verantwortlich ist, dann für sein Gemüt und schließlich für seinen Geist, daß es diese göttliche Verantwortung anzunehmen lernt und dann immer eigenständiger damit umgehen kann.

Bedenkt, daß das Kind euch als Eltern gewählt hat. Vielleicht geschah das schon, bevor ihr euch selbst auf der Erde inkarniert habt. Das ist fast immer so, wenn es um hochentwickelte Seelen geht. Sie haben ihren Ehepartner schon gewählt, bevor sie sich auf der Erde inkarnierten und sich dadurch bereiterklärt, Wegbereiter für wichtige Seelen zu sein, die durch sie auf die Erde kommen und den göttlichen Plan erfüllen können. Aber selbst wenn das nicht der Fall ist, wenn keine Empfängnis vorgesehen war, wenn das Kind aus Lust oder zur persönlichen Befriedigung gezeugt wurde, hat es dennoch seine Eltern als irdische Beschützer ausgewählt. Das ist die Verantwortung der Elternschaft. Ihr seid die Hüter dieses göttlichen Geistfunkens, bis aus dem Kind ein selbstverantwortlicher Mensch geworden ist.

Ein Kind wählt sich seine Eltern sowohl wegen seiner Seelenschwingung als auch wegen der physischen Eigenschaften, die sie auf der irdischen Ebene manifestiert haben. Es nimmt sich aus dem Körper der Eltern, aus ihrer Erbmasse, wie ihr sagen würdet, die genetische Information, um daraus den physischen Körper zu schaffen, den es für sein Leben auf der Erde braucht. Zunächst inkarniert sich nur ein kleiner Teil des Geistes in diesem Körper, aber im Lauf des ersten Evolutionszyklus von zehn Jahren nimmt der geistige Seeleninhalt immer mehr zu, bis er vollständig im Körper inkarniert ist. Wenn der erste Zyklus beendet ist, dann ist das Kind erst richtig auf der irdischen Ebene angekommen. Es hat sich auf einer höheren Ebene dazu entschlossen, sein Schicksal hier zu erfüllen. Wenn ein Kind vor seinem zwölften Lebensjahr stirbt, geschieht das oft, weil der Geist die Bedingungen, die für ihn notwendig sind, nicht angetroffen hat und sich deshalb zurückzieht. Nach dem zwölften Lebensjahr hat das Kind die Fähigkeiten und geistigen Eigenschaften eines Erwachsenen. Ein Kind kann spirituell sogar reifer sein als ein sechzigjähriger Mensch, wenn seine Seelenerkenntnis, sein Seelenbewußtsein größer sind. Auch wenn man es nicht sehen kann, ist dieses Bewußtsein vorhanden. Es manifestiert sich vielleicht noch nicht im alltäglichen Leben, weil es noch nicht genügend gefordert worden ist. Deshalb ist eine primäre Funktion der Eltern, das Kind zu fordern, ihm zu helfen, daß sein Bewußtsein, sein Seelenwissen und seine Weisheit zutage treten können, es zu ermutigen, diese Eigenschaften in der physischen Wirklichkeit zu manifestieren.

Jenes Kind entwickelt sich am meisten, das am meisten gefordert wird, das klar mit den wahren Eigenschaften des physischen Lebens auf jeder Ebene konfrontiert wird, das das Evolutionsmuster der vier Reiche der Materie verstehen lernt, das von der Realität des Lebens und des Todes erfährt, das dem Göttlichen durch die eigene Erfahrung begegnet. Ein Kind entwickelt sich nicht durch das, was ihm Eltern und Lehrer aufoktroyiert haben. Selten kennen die Eltern das Schicksal ihres Kindes, seine Berufung und den Weg, der vor ihm liegt. Selten auch kennen die Eltern den Ehepartner, der dem Kind bestimmt ist. All das muß das Kind für sich selbst in aller Freiheit entdecken, und wenn Gemüt und Geist des Kindes durch die Eltern belastet sind, wird ihm das sehr schwer fallen. Das größte Geschenk, das ihr einem Kind machen könnt, ist das Geschenk der Freiheit. Laßt es es selbst sein, physisch, seelisch und geistig.

Aber ein Kind wählt seine Eltern, weil es ihren Bewußtseinsstand und ihren spirituellen Wesenskern kennt. Es möchte sich mit ihnen austauschen, von ihnen lernen, sich ihrer seelischen Disziplin unterwerfen. Deshalb ist es sehr wichtig, daß es immer die Seele der Eltern ist, die, wenn nötig, dem Kind gewisse Schranken auferlegt und nie die Persönlichkeit. Die Seele muß der Hüter des Kindes sein. Wenn ihr ein Kind diszipliniert, müßt ihr in euch gehen und euch sicher sein, daß es die Seele ist, die euch führt und nicht eure persönliche Reaktion, denn sonst wird der gegenwärtige Zyklus der Menschheit endlos fortgeführt und ihr bleibt auf dem Weg, auf dem die Menschheit jetzt ist, ein Weg, der letztlich zur Selbstzerstörung führt.

Wenn ihr wollt, daß euer Kind für die zukünftigen Herausforderungen stark genug ist, muß es frei sein. Es muß sich selbst kennen. Es muß intuitiv aufnahmefähig sein. Es muß gelernt haben, sich selbst zu entscheiden. Erziehung muß ein Akt der Selbstmotivierung, der Selbstentdeckung sein, nicht etwas, was einem aufgezwungen wird. Am wichtigsten in der Erziehung ist Ermutigung, Ermutigung zum Suchen und Entdecken. Das Kind soll ein reicheres Leben haben als die Eltern. Durch den evolutionären Prozeß ist es ganz unvermeidlich, daß das Kind mehr vom Leben kennenlernt als seine Eltern. Und je eher dieses Stadium erreicht ist, um so größer ist die Freude für die Eltern. Was könnte schöner für sie sein, als zu sehen, daß ihr Kind sich über sie hinaus entwickelt hat und nun seinerseits ihnen etwas geben kann, ihnen helfen kann, ihr eigenes Schicksal klarer zu erkennen und sie zu mehr Lebenserkenntnis zu führen.

Natürlich muß zwischen Eltern und Kind immer ein Austausch stattfinden. Sie müssen immer offen füreinander sein. Ihre Verbindung darf nie unterbrochen werden, denn wenn es keine Kommunikation und keinen Kontakt gibt, kann es auch keinen physischen Austausch, keine physische Disziplin und Ermutigung geben. Kontakt und Kommunikation sind das Wesentliche. Sie müssen auf physischer, seelischer und geistiger Ebene stattfinden. Je enger die Verbindung ist, je lebhafter der Austausch ist, desto rascher wird sich das Kind entwickeln und erwachsen werden. Ein Kind, das diese enge Verbindung mit den Eltern nicht hatte, kann sechzig Jahre alt werden und immer noch unreif sein. Daran sind allein die Eltern schuld.

Die Eltern sind der Schlüssel für die Entwicklung des Kindes. Dafür sind sie vor allem verantwortlich, es ist sogar noch wichtiger als ihr eigenes spirituelles Schicksal. Denn wenn man die heilige Pflicht der Elternschaft vernachlässigt, wenn man sich nicht richtig um die Erziehung seines Kindes kümmert, leugnet man damit die Zukunft, leugnet man die Schöpfung, den Sinn seines eigenen Lebens. Gleichgültig was man hofft, welche Ideale man hat, wenn man dem Kind gegenüber versagt, versagt man nicht nur sich selbst gegenüber, sondern der ganzen Schöpfung gegenüber. Die Eltern müssen ihre göttliche Verantwortung ihrem Kind gegenüber erfüllen und es mit höchstentwickelten Möglichkeiten ins Leben entlassen, und das damit verbundene Opfer wird einen solchen Schritt in der Bewußtseinsentwicklung bewirken, daß sie selbst auf ihrem spirituellen Weg weiterkommen. Ein Kind ist ein Geschenk Gottes. Es ist ein göttlicher Same, der auf die Erde kommt, in ihm liegt das, was Gott für die Zukunft vorgesehen hat. Es repräsentiert die Welt, die ihr dann selber wieder als Kinder vorfinden werdet. Verweigert man also seinem Kind etwas, so verweigert man es im Grunde sich selbst. Versagt man seinem Kind gegenüber, so versagt man nicht nur der Welt gegenüber, sondern auch seinem Schöpfer gegenüber, da man das höchste Geschenk, das einem der Schöpfer machen kann, mißbraucht. Die Fähigkeit, ein Kind hervorzubringen, ist eine göttliche Gabe. Diese Gabe wurde nicht allen Lebensformen zuteil. Nicht jedes Wesen in unserem Planetensystem kann sich selbst reproduzieren. Durch diese Gabe wurde der Menschheit eine große Ehre zuteil. Es erfordert eine große Übung des spirituellen Bewußtseins, wenn man sich dieser Gabe wirklich würdig erweisen will.

Deshalb bitte ich euch, das Kind im richtigen Licht zu sehen, als einen göttlichen Boten, einen Boten nicht nur für euch, die Eltern, sondern für die ganze Welt. Ein Kind bringt die Botschaft des Schöpfers auf die Welt. Die Zukunft der Welt, die Zukunft dieses Planeten, ja, die Zukunft dieses Planetensystems liegt in den Kindern. Das größte Geschenk, das eure Seele der Erde machen kann, ist es, ein Kind voller Liebe zu begleiten, bis es ein erwachsener Mann oder eine erwachsene Frau ist und seine höchsten göttlichen Eigenschaften zutage treten, damit es, vom Christus-Geist erfüllt, diese Welt verändern kann. Aber wenn ihr, wie so viele es heute tun, ein eigensüchtiges Leben führt, euch selbst wichtiger nehmt als das Kind, euch immer nur um euer eigenes Leben, eure eigene Zukunft, eure eigenen Gedanken und Bedürfnisse kümmert und die des Kindes vernachlässigt, dann wird dieses Kind nicht seine höchsten Möglichkeiten entfalten können.

Elternschaft ist eine göttliche Verantwortung. Nicht jeder sollte sie auf sich nehmen. Die Welt befindet sich in ihrem heutigen Zustand, weil so viele die Last der Elternschaft auf sich genommen haben, die dadurch überfordert sind. Das schwerste Karma, das man auf dieser Erde schaffen kann, besteht darin, die Verantwortung der Elternschaft auf sich zu nehmen und ihr nicht gerecht zu werden, denn dadurch wird eine ganze karmische Kettenreaktion ausgelöst, die über mehrere Generationen weiterwirkt. Wenn euer

Kind unausgeglichen ist, wird es ein unausgeglichener Erwachsener werden und wahrscheinlich selbst unausgeglichene Kinder in die Welt setzen, und so werden ganze Generationen belastet. Ihr seid dafür verantwortlich bis zum Tag des jüngsten Gerichts. Deshalb bitte ich euch, erkennt die Verantwortung, die es bedeutet, Eltern zu sein. Diese schöpferische Tat ist eine ernste Angelegenheit. Kinder sind die Samenkörner der Zukunft, und ihr könnt einen unschätzbaren Dienst leisten, wenn ihr diese Samen in fruchtbare Erde setzt, wenn ihr ihr Wachstum behütet und sich dadurch eine neue Welt, ein neuer Kosmos, ein neuer Aspekt eures Schöpfers entfalten kann. Erst kommen eure Kinder, dann euer eigenes Leben. Ihr könnt kein größeres Opfer bringen als euer eigenes Leben für euer Kind hinzugeben. Euer Schöpfer verlangt sehr selten von euch, daß ihr euer physisches Leben opfert, aber ihr sollt bestimmte Aspekte eurer materiellen Existenz opfern.

## Fragen und Antworten

FRAGE: Könnt ihr uns etwas über Kinder sagen, die mit schweren körperlichen oder geistigen Behinderungen geboren werden? Was für ein Sinn liegt in ihrem Leben?

ZT: Zunächst müßt ihr wissen, daß das, was ihr eine Behinderung nennt, immer nur eine physische Behinderung ist. Es gibt keine geistige Behinderung. Der Geist eines behinderten Kindes kann ebenso entwickelt sein wie der eines gesunden Kindes. Physische Einschränkungen sind eine Probe, auf die der Geist gestellt wird. Aber dann fragt ihr sicher: »Warum gibt es solche Behinderungen? Wenn unser Gott ein Gott der Liebe ist, wie kann er dann zulassen, daß Kinder verunstaltet auf die Welt kommen?« Die Antwort ist einfach. Es liegt an den Eltern, die dieses Kind hervorbringen. Ihr Verhalten, ihre Gedankenformen, ihr spirituelles Bewußtsein wirkt sich auf die leibliche Gestaltung ihres Kindes aus. Man könnte sagen, daß fast jedes Kind bei der Empfängnis vollkommen ist. Erst nachher findet eine Verunstaltung statt, und sie ist einzig auf die Handlungsweise der Eltern zurückzuführen, auf das, was sie denken, sagen und tun, darauf, wie sie ihr Leben führen, wie sie mit ihrem eigenen physischen Leib umgehen und welchen Bewußtseinsstand sie erreicht haben. Es ist sehr selten, daß sich der Geist dafür entscheidet, sich in einem behinderten Körper zu manifestieren. Es geschieht nur, wenn er eine ganz bestimmte Lektion zu lernen hat, die er in vielen Leben noch nicht bewältigte. Stellt euch vor, was es für den Geist bedeutet, in einem verunstalteten Körper zu wohnen, nicht in der Lage zu sein, sich auf der physischen Ebene vollkommen auszudrücken, selbst wenn Bewußtsein und Erkenntnis vorhanden sind. Es ist eine schwere Prüfung, der man sich da unterzieht, denn man ist schon von Geburt an anders als andere Menschen. Man kann nicht leben wie alle anderen. Man ist immer der Außenseiter. Immer wird man an seinen physischen Körper und seine Unvollkommenheit erinnert. Diese Lektion geht sehr tief. Sie ist eine Herausforderung für den Geist. Wenn Eltern behinderte Kinder haben, muß ich in aller Liebe sagen, daß man die Ursache meist bei den Eltern suchen muß.

FRAGE: Könnte es sein, daß die Eltern eines behinderten Kindes ebenso etwas zu lernen haben wie das Kind selbst?

ZT: Wenn die Eltern etwas Ungutes hervorgebracht haben, ist das natürlich für sie eine Lektion, die sie lernen müssen, aber der Lernprozeß kann viele Jahre dauern und wird vielleicht erst im höheren Alter abgeschlossen sein. Die Eltern haben für das, was sie erzeugt haben, Karma auf sich geladen und sich Lernaufgaben gestellt, die viele Ebenen betreffen.

FRAGE: Was ist mit Kindern, die nach der Geburt von ihren Eltern abgelehnt werden? Sie sind als Pflegekinder in verschiedenen Familien oder werden zur Adoption freigegeben. Wie wirkt sich das auf sie aus?

ZT: Zunächst muß man erkennen, daß man Gott verleugnet, wenn man sein Kind verleugnet. Wenn man seine Verantwortung gegenüber seinem Kind abschütteln will, leugnet man seine Verantwortung dem Leben gegenüber. Wenn ein Kind auf die Erde kommt und man ihm das verweigert, was es sich gewählt hat, die Schwingung seiner Eltern, erzeugt man dadurch sehr schweres Karma. Aber wenn man einem Kind sein Geburtsrecht, bis zum einundzwanzigsten Lebensjahr bei seinen eigenen Eltern zu sein, verweigert, dann müssen unweigerlich Pflegeeltern diese Rolle übernehmen.

Pflegeeltern haben sich eine sehr schwere Aufgabe gestellt. Sie sollten es nur aus den höchsten und reinsten Motiven tun. Sie müssen die Aufgabe als etwas Universelles, nicht als etwas Persönliches betrachten. Sie sollten sie aus dem Wunsch heraus auf sich nehmen, allen Kindern zu helfen, nicht nur um selbst Kinder zu haben, weil man aus irgendwelchen Gründen keine bekommen konnte. Man sollte keine Kinder adoptieren, um damit ein Manko in seinem Leben auszugleichen oder weil man sich davon eine persönliche Befriedigung erhofft. Adoptiert man aus diesem Motiv heraus Kinder, richtet man großen Schaden an. Pflegeeltern müssen großes Mitleid mit allem Lebendigen haben. Es erfordert einen hohen Bewußtseinsstand, soviel von sich selbst herzuschenken, ein Kind anzunehmen, das man nicht selbst hervorgebracht hat, das nicht mit dem eigenen Bewußtsein, dem eigenen Schicksal verbunden ist, und diesem Kind die Freiheit zu geben, herauszufinden, was es war, was es ist und was es werden kann.

Man muß deshalb sehr viel Einsicht in den Sinn von Geburt und Kindheit, von Leben und Schicksal haben, um ein Pflege- oder Adoptivkind annehmen zu können. Man sollte diese Aufgabe nicht auf die leichte Schulter nehmen. In den meisten Fällen hat es nämlich einen Grund, wenn man keine Kinder hat; es ist im Schicksalsplan nicht vorgesehen. Viele Menschen haben etwas anderes zu tun. Ich würde deshalb immer raten, daß nur Eltern ein Kind adoptieren, die selbst schon Kinder haben, deren Ehe auf diese Aufgabe vorbereitet ist, die die nötige Verantwortung schon akzeptiert haben, bei denen sie Teil des Schicksals des Evolutionszyklus ist. Ein Kind zu adoptieren, auch wenn das aus den besten Absichten geschieht, wird unvermeidlich das eigene spirituelle Wachstum einschränken, wenn diese Aufgabe nicht dem persönlichen Schicksal entspricht.

FRAGE: Das heißt also, man soll ungewollte Kinder lieber einer Familie geben, die schon Kinder hat, als einem Paar, das keine hat. Natürlich wollen meistens gerade die Leute Kinder annehmen, die selbst keine haben.

ZT: Ich weiß, daß das oft der Fall ist. Es gibt doch meistens einen triftigen spirituellen und deshalb auch physischen Grund, warum ein Paar keine Kinder haben kann. Es wurde euch schon ein andermal gesagt, daß aus einer Ehe nicht unbedingt Kinder hervorgehen müssen. Heute setzen viele Leute Kinder in die Welt, die gar keine haben sollten. Es ist nicht die automatische Funktion jedes Menschen, sich selbst zu reproduzieren. Die Welt braucht schöpferische Verantwortung. Die verantwortungslose Fortzeugung zerstört diese Welt, denn dadurch, daß dauernd gestörte Kinder entstehen, wird das Schicksal der Welt negativ beeinflußt. Wenn ihr all die Gewalttätigkeit unter den jungen Leuten heute seht, bedenkt, daß sie nicht nur auf den heutigen Zustand der Welt, sondern auch auf die Zustände der letzten zwanzig Jahre zurückzuführen sind, denn in dieser Zeit wurden sie geboren und großgezogen. Was werden die heute Heranwachsenden wohl tun, wenn sie erst erwachsen sind?

FRAGE: Wenn jemand ein Kind erwartet und glaubt, er hätte weder das Bewußtsein noch die nötige Zeit und Kraft, um sich richtig um dieses Kind zu kümmern, es aber auch für falsch hält, das Kind auf die Welt zu bringen und es dann von jemand anderem adoptieren zu lassen, ist es dann nicht richtig, wenn er sich zu einer Abtreibung entschließt?

ZT: Wir müssen verstehen, worum es bei Abtreibung wirklich geht. Abtreibung ist das Ende des physischen Lebens. Es ist die Beendigung des physischen Lebens durch ein Wesen gegen den Wunsch eines anderen. Deshalb ist es, auch wenn ich damit ein sehr emotionsgeladenes Wort benutze, Mord, und das Karma für solch eine Tat muß bezahlt werden. Es ist nicht gut, wenn man sagt, daß man auf einer physischen Ebene kein Kind hervorbringen wollte. Das Kind entsteht, weil man auf den höheren Lebensebenen den Wunsch hatte, es entstehen zu lassen. Es ist schwierig für euch, das auf der physischen Ebene zu verstehen, aber eure Gedanken beeinflussen die schöpferischen Vorgänge auf den höheren Lebensebenen. Der Gedanke ist auf den höheren Ebenen etwas Schöpferisches. Deshalb ist das beste Empfängnisverhütungsmittel, das es auf der Welt gibt, der Gedanke. Wenn ihr auf einer gedanklichen Ebene nichts hervorbringen wollt, werdet ihr auch auf der physischen Ebene nichts hervorbringen. So viele Menschen vereinigen sich heute sexuell, ohne dabei zu denken, ohne ein Empfängnisverhütungsmittel zu benutzen, wie ihr euch in irdischen Begriffen ausdrücken würdet. Das Ergebnis, die schöpferische Hervorbringung, ist eine Antwort ihrer Seele. Sie haben etwas hervorgebracht, weil sie sich dafür entschieden haben. Sie wurden mit einem Kind gesegnet, weil ein anderes Wesen auf einer anderen Lebensebene sich mit ihrer Vereinigung in eine gemeinsame Schwingung begeben hat und zu ihnen kommen wollte. Das ist das Wesen des Schöpferischen.

Glaubt ihr, daß euer Schöpfer, euer Gott, euren Planeten zerstören würde, weil er ihm Unannehmlichkeiten macht? Muß das Leben, das auf diesem Planeten existiert, beseitigt werden, abgetrieben werden, weil ein höheres Wesen entschieden hat, daß es sich falsch entwickelt und nicht mehr erwünscht ist? Nein! Der schöpferische Akt ist ein Akt der Liebe. Er erfordert Verantwortung und Respekt dem Geschaffenen gegenüber, bis der Zyklus vollendet und die göttliche Pflicht erfüllt ist. Ich bitte alle, die sich mit dem Gedanken an Abtreibung beschäftigen, sich dessen, was sie tun wollen, bewußt zu sein. Ihr leugnet euren Schöpfer. Ihr leugnet die Gabe des Lebens. Ihr leugnet die Zukunft der Welt. Ihr leugnet den Sinn eures Daseins auf der irdischen Ebene. Es mag Unannehmlichkeiten bereiten, ein Kind zu haben. Es mag den Eltern Beschränkungen auferlegen, und vielleicht durchkreuzt das Kind ihre Träume und Wünsche, aber die Empfängnis ist das Ergebnis einer Entscheidung, die man auf einer höheren Lebensebene selbst getroffen hat. Die Eltern haben diesen Lebensfunken entzündet, weil ihre Entwicklung es forderte. Es kann eine große Gefahr für euch sein, wenn ihr euer Schicksal leugnet.

FRAGE: Manche Menschen glauben, der Geist ziehe erst im Augenblick der Geburt in den Körper ein und man zerstöre im Grunde kein Leben, wenn man einen Fötus tötet. Was sagt ihr dazu?

ZT: Das ist nicht richtig. Der Geist oder ein kleiner Funke des Geistes ist schon im Augenblick der Empfängnis da. Der Geist nimmt im Fötus allmählich zu, bis im Augenblick der Geburt ein Siebtel des Geistes in den Körper eingezogen ist. Wäre kein Geist in ihm, so gäbe es auch keinen physischen Körper. Es ist die Kraft des Geistes, die den Körper formt, die über die genetischen Gegebenheiten entscheidet und über Leben und Schicksal des Fötus im Mutterleib wacht. Der Geist ist der Architekt, der den Körper, in dem er sich inkarnieren will, gestaltet. Deshalb ist jeder Fötus ein göttlicher Lebensfunke und verdient Achtung.

FRAGE: Es wurde vorhin gesagt, wenn man einem Kind Disziplin beibringen will, sollte das von der Seele aus geschehen, nicht von der persönlichen Ebene aus. Ich kann das verstehen, aber es ist sehr schwierig, wenn zwei starke Persönlichkeiten zusammenprallen. Wie kann man in so einem Moment auf seine Seele hören, anstatt persönlich zu reagieren? Könnt ihr uns da einen Rat geben?

ZT: Wenn es eine Auseinandersetzung zwischen Eltern und Kind gibt, ist es gar nicht vermeidbar, daß sie auf einer persönlichen Ebene stattfindet. Das sollten zumindest die Eltern wissen, wenn das Kind es nicht kann. Aber die Ursache der Auseinandersetzung ist nicht die Auseinandersetzung selbst. Eine Auseinandersetzung ist immer das Symptom eines tieferliegenden Problems, das nur durch Verständnis und Liebe gelöst werden kann. Ein Aufeinanderprallen auf der persönlichen Ebene ist nur Ausdruck der Lektion, die das Kind auf einer seelischen Ebene lernen möchte. Deshalb ist es wichtig, daß man von Seele zu Seele mit dem Kind spricht. Das ist auf physischer Ebene nicht möglich, weil es noch zu jung ist und nur ein begrenztes Verständnis vom Leben hat. Deshalb muß dieses Gespräch auf einer höheren Ebene stattfinden, wenn man betet oder meditiert. Es ist möglich, mit seinem Kind zu sprechen, selbst wenn es schläft, aber auch wenn es wach ist und spielt. Kommunikation geschieht nicht nur durch Gedanken, Worte und Handeln. Man kann zu jeder Zeit mit seiner Seele in Kommunikation treten. Die Seele ist immer da, sie hört immer zu. Ihr könnt mit der Seele eures Kindes kommunizieren und ihm eure Wünsche und Ansichten klarmachen, und die Seele wird reagieren; aber nur wenige Menschen versuchen heute diese Form von Kommunikation.

FRAGE: Wenn ein Elternteil gegenüber dem anderen oder dem Kind gewalttätig ist, sollten dann die Eltern trotzdem zusammenbleiben und sich gemeinsam um das Kind kümmern, vor allem, in einem Fall, wo sich die Gewalttätigkeit auch gegen das Kind richtet?

ZT: Physische Gewalt ist meistens das Ergebnis eines seelischen Aus-der-Balance-Seins. Man muß seelisch und geistig gestört, krank sein, wenn man einem Kind gegenüber Gewalt anwendet. Und wenn jemand krank ist, dann ist es so, als läge er im Bett und sei unfähig, sich um das Kind zu kümmern. Deshalb muß man in so einem Fall Anordnungen treffen, damit das Kind auf andere Weise versorgt wird. Dafür ist Verständnis da, denn es gibt keine Vollkommenheit auf der physischen Ebene. Immer wird es solche Prüfungen geben, solche Hindernisse, solche Folgen von Fehlern im physischen Leben. Niemand, schon gar nicht ein Kind, muß sich physischer Gewalt aussetzen. Wenn das in einer Ehe geschieht, kann die Ehe nicht fortgeführt werden. Das heißt nicht, daß das unbedingt zur Scheidung führen muß, aber es sollte eine Trennung stattfinden, in der Zeit für Heilung und Versöhnung ist.

FRAGE: Heißt das, daß auch keine karmische Belastung entsteht, weil man ja krank ist?

ZT: Nein. Daß man krank ist, liegt in der eigenen Verantwortung, es liegt daran, wie man gelebt hat. Man ist für alles, was man sagt und tut, verantwortlich. Deshalb ist auch das, was man tut, während man krank und gestört ist, das eigene Karma.

FRAGE: Es gibt Gesellschaften, in denen die Männer mehr als eine Frau und viele Kinder haben, die dann in einer Gemeinschaftsatmosphäre aufwachsen. Manche dieser Gesellschaftsformen

scheinen sehr gut zu funktionieren. Im Westen haben wir mono-
game Verbindungen und isolierte Familien. Die dadurch entstehenden Belastungen scheinen die Ursache für das Scheitern vieler
Ehen zu sein. Gibt es eine andere Lebensform, die der bei uns
üblichen monogamen Ehe förderlich wäre und die viele Scheidungen verhindern könnte?

ZT: Daß heute so viele Ehen in der westlichen Welt scheitern,
liegt, zumindest im wesentlichen, nicht an der Lebensweise. Es
liegt an den Wertvorstellungen und an der Einsicht der Betroffenen. Die in den meisten Ehen auftauchenden Schwierigkeiten sind
fast unvermeidlich mit einem Mangel an Bewußtsein und Erkenntnis darüber verbunden, was das Eingehen einer Ehe für den
einzelnen bedeutet. Heute erkennen so wenige Menschen, daß eine
Ehe zu führen, vor allem aber, Kinder zu haben, ein Opfer
bedeutet. In der Ehe geht es darum, den Partner über sich zu stellen
und die Kinder über den Partner. Leider heiraten heute die meisten
Menschen aus selbstsüchtigen und egozentrischen Gründen und
haben auch Kinder aus solchen Gründen. So ist es um die heutige
Welt bestellt, bedenkt jedoch, daß ein zerbrochenes Zuhause ein
zerbrochenes Kind produziert, einen zerbrochenen Erwachsenen,
einen zerbrochenen Planeten.

FRAGE: Das klingt schrecklich, wenn man bedenkt, daß in
diesem Land* eine von vier Ehen geschieden wird und in Amerika
eine von dreien.

ZT: Ihr könnt also im Lichte des Gesagten erkennen, daß wir
Armageddon schon in den nächsten zwanzig Jahren erwarten
müssen.

FRAGE: Meiner Ansicht nach kann es gute Gründe für eine
Abtreibung geben, beispielsweise, wenn ein Kind in eine für es
sehr schädliche Umgebung käme.

ZT: Eines der Gebote lautet:»Du sollst nicht töten.« Das hat
immer gegolten und wird immer gelten. Ihr habt kein Recht,
Leben zu nehmen. Leben ist das Geschenk eures Schöpfers. Ihr
wäret sehr unklug, wenn ihr zurückweisen wolltet, was euer
Schöpfer euch geschenkt hat, damit ihr euren Evolutionszyklus
vollenden könnt.

---

* England

FRAGE: Aber trotzdem – wenn ein Kind in eine sehr schwierige Umgebung kommt, in der es fast keine Lebenschance hat, ist es dann wirklich besser für das Kind, dort zu sein, oder wäre es nicht besser, es könnte auf der anderen Seite des Lebens auf eine neue Möglichkeit zur Inkarnation warten?

ZT: Was du beschreibst, ist die irdische Ebene. Würdest du jedes Kind abtreiben, das auf die Erde kommt? Es ist heute fast unmöglich für ein Kind, auf der Erde natürlich aufzuwachsen. Sollten wir deshalb alle Kinder abtreiben? Meint ihr nicht, daß die geistigen Kräfte des Kindes stärker sind? Der Geist ist immer stärker als der physische Körper. Der Geist wird triumphieren. Der Geist wird diese Erde verwandeln, aber er muß auf die Erde kommen, um das tun zu können. Manche großen Geister inkarnieren sich in entstellten Körpern. Manche großen Geister werden in die tragischsten Lebensumstände hineingeboren. Das muß man erkennen und akzeptieren.

FRAGE: Ich habe eine Abtreibung machen lassen. Kann ich auf der spirituellen Ebene etwas tun, um das damit verbundene Karma zu verwandeln und die Sache bewußt verarbeiten?

ZT: Worum es hier geht, ist Bewußtsein. Wenn wir nicht nur von Abtreibung, sondern von allen Formen des Tötens sprechen, so hat jeder, der so eine Tat begeht, einen Grund dafür. Er kann immer rechtfertigen, was er getan hat, ob er nun im Krieg getötet hat, ein Tier geschlachtet oder ein Kind abgetrieben hat. Aber Töten bedeutet die Beendigung des Lebens, das Ende des Bewußtseins. Dadurch, daß man jemandem das Leben genommen hat, kann eine Öffnung des Bewußtseins bewirkt werden. Man fragt sich immer, was man getan hat und warum man es getan hat. Du denkst bis heute darüber nach. Wenn du wirklich zu einem Verständnis dafür kommst, was du getan hast, kannst du beginnen, dein Karma zu verwandeln. Es geht hier nicht um Schuld. Man kann und soll sich für die Vergangenheit, sogar für die Zukunft nicht schuldig fühlen. Man muß akzeptieren, was man getan hat, verstehen, warum das falsch war, es zu tun und es dann allmählich verwandeln. Sehr oft wartet nach einer Abtreibung dasselbe Kind, wieder zu demselben Menschen kommen zu können.

FRAGE: Wo liegt dabei die persönliche Verantwortung? Wer ist schuld, wenn Kinder von vierzehn oder fünfzehn Jahren sexuellen

Verkehr haben und selbst Kinder zeugen? Natürlich können diese jungen Menschen kaum erkennen, ob es ihr Schicksal ist, Kinder zu haben oder nicht. Sie wurden einfach von der Gesellschaft verführt, die behauptet, man müsse sich auf diese Weise vergnügen.

ZT: Die Situation, in der ihr euch befindet, ist zurückzuführen auf zu wenig Erziehung durch die Eltern und zu wenig Erziehung durch die Gesellschaft. Wenn die Eltern stark sind, wird das Kind zunächst auf sie hören und nicht auf die Gesellschaft und wird sie eher respektieren. Trotzdem hat die Gesellschaft noch einen Einfluß, und die Kinder werden durch sie ebenso erzogen wie durch die Eltern. Die richtige Beziehung der Eltern zum Kind jedoch entscheidet darüber, was stärker ist und welchen Einfluß die Gesellschaft hat.

Viele Eltern achten heute nicht auf ihre Kinder, bis sie Teenager sind, und erwarten dann plötzlich von ihnen, daß sie tun, was die Eltern wollen, daß sie mit ihren Vorstellungen von der Gesellschaft und vom Leben übereinstimmen, obwohl vorher gar keine Kommunikation stattfand, keine Nähe, keine Liebe da war. Die Eltern müssen die richtige Beziehung zu ihren Kindern im ersten Zyklus herstellen. Wenn es da nicht geschieht, ist es nie mehr möglich. Ein Kind wird euch als Baby in die Arme gelegt. Es sieht euch an. Es liebt euch vom ersten Augenblick an. Es nimmt alles an, was ihr ihm gebt. Es sieht euch nicht nur als Ursprung des Lebens, als Erfüller all seiner physischen Bedürfnisse, sondern auch als Quelle von Weisheit, Wissen und Liebe. Mama, sag mir. Papa, sag mir. Sag mir. Sag mir. Ihr seid die Quelle des Lebens. Ihr seid die Quelle der Liebe. Ihr seid die Quelle der Erkenntnis. Die Quelle sollte immer zugänglich sein, bis das Kind einundzwanzig Jahre alt ist. Sonst wird das Kind sich anders orientieren, und daran sind die Eltern dann ganz allein schuld.

FRAGE: Mich haben immer die Artus-Sagen fasziniert. Es scheint mir, als seien sie Parabeln, die auch für unser heutiges Leben noch gültig sind. Ich glaube immer, daß nicht so sehr die Verbindung zwischen Ginevra und Lancelot zum Untergang von König Artus führte, sondern die ungute Tat, mit der Fee Morgane seinen Sohn Mordred zu zeugen. Immerhin war es Mordred, der sich schließlich gegen ihn erhob. Würdet ihr dem zustimmen?

ZT: Jeder Mythos umfaßt in Form einer Parabel die Geschichte der menschlichen Entwicklung auf der Erde. Auch wenn ihr viele dieser Geschichten als Märchen betrachtet – sie basieren alle auf

Menschheitsarchetypen und sind eine kostbare Quelle der Weisheit. Ich würde dir zustimmen, daß es der Mangel an sexueller Reinheit auf Seiten von Artus und Lancelot, Morgane und Ginevra war, die schließlich zum Untergang von Camelot führte. Die Menschheit sollte sich heute davor hüten.

# Die Bedeutung des menschlichen Bewußtseins

Eure Welt befindet sich in einer Krise. Es gibt nicht nur die Möglichkeit eines globalen Krieges, bei dem Atomwaffen benutzt werden, sondern sie ist auch in einer politischen, finanziellen und ökologischen Krise, vor allem aber in einer spirituellen. Viele Menschen haben die Disziplin der religiösen Dogmen abgelehnt, sie aber nicht durch Selbstdisziplin und durch eine Entwicklung ihrer eigenen intuitiven Erkenntnis über den Sinn des Lebens ersetzt. Sie sind so beschäftigt mit der physischen Realität des Lebens, mit dem Existenzkampf, vor allem hier in der westlichen Welt, wo die Lebenshast dominiert, daß sie gar keine Zeit mehr haben, in sich zu gehen und nach dem Sinn ihres Daseins und ihres Lebens auf der physischen Ebene zu suchen. Es ist aber nicht meine Absicht und es liegt auch gar nicht in meinen Möglichkeiten, euch zu sagen, was der Sinn eures physischen Lebens ist. Das müßt ihr selbst durch eure intuitive Wahrnehmungsfähigkeit entdecken. Was ich möchte, ist, euch nahezubringen, welche Bedeutung ich dem menschlichen Bewußtsein beimesse, denn nur durch die Veränderung des menschlichen Bewußtseins könnt ihr auch die Verhaltensmuster verändern und eure beschädigte Welt retten.

Ihr lebt fast alle im Schatten der Todesangst. Ihr habt diese Angst, weil ihr den Sinn des Todes nicht versteht. Aber denkt einmal darüber nach: Wenn es keinen Tod gäbe, wenn ihr für immer leben würdet und nie sterben müßtet, wenn ihr wärt wie der legendäre Fliegende Holländer, der dazu verurteilt ist, immer auf der Erde zu leben, würde bald der Zeitpunkt kommen, wo ihr um den Tod bitten würdet, wo ihr darum flehen würdet, vom physischen Leben befreit zu werden. Wenn ihr es nur erkennen könntet, daß der Tod ein Retter ist. Er ist für euch die Möglichkeit, aus dieser Ebene der Unwirklichkeit in die Ebene der Wirklichkeit überzuwechseln. Das Leben auf der Erde ist nicht Wirklichkeit, es scheint nur wirklich zu sein. Meist seid ihr in höheren Lebensebenen, höheren Bewußtseins- und Wirklichkeitsebenen, und ihr inkarniert euch immer wieder auf der Erde und manifestiert Aspekte eures Geistes, um in die Schule des Lebens zu gehen und die notwendigen Lektionen zu lernen.

Ein weiser Mensch prägte einmal den Ausspruch »das letzte Hemd hat keine Taschen.« Nach dem Tod hat das Geld keinerlei Bedeutung mehr, und das gilt für die gesamte physische Materie. Ihr könnt sie nicht mitnehmen, wenn ihr sterbt. Ihr inkarniert euch auf der physischen Lebensebene mit eurem spirituellen Bewußtsein und nur mit ihm allein. Und wenn ihr diese Ebene verlaßt, könnt ihr auch nichts mitnehmen, außer diesem spirituellen Bewußtsein. Das heißt nun nicht, daß es nicht Wesen gäbe, die zwar schon in die höheren Lebensebenen hinübergewechselt sind, aber immer noch so von den materiellen Aspekten des Lebens gefangen sind, daß sie sie nicht loslassen können. Solche Menschen schauen auf die physische Ebene der Erde, die sie erst vor kurzem verlassen haben, herunter und beobachten mit größter Anteilnahme, was mit ihrem sogenannten »Besitz«, mit all den materiellen Dingen, die sie auf Erden erworben und noch nicht losgelassen haben, geschieht. Sie können viel Zeit mit diesem Beobachten und Warten verbringen, während sie schon längst zu anderen Lebensebenen und anderen Lernphasen forgeschritten sein sollten. Die meisten Menschen aber lassen beim Tod gerne alles hinter sich, ebenso wie sie die höheren Ebenen im Augenblick ihrer physischen Geburt hinter sich lassen. Es wäre deshalb wichtig, daß ihr erkennt, daß nur euer Bewußtsein für euch von unvergänglichem Wert ist.

Ihr inkarniert euch auf der physischen Ebene der Erde, um euer Bewußtsein zu entwickeln. Das ist der einzige Sinn eurer physischen Inkarnation, der Grund eures Daseins in dieser Lebensschule, die ihr Erde nennt. Das bedeutet nun nicht, daß ihr die physische Realität der Erde ignorieren dürft. Ihr müßt die Verantwortung übernehmen für den physischen Körper, in dem ihr lebt, für eure Mitmenschen, für die Gesellschaft, die euch umgibt, für den materiellen Besitz, der in eure Obhut gegeben wird. Das gehört alles zu dem, was ihr durch die physische Inkarnation lernen sollt: mit dem Irdischen bewußt umzugehen. Aber das ist nicht alles, was ihr zu lernen habt. Ihr müßt auch lernen, euer spirituelles Bewußtsein zu manifestieren und zu verwirklichen. Ihr müßt lernen, daß euer Bewußtsein ein Werkzeug ist, das ihr auf der Erde benutzen könnt und durch das ihr das tiefe kosmische Wissen, das euch eigen ist, ausdrücken könnt.

Ihr neigt heutzutage dazu, euer spirituelles Bewußtsein, die Weisheit, die ihr in vielen, vielen Leben und auf vielen Existenzebenen gesammelt habt, zu ignorieren. Bedenkt, daß ihr nicht nur Tausende von Leben auf dieser Erde, sondern auch auf vielen anderen Existenzebenen gelebt habt. Das Leben besteht nicht nur aus der physischen Realität, die ihr wahrnehmt. Ein wirkliches Erfassen der Gesamtheit des Lebens geht jetzt noch über euer Auffassungsvermögen hinaus, weil ihr durch den physischen Körper, in dem ihr vorübergehend lebt, begrenzt seid. Wenn ihr aber einmal von diesem Körper befreit und auf den höheren Lebensebenen angekommen seid, könnt ihr das kosmische Bewußtsein wirklich erleben. Ihr könnt das universelle Ganze als das sehen, was es wirklich ist: Millionen und Abermillionen von Wesen auf vielen Existenzebenen, die alle von ihrem Bewußtsein zeugen und damit dem einen Gott dienen, dessen Teil wir alle sind, indem wir alle leben und weben.

Ihr inkarniert euch auf der irdischen Ebene, um sowohl euer eigenes Bewußtsein als auch das Gruppenbewußtsein der Menschheit zu entwickeln. Das könnt ihr erreichen, indem ihr das richtige Denken, das richtige Sprechen und das richtige Verhalten übt. Ihr müßt wissen, daß das Opfer auf vielen Ebenen eine wichtige Rolle in eurem Leben spielt. Das Beispiel aller großer Meister, die auf die Erde gekommen sind, zeigt uns, daß wir Opfer bringen müssen, daß wir manchmal sogar das eigene Leben hingeben müssen, um das menschliche Bewußtsein zu entwickeln. Erkennt, daß ihr euch inkarniert, um zu dienen: um der irdischen Ebene zu dienen, euren Mitmenschen und vor allem der Göttin, dem Planeten, auf dem ihr für eine kurze Spanne Zeit lebt. Sie hat euch ihren Körper als »Schule des Lebens« geopfert. Erkennt, daß euer eigener physischer Körper Teil dieser Göttin ist und daß ihr ihn im Augenblick eures Todes zurückgeben müßt. Es ist ein heiliger Tempel, ein getreues Abbild des Geistes, der in ihm lebt. Er ist göttlichen Ursprunges und verdient eure Achtung, und wenn ihr euren eigenen Körper achtet, werdet ihr auch in allem, was ihr denkt, sagt, tut, den Körper der anderen Menschen achten.

Heute feiert ihr einen uralten Festtag: den ersten Mai, die Walpurgisnacht oder das Belcane-Fest. Viele Menschen in der westlichen Welt feiern es heute nicht, weil es nicht als christliches Fest anerkannt ist. Aber die christliche Religion ist nur ein kleiner Aspekt des gesamten Menschheitsbewußtseins. Das Christentum gibt es erst ein paar Jahrhunderte lang, während man die Walpurgisnacht schon seit Jahrtausenden feiert, denn sie ist ein Erdfest, ein Fest, das die Menschheit mit der Erdgöttin verbindet. Warum haben wir und warum brauchen wir solche Feste? Es geht nicht darum, die Jahreszeiten festzulegen oder dem Lehrer einer bestimmten Tradition, sei es nun das Christentum, der Islam oder der Buddhismus, zu huldigen. Wir feiern sie, um die Menschheit mit dem Kosmos zu verbinden, damit sie sich ihrer eigenen Sterblichkeit, des Vergehens der Zeit, der Begrenztheit der physischen Realität im Vergleich mit der Unvergänglichkeit der Natur und der Notwendigkeit, an dieser über sich hinausgehenden Realität teilzuhaben, bewußt wird.

Wir Wesen von der spirituellen Hierarchie erkennen, daß die irdische Ebene nur ein Zwölftel des Ganzen ist. Es gibt andere Existenzebenen, die die Menschen durch ihre höheren Wesenglieder wahrnehmen können. Es ist euer Geburtsrecht, von diesen Ebenen zu wissen, auf ihnen zu leben, mit ihnen eins zu sein. Es ist das Geburtsrecht eures spirituellen Bewußtseins. Ihr inkarniert euch mit diesem Wissen, diesem Schatz an Lernerfahrungen aus vergangenen irdischen und kosmischen Beziehungen. Warum also laßt ihr euch auf die Konflikte dieser Erde ein und unterliegt ihnen? Warum geht ihr nicht in euch und sucht die Hilfe der kosmischen Weisheit, die ihr besitzt? Die Welt ist in einer Krise, weil ihr als einzelne in einer Krise seid. Die Weltkrise ist nur ein Spiegel für eure inneren Kämpfe, eure eigenen Begierden und Schwächen. Wenn ihr die Krise der Welt bewältigen wollt, müßt ihr zunächst eure persönliche Krise bewältigen. Das könnt ihr nur durch euer Bewußtsein tun, durch die Erkenntnis eures wahren Wesens und des Gottes, dessen Teil ihr seid. Das heißt, daß ihr in euch gehen müßt. Es heißt, daß ihr eurer inneren Weisheit folgen müßt und nicht dem Dogma anderer. In ruhigen Augenblicken, wie ihr sie jetzt erlebt, solltet ihr euch auf die kosmischen Kräfte, auf die Realität des Lebens einschwingen und für eine Weile die Unwirklichkeit des physischen Lebens – denn es ist unwirklich – loslassen.

Shakespeare erkannte das, als er schrieb, daß die Welt nur eine Bühne sei, auf der die Menschen ihre Rollen spielen. Ihr seid tatsächlich die Darsteller eines kosmischen Dramas. Das Drama erscheint euch real, denn ihr lebt in euren physischen Körpern und seid persönlich mit ihm verwickelt, aber ihr müßt auch den Überblick über dieses Drama haben und es als solches erkennen. Das Drama hat einen Sinn. Es geht um die Entwicklung eures Bewußtseins. Alles, was auf der irdischen Ebene geschieht, ist nicht einem Zufall zu verdanken, sondern es geschieht, weil entweder ihr als einzelne oder die Welt als Ganzes es durch euer Verhalten in diesem oder in vergangenen Leben auf euch gezogen habt.

So macht also von eurem spirituellen Bewußtsein Gebrauch. Benutzt es nicht nur, um euch selbst, sondern um die ganze Welt zu verändern. Indem ihr das tut, werdet ihr eure göttlichen

213

Möglichkeiten erfüllen, denn ihr seid eins mit eurem Schöpfer. Die Kraft seiner Liebe und seiner Energie strömt immer durch euch hindurch. Ihr seid nie allein. Eure Gebete bleiben nie unerhört. Ihr seid für immer in Einklang mit Lebensebenen, die über euer Fassungsvermögen hinausgehen. Erkennt die physische Realität und dient ihr, seht aber auch den großen Zusammenhang. Laßt euch nicht überwältigen durch das kleine Drama, das zur Zeit auf der irdischen Lebensbühne gespielt wird. Bewahrt euren Glauben, lebt mit Bewußtsein.

## Fragen und Antworten

FRAGE: Könnt ihr uns etwas über die zwölf Daseinsebenen sagen, von denen eben gesprochen wurde?

ZT: Der Schöpfer unseres Sonnenkörpers, jenes Wesen, das ihr Gott nennt, bringt alles durch diese zwölffache Schwingung hervor. Deshalb habt ihr zwölf Planeten in eurem Sonnensystem, von denen ihr einige noch entdecken müßt. Und jeder dieser Planeten ist die Basis dessen, was ihr eine Lebensebene, eine Daseinsebene, nennt. Wenn ihr beispielsweise die Venus sehen könntet, würdet ihr sagen, daß auf ihr kein Leben existiert. Das liegt daran, daß das Leben dort nicht auf der gleichen Schwingungsfrequenz ist wie auf der Erde. Jeder Planet hat eine andere Schwingung und manifestiert deshalb eine andere Lebensebene. Es ist das gleiche wie wenn ihr sterbt und euren physischen Körper verlaßt. Ihr geht dann zu einer höheren Frequenz über, geht in einen höheren Körper ein. Ihr könnt euch dann immer noch auf der physischen Ebene bewegen, aber niemand sieht euch. Ihr müßt bedenken, daß ja auch die Engel- und Deva-Reiche euch in diesem Augenblick umgeben, aber ihr könnt sie nicht sehen, weil auch sie auf einer anderen Lebensebene, auf einer anderen Frequenz tätig sind.

Es gibt in unserem Sonnenkörper zwölf Daseinsebenen, und das Ziel eurer spirituellen Existenz ist es, auf jeder dieser Ebenen die Meisterschaft zu erlangen. Betrachten wir als Beispiel das Leben von jemandem wie dem Meister Jesus. Er hatte nur die Meisterschaft über sieben Existenzebenen erreicht. Auf fünf Ebenen mußte er noch lernen und sich entwickeln. Ihr seid euch mit eurem Bewußtseinsstand nur der sieben unteren Ebenen gewärtig, die Teil eurer physischen Erkenntnismöglichkeit sind. Die übrigen fünf Ebenen gehen über eure Erkenntnismöglichkeiten, ja selbst über die meinen hinaus, obwohl ich auf einer höheren Ebene bin als ihr. Deshalb können wir im Augenblick einmal feststellen, daß es sieben Ebenen gibt, die ihr beherrschen lernen müßt, Ebenen, die manchmal die physische, ätherische, astrale, emotionale, vitale, mentale und spirituelle Ebene genannt werden. Während ihr in eurem physischen Körper seid, lebt ihr auf jeder dieser Ebenen. Ihr müßt auf diesen Ebenen ebenso Prüfungen bestehen und Herausforderungen meistern wie auf der physischen Ebene. Jede von ihnen verkörpert eine andere Realität, eine andere Welt. Ihr bewegt euch auf diesen Ebenen, während ihr schlaft, erinnert euch aber meist nicht mehr daran, wenn ihr in euer physisches Bewußtsein zurückkehrt.

FRAGE: Gibt es eine letzte Existenz, eine Vollendung? Was ist das letzte Leben?

ZT: Natürlich kann ich euch dazu nur meine persönliche Meinung sagen. Wie ich das Leben sehe, und nicht nur das physische, sondern das eigentliche Leben, ist es, obwohl wir von unserem Schöpfer ein individuelles Bewußtsein verliehen bekommen haben und einzigartig sind, irgendwann in der Zukunft unser Schicksal, dieses Bewußtsein dem Ganzen, unserem Schöpfer wieder zurückzugeben und mit unserer Individualität in der Einheit jenes großen, alles umfassenden Wesens zu verschmelzen. Deshalb besitzen wir unsere Individualität nach kosmischen Maßstäben nur eine kurze Zeit und geben sie dann freiwillig wieder unserem Schöpfer, der Quelle, zurück. Das wird von uns nicht gefordert. Es ist etwas, das wir gerne tun werden, denn es kommt dem Ganzen zugute. Doch für die meisten von uns liegt das in ferner Zukunft.

FRAGE: Können wir uns inzwischen so weit entwickeln, daß wir selbst die Seele eines Planeten sein können?

ZT: Nein. Das liegt nicht in euren Bewußtseinsmöglichkeiten, selbst wenn ihr Schöpfer seid und euch diese göttliche Gabe zuteil wurde, die nicht allen Wesen geschenkt ist. Das Engelreich beispielsweise hat nicht die Fähigkeit, sich selbst zu reproduzieren wie ihr. Ihr müßt bedenken, daß euch viele Gaben verliehen wurden, mit denen ihr lernen und euer Bewußtsein entwickeln könnt, und die andere planetarische Wesen nicht besitzen. Es ist euch die göttliche Gabe der freien Entscheidung verliehen, das Recht, euren Weg, euer Schicksal, selbst zu bestimmen. Es würde euch vielleicht überraschen zu erfahren, daß es viele Planeten gibt, deren Bewohner diese Gabe nicht besitzen. Selbst auf dieser irdischen Ebene ist es so, daß den drei anderen Reichen der Materie diese Gabe nicht verliehen wurde. Ihr könntet das Tier-, das Pflanzen- und das Mineralreich als unbelebte Materie betrachten, die eurem Willen unterworfen ist, aber auch sie hat ein Bewußtsein und folgt einem Evolutionsweg, der dem euren ähnelt.

FRAGE: Warum wurde die Erde als etwas so Besonderes ausgezeichnet und den Wesen, die auf ihr leben, der freie Wille verliehen? Warum ist das auf anderen Planeten nicht so?

ZT: Ihr müßt verstehen, daß die Menschheit, wobei ich das menschliche Bewußtsein auf der physischen wie auf den höheren Lebensebenen meine, eine ganz besondere Art von kosmischem Wesen ist. Den Evolutionsweg der Menschheit kann man mit einem Experiment vergleichen, das von vielen, vielen großen kosmischen Wesen in für uns unvorstellbaren Universen mit großem Interesse beobachtet wird. Dazu sind euch kosmische Gaben verliehen worden, die wenige andere Wesen besitzen.

Deshalb ist die Erde ein ganz besonderer Ort. Ihr seid sehr bevorzugt, daß ihr euch auf ihr inkarnieren dürft, daß ihr Teil der Schule der Erde sein und euer spirituelles Bewußtsein durch die Ausübung dieser kosmischen Talente erhöhen dürft. Es gibt auf anderen Planeten viele Wesen, denen es nicht erlaubt ist, in dieser Weise Bewußtsein zu erlangen. Euch sind die höchsten Gaben der Gottheit verliehen: ihre eigene Göttlichkeit, ihre eigene Schöpferkraft, ihr eigener freier Wille. Ihr seid im Grunde werdende Götter, und diese Erde ist eine Schule für Götter. Nun seht ihr vielleicht, warum die Erde von den anderen Planeten im Sonnensystem mit Neid betrachtet wird, da sie diese Möglichkeiten nicht haben. Euch ist sogar die Schicksalsmöglichkeit gegeben, jede andere Bewußtseinsebene in diesem Sonnenkörper zu übertreffen, wenn ihr nur eure Möglichkeiten voll ausschöpfen und in Liebe und Weisheit anwenden würdet.

So blickt man voller Interesse auf diesen Planeten, denn er ist die Bühne, auf der ein großes kosmisches Experiment stattfindet. Unter den Beobachtern sind einige, die sagen würden, daß das Experiment gescheitert ist, daß die Menschheit sich selbst zerstören wird, ja daß sie sich schon zerstört und die Erde unrettbar verschmutzt hat. Ich glaube nicht, daß das wahr ist, da diese Erde viele Zyklen menschlicher Evolution erlebt und das Kommen und gehen vieler großer Zivilisationen überstanden hat. Die Erde hat schon Lebensformen hervorgebracht, die sowohl technologisch als auch spirituell weit höher entwickelt waren als eure heutige. Die

Evolution der Menschheit erscheint zeitlos, aber sie wird von unserem Schöpfer und seiner spirituellen Hierarchie kontrolliert. Ihr seid nur ein Minutenabschnitt auf einem riesigen kosmischen Rad. Wann es begann oder wann es enden wird, kann ich nicht sagen.

FRAGE: Darf ich fragen, welchen Weg die Menschheit gehen sollte, um wieder zu ihrer göttlichen Schicksalsbestimmung zurückzufinden?

ZT: Jeder von euch ist einzigartig. Die Tatsache, daß sogar jeder einen eigenen Fingerabdruck hat, spiegelt eure geistige Einzigartigkeit wider. Es gibt keinen Weg, den die ganze Menschheit gehen könnte. Nur dadurch, daß jeder seinen eigenen Weg geht, sein eigenes Schicksal nach besten Möglichkeiten erfüllt, werdet ihr euch vereinen können, um gemeinsam das Schicksal der Menschheit zu erfüllen. Die meisten Menschen in der heutigen Welt bedenken gar nicht, welche Verantwortung sie für das persönliche Verhalten haben. Sie sehen immer nach außen und versuchen die Welt zu verbessern, versuchen den Weg der Menschheit zu verändern, anstatt nach innen zu sehen und bei sich selbst anzufangen. Wie ich schon oft sagte, wollt ihr den Frieden auf der Erde, aber ihr werdet ihn nie erreichen, wenn ihr nicht als einzelne zuerst den Frieden in euch selbst gefunden habt. Wenn ihr keinen Frieden in eurem Herzen habt, wird es nie Frieden auf Erden geben. Deshalb müßt ihr vor allem mit euch selbst eins werden, denn ihr seid göttlich. In euch ist das Bewußtsein der Gottheit. Ihr müßtet nur darauf hören und es nutzen. In gewissem Sinn ist eine Welt in der Krise, von der der erste Lehrer sprach, der richtige Platz dafür, denn man muß doch zugeben, daß ihr nur in einer Krise anfangt aufzuhorchen und neue Einsichten zu suchen. Erinnert euch an die Zeit in eurem Leben, wo ihr Krisen durchmachtet. Vielleicht habt ihr euch nur in solchen Augenblicken an den Gott gewendet, an den ihr glaubt; und eure Welt ist nun in der Krise, und diese Krise wird euch viel lehren, wird das kosmische Wissen, das das Geburtsrecht der Menschheit ist, wiederaufleben lassen. Hinter jeder dunklen Wolke ist Licht, und jenes Licht wird die Erde bald erhellen.

FRAGE: Wie lange wird es dauern, bis dieses Licht die Erde erhellt?

ZT: Das hängt von den Menschen ab. Ihr habt den freien Willen, euch zu entscheiden. Wenn alle heute abend diesen Raum mit entschlossenem Willen verlassen würden, wäre die Veränderung sofort spürbar, denn durch eure Begegnung mit anderen Menschen würde er sich gleichsam wie eine ansteckende »Krankheit« ausbreiten, eine »Krankheit«, von der bald alle Menschen betroffen wären. Durch euer eigenes Verhalten würdet ihr die ansteckende Krankheit der Liebe verbreiten. Natürlich haben alle großen Meister, auch wenn ihr sie nicht als Meister erkennt, das Beispiel der Liebe gegeben, und wenn ich Liebe sage, meine ich keine Verliebtheit oder Sexualität, sondern ich meine göttliche Liebe. Die Liebe zum Göttlichen. Die Liebe, die für das Göttliche alles opfert, die das Ganze vor dem Persönlichen sieht.

FRAGE: Wenn das menschliche Leben nur ein Drama auf einer Bühne ist, ist es dann wirklich so wichtig, was wir tun?

ZT: Ich habe viel über die Realität des Lebens gesprochen und darüber, daß sie im Grunde unreal ist. Ihr betrachtet das physische Leben natürlich als die Realität eures Seins, und in dem Sinn, daß ihr sie erleben müßt, ist sie das auch. Ihr solltet erkennen, daß ihr diese Realität schafft. Durch eure Gedanken, eure Worte und eure Taten schafft ihr die Realität des menschlichen Lebens. Wenn ihr diese Realität verändern wollt, dann müßt ihr eure Gedanken, eure Worte und eure Taten verändern. So einfach ist das, denn ihr seid die Herren der Schöpfung. Ihr könnt schaffen, was ihr wollt. Darin besteht das göttliche Geschenk, das euch gegeben wurde. Bedenkt, daß mit diesem Geschenk große Verantwortung einhergeht, denn ihr schafft Realität nicht nur auf dieser Lebensebene, sondern auch auf den höheren Ebenen, und wenn ihr diesen Planeten verschmutzt und verseucht, wirkt sich das auch auf die anderen Ebenen aus. Deshalb beeinflußt euer Verhalten Millionen und Abermillionen Bewußtseinsaspekte. Es ist tatsächlich eine große Verantwortung. Werdet ihr gerecht!

# Der Sinn der Krankheit

Ich möchte über den wahren Sinn der Krankheit sprechen. Da ich es hier mit einem außerordentlich vielschichtigen Thema zu tun habe, muß ich notwendigerweise vereinfachen und Analogien verwenden, aber wenn ich euch vermitteln will, wie sich der Sinn der Krankheit von meiner Seite des Lebens aus darstellt, ist das notwendig.

Ich will als Archetypus die Trinität, die Dreiheit der Schöpfung verwenden, und es so beschreiben, daß im Menschen die Dreiheit von Körper, Seele und Geist unterschieden werden kann. Jedes dieser Zentren der Kreativität braucht einen Körper, durch den es sich ausdrücken kann: einen physischen Körper, den ihr wahrnehmt, einen seelischen Körper und einen geistigen Körper. Jeder dieser Körper existiert auf einer anderen Ebene, und der spirituelle Körper, der sehr feinstofflich ist, existiert natürlich auf einer höheren Ebene als der physische. Jeder dieser Körper hat eine bestimmte Schwingungsfrequenz und drückt dadurch den Grad seines Seelenbewußtseins aus. Alles, was sich im spirituellen Körper, dem höchsten Körper, manifestiert, muß seinen Ausdruck auch in den niedrigeren Körpern finden, und deshalb wird sich eine spirituelle Krankheit, eine Seelenkrankheit, auch im Seelenkörper und im physischen Körper auswirken. Natürlich ist es auch möglich, auf der physischen Ebene eine Krankheit zu haben, die nicht das unmittelbare Ergebnis einer Krankheit im spirituellen oder seelischen Körper ist, aber darauf werde ich gleich noch zurückkommen.

Ich weiß nicht, ob es euch bewußt ist, daß – was euer Leben auf der physischen Ebene der Erde betrifft – ihr nicht eure Körper seid. Euer wahres Wesen ist euer Geist, der nur vorübergehend auf der Erde wohnt. Euer Körper gehört nicht euch, sondern der Göttin dieser Erde, die ihn in ihrem Leib schuf. Macht euch klar, daß euer physischer Körper Bewußtsein und Gefühl hat, daß er seine eigenen Ausdrucksmöglichkeiten und eine eigene Intelligenz hat, mit der ihr kommunizieren könnt. Ihr könnt mit ihm sprechen, so wie ich jetzt mit euch spreche. Die Vorstellung, daß ihr als geistige Wesen nicht mit eurem Körper identisch seid, ist euch vielleicht nicht neu, aber habt ihr schon einmal darüber nachgedacht, daß es möglich ist, mit eurem Körper ein Gespräch zu führen, ihn etwas zu fragen, ihn um etwas zu bitten und sich von ihm führen zu lassen, vor allem wenn es um das Heilen einer Krankheit geht? Wenn ihr sterbt und euer Geist in die höheren Lebensebenen zurückkehrt, stirbt auch euer Körper und kehrt in den Mutterleib der Erde, zur Göttin, zurück. Ihr müßt wissen, daß euer Körper, wie ihr, einen Evolutionsweg gegangen ist und Bewußtsein gewonnen hat. Er hat ein sinnvolles Leben geführt und hat gelernt, wie euer Geist es getan hat. Wißt ihr auch, daß das Sonnensystem, in dem ihr lebt, ein Körper ist, der eurem physischen Körper gleicht, und daß die Organe dieses Körpers, die Planeten, ebenso funktionieren wie die Organe eures physischen Körpers? Ihr seid ein Mikrokosmos innerhalb eines Makrokosmos, ihr seid Körper innerhalb anderer Körper, ein Bewußtsein innerhalb eines größeren Bewußtseins, und alles entwickelt sich und lernt. Macht euch also klar, daß euer physischer Körper, der euch von der Göttin anvertraut wurde, ein sich entwickelndes, bewußtes Wesen ist, das eure Achtung, eure Bewunderung und vor allem eure Liebe verdient, denn es ist Liebe, die den physischen Körper pulsieren und dem Geist gehorchen läßt.

Beschäftigen wir uns nun mit dem Wesen der Krankheit. Krankheit, Unwohlsein, Disharmonie können mit dem Teufel in Vebindung gebracht werden, wobei ich jetzt nicht von jenem satanischen Wesen spreche, das verschiedene Religionen geschaffen haben, um ihr Gottesbild anziehender und einsichtiger zu machen, sondern von dem realen saturnischen Einfluß, dem herausfordernden Einfluß des Planeten Saturn. Der Teufel, Satan, ist nichts anderes als dieser Saturnaspekt. Ihr werdet immerzu auf jeder Ebene eures Seins geprüft. Der Saturnaspekt prüft euch, um euch weiterzuentwickeln, um euer Bewußtsein auf jeder Seinsebene zu erfüllen. Er prüft sogar die Essenz des Geistes selbst. Leben für Leben zieht euer Geist in immer wieder andere physische Körper ein, und die Seele, die das Erinnerungsvermögen des Geistes ist, bringt das Bewußtsein der vergangenen Leben mit. Sie bringt auch die Schwächen der vergangenen Leben mit, die Lektionen, die noch gelernt werden müssen, das Karma, das verwandelt werden muß. Die Art und Weise, in der ihr in der Vergangenheit euren physischen Körper behandelt habt, läßt sich an eurem gegenwärtigen Körper ablesen. Nach der Empfängnis schafft sich der Geist mit Hilfe seines Seelengedächtnisses im Mutterleib nach seinen Bedürfnissen einen Leib. Dieser Leib verkörpert das Seelenmuster, die Seelenerinnerung der vergangenen Leben. Deshalb leben in dem Körper auch wieder die Schwächen der vergangenen Existenzen auf. Wenn ihr erwachsen seid, müßt ihr euch mit diesen seelischen Schwächen aus der Vergangenheit auseinandersetzen und sie meistern lernen. So muß man sehen, daß viele Krankheiten, wenn nicht sogar die meisten, auf einer prä-physischen Ebene entstehen, das heißt auf der seelischen und geistigen Ebene, und daß sie von jenen, die dafür begabt sind, gesehen werden können, bevor sie sich im physischen Bereich manifestieren. Deshalb ist es auch möglich, solch eine Krankheit schon zu behandeln, bevor sie sich überhaupt physisch manifestiert. In manchen alten Zivilisationen beherrschten die Heiler und Mediziner diese Kunst. Es ging ihnen vor allem darum, auf den höheren Ebenen zu heilen, um zu verhindern, daß sich eine Krankheit überhaupt erst auf der physischen Ebene manifestiert. Aber heute ist dieses Wissen leider verlorengegangen, und so müßt ihr euch in eurer Zivilisation mit physischer Krankheit auf der physischen Ebene auseinandersetzen. Wenn ihr jedoch akzeptieren könnt, daß die Ursachen der Krankheit nicht rein physisch sind und meist durch frühere Erfahrungen, sei es in diesem oder in vorangegangenen Leben, ausgelöst wurden, könntet ihr die wahre Ursache der Krankheit verstehen lernen.

So laßt uns vor allem erkennen, daß Krankheit von innen kommt. Jede Krankheit entsteht entweder durch den Körper, die Seele oder den Geist. Ihr seid die Ursache all eurer Krankheiten. Es könnte scheinen, als stamme eine Krankheit von außerhalb des Körpers, aber ihr zieht sie nur an, weil ihr erlaubt, daß sie in euren Körper eindringt, weil euer Körper nicht in vollkommener Harmonie ist. Das kann entweder daran liegen, daß ihr euren Körper nicht mit der nötigen Achtung behandelt habt und ihm nicht sein Gleichgewicht erhalten habt, so daß er allen Krankheiten gegenüber immun ist, oder weil in eurem seelischen oder geistigen Leib eine Schwäche ist, die es erfordert, daß ihr durch eine Krankheit geprüft werdet.

Ich spüre, daß sich jetzt die Frage in euch regt: »Warum haben wir dann diese Seuchen auf der Erde, wo viele Menschen von einer bestimmten Krankheit erfaßt werden und nur wenige ihr entgehen?« Die Antwort darauf ist sehr einfach. Es gibt viele Gruppen von Seelen, die sich Leben für Leben miteinander inkarnieren und ähnliche Evolutionsmuster haben. Deshalb neigen viele einzelne Seelen innerhalb dieser Gruppe dazu, die gleichen Schwächen zu haben und werden auch an den gleichen Krankheiten leiden. Aber ein Mensch, der in vollkommener Harmonie von Körper, Seele und Geist lebt, kann und sollte jeder Krankheit widerstehen. *Ihr müßt* nicht krank werden, es sei denn, eine Krankheit ist euch als Prüfung auferlegt, damit euer spirituelles Bewußtsein sich weiterentwickeln kann. Krankheit sollte in allen Fällen als etwas Selbsterzeugtes gesehen werden, das Körper, Geist und Seele zugute kommt, denn was ist Krankheit, wenn nicht eine Lernerfahrung, die es erfordert, daß ihr all eure Energie auf sie konzentriert, euch um die Heilung bemüht und euch vor allem um euren physischen Körper kümmert, den heute so viele Menschen vernachlässigen.

Euer physischer Körper ist keine gefühllose Materie. Wer intensiv mit Krankheiten zu tun hat, vor allem in den heilenden Berufen, ist sich der Erhabenheit des menschlichen Leibes wohl bewußt. Er ist tatsächlich etwas Göttliches. Die meisten von euch wissen jedoch wenig von den komplexen biologischen Funktionen, die der Körper meist völlig autonom und automatisch erfüllt und davon, wie er sich den Forderungen des physischen Lebens anpaßt und die vielen schöpferischen Funktionen, die sich in ihm vollziehen, wahrnimmt. Wenn ihr hundertmal soviel wüßtet über den menschlichen Körper als ihr heute wißt, würdet ihr erst anfangen, seine wirklichen Fähigkeiten zu verstehen. Heute wißt ihr so wenig davon, was der Körper leisten kann, wie und warum er schöpferisch ist. Obwohl der physische Prozeß der Empfängnis heute beispielsweise bekannt ist, erkennen doch die meisten Menschen noch nicht die Ursache und den Augenblick der Empfängnis und wissen nicht, auf welcher Ebene diese Entscheidung stattfindet.

Der Körper hat also ein Bewußtsein und somit die Fähigkeit, eine Krankheit zu akzeptieren oder abzuweisen und zu entscheiden, ob er die Lektion, die damit verbunden ist, lernen will oder nicht. Es liegt in der Verantwortung des Geistes, der in diesem Körper wohnt, die Heilung zu bewirken und die Krankheit zu verwandeln. Der erste Schritt zur Heilung jeder Krankheit ist das Akzeptieren dieser Krankheit.

Ihr müßt erkennen, daß die Krankheit als ein Ausdruck des göttlichen Planes, als Instrument der Evolution, zu euch gekommen ist. Sie ist nicht etwas, gegen das man kämpfen und das man besiegen muß, das man in den Hintergrund drängen und übersehen muß, das man als Unannehmlichkeit im alltäglichen Leben betrachten soll. Es ist eine Gelegenheit, die von eurem Schöpfer gegeben wird, um in eurer Entwicklung weiterzukommen. Nehmt diese Prüfung also liebevoll an. Erkennt, daß sie etwas ist, das ihr auf einer anderen Ebene selbst gesucht habt.

222

Wenn ihr eine Krankheit akzeptiert habt, ist es leicht, mit dem Körper zu kommunizieren, das wahre Wesen der Krankheit zu erkennen und zu entscheiden, welche Art der Behandlung für euren Körper die beste ist. Dabei dürft ihr nicht vergessen, daß jeder einzigartig ist und daß eine bestimmte Form der Behandlung dem einen Körper nützen mag, dem anderen aber nicht. Wenn ihr überlegt, wie ihr eine Krankheit heilen wollt, denkt immer an die höheren Körper, den geistigen und den seelischen, die sich so stark auf den physischen Körper auswirken. Es ist die Einheit dieser drei Energien, die den Heilprozeß bewirkt. Er muß auf allen drei Ebenen stattfinden.

In eurer heutigen Welt gibt es viele Medikamente, die sehr wirksam eine Krankheit für den Augenblick vertreiben können und euch so ermöglichen, um eine Prüfung herumzukommen. Ihr müßt entscheiden, ob ihr sie benutzen wollt oder nicht. Denkt jedoch daran, daß eine Prüfung, die euch auferlegt ist, zu einem späteren Augenblick eurer Entwicklung wieder auf euch zukommt. Zudem wird eine Prüfung, die man aufgeschoben oder nicht beachtet hat, schwieriger, wenn sie einem aufs neue gestellt wird. Das gilt ebenso für eine Krankheit. Eine verschobene Krankheit wird später nur in heftigerer Form wieder auftreten und dann schwerer zu heilen und zu verwandeln sein. Man sollte sich mit einer Krankheit auseinandersetzen, wenn sie auftritt. Das erfordert natürlich Zeit und Energie. Man muß sich gewissenhaft mit ihr auseinandersetzen. Man muß sie als eine Dysfunktion des physischen Körpers erkennen, die zu ihrer Heilung Bewußtsein erfordert. Sprecht mit eurem Körper, sprecht mit der Krankheit, versteht die Ursache der Krankheit und schafft so selbst die Heilung. Aus einer richtigen Einsicht in die Heilvorgänge entsteht neues Bewußtsein und neue Erkenntnis über das wahre Wesen des Lebens und über den Weg, den ihr zu gehen habt.

Jede Krankheit, die ihr auf irgendeiner eurer Seinsebenen habt, spiegelt eine Schwäche eures Geistes wider. Sie ist ein Bild für eine karmische oder planetarische Schwäche, die zu beherrschen und von der zu lernen ihr hierhergekommen seid. Die Ebene, auf der sich diese Schwäche manifestiert, ist durch eure Wesensart bestimmt.

Meistens seid ihr nur von physischen Krankheiten betroffen, aber hinter jeder physischen Krankheit liegt eine tiefere und höhere Bedeutung, die ihr sehr leicht entdecken könnt, wenn ihr darüber meditiert, selbst während ihr krank seid. Ihr könnt die wahre Ursache einer Krankheit immer herausfinden.

Natürlich kann euer physischer Körper, der sein eigenes Bewußtsein und seinen eigenen Willen hat, entscheiden, ob er krank werden will. Deshalb müßt ihr diesen Körper liebevoll behandeln und ihm erklären, daß ihr als Seelenwesen, das in ihm wohnt, euer Schicksal nur erfüllen könnt, wenn ihr in ihm ein gesundes Werkzeug habt. Es muß dem Körper bewußt gemacht werden, warum ihr die Krankheit zu heilen versucht und welche Schritte ihr dazu unternehmen wollt. Der Körper, der das höhere Bewußtsein in sich respektiert, ebenso wie ihr das höhere Bewußtsein respektiert, das euer Gott ist, wird auf euer liebevolles Verhalten reagieren.

Krankheit kommt also von innen, gleichgültig, auf welcher Ebene sie auftritt und wie der Mensch ist und wie seine Seele geartet ist. Sie kommt immer von innen, nie von außen. Wenn man die Krankheit und ihre Quelle akzeptiert, führt das zu einer wirklichen Einsicht in ihr Wesen. Natürlich gibt es vielerlei Formen und Grade von Krankheiten auf der Erde, die ein Bild der vielen Schwächen der Menschheit und ihres Verhaltens in der Vergangenheit sind. Denkt daran, daß ihr die Krankheiten eurer Vorfahren erbt und daß die Samen der Krankheit, die ihr jetzt sät, bei euren Kindern und Kindeskindern aufgehen werden. Deshalb inkarnieren sich große Seelen oft nur zu dem Zweck auf der Erde, eine bestimmte Krankheit zu verwandeln und die Erde für alle folgenden Generationen von ihr zu reinigen. Das zeigt sich auch im Leben des Meisters Jesus. Er inkarnierte sich, um einen großen Teil des Übels aus der Vergangenheit zu verwandeln und der Menschheit neue Wege zu eröffnen. Jede Krankheit, selbst die verbreitete Erkältung, muß als etwas gesehen werden, das man in Liebe akzeptieren und durch Liebe verwandeln soll. Wenn man kein hohes spirituelles Bewußtsein hat, verstört oder verärgert eine Krankheit nämlich leicht, man sieht sie dann als etwas, das einen an der Lebensfreude hindert, ja das sogar ein Hindernis auf dem Evolutionsweg ist. Es ist aber eine Tatsache, daß es euch schwerfallen wird, auf irgendeiner Seinsebene zu funktionieren, solange ihr die Krankheit nicht akzeptiert und eure vollkommene Gesundheit nicht wiedererlangt habt. Vergeßt nicht, daß seelische Krankheiten physisch zum Ausdruck kommen und daß geistige Krankheiten sich sowohl seelisch als auch physisch auswirken. Richtet eure Aufmerksamkeit deshalb auf den Geist, das Zentrum, auf euer innerstes Wesen. Seht mit Aufrichtigkeit und Liebe darauf. Sprecht mit eurem Geist, meditiert mit ihm und ihr werdet durch die Erkenntnis dieser Einheit die Krankheit abschaffen.

# Fragen und Antworten:

FRAGE: Der Sprecher sagte, daß man immer versuchen sollte, seine Krankheit von innen zu heilen, nicht durch die Verwendung von Medikamenten zu verschieben; aber heute benutzt die Medizin fast immer Medikamente, um die Gesundheit der Menschen wiederherzustellen. Es geht immer vor allem darum, sich von der Krankheit zu befreien. Ist das so falsch?

ZT: Letztlich geht es bei einer Krankheit natürlich um die Heilung. Ob man sie in diesem Leben oder in einem anderen Leben auf der physischen oder auf einer anderen Ebene heilt, muß man selbst entscheiden. Natürlich gibt es, wie ihr nur zu gut wißt, unheilbare Krankheiten, an denen die Menschen sterben, aber man sollte dabei nicht übersehen, daß Menschen aus vielen Gründen sterben, nicht nur an Krankheiten oder weil sie alt sind, sondern auch weil sie beschlossen haben, sich aus dem physischen Leben zurückzuziehen, vielleicht weil sie ihre wichtigste Lebensprüfung nicht bestanden haben. Scheinbar vollkommen gesunde Menschen können nach einer ganz kurzen Krankheit sehr plötzlich sterben. Der Sinn einer solchen Krankheit liegt vielleicht darin, daß die Seele sich aus dem physischen Leben zurückziehen will, weil sich bestimmte Dinge nicht erfüllt haben, und daß sie nach einer Zeit der Sammlung wieder ein neues Leben beginnen will.

FRAGE: Könnt ihr uns etwas über Krankheiten bei Kindern sagen? Auf welcher Ebene lernen sie?

ZT: Erinnern wir uns daran, daß im Körper eines Kindes eine hochentwickelte Seele leben kann und daß das Alter des physischen Körpers nicht das Alter und den Entwicklungsstand des Geistes widerspiegelt. Der Geist, der im Körper eines kleinen Kindes lebt, kann sehr weise und sehr hochentwickelt, aus vielerlei Gründen aber nicht in der Lage sein, sich auszudrücken, oft einfach, weil das Kind physisch noch nicht so weit inkarniert ist, daß es sich als ein reifes menschliches Wesen äußern kann.

Krankheiten, die sich bei Kindern manifestieren, sind oft, aber nicht immer, durch Krankheiten ihrer Eltern verursacht. Bedenkt, daß die Elemente, die Gene, die zur Bildung des physischen Körpers eines Kindes beitragen, von Mutter und Vater stammen. Man muß wissen, daß die Schwingungen und die Charakteristika des Vaters, auch wenn der Körper des Kindes im Mutterleib geschaffen wird, anwesend sind und zur Gestaltung des Kindes während der neun Monate seines Wachstums beitragen. Deshalb können und werden Störungen bei einem Elternteil sich im physischen Körper des Kindes wiederholen, was zu Krankheiten führt, vielleicht sogar zu Krankheiten, die der Geist des Kindes gar nicht haben will. Deshalb entschließen sich manche kleinen Kinder zu sterben; der Körper, der geschaffen wurde, ist für das Schicksal, das sie gewählt haben, nicht passend. Bis zum Alter von zwölf Jahren, wenn die Seele sich völlig im Körper inkarniert hat, kann ein Kind sein physisches Leben beenden und wird es auch oft tun, wenn die Gegebenheiten, die es für sein Schicksal braucht, nicht erfüllt sind. Es gibt also bei einem Kind, das jünger als zwölf Jahre alt ist, niemals so etwas wie Selbstmord. Natürlich ist es nicht das Kind selbst, das sich entscheidet, sich von der physischen Ebene zurückzuziehen, da es noch viel zu jung und unreif ist. Es ist der Geist, der diese Entscheidung trifft, weil der Körper krank ist und sich für das ihm bestimmte Leben nicht eignet.

Natürlich kann sich Krankheit auch bei einem kleinen Kind auf der geistigen Ebene manifestieren. Die Krankheit kann Teil eines karmischen Musters sein, wobei wir nicht vergessen dürfen, daß dieses karmische Muster nicht nur das Kind betrifft, sondern von den Eltern herrühren kann. Die Prüfung oder Krankheit, die ein Kind heimsucht, ist oft nicht für es selbst, sondern für die Eltern, die es geschaffen haben. Es ist ja so, daß die Eltern so viel von dem Kind lernen, wie das Kind von ihnen lernt. Der Lernprozeß ist immer etwas Wechselseitiges, und ein Kind, das stirbt, hat dieses Opfer vielleicht gebracht, um den Eltern, seinen Krankenschwestern und Ärzten oder selbst der ganzen Gesellschaft zu helfen, sich gewisser Lebensverhalten bewußt zu werden, über die die betreffenden Menschen etwas lernen müssen.

Krankheit ist deshalb immer ein Evolutionsprozeß. Sie bringt immer Wachstum und Einsicht auf irgendeiner Ebene hervor. Kinder scheinen unser Mitleid mehr zu verdienen, weil sie noch so jung sind und ihre Möglichkeiten noch nicht ganz leben können. Dadurch wird die Lektion womöglich härter; das Prinzip ist bei einem Kind jedoch das gleiche wie bei einem Erwachsenen. Krankheit und Leiden haben bei Kindern den gleichen Sinn. Man betrachtet ein Kind liebevoller als einen Erwachsenen, man sieht die Reinheit der Gottheit deutlicher in ihm und ist deshalb von stärkerem Mitgefühl erfüllt.

FRAGE: Ich glaube, daß viele, vielleicht die meisten Krankheiten, ihre Ursache im Körper haben und daß wir leicht etwas aufschnappen, wenn die körperliche Widerstandskraft gering ist.

Aber wie erklärt ihr so etwas wie die Grippe-Epidemie von 1919, wo eine massive Infektionskrankheit plötzlich auftaucht, mit der unser Körper nicht mehr fertig wird? Liegt die Ursache einer solchen Krankheit nicht außerhalb des Körpers?

ZT: Natürlich. Wenn wir das Beispiel unseres Sonnensystems, eines anderen physischen Körpers, nehmen, können wir sagen, daß die meisten Krankheiten aus diesem System selbst stammen. Wir können sagen, daß vor allem die Erde, eines ihrer wichtigsten Organe, krank ist und diese Krankheit ins Sonnensystem ausstrahlt. Wir können auch sagen, daß manchmal in unser Sonnensystem beispielsweise ein Meteorit, ein größerer Himmelskörper, der ihm fremd ist, eintritt. Solch ein Ereignis hat natürlich Sinn und Zweck und stellt für unser Sonnensystem eine Prüfung und eine Herausforderung dar. Natürlich kann man auch auf der irdischen Ebene, um im Bild zu bleiben, erleben, daß ein Fremdkörper in sie eindringt, eine neue Form von Krankheit, die die Menschheit geschaffen hat. Diese Krankheit wird sich besonders stark auswirken, weil die Menschen keine Widerstandskraft gegen sie haben. Daran zeigt sich eine allgemeine Schwäche der Menschheit in diesem Stadium.

Vergeßt nicht, daß das menschliche Denken fähig ist, Kraft- und Energieformen zu schaffen, die ihrerseits Krankheiten hervorbringen können. Eure Gedanken formen letztlich eure gesamte Umwelt. Eure Gedanken können Krankheit und Leiden hervorbringen. So könnt ihr eine Form von Grippe hervorbringen, die aber in Wirklichkeit die Folge von Gedanken und Gefühlen der Menschen ist. Deshalb schafft die Menschheit ihre eigenen Epidemien. Und wenn ihr in vollkommener Harmonie und im Gleichgewicht seid, werdet ihr von einer Krankheit nicht befallen werden, gleichgültig wieviele Menschen rings um euch sie bekommen. Ebenso kann ein Gesunder von Leprakranken umgeben sein, ohne selbst Lepra zu bekommen; aber wenn jemand in einer schlechten Verfassung ist und ein schwaches Energieniveau hat, wird er sich anstecken.

FRAGE: So geht es also vor allem darum, uns auf die Vervollkommnung unseres physischen Körpers zu konzentrieren und Körper, Seele und Geist in Harmonie zu bringen?

ZT: Es geht vor allem um innere Vervollkommnung, und aus dieser Vervollkommung wird auch dauerhafte äußere Stärke resultieren. Es gibt heute viele Menschen, die zwar äußerlich über Gesundheit verfügen, aber in Wirklichkeit innerlich in Disharmonie leben. Ohne diese innere Harmonie jedoch wird auch die äußere Perfektion bald dahinschwinden.

FRAGE: Ist dann eurer Meinung nach auch die Entwicklung von Impfstoffen gegen Typhus und Pocken falsch? Denn man muß doch trotz allem sagen, daß wir heute in einer Welt leben, in der die Menschen an diesen Krankheiten nicht mehr leiden oder sterben müssen.

ZT: Natürlich hat der Einsatz von Impfstoffen die Verbreitung und Entwicklung vieler ansteckender Krankheiten verhindert. Solche Entwicklungen sind das Ergebnis einer physischen Reaktion der Menschen auf eine physische Herausforderung. Jede Prüfung, die den Menschen auferlegt wird, ist zu bewältigen. Aber wenn ein Hindernis überwunden ist, wird das nächste auftauchen. Die gleiche Krankheit erscheint in einer anderen Form, um mich in einer medizinischen Analogie auszudrücken. Ihr seht ja, was heute geschieht. Durch die Einnahme von Antibiotika unterdrückt ihr vielleicht eine bestimmte Krankheit, aber trotz oder gerade wegen dieser Behandlung bleibt die Schwäche, die Krankheit, bestehen und manifestiert sich zu einem späteren Zeitpunkt auf andere Weise und in einer anderen Form.

FRAGE: Ihr habt gesagt, daß die Menschheit von einer Krankheit befallen werden wird, die aus dem Tierreich stammt und die sich noch zerstörerischer auswirken wird als eine Wasserstoffbombe. Könnt ihr mehr darüber sagen?

ZT: Ich habe gesagt, daß eine aus dem Tierreich stammende Krankheit die Menschen befallen und Leid und Tod mit sich bringen würde. Diese Krankheit wurde durch den Mißbrauch des Tierreiches durch die Menschen hervorgebracht. Die Krankheit, die ihr AIDS nennt, stammte ursprünglich tatsächlich aus dem Tierreich. Aber sie ist nur der Vorläufer einer größeren Krankheit, die den ganzen Planeten befallen wird. AIDS ist nur eine Warnung an die Menschheit, damit sie sieht, was ihr bevorsteht und weiß, daß sich eine Krankheit sehr schnell verbreiten kann, die nicht mehr in den Griff zu bekommen ist. Sie sollte der Menschheit eine Warnung sein, daß nur das richtige Verhalten gegenüber dem physischen Körper einen davor schützen kann, von solch einer Krankheit befallen zu werden.

FRAGE: Wollt ihr damit sagen, daß es für die Menschen möglich ist, jetzt schon eine solche Vollkommenheit zu erlangen und jeder Krankheit zu widerstehen? Wenn das zutrifft, könnt ihr etwas darüber sagen, wie man diesen Zustand erreichen kann?

ZT: Ich möchte es so sagen: Wenn ein Mensch soweit ist, daß er das Wesen seines Körpers und der Krankheit wirklich versteht, kann und sollte er in vollkommener Harmonie leben. Das Problem ist in eurer heutigen Gesellschaft, daß den Kindern diese Einsicht und das richtige Verhalten ihrem Körper gegenüber nicht vermittelt wird, daß sie sich ihrer Verantwortung in diesem Bereich nicht bewußt werden. Ja man bringt ihnen oft sogar das Gegenteil bei, so daß sie sich auf Medikamente und Chirurgie verlassen, um ihre Gesundheit zu erhalten. Sie lernen nicht, wie wichtig es ist, sich richtig zu ernähren, den Körper zu trainieren, richtig zu atmen und richtig zu leben, und so werden auch sie krank. So schränken sie die Möglichkeiten ihres physischen Körpers ein, bis sie irgendwann zur richtigen Lebenserkenntnis gekommen sind. Wenn man einmal soweit ist, kann man die vollkommene Harmonie und Immunität allen Krankheiten gegenüber erreichen. Das ist Sinn und Ziel des Lebens.

# Gruppenenergie

Das religiöse Dogma der Trinität ist nur ein schwacher Abglanz eines großen kosmischen Prinzips, das in alle Bereiche des menschlichen Strebens hineinwirkt. Dieses kosmische Prinzip manifestiert sich auf vielerlei Weise, und ebenso vielfältig ist der Evolutionsweg der Menschheit. Ihr selbst manifestiert euch in der Dreiheit von Körper, Seele und Geist. Auch wenn wir uns jetzt mit Gruppenenergie befassen, hat dieses Prinzip Bedeutung, denn wir haben uns mit dem Körper, der Seele und dem Geist einer Gruppe zu beschäftigen.

Der Körper, als die physische Manifestation einer Gruppe, besteht natürlich aus den Menschen, die sie bilden und deren physische Präsenz über das Wesen der Gruppe entscheidet. Wenn auch nur einer nicht anwesend ist, verändert sich die Gruppenenergie. Es beeinflußt die Arbeit und die Schöpferkraft der Gruppe, da Energie fehlt, und ich spreche hier nicht nur von physischer Anwesenheit, sondern von den vielen Energien im Gesamtbewußtsein der Gruppe. Das kann durch das Verhalten einzelner Gruppenmitglieder geschehen, die mit ihren persönlichen Problemen beschäftigt sind, oder dadurch, daß einzelne Mitglieder der Gruppe entgegengesetzte Ziele verfolgen. Wir wollen jedoch für unsere Betrachtung die physische Präsenz der Gruppe und die physische Arbeit, die sie tut, als den Körper der Gruppe betrachten.

In einer idealen Gruppe würden die Mitglieder die physische Arbeit gerecht untereinander verteilen, was jedoch durch die Wirklichkeit der menschlichen Ausdrucksfähigkeit verhindert wird. Die Menschen arbeiten auf verschiedenen Ebenen, jeder entsprechend seinem Bewußtseinsaspekt, seiner Vitalität und Tüchtigkeit. Doch selbst wenn alle nach ihren besten Bewußtseinsmöglichkeiten und körperlichen Kräften arbeiten, muß man es als Tatsache hinnehmen, daß die Gesamtarbeit der Gruppe nicht notwendigerweise unter allen Migliedern gleichmäßig verteilt ist.

Ihr solltet die einzelnen Gruppenmitglieder nicht miteinander vergleichen und nicht sagen, der eine arbeite härter, er sei kreativer oder gebe der Gruppe mehr als ein anderer, denn das sind sehr menschliche, äußere Maßstäbe, die nicht in Betracht ziehen, was der Betreffende im Ganzen, vor allem auf den höheren Lebensebenen gibt. Die Gruppenenergie wird von allen Mitgliedern geteilt. Jeder gibt und jeder nimmt. An manchen Tagen werdet ihr mehr geben als ihr nehmt, an anderen werdet ihr mehr nehmen als ihr geben könnt. Das ist der Sinn des Gruppenlebens, der Gemeinsamkeit: daß man sich gegenseitig auf der physischen Ebene des Lebens hilft. Die Gruppenenergie sollte das physische Leben erleichtern. Sie sollte einem beim Umgang mit physischen, aber auch mit seelisch-geistigen Problemen und Belastungen helfen.

Betrachten wir nun die Seele der Gruppenenergie. Die Seele steht höher als der Körper. Das dürft ihr nie vergessen. Euer physischer Körper ist nur das Instrument eurer seelisch-geistigen Kräfte. Eure Seele empfängt die Inspiration, die Kraft der Intuition, und formt sie in menschliche Aktivität um, die euer physischer Körper ausführt. Deshalb ist die Seele der Gruppe die Quelle der Gruppenaktivität. Wenn die Seelen der Gruppenmitglieder in Harmonie sind, wenn sie eine gemeinsame Zielsetzung haben, wenn sie offen und intuitiv sind und mit der Gottheit in Einklang stehen, dann fließt kosmische Energie herab und macht es möglich, daß diese Seelen auf einer bisher unmöglichen, undenkbaren Ebene schöpferisch werden. Es gibt so etwas wie eine Gruppenseele, wenn ihr es so nennen wollt. Seelen, die sich für eine gemeinsame Sache vereinigen, können positive Kräfte hervorbringen, die nicht nur in ihrer eigenen Gruppe, sondern in der ganzen Welt wirksam werden, wenn die Gruppe ihre Energien nach außen sendet. Die Seele aber ist wiederum nur das Instrument des Geistes, des Bewußtseins.

Wenden wir uns nun also der höchsten Ebene der Gruppe, ihrem spirituellen Bewußtsein, zu. Euer Bewußtsein ist das Innerste eures Wesens, der Geist, der schon vor eurer Geburt gelebt hat, der nach eurem Tod weiterleben wird. Es ist die spirituelle Einheit, die Verbundenheit jedes einzelnen Bewußtseins mit den anderen durch Meditation und gemeinsame Einstimmung, die die Gruppe verbindet. Es ist diese zusammenfließende Energie, diese Verbundenheit auf den höheren Lebensebenen, die die Gruppe auf ein gemeinsames Ziel hin eint. Auch wenn es auf der körperlichen oder seelischen Ebene Schwierigkeiten geben mag – wenn das spirituelle Bewußtsein der einzelnen in der Gruppe eins ist, dann wird nur Harmonie daraus entstehen. Es kann nur Gutes durch ein geeintes spirituelles Bewußtsein bewirkt werden, weil es sich zum Ziel gesetzt hat, der Welt zu dienen.

So motiviert der Geist die Seele, die durch den Körper schöpferisch wirkt. Alle drei Elemente sind wichtig. Ohne diese Dreiheit könntet ihr nichts hervorbringen. Nehmt also die Energie auf jeder dieser Ebenen wahr, denn sie sind wichtig. Physische Energie ist anders als seelische Energie, und diese wiederum anders als kosmische oder spirituelle Energie. Jede dieser Formen von Energie muß erkannt und kanalisiert werden. Jede von ihnen muß mit den anderen Energien in der Gruppe in Einklang gebracht werden, damit sie eine geschlossene Front bildet, die für das Gute in der Welt eintritt. Wenn ihr euch einer Gruppe anschließt, seid ihr bereit, euer Bewußtsein in die Gruppe einzubringen. Ihr opfert der Gruppenenergie etwas vom Höchsten, das in euch ist, und wenn auf dieser Ebene eine Gemeinsamkeit entsteht, wird auch alles andere gutgehen. Wenn eine Gruppe nur auf der physischen Ebene, auf der körperlichen Ebene tätig wird, ohne daß Seele und Geist daran beteiligt sind, werden unvermeidlich Konflikte auftreten. Sie wird nicht nach besten Kräften arbeiten können und das Geleistete wird nicht wirklich ein Abbild des Gruppenbewußtseins sein.

Deshalb ist es wichtig, daß man sich mit einer Gruppe auf der Ebene des spirituellen Bewußtseins verbindet und erkennt, daß eine Energie tief im eigenen Inneren mit der Energie der Gruppe verschmelzen will, ein Teil von ihr werden will, um zugleich etwas beizutragen und sich selbst davon durchdringen zu lassen. Wenn man für die Energie der Gruppe offen ist, auf sie hört und sie respektiert, dann wird sie durch einen hindurchfließen und es möglich machen, daß man entsprechend dem eigenen Bewußtsein tätig und fruchtbar wird. Diese Energie wird sich bei jedem Mitglied der Gruppe anders manifestieren, je nach dem individualisierten Bewußtsein des einzelnen. Das ist das Wesen der menschlichen Evolution, so schafft unser Schöpfer die Vielfalt des Lebens. Die eine Energie wird viele Aspekte, viele verschiedene Facetten hervorbringen, in denen sich die Vielfalt der Individuen in der Gruppe widerspiegelt.

Die Gruppenenergie ist etwas, womit sich jede Gruppe intensiv beschäftigen sollte. Ihr müßt erkennen, daß sie vorhanden ist und daß sie gepflegt werden kann. Es sollte euch bewußt sein, daß ihr euren Teil zu ihr beitragen und von ihr zehren könnt. Denkt daran, daß die Beteiligung an einer Gruppe auch den Sinn hat, die anderen Mitglieder der Gruppe zu stützen und daß diese anderen euch ebensoviel geben können wie ihr ihnen. Vergeßt nicht, daß euer Verhalten als Individuen in Gedanken, Worten und Taten sich auf das Bewußtsein der Gruppe auswirkt. Alles, was man nach seinen besten physischen, seelischen und geistigen Möglichkeiten tut, beeinflußt die Gruppenenergie, und je höher die Ebene ist, auf der man gibt, desto höher ist auch die Ebene, auf der man etwas empfängt. Man kann sogar sagen, daß die Energie, die ihr in die Gruppe einbringt, euch zehnfach zurückgegeben wird. Gebt, so wird euch gegeben.

Ein wichtiger Sinn einer Gruppe besteht darin, den Menschen zu helfen, ihr individualisiertes Bewußtsein in die richtige Perspektive zu rücken und sie erkennen zu lassen, daß sie nicht allein sind. Ihr Bewußtsein ist zwar individualisiert, aber sie sind auch Teil des Ganzen. In einer Gruppe lernt ihr nicht nur den einzelnen Mitgliedern der Gruppe etwas zu geben, sondern der Gruppe als Ganzes und der Energie, die sich durch sie manifestiert. Ihr lernt, daß ihr ein Teil des Ganzen seid und daß ihr euren Teil zu diesem Ganzen beitragen und euer Opfer bringen müßt, in dem Wissen, daß das, was für das Ganze richtig ist, auch für euch selbst richtig sein wird.

Wenn ihr nun den Gruppenalltag erlebt, eure Hochs und Tiefs, eure Fehler macht und merkt, wie euer Bewußtsein wächst, sollt ihr nicht vergessen, daß immer ein Rückhalt für euch da ist. Denkt daran, daß die einzelnen Gruppenmitglieder gleichsam ein Bewußtseinsspiegel für euch sind und daß euch das zu größerer Selbsterkenntnis führen wird, wenn es in Liebe geschieht. Innerhalb einer Familie wird oft sehr wenig kritisiert. Man neigt dazu, die Schwächen und Fehler der Familienmitglieder zu akzeptieren, weil man so eng mit ihnen verbunden ist. So bildet sich ein idealisiertes Selbstbild heraus, eine vielleicht zu hohe Meinung von den eigenen Fähigkeiten und ein falsches Gefühl dafür, was man tun kann und soll und was nicht. Begibt man sich jedoch in eine Gruppenbeziehung und begegnet Menschen, die nicht zur Familie gehören, manifestieren sich neue Aspekte des eigenen Wesens. Die Vorstellungen und Meinungen, die man von sich hat, sind oft nicht mehr akzeptabel. Man entdeckt, daß man einige seiner Lieblingsideen aufgeben muß, um mit der Gruppe, mit der man lebt und arbeitet, in Harmonie zu sein. Man erkennt, daß man einen Teil seiner selbst opfern muß, um mit der Gruppe, mit der man lebt und arbeitet, in Harmonie zu sein. Man erkennt, daß man einen Teil seiner selbst opfern muß, um damit dem Ganzen zu dienen. Dann müßt ihr erkennen, daß ihr keine Insel mehr seid, sondern ein kleiner Teil des großen Lebensmeeres. Wenn man lernt, in einer kleinen Gruppe in Harmonie zu leben, ist das nur eine Vorbereitung dafür, mit der Welt in Harmonie zu leben. Wenn einem das in einer Gruppe nicht gelingt, wird es einem auch in der Welt nicht gelingen. Die Erfahrungen, die man in der Gruppe macht, sind deshalb eine Vorbereitung dafür, daß man einmal Weltbürger wird.

Ich sprach von Gruppenenergie, aber was ist das eigentlich für eine Energie? Ihr nehmt viele Energien wahr, auch wenn sie unsichtbare Kräfte sind. Ihr habt alle die Energie der Liebe, des Hasses und der Angst erlebt. Meistens seid ihr euch der Gruppenenergie nur dann bewußt, wenn sie euch bedroht oder euch zu bedrohen scheint. Aber sie ist die ganze Zeit vorhanden. Ihr könnt euch zu jeder Tageszeit mit dieser Energie in Einklang bringen, wenn ihr es versucht, sie ist da, sie entsteht in den Augenblicken, in denen die Gruppe miteinander meditiert, sich aufeinander einstimmt, wenn die einzelnen sich miteinander verbinden und ihre Energie und Liebe darbringen. Es gibt kein größeres Opfer als von der eigenen Energie, vom eigenen Wesen zugunsten der Gruppe zu geben, und aus diesem Geschenk erwächst ein Verständnis für den Sinn des Lebens und dafür, was die physische Realität der menschlichen Evolution ist. Dann ist man nicht mehr allein. Man ist nicht nur ein einzelner, man ist die Welt.

## Fragen und Antworten

FRAGE: Der Sprecher erwähnte Einstimmung oder Meditation einer Gruppe. Könnt ihr kurz sagen, was der Sinn einer solchen Gruppeneinstimmung ist und was dabei eigentlich geschieht?

ZT: Sinn und Ziel einer Einstimmung hängt natürlich von der Motivation der einzelnen daran Beteiligten ab. Wenn ihr aus Angst oder Habgier, aus Gewohnheit oder in einer feindseligen Stimmung zusammenkommt, wenn es euch nur um eure eigene Annehmlichkeit geht, wenn ihr zusammen seid, nicht weil ihr es wollt, sondern weil ihr müßt, wenn ihr eure Energie nicht freiwillig gebt, dann schafft ihr eine Blockierung und begrenzt die Möglichkeiten der Einstimmung. Aber wenn ihr euch offen und bewußt aufeinander einstimmt, wenn ihr eure Energie nicht nur mit den Menschen verbindet, mit denen ihr gemeinsam meditiert, sondern mit den Millionen von Wesen, die euch auf der physischen und auf den höheren Lebensebenen umgeben, dann stimmt ihr euch auf die Gottheit ein. Bei einer wirklichen Einstimmung öffnet ihr euch der göttlichen Energie und laßt euch von ihr durchdringen, so daß sie ein Teil von euch wird und nicht nur euch allein, sondern der ganzen Gruppe, deren Teil ihr seid, den göttlichen

Plan enthüllt. In einer wahren Meditation seid ihr auf das Universum eingestimmt. Einstimmung kann man mit dem Errichten einer Antenne vergleichen. Die Art eurer Antenne zieht eine bestimmte Frequenz von Radiowellen an, und was ist die Antenne anderes als das Bewußtsein, die Motivation und die Energie, die in diese gemeinsame Einstimmung eingeflossen sind.

Einer der größten Fehler, den die Menschen mit dieser gemeinsamen Einstimmung machen ist, daß sie ein rasches Ergebnis davon erwarten. Wir haben ein Problem, also meditieren wir miteinander und lösen es. Es wäre sehr schön, wenn das Leben so einfach wäre! Das soll nun nicht heißen, daß es keine Lösungen geben kann, aber sehr oft stellt ihr die falsche Frage. Zudem mag die Antwort, die ihr erhaltet, nicht das Ergebnis eurer Meditation, sondern von einem anderen Teil eures Bewußtseins gefunden worden sein. Man sollte sich immer auf die Gottheit einstimmen und nicht auf eine individuelle Quelle. Außerdem muß man lernen, eher zuzuhören als zu sprechen, und es ist schwer zuzuhören, vor allem, wenn einem das, was man gesagt bekommt, nicht gefällt. Es ist schwer zu fragen, wenn man die Antwort nicht wirklich wissen will. Gemeinsame Meditation erfordert deshalb Mut. Sie erfordert Einsicht. Sie erfordert Hingabe. Denn was hat es für einen Sinn, etwas zu fragen, wenn man die Antwort dann ignoriert. Achtet darauf, daß ihr euch bei der Meditation bewußt auf die Gottheit einstimmt. Ihr erkennt ihre Gegenwart und die Pläne, die sie mit euch hat, und drückt aus, daß ihr damit eins seid.

FRAGE: Natürlich hat es keinen Sinn, wenn Menschen miteinander meditieren, die das nicht wirklich wollen. Aber was soll man tun, wenn es in einer Gemeinschaft die eine Hälfte will und die andere nicht?

ZT: In solch einem Fall tut sich unvermeidlich eine Kluft zwischen denen auf, die gemeinsam meditieren und mit der Energie eins werden, die durch die Gemeinschaft fließt, und jenen, die das nicht tun. Die Kluft, die auf der physischen Ebene vielleicht gar nicht wahrzunehmen ist, wächst und wird auf der seelischen und spirituellen Ebene immer mehr manifest. Allmählich wird man sich uneins über die Zielsetzung, die Identität zerfällt und die für Gruppenaktivität zur Verfügung stehende Energie zersplittert sich. Wenn so etwas geschieht, löst sich früher oder später die Gemeinschaft auf, oder, wenn die Gemeinschaftsenergie stärker ist als die einzelnen, verlassen diese die Gemeinschaft.

FRAGE: Wir haben vor, eine Gruppe zu gründen. Wie gehen wir dabei am besten vor? Habt ihr dafür Vorschläge?

ZT: Eines der ersten Anzeichen, daß sich jemand weiterentwickelt, ist der Wunsch, in einer Gruppe zu arbeiten. Aber es ist erstaunlich, wie viele Menschen es unmöglich finden, in einer Gruppe zu arbeiten, da die Basis jeder Gruppenaktivität darin besteht, die Gruppe höher zu stellen als sich selbst. Das bedeutet, seine eigene Energie in die Gruppe einfließen zu lassen und es ihr zu erlauben, mit Hilfe dieser Kraft ihre Daseinsaufgabe zu erfüllen. Überall auf der Welt entstehen heute Gruppen. Aus vielen Gründen schließen sich Menschen zusammen, um neue Lebensaspekte zu entdecken, um sich mit neuen Lehren zu beschäftigen und menschliche Beziehungen zu erforschen, die in der »normalen Welt« nicht vorkommen.

Wichtig ist, daß eine Gruppe sich rund um eine Kerngruppe bildet, die meiner Erfahrung nach aus nicht mehr als drei bis höchstens fünf Menschen bestehen sollte. Diese Kerngruppe sollte die Basis für eine größere Gruppe bilden, und wenn sie sich trifft und den ihr eigenen Ton anschlägt, werden andere sich zu ihr hingezogen fühlen. Wichtig ist es, den Auswahlprozeß offenzuhalten und jene, die sich angezogen fühlen, willkommen zu heißen. Es ist natürlich unvermeidlich, daß einige aus den falschen Gründen kommen werden, aber das wird sichtbar, sobald die Gruppe sich trifft und zusammenarbeitet. Die Zielsetzung der Gruppe sollte natürlich mit der Lernaufgabe dieses Planeten zu tun haben, also mit Opfer und Geben. Wenn eine Gruppe aus egozentrischen Gründen zusammenkommt, wenn jeder vom anderen etwas nehmen will, wird sie bald auseinanderfallen. Eine Gruppe ist nur stark, wenn die Mitglieder ihre Energien zum Wohl der ganzen Gruppe einbringen.

Wichtig ist bei einer Gruppe, daß sich durch regelmäßiges Treffen die Energie verstärkt und daß alle Gruppenmitglieder von ihr berührt werden. Dadurch findet ein Heilprozeß statt. Die Gruppenenergie heilt und verwandelt alle, die zu ihr gehören. Wenn alle sich aufeinander einstimmen und die Energien sich verbinden, kann die Disharmonie der Gruppe verwandelt werden. Gemeinsame Meditation ist deshalb ein Heilprozeß, der nicht nur heilsam auf die einzelnen, sondern auf den ganzen Planeten wirkt. Die Kraft, die von einer meditierenden Gruppe ausstrahlt, wirkt Hunderte von Kilometern weit in den Kosmos hinein. Das ist die Gruppenenergie, die entsteht, wenn ihr zusammenkommt und die Kraft eurer Auren, eurer Chakren zusammenfließt.

Gruppen entstehen aus vielerlei Gründen; sie werden bestimmt vom Wesen derer, die sie bilden und von der Arbeit, die sie tun wollen. Eine wahre Gruppe bildet sich schon, bevor ihre Mitglieder sich im physischen Leben inkarniert haben. Sie haben auf den höheren Lebensebenen beschlossen, an einer bestimmten Gruppe teilzuhaben und vom eigenen Bewußtsein in sie einfließen zu lassen. Der Kern der großen esoterischen Schulen der alten Zeit bestand immer aus zwölf Menschen, von denen jeder eines der Tierkreiszeichen verkörperte. Es ist nichts dabei gewonnen, wenn man das gleiche Energiemuster in einer Gruppe immer wiederholt. Die Stärke einer Gruppe besteht aus ihrer Vielfalt und aus der geistigen Einzigartigkeit jener, die zusammenkommen, um die anderen an ihrer Liebe teilhaben zu lassen.

Eine Gruppe, die sich gebildet hat, sollte sich unbedingt regelmäßig treffen. Sie muß wie ein junger Sämling genährt und gepflegt werden, bevor sie sich dem Druck aussetzt, der durch neue Mitglieder oder durch schwierige Probleme von außen ausgelöst wird. Nur wenn innere Stärke und vor allem Hingabe vorhanden ist, kann die Gruppe wachsen und mit ihrer Arbeit beginnen. Der schwächste Punkt der Gruppenaktivitäten, die ich heute auf eurem Planeten sehe, ist der Mangel an Hingabe und Opferbereitschaft. Es ist so leicht, sich durch die materielle Welt ablenken zu lassen. Eure Familie, euer Beruf, eure Vergnügungen erfordern ihr Recht. So ist das Leben in eurer Welt geartet, aber ihr solltet, so wie andere sonntags in die Kirche gehen, euch an dem dafür festgelegten Tag zu eurer Gruppe begeben und euer Leben dieser Aktivität widmen. Das ist sehr wichtig, aus dieser Hingabe wächst die Kraft, die die Gruppe zusammenhält.

Aus Gruppenaktivitäten entsteht so viel Positives, daß es erstaunlich ist, wie viele Menschen immer noch lieber in ihrer Isolation verharren. Wie ich schon sagte, erhält die durch eine Gruppe geschaffene Energie ihre Mitglieder. In einer Hungersnot kann eine Gruppe tatsächlich ihre Mitglieder mit ihrer Energie ernähren. Während andere verhungern, werden sie überleben. Das gleiche gilt für Dürrezeiten. Die Energien, die sich durch Gruppenaktivitäten entfalten, gehen über euer Vorstellungsvermögen hinaus, aber es ist eine Realität des Lebens. Wenn die menschliche Rasse sich als Ganzes vereinigen kann, wie ihr euch jetzt vereint, wird das Evolutionsmuster erfüllt sein.

FRAGE: Glaubt ihr, wir sollten uns einmal im Monat treffen oder, falls das nicht genug ist, einmal in der Woche?

ZT: Natürlich schränken die Forderungen des physischen Lebens die Aktionen vieler Menschen in hohem Maße ein. Aber was ist eigentlich wichtig? Wozu seid ihr hier auf der Erde? Wenn die Gruppenaktivität so positive Auswirkungen hat, wenn diese Energie euer Dasein wirklich verwandeln kann, dann ist es um so segensreicher, je öfter ihr euch trefft, je öfter ihr gebt und teilt. Leider habt ihr nur einen Geburtstag im Jahr. Sicher würde es euch gefallen, jeden Monat einen zu haben! Mit Gruppen ist es das gleiche. Natürlich müßt ihr die Häufigkeit eurer Treffen den Möglichkeiten anpassen, wenn ihr nicht nahe zusammen wohnt, aber je öfter ihr euch trefft, desto besser. Zudem wird die Energie in der Gruppe, die einmal zum Leben erweckt ist, auch dann zirkulieren und wirksam sein, wenn ihr euch nicht treffen könnt, selbst wenn euch Tausende von Kilometern trennen, sobald ihr alle zu einem bestimmten Zeitpunkt meditiert.

FRAGE: Auf welche Eigenschaften sollte man bei zukünftigen Mitgliedern einer Gruppe achten?

ZT: Eine wesentliche Eigenschaft ist Bescheidenheit, also die Erkenntnis, daß man ein kleiner Teil des Ganzen ist und daß die eigenen Gefühle, Emotionen, Vorstellungen und Wünsche nicht unbedingt über denen der anderen in der Gruppe stehen. Zur Bescheidenheit gehört, daß man die Gemeinsamkeit höher schätzt als die eigene Individualität. Für die jungen Leute ist es schwierig, bescheiden zu sein, da sie in den ersten beiden Zyklen ihres Lebens meistens dazu ermuntert werden, ihre Individualität zu entwickeln und sich auf sich selbst zu konzentrieren. Während der ersten zwanzig Jahre ihres Lebens denken sie nur an sich, ihre Erziehung, ihre Bedürfnisse, ihre physische Entwicklung. Die Eltern helfen dem Kind, ein unabhängiger Erwachsener zu werden, aber wenn das Kind zum Erwachsenen geworden ist, muß dieser lernen, von der Zentriertheit auf sich selbst frei zu werden und beginnen, den anderen etwas zu geben.

Eine weitere Eigenschaft ist Wahrhaftigkeit. Sie muß sich in der Gruppe durch Denken, Sprechen und Tun äußern. Vor allem muß man sich selbst und den anderen Mitgliedern der Gruppe gegenüber ehrlich sein, denn wenn man die Wahrheit nicht sagen und nicht offen sein kann, gibt es keine Gruppe. Manchmal kann man die Wahrhaftigkeit der anderen nicht sehen, weil man selbst falsch ist.

Denkt daran, daß ihr die Ehrlichkeit nicht gepachtet habt. Ihr werdet sie erstaunlicherweise auch in den Herzen der anderen finden. Wenn ihr das alle erkennt, werdet ihr viel von einander lernen und so alle zur Abrundung der Gruppe beitragen.

Eine weitere Eigenschaft ist Liebe. Denkt daran, daß die wahre Energie einer Gruppe Liebe ist, und mit Liebe meine ich die Energie eures Schöpfers, die euch freiwillig geschenkt wird. Liebe ist das Abbild seines ungeteilten Seins. Es ist diese Liebe, die euch Leben, Individualität und Freiheit schenkt. Es ist diese Liebe, die jeden berührt und keine Gegengabe fordert. Es ist diese Liebe, die eine Gruppe in Wirklichkeit verbindet, die das Bewußtsein der Gruppe schafft.

Ihr dürft nicht vergessen, daß ihr auf der physischen Ebene alle verschieden seid. Die Gruppe setzt sich aus all diesen Teilen zusammen. Ihr habt verschiedene Körper, ihr habt verschiedene Tierkreiszeichen, ihr habt verschiedene Persönlichkeiten, und jeder hat ein anderes Schicksal. Deshalb kann die Gruppe auf der physischen Ebene nicht einheitlich sein. Das ist eine Tatsache, das muß an anerkennen. Die Gruppe kann nicht so reglementiert werden, daß sie äußerlich einheitlich ist. Die Stärke einer Gruppe hängt von der Stärke der einzelnen ab, die sie bilden. Ich sagte vorhin, daß in einer vollkommenen Gruppe jedes Tierkreiszeichen anzutreffen sei. So wäre es also gut, wenn alle zwölf Zeichen, zwölf verschiedene menschliche Aktivitäten, vorhanden wären. Jeder Lebensaspekt wäre dann vorhanden. Daran können alle im Geben und Nehmen teilhaben.

FRAGE: Wie können wir die Qualität unserer Gruppenaktivitäten verbessern?

ZT: Ihr könnt die Qualität der Gruppe nur verbessern, indem ihr euch selbst verbessert, indem ihr eurem Geist treu seid, indem ihr nach dem Bestmöglichen strebt, indem ihr versucht, das Bestmögliche zu verwirklichen und indem ihr sogar die bescheidensten Haushaltsarbeiten, die getan werden müssen, mit ganzem Bewußtseinseinsatz tut. Beispielsweise glaubt ihr, daß Hausarbeit sehr mühselig ist, aber wißt ihr nicht, daß es immer jemanden gibt, der die Ergebnisse dieser mühseligen Arbeit sieht? In einem Zentrum wie diesem, wo ihr so viele Besucher habt, wird es immer irgend jemanden geben, der euren Einsatz zu schätzen weiß. Setzt ihr nun eure Energie ein, um Anerkennung und Dank von den anderen Mitgliedern des Zentrums oder von den Besuchern zu bekommen, um euch gut fühlen zu können, oder tut ihr es einfach, weil ihr alles nach euren besten Kräften und Möglichkeiten tun wollt, wie es sein sollte? Wenn ihr in die Wüste geht und eine wunderschöne Sandburg baut, werden sie sehr wenige Menschen sehen. Wahrscheinlich wird sie innerhalb von wenigen Tagen zerstört sein. Warum also baut ihr sie überhaupt? Ihr baut sie, weil ihr da seid und weil ihr etwas Schöpferisches tun wollt. Ihr baut sie mit ganzem Bewußtsein, aus reiner Freude am Tun und daran, daß ihr die euch von eurem Schöpfer geschenkten Gaben nutzen könnt. Dieses Zentrum ist keine Wüste und ihr baut keine Sandburg, aber auch das Geringfügigste, was ihr tut, wird gesehen. Es ist ein Zeichen für das Bewußtsein des Zentrums und die Maßstäbe, die es setzt. Wenn Menschen in dieses Zentrum kommen und sein Bewußtsein wahrnehmen, werden sie davon berührt sein. Sie werden dieses Bewußtsein erkennen, sie werden sehen, was es bewirken kann und dann versuchen, es in ihrem eigenen Leben zu manifestieren. Bewußtsein zieht Bewußtsein an und schafft Bewußtsein. Wenn ihr bewußt arbeitet, könnt ihr sogar durch das Schrubben eines Bodens die Welt verändern.

FRAGE: Das physische Leben ist so unbeständig, und wir selbst leben nur eine kurze Zeit – wäre es da nicht besser, unsere Energie darauf zu konzentrieren, unser spirituelles Bewußtsein zu erhöhen, statt auf der physischen Ebene schöpferisch zu sein, vor allem da so vieles, was wir hervorbringen, unnütz zu sein scheint?

ZT: Warum seid ihr schöpferisch, warum baut ihr ein Haus, legt einen Garten an, backt einen köstlichen Kuchen, entwerft ein hübsches Kleid? Was ist der Sinn schöpferischer Tätigkeit, wo ihr doch alle früher oder später sterben und eure physischen Schöpfungen zurücklassen müßt, wenn ihr in einen höheren Körper übergeht? Was wird dann aus eurem Kleid, aus eurem Haus und so weiter? Könnt ihr euch noch daran erinnern, was ihr in Ägypten, in Rom, in Griechenland, in Atlantis, in irgendeinem eurer vergangenen Leben geschaffen habt? Obwohl eure Schöpfungen auf einer anderen Lebensebene immer noch gegenwärtig sind, könnt ihr euch nicht an sie erinnern. Warum also seid ihr schöpferisch? Warum würdet ihr heute noch etwas schaffen, wenn ihr wüßtet, ihr müßtet morgen sterben? Warum verschwendet man diese Energie?

Die Antwort lautet, wie ihr wißt, daß ihr Bewußtsein schafft. Ihr bildet Bewußtsein dadurch, wie ihr schöpferisch seid. Darum geht es in dieser Welt: um das Wachsen des Bewußtseins, denn das ist es, was ihr mitnehmt, wenn ihr sterbt – Bewußtsein. Ihr tretet in diese Welt mit nichts als Bewußtsein, und ihr verlaßt sie mit nichts als Bewußtsein. Alles andere bleibt hier auf der irdischen Ebene.

Die physische Materie kann man deshalb mit Ton vergleichen. Das ist alles. Ihr verbringt euer Leben damit, den Ton zu modellieren. Die Energie, die ihr in dieses Modellieren legt, schafft Bewußtsein, jenes Bewußtsein, das euch göttlich macht.

# Versöhnung

Wenn ihr euch heute abend hier versammelt, beginnt ihr schon die alles durchdringende Energie der Weihenacht zu spüren. Ja, daß ihr hier seid, zeugt von dieser Energie. Seit vielen Jahren spreche ich von ihr und habe mich dafür eingesetzt, daß der gute Wille der Menschen wie der göttliche Wille in dieser Zeit besonders manifest ist. Ich habe gesagt, daß Frieden auf Erden sein wird, wenn der gute, der göttliche Wille zwischen allen Menschen herrscht. Ein Teil der wichtigen Entwicklung zum Frieden, der die Erde zu dieser Zeit so sehr beschäftigt, nicht nur in eurem Leben und in euren Beziehungen untereinander, sondern in weltweitem Ausmaß, da ihr durch einen globalen Konflikt bedroht seid, der zu einer nuklearen Katastrophe führen kann, ist das Prinzip der Versöhnung.

Versöhnung ist beinahe das wichtigste, das ihr mit eurem guten Willen erreichen könnt. Ihr, die ihr auf der Erde lebt, seht Versöhnung wohl als eine äußere Kraft an. Ihr seht nach außen und versucht eure Ansichten, eure Meinungen, eure Vorstellungen mit denen der anderen Menschen, die nicht mit ihnen übereinstimmen, in Einklang zu bringen. Eure Erfahrung lehrt euch meistens, nach außen zu sehen, Probleme in der Außenwelt zu lösen und nicht im Inneren. Aber ich möchte euch sagen, daß das Wesen der Versöhnung darin besteht, nach innen zu sehen. Nur wenn ihr als einzelne innerlich versöhnlich seid, wird Friede auf dieser Erde herrschen und Versöhnung in der Außenwelt geschehen.

Ihr könnt euch nicht äußerlich versöhnen, wenn ihr es nicht innerlich getan habt. Denn womit versöhnt ihr euch eigentlich im Grunde? Wenn ihr die Bedrohung der Welt oder auch eure persönliche Bedrohung betrachtet, was verursacht denn Konflikt, Haß und Trennung? Es sind die Gedanken, die ihr über dieses andere Land, über diesen anderen Menschen in euch nährt. Deshalb müssen diese Gedanken versöhnlich sein, darum müßt ihr erkennen, daß es eure Gedanken sind, daß ihr sie selbst hervorgebracht habt. Versöhnung ist das Gleichgewicht der Persönlichkeit mit dem Seelenimpuls. Es ist die Erkenntnis, daß es in der Welt der physischen Schöpfungen physische Gedanken und Analysen geben muß, daß sie aber nur ein Aspekt eurer selbst sind, der äußere Teil, die äußere Manifestation des physischen Lebens. Es ist der Impuls hinter diesen Gedanken, der entscheidend ist. Deshalb müßt ihr den tiefsten, heiligsten Teil eures Wesens, eure geistige Essenz, mit dem versöhnen, was ihr äußerlich hervorbringt.

Denkt an den heutigen Zustand der Welt und an den Konflikt zwischen den USA und der UdSSR. Dieser Konflikt kann auf der Ebene, auf der diese Länder es heute versuchen, gar nicht gelöst werden, denn die Unterschiede des Charakters, der Persönlichkeitsform und Gedankenformen der beiden Ideologien sind so tiefsitzend, daß sie nie miteinander versöhnt werden können. Sie können einander nicht akzeptieren, weil sie vollkommen gegensätzlich sind. Versöhnung kann nur dadurch entstehen, daß die Regierenden der beiden Länder mit dem Göttlichen in sich selbst in Berührung kommen und dadurch den Gott im anderen erkennen, Wert und Würde aller, die auf der Erde leben, erkennen, und sehen, welch göttliche Verantwortung sie ihrem Schöpfer gegenüber haben. Auf der individuellen Ebene ist es das gleiche Prinzip, wenn ihr mit euren Familienmitgliedern oder euren Nachbarn aneinandergeratet. Ihr seid alle heilig. Ihr seid alle göttlich. Ihr seid alle eins. Wie leicht ist es, den Fehler beim anderen zu sehen. Das fällt euch allen nicht schwer. Aber wie schwierig ist es, nach innen zu sehen, die eigenen Fehler, die eigenen Schwächen zu erkennen und wahrzunehmen, welche Lektionen man noch zu lernen hat. Gerade weil ihr diese Lektionen noch nicht gelernt habt, fällt es euch so schwer, sie zu erkennen und euch mit ihnen auseinanderzusetzen.

Die Basis der Versöhnung ist das richtige Verhalten nach den Prinzipien der Bescheidenheit, der Demut sich selbst und anderen gegenüber, der Erkenntnis, daß ihr alle Lernende seid, daß ihr alle euren eigenen Weg gehen und Fehler machen müßt. Ihr alle braucht Liebe und Unterstützung, nicht Kritik und Haß. Ihr alle braucht Ermutigung, nicht Geringschätzung. Ihr solltet alle erkennen, daß ihr nur kleine Sandkörnchen am Strand des Lebens seid. Diese Erkenntnis sollte euch bescheiden machen. Das nächste Prinzip, das ihr achten müßt und das ebenso wichtig ist wie die Bescheidenheit, ist das Prinzip der Göttlichkeit. Erkennt die Göttlichkeit aller Dinge vom kleinsten Grashalm bis zum hochentwickelten menschlichen Wesen, von eurem Gott bis zu dem, was ihr den Teufel nennt. Das Göttliche ist in allen Dingen, denn das Göttliche hat alles geschaffen, und wenn ihr es nicht überall sehen könnt, so bemüht euch und sucht es. Behandelt alles mit Achtung, denn alles ist göttlich. Alles ist Teil der göttlichen Schöpfung. Euch obliegt es, Kenntnis dieser Göttlichkeit durch richtiges Denken, Reden und Handeln zu suchen. Das ist die Verantwortung, die ihr habt. Wenn euer Gott jetzt vor euch stünde, würdet ihr euch von ihm nicht getrennt fühlen, denn ihr wäret von seinem Licht, seiner Schöpferkraft und Liebe umhüllt. Aber wenn dieser Gott in Millionen Wesen, in Millionen Schöpfungsaspekte zersplittert ist, glaubt ihr, ihr könntet vor ihm stehen und hättet das Recht zu kritisieren, nicht wahrhaben zu wollen, ja zu zerstören. Aber dieser Gott ist immer noch anwesend. Nur ihr erkennt es nicht. Bemüht euch deshalb, das Prinzip der Göttlichkeit zu verstehen.

Das dritte Prinzip, das ihr nicht vergessen dürft, ist das Prinzip der Liebe, die Schöpfungsenergie ist. Ohne Liebe gibt es kein Leben, keine schöpferische Tat, ohne Liebe gibt es keine Zukunft. Die Menschheit ist ohne Liebe tot. Sie wird durch die Stürme des Lebens richtungs- und ziellos hin und her getrieben und hat vor allem keine Beziehung zu all dem, was auf verschiedenen Lebensebenen existiert. Ihr seid alle liebevolle Lebewesen, erfüllt von Liebe, belebt von Liebe, und diese Liebe strömt von der Quelle aus durch alle hindurch, die für sie offen sind. Liebe fließt durch Menschen wie euch und strahlt von all jenen zurück, mit denen ihr in Berührung kommt, mit denen euch eine karmische oder moralische Verpflichtung verbindet. Wenn ihr euch entwickeln, wenn ihr anderen dienen wollt, müßt ihr, wie ich sagte, mit euch selbst versöhnt sein. Ich kann gar nicht genug darauf hinweisen, daß die heutige Welt vor allem Lichtträger braucht. Für alte, weise Seelen ist es leicht, in der physischen Welt erfolgreich zu sein. Ihr könnt alles erreichen, was ihr wollt, wenn ihr euch darum bemüht. Ihr könnt Geld verdienen. Ihr könnt Machtpositionen erlangen. Ihr könnt materiellen Besitz erwerben. Aber was nützt euch das, wenn eure Seele sich doch bald unruhig fühlt? Der reichste Mensch auf der Welt bleibt unerfüllt, wenn er keine ruhige Seele hat.

Bedenkt deshalb, daß das wichtigste für euch sein wird, wenn ihr nach dem Tod auf diese irdische Ebene herabschaut, zu sehen, daß ihr wirklich etwas zur Verwandlung dieser Welt beigetragen habt, daß ihr einen Impuls gesetzt habt, der auch noch in den folgenden Generationen weiterwirkt. Ihr werdet sehen wollen, daß ihr diese Welt durch euer physisches Leben verwandelt habt, daß ihr wirklich gedient und der Welt freiwillig und ohne der Mühe zu achten, etwas geschenkt habt. Denkt daran, daß kein Opfer je umsonst ist, denn ihr werdet in einem anderen Körper, in einem anderen Zeitalter zurückkommen und wieder auf dieser irdischen Ebene leben, und dann wird das heranreifen, was ihr jetzt gesät habt.

Ich will mich nun einer anderen Frage zuwenden, denn ihr alle habt euch mit dem Problem Atomkrieg und Abrüstung beschäftigt. Wenn ein nuklearer Konflikt ausbräche und wenn eine Seite tatsächlich ihre Raketen abgeschossen hätte und damit ein großer Teil der Welt der Zerstörung preisgegeben wäre, wie sollte dann die andere Seite reagieren? Sollte sie ihre eigenen Raketen in einem sinnlosen Racheakt abschießen oder sollte sie davon absehen, auch wenn sie die Ideologie des Gegners vollkommen ablehnt und um jeden Preis verhindern möchte, daß sie triumphiert – nur damit das menschliche Leben auf der Erde seinen Evolutionsweg fortsetzen kann? Ist es nicht besser, eine Ideologie zu opfern, um das Überleben der menschlichen Rasse und der drei anderen Reiche der Materie zu sichern? Das ist das wahre Opfer: daß man sein Leben zum Wohle des Ganzen hingibt, selbst wenn man weiß, daß man schuldlos ist. Nur einer kann das tun. Das ist der Mensch, der mit sich selbst und mit seinem Schöpfer versöhnt ist.

## Fragen und Antworten

FRAGE: Auch wenn Offenbarungen wie diese Hoffnungen für die Zukunft geben, so scheint es mir, als bewege sich die Menschheit in einem sehr dunklen Tunnel voran, und als sähen wir nur gelegentlich am Ende dieses Tunnels einen kleinen Lichtschimmer, dem wir entgegengehen.

ZT: Obwohl der liebe Gott ein kleines Licht am Ende des Tunnels leuchten läßt, scheint ihr alle einen großen Scheinwerfer zu erwarten. Ihr werdet aber in der heutigen Welt nicht einen einzigen finden, weil sie so vom Bösen verdunkelt ist. Der Weg der Wahrheit ist in diesen gefährlichen Zeiten nie so gut beleuchtet. Ihr wißt wohl, daß euch nichts anderes übrigbleibt, als Schritt für Schritt vorwärts zu gehen und euch mit dem Licht zufrieden zu geben, das ihr habt. Kümmert euch um nichts anderes als um diesen einen Schritt. Macht euch keine Sorgen über das Ende des Tunnels und euren Weg dorthin, denn ihr werdet schneller dort sein, als ihr denkt. Ihr wißt ja, daß am anderen Ende dieses Tunnels, der der Tod ist, ein unvorstellbares Licht wartet, ein Licht, das bis in den letzten Winkel eures Wesens leuchtet. Habt also keine Angst vor der Dunkelheit oder vor dem Ende des Tunnels.

FRAGE: Ich höre was ihr sagt, aber das Problem ist, daß wir so sterblich sind.

ZT: Ihr seid sterblich und werdet bis zu dem Tag, an dem ihr diese Existenz verlaßt, sterblich sein. Das gilt für alles Leben, aber eure Sterblichkeit liegt zum großen Teil in den Händen eures Schöpfers. Ihr werdet nichts erleben, was ihr nicht selbst gewählt habt. Eure Welt ist in dem heutigen Zustand, weil sie es so gewählt hat. Es ist ein Akt des Lernens, ein Akt des Seins. Die Welt lebt in Angst vor einer atomaren Katastrophe, weil sie es selbst so gewählt hat. Zuletzt muß sich die Menschheit entscheiden, ob sie den Planeten um einer Ideologie oder einer Religion willen zu opfern bereit ist. Haben die zwei größten Nationen der Welt das Recht, andere Nationen zu vernichten, nur weil zwischen ihnen politische Differenzen bestehen? Sie maßen sich »göttliche« Macht an, aber sie sind wie ein Gott ohne Liebe, ohne Mitleid. Ihr habt allen Anlaß zur Angst, wenn das Schicksal eurer Welt in den Händen solch eines »Gottes« liegt. Überlegt euch einmal, welche Kultur oder Nation größer ist, jene die siegt oder jene, die opfert. Vielleicht ist das die letzte große Prüfung, die den beiden Ideologien Kommunismus und Kapitalismus auferlegt wird. Vielleicht hat der Schöpfer eine bestimmte Absicht, wenn er sie vor diese Herausforderung stellt. Vielleicht müssen sie auf die Probe gestellt werden, damit sich entscheidet, wie das nächste Zeitalter und die nächste Wurzelrasse sein werden. Welche Zivilisation ist größer: jene, die sich selbst für die Welt opfert oder jene, die kämpft und einen großen Teil der Welt zerstört, in der sie lebt, um zu gewinnen? Kann man sich eines Sieges rühmen, zu dem so viel Zerstörung nötig war? Kann man so etwas überhaupt einen Sieg nennen?

FRAGE: Wenn wir es nicht lernen, bescheiden zu werden und zu akzeptieren, was andere Menschen sagen oder tun, haben wir doch wohl keine große Chance, mehr zusammenzuarbeiten als jetzt? Die Menschheit kann sich nicht vereinigen, bevor sie nicht beginnt, jeden ihrer Aspekte in Demut zu akzeptieren.

ZT: Eigenartig bei der menschlichen Rasse, wie wir sie von unserer Seite des Lebens aus sehen, ist die Eigenschaft, daß jeder von euch immer denkt, er habe recht, wo er sich doch so oft täuscht! Selbst wenn ihr in vielen Situationen Unrecht habt, glaubt ihr das nächste Mal wieder, ihr hättet mit euren Meinungen, Ideen, Wertvorstellungen und Begriffen recht. Natürlich wird kaum jemand glauben, daß ihr recht habt, wenn ihr es selbst nicht tut. Aber woher nehmt ihr diese Gewißheit? Warum seid ihr so sicher, daß das, was ihr über jemanden sagt, richtig sein muß, daß eure Meinung über dieses Thema zutrifft, nur weil ihr darüber nachgedacht habt? Hier wäre natürlich Bescheidenheit angebracht.

FRAGE: Ich glaube, die Rettung der Menschen liegt darin, daß sie einen Sinn für Humor haben.

ZT: Wenn die Errettung nur so einfach wäre! Stellt euch vor, daß ihr einerseits einen General auf seinem Kommandoposten habt, der nur auf den Befehl wartet, auf einen roten Knopf zu drücken, um damit einen großen Teil der Welt auszulöschen, und andererseits jemanden wie Mutter Teresa, die in Kalkutta herumgeht und den Sterbenden das letzte Geleit gibt. Was für ein Gegensatz, und doch haben beide Lebensweisen ihre Berechtigung, beide sind ein Ausdruck der Menschheit in ihrer Einzigartigkeit. Ihr müßt beide Extreme im großen Zusammenhang sehen, beide liebevoll betrachten und erkennen, daß beide Sinn haben. Aber weder der General noch Mutter Teresa sind wichtig, sondern jeder einzelne von euch. Wie ihr sie seht, entscheidet darüber, wie ihr die Welt seht. Die Welt ist das, was ihr über sie denkt, was ihr aus ihr macht.

FRAGE: Könnt ihr uns bitte etwas über das Schicksal und seine Bedeutung für uns auf der Erde sagen?

ZT: Das Schicksalsproblem ist sehr komplex, ebenso wie die Frage, ob es festgelegt ist oder ob ihr ihm entgehen könnt. Entweder seid ihr Herren eures Schicksals oder das Schicksal ist euer Herr. Nicht wenige hochentwickelte Seelen haben viel Zeit damit verbracht, sich und der Menschheit diese Frage zu beantworten. Ich will versuchen, eine kurze Erläuterung zu geben.

Das wichtigste, was ihr über das Schicksal wissen müßt, ist, daß es keine Zeit gibt. Es gibt natürlich die irdische Zeit, die Zeit, die ihr wahrnehmt, aber diese Zeit spielt hinsichtlich des Schicksals keine Rolle, abgesehen davon, daß ihr selbst den Zeitpunkt bestimmen könnt, in dem ihr euch eurem Schicksal stellen wollt. Damit meine ich natürlich physische Zeit nicht nur in diesem Leben, sondern sowohl in zukünftigen als auch in vergangenen Leben. In diesem Sinn habt ihr die Entscheidungsfreiheit. Ihr könnt den Zeitpunkt wählen, in dem ihr euch inkarnieren und einem bestimmten Schicksalsweg folgen wollt. Aber wir sollten uns jetzt vor allem mit der Wahl des Schicksals befassen, da es hier um weitreichende Fragen geht. Reife Seelen wählen ihr eigenes Schicksal. Wenn ihr eine junge Seele seid, wird euer Schicksal meist von großen spirituellen Wesen für euch gewählt, die in ihrer Weisheit wissen, was ihr auf der physischen Ebene der Erde erleben müßt, und wann die beste Zeit dafür ist. Aber jene von euch, die alte Seelen sind, wählen ihr Schicksal selbst, und wenn ich Schicksal sage, meine ich ein kompliziertes Gewebe von Ereignissen. Schicksal ist nicht ein schmaler Pfad, außer ihr seid eine so hoch entwickelte Seele wie Jesus oder der Buddha, die sich inkarnieren, um eine ganz bestimmte Aufgabe zu erfüllen; aber selbst in einem solchen Schicksal gibt es Entscheidungsmöglichkeiten und Prüfungen, mit denen sich die großen Meister auseinandersetzen müssen. Selbst sie können ihr Schicksal verändern.

So kann man sagen, daß man dem Schicksal, das man gewählt hat, folgen soll und daß man Blockierungen schafft, wenn man es nicht tut. Das damit verbundene bestimmte Ereignismuster muß man annehmen und davon lernen, denn wenn man ihm ausweicht, verschiebt man es nur auf ein anderes Leben, eine andere Inkarnation, einen anderen Augenblick in der spirituellen Zeit. Man kann ihm also nicht entgehen. Sehr oft inkarniert man sich auf der Erde, um ein schweres Schicksal zu erfüllen. Da aber eine Reihe von Ereignissen im frühen Leben eintreten, die aus irgendwelchen Gründen vielleicht nicht vorgesehen waren, kann der Druck des physischen Lebens so stark werden, daß es für die betreffende Seele nicht möglich ist, ihr Schicksal zu erfüllen. So entscheidet sich die Seele aus eigenem Antrieb, ihr Schicksal zu verändern, da sie erkennt, daß die selbstgestellte Aufgabe nicht lösbar ist. In diesem Fall verändert sich das Schicksal ganz plötzlich mitten im Leben. Das geschieht in vielen Fällen. Seht, jeder hat ein Schicksal und einen freien Willen. Es ist euch beispielsweise bestimmt, jemandem zu begegnen und mit ihm etwas zu erleben, aber wenn der andere seinen Sinn ändert und einen anderen Weg einschlägt, wird sich das auch auf euch auswirken. »Aber«, werdet ihr mir sagen, »war das in dem großen Plan nicht schon vorgesehen und gehört nicht auch das zum Schicksal?« Ohne die Dinge unnötig komplizieren zu wollen, muß ich sagen ja! Das Schicksal ist keine einfache Angelegenheit. Wenn man sich entscheiden muß, ist auch diese Entscheidung schon bekannt und spielt ihre Rolle innerhalb eines größeren Zusammenhanges.

Wenn man natürlich eine alte Seele ist, hat man ein sehr genau vorgeschriebenes Schicksal, denn es hat keinen Sinn, sich zu reinkarnieren und zu lernen, was man schon gelernt hat. Man inkarniert sich nur, um etwas Neues zu lernen, und vergangenes Karma zu bewältigen, und um der Erde etwas von sich zu geben.

Deshalb hätte es keinen Sinn, dieses Schicksal zu verändern und sich dann in einer Lage zu befinden, in der man nicht geben kann, in der man nicht dienen kann, in der man die eigenen Wesensmöglichkeiten nicht erfüllen kann. Je weiter man also in der Seelenentwicklung fortgeschritten ist, desto exakter ist die vorgegebene Struktur und vor allem desto stärker wird der Impuls, dieses Schicksal zu suchen und zu erfüllen, und je stärker der Impuls ist, desto stärker die Seele, desto stärker die Berufung und desto stärker die Durchlässigkeit und Aufnahmefähigkeit.

Denken wir einmal darüber nach. Wenn man aufnahmefähig ist, hört man zu. Man ist empfänglich für viele Quellen und Impulse, nicht nur aus der physischen Welt, mit der man in Berührung kommt, was manchmal universelles Feedback genannt wird, sondern auch für die Führung und Weisheit, die aus den höheren Bereichen herabgesandt wird. Jede Seele inkarniert sich auf der Erde mit einem Schicksal, das sie erfüllen muß, aber das physische Dasein der Persönlichkeit kann den Seelenimpuls blokkieren und sich diesem Schicksalsweg verweigern. So bleibt die Persönlichkeit unempfänglich für alle Weisheit und alle Führung, die ihr gesandt wird, weil sie das, was sie zu tun hat, nicht annehmen will. Viele Menschen auf der Welt tun das. Diese Ablehnung kann nicht immer fortdauern. Sie kann verändert werden, manchmal, auch drastisch, vor allem, wenn man in vergangenen Leben immer wieder sein Schicksal abgelehnt hat.

Ich erzähle immer wieder von der Verwandlung des Saulus in Paulus, von der in der Bibel berichtet wird. Ich sage nicht, daß Paulus besser war als Saulus. Beide hatten ihre Fehler. Aber wir wissen alle, daß diese Verwandlung durch extremen Bewußtseinsumschwung zustande kam. Das ist oft der Fall, wenn man sein Schicksal verändert oder wenn man ihm erst begegnet. Man hat sich vielleicht lange Zeit gesträubt, aber schließlich sieht man ein, daß man sich mit dem auseinandersetzen muß, was man sich als Aufgabe für dieses Leben gestellt hat. Man wird immer wieder auf seinen Schicksalsweg zurückgeleitet und wird immer geführt, aber die Frage ist, ob man auf das hört, was einem gesagt wird.

Junge Seelen können ihr Schicksal häufig verändern, da alles für sie eine Lernerfahrung ist, ältere Seelen sind darin nicht so frei, denn sie wollen nicht wiederholen, was sie schon gelernt haben. Innerhalb des großen Rahmens der Möglichkeiten liegt natürlich auch die Lernerfahrung, die darin besteht, das eigene Schicksal zu verändern. Wenn man mit einem starken Schicksalsimpuls auf die Erde kommt und sich dann dafür entscheidet, ihn zu ignorieren, sich dagegen zu wehren oder ihn zu verändern, ist das schon selbst eine große Lernerfahrung, und wenn man dadurch sehr zu leiden hat, wird man bei der nächsten Inkarnation aufmerksamer sein. Man ist dann eher bereit, sich der Macht des Schicksals zu unterstellen.

Die große Verwandlungskraft des Schicksals liegt natürlich darin, daß man mit der Gottheit verbunden ist, die die Quelle allen Schicksals, aller Liebe, aller Weisheit, aller Kraft ist. Was man also auch tut, und gleichgültig aus welchem Motiv man sein Schicksal verändern oder ihm entgehen will – wenn man vor seinem Schöpfer niederkniet und in Liebe und Bescheidenheit einsieht, was man getan hat, und darum bittet, daß dem Leben eine neue Form und Bestimmung gegeben werde, damit man seine Aufgabe erfüllen kann, wo man ihr vorher ausweichen sollte, dann wird das immer geschehen. So ist man nie verloren. Man kann sein Schicksal nie verfehlen. Man bleibt auf dem richtigen Weg, wenn man in Einklang mit der Gottheit ist.

Doch halten wir uns nicht zu sehr mit der Schicksalsfrage auf. Der Begriff Schicksal ist wichtig, ist bedeutsam. Es gibt einen göttlichen Plan für diese Erde, und ich benutze das Wort Plan eurer irdischen Terminologie, obwohl der kosmische Begriff etwas ganz anderes bedeutet. Die Wesen, die diese Erde beherrschen, handeln nach einem Plan. Ein Evolutionszyklus muß erfüllt werden, und ihr seid Teil dieses Zyklus, Teil dieses Planes. Dafür habt ihr euch feierlich entschieden. Es gibt Lektionen, die gelernt werden müssen. Ich spreche hier von der spirituellen Hierarchie, von interplanetaren Meistern, von einer galaktischen Regierung, von großen Wesen, über die ihr euch keine Vorstellung machen könnt. Ich spreche von spirituellen Formen, die euch tausendfach umgeben und die ihr nicht sehen könnt, die aber ebenso Teil dieses Planes sind. So seid demütig in der Erkenntnis, wie unbedeutend euer individuelles Schicksal ist, wißt aber zugleich, daß euer Schicksal wie alles andere im Kosmos seinen Platz hat.

FRAGE: Danke. Eure Erklärung gefällt mir, und ich weiß die Liebe, die dahintersteht, zu schätzen.

ZT: Es ist die gleiche Liebe, die du hast. Ich bin auch nicht anders als du, abgesehen davon, daß ich keine physische Gestalt habe. Was für ein Vorteil! Dennoch habt ihr soviel mehr Möglichkeiten, denn ich kann hier sein und zu euch sprechen, aber damit verändere ich eure Welt nicht. Ich kann euch anregen, ich kann euch motivieren, ich kann mit euch reden, aber das ist auch alles, was ich tun kann, während ihr die physische Möglichkeit habt, eure Welt zu verändern. Ihr könnt aus dem Antrieb eurer Herzen mit euren Händen etwas schaffen. Ihr seid in einer der größten Schulen des Universums. Man könnte sagen, daß ein einziges Leben auf der irdischen Ebene tausend Leben auf den höheren Ebenen aufwiegt. Die Erde ist einer der wichtigsten Orte des Lernens, vielleicht, weil auf ihr das Böse am meisten herrscht, weil man das Böse ganz erlebt haben muß, um das Gute ganz zu erkennen.

# Perspektiven der Weltentwicklung

Ihr lebt in einer Welt der Krisen. In allen Ländern leben die Menschen in Angst. Wenn nicht in der Angst vor atomarer Zerstörung, dann in der Angst vor Naturkatastrophen, in der Angst davor, Geld oder soziales Ansehen zu verlieren, in der Angst vor Krankheit usw., und wo Angst ist, kann keine Liebe sein. Jene von euch, die versuchen ein gottzentriertes Leben zu führen, die das Verhaltensmuster der Menschen auf diesem Planeten zu ändern versuchen, werden manchmal von Zweifel und Sorge heimgesucht. Ihr werdet mutlos, ihr fragt euch, ob der Kampf sich lohnt, ob sich der Segen des richtigen Lebens hier auf dieser irdischen Ebene auswirken wird. Selbst hoch entwickelte Seelen beginnen den Mut zu verlieren angesichts der sie umgebenden Krisen. Deshalb möchte ich euch eine Perspektive eurer Welt vorstellen, wie wir sie von unserer Seite des Lebens aus sehen, und euch bitten, den Glauben nicht zu verlieren, dem Plan für diese Erde und dem großen Wesen, das sie schuf und das über sie wacht, zu vertrauen.

Ich möchte mit einer Geschichte beginnen. Ob die Geschichte euch wahr erscheint, müßt ihr selbst entscheiden. Ihr könnt sie als Legende oder Mythos betrachten, wenn ihr wollt. Vor vielen hunderttausend Jahren gab es im Sonnensystem einen Planeten, der auf den Stern zentriert war, den ihr Sirius nennt; auf diesem Planeten lebten viele Rassen, die das Evolutionsmuster des Gottes erfüllten, dessen Geist in diesem Stern Sirius lebte. Jene Rassen entwickelten durch viele Evolutionszyklen hindurch ihr Bewußtsein und bewegten sich auf der Evolutionsspirale dieses Sonnensystems aufwärts. Es lebte jedoch eine Rasse auf dem Planeten, die trotz der ihr verliehenen kosmischen Gaben diese nicht zum Nutzen des Ganzen einsetzen konnte und wollte. Diese Menschenrasse wurde immer egozentrischer und benutzte ihre gottgegebenen Talente, um Macht und Reichtum für sich selbst zu schaffen. Sie respektierte kaum die Wünsche und Bedürfnisse ihrer eigenen Rasse, viel weniger aber noch die der anderen Rassen oder des ganzen Planeten.

Da die anderen Wesen dieses Sonnensystems alles freiwillig und liebevoll opferten und sich den Wünschen dieser entwickelnden

Rasse nicht entgegensetzten, geriet der Evolutionszyklus dieses Planeten aus dem Gleichgewicht, und der Herr dieses Systems stand vor der Entscheidung, was er mit dieser Menschenrasse tun sollte. Sollte er sie von diesem Planeten entfernen, damit sie auf einen anderen Zyklus warteten, auf dem sie sich weiterentwickeln konnten, oder sollte er der Bitte eines der großen Wesen jener Rasse Folge leisten, das hoffte, dieser Rasse könnte noch einmal eine Chance gegeben werden. Jenes Wesen bat darum, daß diese Rasse in ein anderes Sonnensystem versetzt würde, wo sie sich in größerem Bewußtsein ihrer Göttlichkeit entwickeln und die ihr verliehenen kosmischen Gaben besser nutzen könne. Der Herr des Sterns Sirius war bereit, diese Bitte zu erfüllen und beschloß, sich diese Menschenrasse auf einem anderen Planeten reinkarnieren zu lassen, wo der Weizen von der Spreu getrennt werden konnte und wo jene, die ihre göttliche Verantwortung für ihre schöpferischen Möglichkeiten erkannten, die nach dem Gesetz Gottes leben und es festigen und manifestieren konnten, ausgewählt wurden, um zum nächsten Evolutionszyklus fortschreiten zu können.

So geschah es, daß der Planet im Sonnenkörper des Sirius aufgelöst wurde und die Seelen dieser Rasse in das Sonnensystem wanderten, in dem ihr jetzt lebt. Sie wurden auf den Planeten Erde gebracht, um einen göttlichen Plan zu erfüllen. Erinnern wir uns daran, daß die Erde in diesem Stadium, bevor die Menschheit kam, ein vollkommener Planet war. Er war von der Erdgöttin geschaffen worden, um ihren göttlichen Plan zu erfüllen. Die drei Reiche der Materie, die auf der Erde lebten, waren in Harmonie und im Gleichgewicht. Es war ein wirkliches Paradies, Ausdruck der Weisheit und Liebe der Göttin. Auf diesen vollkommenen Planeten wurde die Menschheit gesandt. Er wurde als der ideale Ort betrachtet, an dem sie sich weiterentwickeln konnte.

So hat die Menschheit jahrtausendelang gelebt und sich unter dem Einfluß der aufeinanderfolgenden astrologischen Zeiten entwickelt. Die meisten Menschen glauben heute, daß die Geschichte der Menschheit nur etwa 30 000 Jahre gedauert habe, denn sie wissen nichts von Atlantis, von Lemuria und von Cordemia. Sie wissen nichts von den anderen Zivilisationen, die kamen und gingen, von den anderen Zyklen der menschlichen Evolution, die nicht in der heutigen Geschichte der Menschheit verzeichnet sind. Die menschliche Rasse hat sich auf diesem Planeten über eine lange Zeit hin entwickelt, doch wenn ich sie heute betrachte, sehe ich, daß relativ wenige Seelen wirklich den Sinn des Lebens erfaßt haben. Ich habe nur sehr wenige große Lehrer oder Meister aus

*Zn/Liebe — Einzigatig-keit!*

euren Reihen kommen sehen, nur sehr wenige, die auf den Planeten zurückkehrten, um den Gang der menschlichen Evolution zu verändern, nur wenige, die versuchten, die Menschheit zu der Erkenntnis zu führen, daß die Essenz des Lebens das Opfer ist. Die Menschheit muß ihre Göttlichkeit erkennen und die Quelle, die sie geschaffen hat, die Quelle, die über allem steht. Vor allem muß sie erkennen, warum sich diese Göttlichkeit in Millionen einzelne zersplittert hat. Das ist es, was die Menschenrasse auf ihrem höheren Planeten nicht erkannte.

Ihr nähert euch einer großen Krise, und ich sehe, daß die Menschheit überall von Angst beherrscht wird. Die einzelnen wie ganze Länder leben in Angst voreinander, und wo Angst ist, kann keine Liebe sein; Liebe aber ist die göttliche Energie eures Schöpfers. Wo die Energie der Liebe fehlt, herrscht Dunkelheit und Unheil. Heute gibt es nirgendwo einen Ort auf dem Planeten, der frei von Angst ist. Selbst in einem zivilisierten Land wie England manifestiert sich diese Angst in Form von Neid, Gier, Haß, Mißtrauen, Vorurteilen und so weiter. Warum könnt ihr nicht sehen, daß ihr alle eins seid und euch über die Vielfalt als Stärke sehen? Gleichheit ist Schwäche. Andersartigkeit ist Stärke, und Einzigartigkeit ist göttlich. Ihr seid alle einzigartige spirituelle Wesen, denn jeder von euch ist anders, und in dieser Einzigartigkeit liegt die Größe der Menschheit. Denn ihr seid keine Klone, ihr seid keine Roboter, ihr seid nicht wie viele Wesen auf anderen Planeten: ihr seid individuelle, gottzentrierte Geschöpfe mit der Möglichkeit, selbst göttlich zu werden.

Vor allem aber besitzt ihr die göttliche Gabe des freien Willens, die euch freiwillig geschenkt wurde. Doch wohin hat dieser freie Wille die Menschheit heute gebracht? Bis zur Selbstzerstörung, bis zu dem Punkt, an dem eine der großen Nationen dieser Welt bereit wäre, Millionen Menschen zu töten, ja die Welt zu zerstören, nur um zu verhindern, daß eine andere Nation einen ideologischen Kampf gewinnt.

Handeln so gottzentrierte Wesen voller Opferbereitschaft und Liebe? Haben nicht alle großen Meister, die sich in diesem Planetensystem entwickelten, Opferbereitschaft und Liebe gelehrt? Brachte nicht selbst der Meister Jesus durch seinen Tod am Kreuz ein Opfer, um die Menschheit, die nach ihm kommen sollte, zu retten? Doch selbst wenn sich die Göttlichkeit so offenbart, wird sie nicht bereitwillig angenommen. Meist trifft sie auf taube Ohren. Es gibt einige wenige, die die Botschaft hören, die ihre Göttlichkeit erkennen, und zu euch spreche ich jetzt.

Ich bitte euch, faßt euch ein Herz. Ich bitte euch, seid stark und entschlossenen Geistes, hört auf jene feine, leise Stimme, die in euch spricht. Ich fordere euch auf, diesem inneren Licht zu folgen und ihm treu zu sein. Ich kann euch versichern, daß es einen Plan für diese Erde gibt, daß es ein großes Wesen gibt, das diesen Plan überschaut, und daß euch nichts Übles widerfahren kann, wenn ihr nur euch selbst treu seid. Auch wenn viele rings um euch leiden werden, wenn viele untergehen werden, wenn es Dürrezeiten und Überschwemmungen, Erdbeben und andere Naturkatastrophen geben wird, werden jene, die dem Geist in sich treu sind, überleben. Mit Überleben meine ich nicht notwendigerweise etwas Physisches, sondern das Überleben des Geistes auf den höheren Ebenen, wenn der Tag des jüngsten Gerichts kommt, an dem die Spreu vom Weizen getrennt werden muß, wenn dieses Planetensystem sich auf der Evolutionsspirale aufwärts bewegen soll. Das bedeutet nun nicht, daß die Nicht-Erwählten ausgelöscht werden. Das bedeutet nur, daß sie zu dem zurückkehren werden, was man Gruppenenergie nennen könnte, und dadurch den anderen, die sich das Recht zur Individualität erworben und die Göttlichkeit ihres Seins erkannt haben, ermöglichen, auf dem Evolutionsweg fortzuschreiten und so ihre Aufgabe zu erfüllen.

Ich sage also zu jenen unter euch, die sich von der heutigen Welt bedroht fühlen: Faßt euch ein Herz. Ein großes Wesen wacht über euch. Jedes Opfer, das ihr bringt, wird wahrgenommen. Jeder Akt der Liebe, jeder Akt des Dienens, den ihr auf dieser irdischen Ebene vollbringt, hinterläßt seine Spuren. Alles, war ihr tut, um Mitmenschen zu helfen, wird gesehen, denn das ist das wahre Wesen des Menschseins. Der Akt eines bewußten Menschen, eines aus Menschlichkeit Handelnden, ist freiwillig und ohne Berechnung zu geben. Das heißt zu geben, zu schenken, wie man das nie zuvor getan hat. Es heißt, die Göttlichkeit in jedem Aspekt eurer Welt zu erkennen. Vor allem aber heißt es, die Göttlichkeit des Planeten, auf dem ihr lebt, zu erkennen.

Wie ich schon einmal sagte, seid ihr nicht von diesem Planeten. Dieser Planet ist nur eine Schule des Lebens, in der ihr eure Lektionen lernt. Es ist eine Schule von besonderer Schönheit, die euch von der Göttin, deren Leib die Erde ist, anvertraut wurde, als ein Opfer für diese Rasse von Wesen, die zu ihr gesandt wurden. Jahrtausendelang hat sie zugesehen, wie die Menschen ihren Körper verunreinigt haben und ihre Schöpfungen selbstsüchtig benutzten, ohne die Einzigartigkeit und Heiligkeit der Erde oder die Gegenwart ihres Seins und ihre Bedeutung für die Evolution zu erkennen. Und dennoch gibt es heute einige Menschen, die sich der Gegenwart der Göttin und ihrer Kraft bewußt werden. Die Erkenntnis wächst, daß die Göttin ebenso wichtig ist wie der Gott, das Weibliche ebenso wichtig wie das Männliche und daß das Gleichgewicht zwischen der Energie und dem Potential beider die Quelle göttlicher Schöpferkraft ist.

Laßt euch nicht durch die Welt, in der ihr lebt, niederdrücken. Laßt es nicht zu, daß das Leiden und die Lektionen der anderen zu eurem Leiden, zu euren Lektionen werden. Seht die anderen voller Mitgefühl an, aber erkennt, daß ihr Weg nicht der eure ist. Ihr seid hier, um euer spirituelles Potential im alltäglichen Leben wirksam werden zu lassen, wenn ihr mit den drei Reichen der Materie und euren Mitmenschen in Berührung kommt. Lebt bewußt, nehmt wahr. Nie hattet ihr eine solch große Möglichkeit zur Entwicklung. Erkennt das und nutzt diese Möglichkeit, um den Durchbruch des Bewußtseins zu erlangen, durch den ihr zur Verwirklichung eures Wesens gelangen könnt. So werdet ihr, wenn das Wassermannzeitalter beginnt, Teil jener auserwählten Schar von Menschen werden, die jetzt die Samen für ein Jahrtausend des Friedens und der Fülle sät. Das Wassermannzeitalter wird eine Zeit sein, in der die Menschen wirkliche Menschlichkeit auf der Erde verkörpern und in der Wesen von anderen Planeten kommen und ihnen zu Füßen sitzen werden, um von ihrem Bewußtsein und ihrer Göttlichkeit zu lernen. Auch wenn ihr Götter im Werden seid, müßt ihr während eures Lernprozesses Schmerzen und Leiden hinnehmen, nicht so sehr auf der physischen als auf der geistigen Ebene. Ihr werdet Fehler machen, das ist zu erwarten, aber Fehler sind dazu da, daß man aus ihnen lernt, nicht daß man sie wiederholt. Vor allem aber erkennt, daß alles auf der irdischen Ebene eins ist. Der Mensch, der neben euch sitzt, ist, auch wenn ihr ihn noch nie gesehen habt, euer Bruder und war es wahrscheinlich in einem früheren Leben. Der Mensch, den ihr morgen trefft, ist eure Schwester und war es wahrscheinlich in einem früheren Leben. Ihr seid alle eins auf dieser irdischen Ebene. Es gibt keine Trennung außer der, die ihr in euren Gedanken und Ängsten schafft. Wo Liebe ist, bedingungslose, vorurteilsfreie Liebe, wo man im Mitmenschen die Seele sieht, die sich auf ihrem Entwicklungsweg befindet, ist Göttlichkeit und Segen gegenwärtig.

Werdet dieser Energie gewahr, die ihr euch heute hier versammelt habt. Laßt dieses Gefühl der Liebe in euch wachsen. Laßt diese Liebe hinausgehen und sich überall auf diesem gestörten Planeten verbreiten. Erkennt, daß eine Gruppe wie diese, die sich zu einem gemeinsamen Ziel vereint, die eins ist in der Kraft der Liebe, diese Welt wirklich retten kann. Das ist die Möglichkeit, die in eurer Göttlichkeit liegt. Erkennt sie und nutzt sie.

## Fragen und Antworten

FRAGE: Könnt ihr uns praktische Ratschläge geben, wie wir dem Planeten Erde in dieser kritischen Zeit durch unser Verhalten im alltäglichen Leben helfen können?

ZT: Dreierlei praktische Schritte können unternommen werden. Zunächst geht es darum, die Gegenwart der Göttin anzuerkennen, die diesen Planeten beherrscht. Ich frage mich, wieviele von euch in euren Gebeten je der Göttin für das Geschenk ihres Daseins, des wunderbaren Planeten, auf dem ihr lebt, danken. Geht es euch als Eltern nicht auch so, daß ihr es zwar nicht erwartet, aber euch doch freut, wenn eure Kinder euch manchmal danken? Es ist wichtig, Energie zur Quelle zurückfließen zu lassen, den Zyklus zu vollenden. Deshalb solltet ihr in euren Gebeten und Meditationen der Göttin Energie zusenden und euch mit ihr verbinden. Wißt das Opfer zu schätzen, das sie bringt, die Freiheit, die sie der Menschheit schenkt, ihr Sein und ihren Leib nach Gutdünken zu benutzen.

Dann geht es um die richtige Beziehung, die ihr zu den Geschöpfen der Göttin habt, daß ihr mit vollem Bewußtsein mit den Blumen, den Tieren und der Erde, auf der ihr geht, in Berührung und im Einklang seid. Sie sind Teil der lebendigen Kraft, die in hohem Maß euer Leben bestimmt, auch wenn euch das nicht bewußt ist. Wie viele von euch sind sich beispielsweise, wenn sie vor einer Pflanze stehen, bewußt, daß diese Pflanze mit euch kommuniziert – natürlich nicht durch die Sprache, aber dadurch, daß sie euch gibt oder sogar etwas von euch nimmt?

Schließlich geht es darum, etwas zu haben, das ich öffentliches Verantwortungsgefühl nennen möchte, also jeden Tag zu versuchen, das Heilige und Unzerstörbare dieses Planeten zu schützen. Das bedeutet, sich einzusetzen, wenn böse Menschen versuchen, diesen Planeten für egozentrische, egoistische oder ideologische Ziele zu benutzen. Wißt, daß es notwendig ist, sich den Kräften der Finsternis entgegenzustellen, und mit Entgegenstellen meine ich nicht das Kämpfen mit physischen Waffen, sondern das Schaffen eines Gegengewichts nur durch eure Energien, durch eure Gedankenformen. Ihr müßt eure Energien den höheren Lebensebenen weihen, den höheren Wesen widmen. Das ist von größter

Notwendigkeit in dieser Zeit, wo wir den Planeten retten müssen.
Aber so vielen ist es nicht wichtig genug. So viele glauben, daß
keine Veränderung mehr möglich ist. So viele glauben, daß man
die Menschen nicht mehr auf den richtigen Weg bringen kann.
Aber man kann es. Durch diese drei Dinge könnt ihr beginnen, das
Muster nicht nur eures Lebens, sondern auch eurer Umgebung zu
verändern.

FRAGE: In der Mitteilung an uns wurde das Wort Opfer mehrere
Male benutzt. Für mich bedeutet Opfer Selbstverleugnung. Könnt
ihr uns sagen, was ihr mit Opfer meint?

ZT: Es wurde gesagt, daß die Lektion dieses Planeten opfermütiges Dienen in Liebe ist und daß Liebe die Energie eures Schöpfers
ist. Opfern und Dienen gehören zusammen. Ihr glaubt wahrscheinlich, das größte Opfer, das ihr bringen könnt, bestünde
darin, euer Leben für jemand anderen hinzugeben. Es liegt an der
Einstellung der Menschen zur Sterblichkeit, daß dies als größtes
Opfer angesehen wird, aber es gibt in Wirklichkeit viele Opfer, die
größer sind. Das Wesen jedes Opfers ist Bewußtsein und spirituelle
Erkenntnis. Die Natur des Opfers hängt auf jeder Ebene von der
Einsicht und der Motivation ab, die dahinterstehen. Wenn ihr
etwas opfert, was ihr gar nicht hergeben wollt, dann ist es gar kein
Opfer. Unfreiwilliges Geben schmälert die Wirkung dieses Opfers
sehr. Es muß freiwillig geschehen. Ein Opfer muß frei sein von
allen Gedankenformen und Bindungen.

In der Welt, in der ihr heute lebt, ist das Leben selbst ein
dauerndes Opfer. Niedrigere Evolutionsstufen werden beständig
für höhere geopfert. Ihr braucht beispielsweise Nahrung, um euch
zu erhalten. Für viele von euch bedeutet das auch ein Opfer aus
dem Tierreich. Das Tierreich opfert sich immerfort selbst, um
euch in eurer Entwicklung zu helfen. Viele Menschen erkennen
und würdigen dieses Opfer heute nicht im geringsten. Bei jedem
Opfer ist gegenseitige Kommunikation sehr wichtig. Wenn ein
Wesen sich für euch geopfert hat, solltet ihr mit ihm in Kommunikation treten, damit ihr versteht, warum das Opfer gebracht wird.
Jedes Opfer fordert auf den höheren Lebensebenen Verständnis
dafür, warum es gefordert und warum es gegeben wird.

Bewußtsein spielt bei jeder Art von Opfer eine große Rolle.
Selbst auf der planetarischen Ebene und jenseits davon finden
immerzu Opfer auf den niedrigeren Evolutionsstufen für die
höheren Stufen statt. Opfer ist ein wesentlicher Teil des Lebens,
eine notwendige Lektion. Aber ebenso wie ihr als einzelne wollt,

daß ein Opfer, das ihr bringt, Sinn hat und vor allem, daß man euch dafür anerkennt, gilt das ebenso auf allen anderen Lebensebenen. Die Energie hinter jedem Opfer sollte die Energie eures Schöpfers, also Liebe sein. Wo keine wahre Liebe ist, kann es auch kein wahres Opfer geben. Wenn ihr den Menschen, dem ihr ein Opfer bringt, nicht liebt, ist es besser, es überhaupt nicht zu bringen, denn ein falsches Opfer hat einen sehr geringen Wert. Die Energie der Liebe muß in jedem Opfer gegenwärtig sein.

FRAGE: Obwohl sich viele von uns heute abend zum ersten Mal getroffen haben, herrscht hier eine sehr starke Gruppenenergie. Könnt ihr etwas dazu sagen?

ZT: Die Menschen, die heute abend hier sind, kommen aus vielen Ländern, aus vielen Kontinenten, von vielen Lebenswegen, und doch bilden sie hier an diesem Ort, zu diesem Zeitpunkt, eine Gruppe. Es war für jeden von euch vorgesehen, hier anwesend zu sein. Wenn auch nur einer von euch heute abend fehlte, wäre diese Gruppe nicht vollständig. Das ist das Wesen des Schöpfungsplanes. Jeder von euch hat etwas zur Energie des Ganzen beizutragen und dafür etwas zu empfangen. Das ist ein Abbild des gesamten Lebensmusters. Könnt ihr jetzt erkennen, wie dumm jene sind, die in einem Atomkrieg eine große Zahl von Menschen auslöschen würden, um einen ideologischen Sieg zu erringen, denn wenn eine große Zahl von Menschen zerstört würde, wäre eure ganze Rasse nicht mehr im Gleichgewicht und nicht mehr vollständig. Die Menschheit wäre keine große Gruppe mehr. Die Ideologie, die einen Atomkrieg »gewonnen« hätte, hätte damit schon den Grund für ihre eigene Zerstörung gelegt, da die Menschheit dadurch so stark aus dem Gleichgewicht gekommen wäre.

Es liegt eine große Stärke in der Vielfalt der Menschen. Freut euch über die Unterschiede der Völker und Rassen. Seht sie als Stärke. Alle Wesen ergänzen sich zu einem Ganzen. Alles, was ihr als einzelne tun könnt, ist, euer Bestes für die Menschheit zu geben, so wie ihr das heute abend für diese Gruppe getan habt. So wie ihr hier von der Energie dieser Gruppe berührt werdet, wie sie euch erhoben und bewegt hat, wie Samen ausgestreut wurden, die in der nächsten Zeit aufgehen werden, so sollte es auch auf einer planetaren Ebene geschehen.

Was die Menschheit in dieser Zeit vor allem braucht, ist Einheit: die Einheit von Leib, Seele und Geist. Es gibt keine Trennung, die die Menschen nicht selbst geschaffen hätten. Laßt uns beten, daß die Trennungen und der Egoismus, die vor Aeonen jenen Planeten im System des Sirius zerstörten, nicht hier auf der Erde das gleiche bewirken. Laßt uns beten, daß es Seelen unter euch gibt, die für diese Einheit einstehen, die erkennen, daß die Gruppe und das Ganze der Weg sowohl zur persönlichen als auch zur weltweiten Verwandlung ist. Das soll natürlich nicht heißen, daß ihr nicht Augenblicke der Zurückgezogenheit habt, in denen ihr in euch geht. Das gehört notwendig zum Lebensgleichgewicht. Aber es muß auch Zeiten geben, in denen ihr im Teilen und Mitteilen mit euren Mitmenschen verbunden seid. Wenn ihr auch nur einem eurer Mitmenschen dient, dient ihr eurem Gott, verehrt ihr euren Gott. Wenn ihr auch nur einen eurer Mitmenschen ignoriert oder ihm Böses tut, tut ihr das zugleich eurem Gott. Es gibt nur einen Gott. Es gibt nur eine Rasse: die Menschenrasse.

# Die wesentliche Frage

Wer glaubt ihr eigentlich, daß ich wirklich sei, wenn ich jetzt durch dieses Instrument zu euch spreche? Und wenn ihr es wüßtet, wenn mein Name euch bekannt wäre – würdet ihr deshalb eher glauben, was ich sage? Hat meine Stimme, die von einer anderen Ebene des Lebens zu euch spricht, wirklich Bedeutung? Hat es einen Sinn für euch, was ich sage? Warum spreche ich wohl zu euch und warum hört ihr mir zu? Was kann ich euch sagen, das ihr nicht für euch selbst herausfinden könnt? So viel wurde durch diese und andere Offenbarungsstätten überall auf der Welt gesprochen, aber so wenig wurde gehört. Doch das liegt natürlich im freien Willen des Menschen, und wir von den spirituellen Hierarchien würden es gar nicht anders wollen. An uns ist es, eure Herzen zu berühren, doch ihr müßt darauf reagieren. Wenn ihr nicht reagiert, dann können wir nur sehr wenig tun.

Damit ihr besser versteht, warum ich zu euch spreche, laßt uns für einen Augenblick unsere Rollen tauschen. Laßt uns annehmen, daß ihr die Quelle der Weisheit seid und daß ihr zu mir sprechen wollt, einem exkarnierten Wesen, das vor hat, sich auf der Erde zu inkarnieren. Ihr würdet mir mit eurer Weisheit und eurer Erfahrung im physischen Leben helfen wollen, mich für das Dasein auf der Erde vorzubereiten. Ihr würdet mich zu einem Verständnis für das Wesen des physischen Lebens führen und mir erklären wollen, wie ich mich am besten für die physische Inkarnation vorbereiten könnte. Deshalb würdet ihr versuchen, mir mit Hilfe eines Instrumentes wie diesem zu raten.

Oder nehmen wir einen anderen Fall. Nehmen wir an, ihr würdet sterben und euch dann auf meiner Lebensebene inkarnieren. Da wäre es nur zu natürlich, daß ihr den euch nahestehenden Menschen, von denen ihr gerade getrennt worden seid, gerne helfen würdet. Nun, da ihr frei wäret von eurem Körper aus irdischem Stoff und in einem eurer höheren Leiber lebtet und die Freiheit hättet, die das verleiht, wäre es doch das Natürlichste, daß ihr versuchen würdet, euren Freunden aus eurem neu gewonnenen Bewußtsein heraus zu helfen. Deshalb würdet ihr versuchen, ihnen durch Instrumente wie dieses zu raten.

*Geist alle Eins!*
*Hier Kommunikation zwische*
*verschiedenen Esenen möglich!*

Die starke Verbindung, die wir jetzt spüren, wurde in vielen Leben geschaffen. Wir haben auf der physischen wie auf den höheren Lebensebenen zusammengearbeitet. Wir haben einander auf den verschiedenen Ebenen unserer spirituellen Existenz lange Zeit gedient. Wir sind auf ewig miteinander verbunden. Deshalb diene ich euch wie ein Bruder seiner Schwester dienen würde, ein Mann seiner Frau: in Liebe. Ich gebe euch, um euch zu helfen, aus Liebe. Ich gebe euch meine Liebe, ohne eine Gegengabe zu fordern. Ich biete euch meine Weisheit an, ob ihr sie nun annehmt oder ablehnt. Ich will euch auf der irdischen Ebene aus Liebe helfen, ebenso wie ihr es, wenn ihr auf meiner Lebensebene wärt, für mich tun würdet, denn wir gehören alle zur großen Menschenfamilie.

Ihr müßt aber wissen, daß das, was ich zu euch sage und was ihr mir sagen würdet, nicht nur durch die Art des Instruments beschränkt ist, nicht nur durch das Gesetz des Kosmos, das genau definiert, bis zu welchem Maß man auf anderen Lebensebenen Einfluß nehmen kann, sondern auch durch die Grenzen unseres Bewußtseins in der Auffassung von Zeit und Schicksal. Ihr könnt nun beginnen zu verstehen, warum ihr mit den Menschen, mit denen ihr auf der irdischen Ebene verbunden seid, Kontakt aufnehmen wolltet. Ihr würdet in ein Heiligtum wie dieses kommen und unter euren Freunden sitzen, so wie ich jetzt, und würdet in eurem höheren Leib, der dem menschlichen Auge unsichtbar ist, versuchen, mit diesen Freunden in Berührung zu kommen. Ihr würdet versuchen, mit ihnen zu sprechen, aber ihr würdet sie nicht erreichen, denn ihr sprecht auf einer anderen Frequenz. Ihr würdet versuchen, ihnen zu raten, sie vor kommenden Ereignissen zu warnen, aber sie könnten euch nicht hören, denn der einzige Kommunikationsweg zwischen verschiedenen Lebensebenen ist der von Geist zu Geist, selbst wenn man durch ein Medium spricht, wie ich es jetzt tue. Das ist die einzige Ebene, die uns zugänglich ist.

Viele, die mir jetzt zuhören, sind alte Seelen. Ich frage mich, wo ihr euch selbst einordnen würdet, wenn man das Bewußtsein der Menschen in eine Skala einteilte. Wärt ihr überrascht zu erfahren, daß viele von euch zu den zehn Prozent an der Spitze gehören? Ihr habt schon einen sehr hohen Bewußtseinsstand erreicht, aber ihr wißt nur zu gut, wieviel ihr noch lernen müßt. Ihr wißt nur zu gut, wie oft ihr noch Fehler macht, vor allem in diesen schwierigen Zeiten, in denen ihr jetzt lebt. Deshalb versuchen wir euch jetzt zu führen und zu helfen, aber wenn ihr unser Wissen ablehnt, wenn ihr unsere Ratschläge nicht annehmt, unsere Warnungen vor der Zukunft überhört, dann können wir sehr wenig tun, denn ihr ganz

*Dein Wille*

allein seid verantwortlich für die Art und den Fortgang der menschlichen Evolution.

Wenn jeder von euch sich jetzt in der Meditation die Frage stellen würde, was er im Leben möchte, was ihm wichtiger als alles andere ist, was er sich als freier Geist am meisten wünscht, dann wäre es doch wohl nichts Irdisches, Physisches? Es wäre nicht Reichtum und materieller Besitz, es wäre nicht einmal das Wohlergehen eurer Familie oder selbst das Glück derjenigen, die ihr am meisten liebt. Ist es nicht wahr: Was ihr vor allem sucht, ist Lebenserkenntnis, ist Einsicht in die Frage, warum ihr hier seid, was der Sinn des Lebens auf eurem Planeten ist?

Wenn es wahr ist, daß ihr dieses Ziel habt – und ich glaube, daß das bei vielen von euch so ist – sollte das dann nicht das einzige sein, was eure Seele sucht? Ist es nicht wie der heilige Gral, den die Ritter der Tafelrunde von König Artus suchten und der den, der ihn findet, zu einer Erleuchtung führt, die für euch jetzt noch gar nicht vorstellbar ist? Habt ihr erkannt, daß sich der Sinn des Lebens vollkommen verändert, wenn ihr diesen heiligen Gral einmal gefunden habt? Eure Ausstrahlung und Wirkung auf diesem Planeten wird sehr viel größer sein. Wenn ihr diese Frage versteht, wenn ihr sucht und eine Antwort findet, dann werdet ihr Menschen im eigentlichen Sinn, die fähig sind, anderen zu helfen. Wenn ich eure Aura betrachte und die Probleme sehe, die ihr als einzelne in eurem Leben habt, wird mir klar, daß ihr nur ein Spiegelbild der ganzen Menschheit seid. Die Menschheit leidet wir ihr, jeder auf seine Weise leidet. Ihr leidet, weil ihr die Einheit und Heiligkeit des Lebens, das euch umgibt, nicht seht. Ihr leidet, weil ihr nicht auf Gott zentriert seid, weil ihr nicht seht, daß diese Erde, dieser Kosmos, auf Gott zentriert sind. Wenn ihr glauben könntet, daß es so ist, würdet ihr euer Schicksal, euren Körper, eure Seele und euren Geist in die Hände dieses Gottes legen.

Für viele von euch war der heutige Tag ein Tag wie jeder andere, voller Konflikte und Spannungen, ein Tag, an dem ihr versucht habt, die materiellen Aspekte eures Lebens, also den Wunsch nach persönlichem Weiterkommen und Geld und den Wunsch nach seelischem Frieden und Harmonie in der Welt ins Gleichgewicht zu bringen. Ihr habt darum gekämpft, zu einem Ausgleich eurer vielen Wünsche, Emotionen und Gedankenformen zu kommen, all jener Faktoren, die Ungleichgewicht in eurem Wesen schaffen und die letztlich die Ursache der Konflikte in der Welt sind, die Ursache der Disharmonie, die fast in jedem Lebensaspekt herrscht, weil die Welt die Göttlichkeit des Lebens nicht mehr erkennt. Wenn ihr aber wirklich glaubt, daß ihr göttliche Wesen seid, seid ihr dann nicht verbunden mit der Gottheit, seid ihr nicht Teil von ihr? Aber wenn ihr Teil dieser Gottheit seid und mit ihr kommunizieren könnt, wenn ihr ihre Energie herabrufen könnt, dann muß diese Gottheit euer Wesen und all eure Bedürfnisse durch und durch kennen.

Denkt an die Worte des Meisters Jesus, der sagte, daß jedes Haar auf eurem Kopfe gezählt sei. Es ist unfaßbar, was dieser Satz bedeutet. Er sagte auch, daß jeder Gedanke, den ihr hervorbringt, jedes Wort, das ihr sprecht, jede Handlung, die ihr vollbringt, von der Gottheit wahrgenommen und angenommen wird. Das bedeutet, daß jenes Wesen alles weiß, war ihr tut, was ihr braucht und was ihr in Wahrheit mit eurer Seele sucht. Deshalb fehlt es euch an nichts. Und wenn ihr zudem die Kinder dieses göttlichen Wesens seid, wird es dann nicht, wie ihr selbst über eure Kinder wacht und sie behütet, auch über euch wachen und euch behüten? Wenn ihr bedenkt, wie sehr ihr das schon auf eurer Bewußtseinsstufe tut, dann könnt ihr vielleicht erahnen, wie euer Gott über euch wacht, dessen Bewußtsein millionenmal größer ist als eures.

Alles, was ich bisher zu euch sagte, war nur die Vorbereitung auf eine wesentliche Frage. Ich fordere euch auf, in eure Herzen zu schauen und zu bekennen, ob ihr wirklich gottzentriert seid. Glaubt ihr wirklich, daß es einen Gott gibt, einen Gott, der nicht nur eine intellektuelle Schöpfung ist, den man nicht nur postuliert und diskutiert, einen Gott, von dem nicht nur in der Bibel und in anderen heiligen Büchern dieser Welt die Rede ist, einen Gott, der nicht nur ein Wesen ist, über das ich und die anderen Meister sprechen, ein Gott, der nicht nur ein Bild ist, das die Menschen sich schaffen und anbeten, sondern ein Gott, der wirklich in eurem Herzen wohnt und für euch etwas Einzigartiges ist? Glaubt ihr wirklich, daß es solch einen Gott gibt, und wenn ja, welche Macht, Majestät und Ehre verleiht ihr solch einem Wesen in eurem Herzen? Glaubt ihr, daß er Grenzen hat? Was hat dieses göttliche Wesen eurer Meinung nach mit euch vor? Ich frage mich, wie viele von euch je die Kraft eures Schöpfers angerufen und um etwas gebeten haben und im Bitten wie im Empfangen erkannt haben, welch göttliche unzerstörbare und ewige Verbindung zwischen euch und eurem Schöpfer besteht.

Wie viele von euch sind sich der Gegenwart Gottes in ihrem täglichen Leben bewußt? Wie viele von euch erkennen den Sinn des Lebens, das Wesen des Opfers, die Einheit allen Lebens, die Existenz anderer Ebenen, anderer spiritueller Reiche? Es muß euch klar sein, daß die Menschheit heute leidet, weil die Gesellschaft gottlos ist, weil sie nach ihrem eigenen Bild und nicht nach dem Bild ihres Schöpfers erschafft. Solch eine Gesellschaft schafft Spaltung und Trennung und versucht nur selbst weiterzukommen, ohne an das Ganze zu denken. Selbstsüchtigkeit führt unvermeidlich zu Konflikten, und wo Konflikte sind, entsteht Gewalt in Gedanken, Worten und Taten. Solche Gewalt führt fast immer zum Krieg.

Ich möchte aber ganz klar sagen, daß ihr diesen Weg nicht gehen müßt. Ihr könnt in der Welt sein, aber nicht von der Welt. Das ist es vor allem, was ich und die anderen Meister euch klarzumachen versuchen. Ihr müßt von all dem, was auf dieser irdischen Ebene geschieht und geschehen wird, nicht berührt werden. Ich sage das nicht als Versprechen für ein Entfliehen, sondern weil es die Realität des Lebens ist. Aber erst müßt ihr einen wichtigen Schritt tun. Ihr müßt einen Akt der Hingabe vollbringen. Ihr müßt nicht nur den Gott in euch selbst, sondern auch den Gott in allem und jedem rings um euch erkennen. Ihr müßt diesen ersten Schritt tun, einen Schritt, der von manchen blinden Glauben erfordern wird. Ihr müßt euch bereiterklären, eure Hand in die Hand eures Schöpfers zu legen und seinem Weg zu folgen. Das ist die Hingabe, die von euch gefordert wird.

Ihr müßt euren Schöpfer als die Quelle all dessen erkennen, was ihr für euer Leben braucht und wissen, daß all eure Bedürfnisse erfüllt werden, wenn ihr nach besten Kräften für diese Gottheit arbeitet. Wenn ihr euch heute in der Welt umseht, muß es euch doch klar werden, daß die Menschheit ihre eigenen Bedürfnisse nicht erfüllen kann. Millionen von Menschen hungern. Millionen von Menschen sind physisch, finanziell und religiös unterdrückt. Millionen leben in Angst. Es gibt sehr wenig bedingungslose Liebe in eurer Welt. Es gibt sehr wenig Mitleid. Die Menschheit hat das Göttliche, das in ihr liegt, nicht erkannt und gelebt, und dieses Scheitern wird sich bald als Geißel für die Erde erweisen. Ihr könnt dieser Geißel nur entgehen, wenn ihr mit der Quelle allen Lebens, eurem Gott, eins seid.

Deshalb bitte ich euch alle, so ehrlich wie möglich darüber nachzudenken, wo ihr in dieser kritischen Zeit der Erdevolution steht. Es ist von größter Wichtigkeit, daß ihr das tut, denn die Tage sind gezählt, bis zu dem Zeitpunkt, an dem ihr beurteilt und gerichtet werdet. Ihr müßt eure Entscheidung treffen. Ihr müßt für das einstehen, was ihr als Wahrheit erkannt habt. Das ist notwendig in der Welt, in der ihr lebt. In dieser Welt wird die Spreu vom

Weizen getrennt werden. In dieser Welt wird nur das höchstentwickelte Bewußtsein physisch überleben können.

Deshalb bitte ich euch, in euch zu gehen. Denkt über die Frage nach, die ich euch schon oft gestellt habe: Was ist der Sinn des physischen Lebens? Wenn ihr in eurer nächsten Inkarnation auf die Erde zurückkehrt – was wollt ihr dann mitbringen? Es wird nicht der physische Besitz dieses Lebens sein. Es wird nicht der Schmerz und das Leiden sein, das ihr erfahren habt. Es wird das spirituelle Bewußtsein sein, das euch befähigt, euer nächstes Leben mit größerer Einsicht zu führen. Denkt daran, daß jeder Bewußtseinssprung, den ihr macht, ein Fortschritt auf der Evolutionsleiter nicht nur für euch selbst, sondern für die Menschheit insgesamt ist, denn was ihr lernt und schafft, hebt auch die Masse der Menschheit. Die Auserwählten werden beobachtet. Was die Auserwählten tun, wird genau gesehen. Darin liegt die Verantwortung der Evolution.

Es gibt in dieser Zeit viele Meister auf der irdischen Ebene, die entsprechend ihrer urpersönlichen Schwingung versuchen, die Menschheit zu einer größeren Gotteserkenntnis zu führen. Sie möchten den Menschen klarmachen, daß Gott in allen Dingen, in allen Menschen, in allen Religionen, in allen Rassen, in jedem Bereich menschlichen Strebens zu finden ist. Sie lehren, daß Gott universell ist, unbegreiflich, daß er unzählige Aspekte hat, daß ihr selbst nur einer von Millionen seiner Aspekte und dennoch göttlich seid.

So macht euch heute auf und prüft euch. Wo steht ihr? Ist all das, was euch nicht nur durch diese Offenbarungsstätte, sondern durch alle Meister gegeben wurde, für euch wie ein spannender Kriminalroman oder ein interessanter Zeitvertreib, oder ist es die Wirklichkeit? Wenn es die Wahrheit ist und wenn es Sinn und Ziel hat, muß es dann nicht Teil eures Daseins werden? Überlegt, warum wir zu euch sprechen und was unser Ziel dabei ist. Sind wir nicht eins in der Auffassung vom Sinn des Lebens und vom Ziel der Menschheit? Arbeiten wir nicht alle für ein und dieselbe Sache? Auf all das kann es nur eine Antwort geben.

# Fragen und Antworten

FRAGE: Der Meister hat die Richtigkeit einer Entscheidung bestätigt, die ich vor einiger Zeit getroffen habe und deren Einzelheiten sich sicherlich noch klären werden. Dennoch scheint es mir, als müßte ich einen Schritt in die Dunkelheit tun.

ZT: Du magst es Dunkelheit nennen, aber du sprichst eigentlich von der Zukunft, zumindest nach eurer irdischen Zeit. Also sagst du, diese Zukunft sei dunkel. Aber was ist so schlecht an der Dunkelheit? Muß man davor Angst haben? Wenn du nachts hinausgehst und es ist dunkel, mußt du nicht unbedingt Angst haben. Es kann sogar wunderschön sein, wenn der Himmel klar ist und du die Sterne siehst. Es werden immer Sterne die Dunkelheit erleuchten, und wenn du in den kommenden Jahren auf deine Entscheidung zurücksiehst, wirst du dir vorkommen wie jemand, der sein Leben lang mit einer schweren Last herumlief, die er plötzlich von sich warf, und du wirst dich fragen, warum du das nicht früher getan hast!

FRAGE: Ihr habt davon gesprochen, daß jeder einzelne mehr gottzentriert werden müsse, aber gilt das nicht auch für Gruppen und Gemeinschaften?

ZT: Ja, natürlich. Bei einer Gruppe von Menschen, die gottzentriert sind, kann man sich über die Art ihrer Verbindung sicher sein. Eine Gruppe ist sozusagen beinahe wie eine Ehe. Mann und Frau werden, weil sie durch Liebe verbunden sind, bei allem, was der andere tut, auch angesichts seiner Fehler und Schwächen Verständnis zeigen. Der eine erkennt, daß der andere immer wieder Aspekte dessen verkörpert, was er selbst noch zu bewältigen hat. Das gleiche gilt für eine gottzentrierte Gruppe oder Gemeinschaft. Man wird sich gegenseitig Unvollkommenheiten nachsehen, weil Bewußtsein für den göttlichen Impuls in der Gruppe lebt und man ihre Seelenqualität erkennt.

FRAGE: Einige von uns planen, als Gemeinschaft zusammenzuleben. Könnt ihr etwas über den richtigen Zeitpunkt dafür sagen?

ZT: Es ist nicht gut, auf einer persönlichen Ebene zusammenzukommen, aus Angst oder Erwartung, aus Schwäche oder Wunschdenken. Ihr müßt durch die göttliche Weisheit in eurem Innersten erkennen, daß der Zeitpunkt und euer Bewußtsein richtig sind. Gewöhnlich gibt es genau den richtigen Zeitpunkt, ein solches Wagnis zu beginnen, vor dem es aus vielerlei Gründen falsch gewesen wäre. Ebenso wie man normalerweise nicht heiratet, bevor man zwanzig Jahre alt ist, gibt es auch für eure Vereinigung als Gruppe die richtige Zeit, aber diese Entscheidung muß aus eurem eigenen göttlichen Zentrum kommen. Sie muß durch die Kraft des Geistes, nicht durch die Kraft der Persönlichkeit motiviert sein.

FRAGE: Ich habe viele Jahre damit verbracht, jemandes Frau und Mutter zu sein. Ich weiß gar nicht mehr, wer ich bin. In zwei Wochen werde ich Ferien machen und für eine kurze Zeit niemandes Frau und Mutter sein. Ich möchte euch um eine Führung meiner Gedanken bitten, damit ich herausfinde, was ich mit mir selbst anfangen soll. Alle anderen scheinen irgendeine große spirituelle Aufgabe zu haben, aber ich weiß überhaupt nicht, was ich tun soll.

ZT: Die heutige Gesellschaft ist so strukturiert, daß es für eine Mutter mit Kindern schwierig ist, etwas anderes zu tun, als ums Überleben zu kämpfen, zumindest scheint es so. Die Forderungen kleiner Kinder sind groß, sie können nicht nur die Mutter, sondern auch die ganze Familie überlasten. Das liegt nicht nur an der Struktur der Kleinfamilie und dem Leben in der Gesellschaft, sondern auch an den Anforderungen des modernen Lebens und der heutigen Lebensweise. Viele Faktoren kommen zusammen und bilden eine übermäßige Belastung für den, der den Haushalt führt. Das ist normalerweise die Frau, aber manchmal kann es auch der Mann sein. Es ist eine unnatürliche Belastung, und deshalb ist es nur zu verständlich, daß bei dir oder anderen Frauen zu Zeiten solche Fragen aufkommen.

Wenn du nur wüßtest, daß du in der Tat eine der wichtigsten Aufgaben erfüllst, die es überhaupt gibt. Was andere Menschen auch mit ihren Talenten anfangen mögen – das was du tust, ist entscheidend für die Erhaltung der menschlichen Spezies auf der irdischen Ebene. Das Umsorgen eines Babys, das Behüten des Heranwachsenden und der Entwicklung der Spiritualität eines jungen Menschen bis zu dem Punkt, an dem er selbständig ist und in Harmonie und Ausgeglichenheit leben kann und fähig ist, die menschliche Evolution zu fördern, ist sicher eine der wichtigsten, wenn nicht die allerwichtigste Aufgabe, die ein Mensch vollbringen kann.

Es gibt Zeiten, in denen eine Mutter aus den Augen verlieren kann, was sie wirklich tut. Die täglichen Anforderungen des physischen Lebens lassen ihr keine Zeit für sich selbst und dafür, sich mit den spirituellen Aspekten des Lebens zu befassen. Aber ihr dürft nicht vergessen, daß die Frau nach dem Bild der Göttin geschaffen ist. In ihrem Leib liegt die Schöpferkraft der Welt. Durch ihre Hände geht alles menschliche Leben. Ihr seid die Mütter der Schöpfung. Das ist eine immense und ehrfurchtgebietende Verantwortung. Das größte Geschenk, das ihr dieser Welt machen könnt, das ihr eurem Schöpfer machen könnt, ist ein einundzwanzigjähriger Mensch, ausgeglichen, gesund, wohlerzogen, bewußt und liebevoll. Es wird in deinem Leben auch eine Zeit für andere Dinge geben, eine Zeit, in der du dir deine Herzenswünsche erfüllen kannst, die Freiheit haben wirst, deine schöpferische Kraft auf anderen Gebieten zu leben. Auch wenn das für dich wie für viele andere Mütter im Augenblick nicht möglich ist, solltest du wissen, daß das dein spirituelles Wachstum in keiner Weise behindert, denn du lebst beispielhaft das, was auf diesem Planeten gelernt werden muß: opfermütiges Dienen in Liebe.

Ich rate dir, in deinen Ferien über die Beziehung zwischen Gesundheit und Göttlichkeit, zwischen Gesundheit und Bewußtsein, zwischen dem, was man tut und dem, was man ist, nachzudenken. Gehe zu deinen Wurzeln zurück, zu deinen Gedankensamen, zu deinen Urformen, zu der Urenergie in dir. Komme mit dieser Energie in Berührung und erneuere dich dadurch, tauche ein in die Energie der Göttin, denn du bist eins mit ihr. Denke vor allem daran, daß es ganz gleichgültig ist, was die anderen tun. Sie haben andere Wege zu gehen, ihnen sind andere Aufgaben gestellt. Sie haben ihr eigenes Schicksal, ihre eigenen Prüfungen. Es könnte so scheinen, als seien manche andere aktiver und entwickelten sich mehr als du, aber das ist nur der äußere Anschein. Wichtiger ist das, was man mit dem inneren Auge sieht. Deshalb habe eine hohe Meinung von dir selbst.

# Die Menschen

Der menschlichen Gesellschaft geht es heute vor allem um die Beziehungen zwischen Menschen, Rassen, Ideologien, Religionen, zwischen Mann und Frau, Bruder und Schwester und so weiter. Beziehungen sind euch so wichtig, weil ihr die Menschen in eurer Umgebung vor allem als entscheidende Stütze oder als entscheidendes Hindernis für euer Lebensglück seht. Die Gedanken, Worte und Taten anderer Menschen sind die Hauptursache eurer Sorgen und Ängste auf dieser irdischen Ebene. Es gibt nur wenige Menschen, die eine sinnvolle Beziehung mit dem Tierreich, dem Pflanzen- und dem Mineralreich haben, die mit diesen Reichen auf den höheren Lebensebenen kommunizieren können. Die meisten Menschen ignorieren heute die Gefühle und die Göttlichkeit dieser drei Reiche der Materie. Für sie stehen die Beziehungen zwischen den Menschen über alldem. Deshalb möchte ich mit euch über diese Beziehungen sprechen und euch einige Anregungen zum Nachdenken in den nächsten Tagen geben.

Ich möchte zunächst eine Tatsache feststellen, die von den meisten Menschen in der heutigen Welt ignoriert wird; daß nämlich jeder Mensch, der sich auf der irdischen Ebene inkarniert, göttlich ist. Jeder Mensch hat einen göttlichen Funken, den Geist in sich. Jeder Mensch ist mit der Gottheit verbunden, ist Sohn oder Tochter Gottes und erfüllt einen Sinn im Evolutionsmuster der Menschheit und der Erde. Deshalb hat jeder Mensch eine bestimmte Aufgabe in einem Entwicklungszyklus zu erfüllen, ob sie nun klein oder groß ist. Da ich den Plan für diese Erde kenne, kann ich zudem sagen, daß diese Aufgabe vorherbestimmt ist. Deshalb wird es immer in diesem Plan und an der magnetischen Ausstrahlung eures Wesens liegen, wenn euch ein Mensch begegnet. Ihr schafft diese Ausstrahlung durch eure Gedanken, Worte und Taten und durch die Schwingungsebene eures Geistes. Immer, auch bei jeder scheinbar zufälligen Begegnung hat der Mensch, der vor euch steht, eine Bedeutung für euch. Deshalb sollt ihr wissen, daß ihr alle Wesen mit magnetischen Kräften seid, die die Energien anderer Menschen in ihre Aura ziehen oder abstoßen können.

Den größten Teil eurer Zeit nehmen eure Beziehungen zu anderen Menschen ein: ihr mögt jemanden oder ihr mögt ihn nicht. Ihr versucht jemandem zu helfen oder ihn zu behindern, ihr versucht, ihm ein Vorbild zu sein auf seinem Evolutionsweg oder ihn in die Irre zu führen. Man kann die anderen Menschen nicht ignorieren. Sie sind für die meisten von euch der Sinn des Lebens. Der Mann für die Frau, die Eltern für die Kinder, der Bruder für die Schwester, die Nachbarn füreinander und so weiter. Eure Beziehungen zueinander sind von größter Bedeutung, da durch sie euer Leben bestimmt wird. In Zeiten wie diesen jedoch, in denen die Welt offensichtlich im Chaos versinkt, und in der selbst jemand, der in einem zivilisierten Land wie England lebt, sich durch die Gewalt und die Konflikte der ihn umgebenden Gesellschaft bedroht fühlt, ist es nur natürlich, daß man sich die Menschen, die einen umgeben, genau betrachtet und auf ihre Schwingung und ihr Bewußtsein achtet.

Auch wenn es euch vielleicht schwerfällt, das zu akzeptieren, der göttliche Plan kennt keinen Irrtum. Selbst in dieser Welt ständig wachsender Konflikte und Gewalt stirbt niemand, wird niemand ermordet, vergewaltigt oder körperlich mißbraucht, wenn es keinen Grund dafür gibt. Der Betreffende hat dieses Ereignis entweder durch sein Verhalten in vergangenen Leben und das selbstgeschaffene Karma oder durch sein Handeln in diesem Leben auf sich gezogen. Das ist das Wesen des kosmischen Gesetzes, und wenn ihr über dieses Gesetz meditiert, wird es für euch eine Quelle der Erkenntnis und des Staunens sein. Ihr werdet euch der Kräfte, die in eurer Welt wirken, bewußt werden und erkennen, daß ihr beschützt seid, wenn ihr euch die Reinheit in Körper, Seele und Geist bewahrt. Das größte Unheil auf der Erde kann euch nicht berühren, wenn ihr reinen Geistes seid. Die Macht des Bösen kann nur in eure Aura eindringen, wenn ihr es zulaßt.

In einer Welt, in der Gewalt an der Tagesordnung ist, müßt ihr natürlich Fremden gegenüber mißtrauisch sein. Die Offenheit und Unbefangenheit früherer Gesellschaften ist vielleicht für immer vorbei. Ihr lebt in einer Welt, in der die Menschen denen mißtrauen, die aus einer anderen Klasse, einem anderen Land oder einer anderen Kultur kommen, in der sie allem, was diejenigen sagen oder tun gegenüber kritisch sind und an ihren geistigen und physischen Fähigkeiten zweifeln. Die Leute fragen sich immer, ob sie Fremden trauen können, ob sie sie in ihrer Gesellschaft oder Familie leben lassen können. So findet in euren Köpfen ein dauerndes Analysieren und Urteilen statt. Ihr beurteilt jeden, den ihr vor euch habt, entsprechend eurer Lebenserkenntnis. Aber woraus schöpft ihr dieses Urteil? Laßt uns darüber nachdenken. Ist es nicht so, daß ihr die Menschen mögt, die so fühlen und denken wie ihr, und die nicht mögt, die anderer Ansicht sind? Betrachtet ihr erstere nicht als eure Freunde und letztere als eure Feinde? Aber was für ein Urteil ist das in Wirklichkeit? Warum sollte der eine ein Freund sein und der andere ein Feind, wenn jeder nur sein individuelles und einzigartiges Bewußtsein darlegt? Habt ihr schon einmal darüber nachgedacht, daß ihr vielleicht von euren Feinden mehr lernen könnt als von euren Freunden? Wenn ihr nur mit Menschen zusammen seid, die eure Meinungen und Urteile unterstützen, weil sie den gleichen Bewußtseins- und Entwicklungsstand haben wie ihr, wenn ihr euch nur mit Menschen umgebt, die euch in euren Schwächen unterstützen, dann schränkt ihr euer eigenes Wachstum und eure Entwicklung ein. Wenn ihr jeden ausschließt, der euch einen Spiegel vorhalten könnte, nur weil ihr nicht mögt, was er sagt oder tut, dann weist ihr vielleicht gerade den Menschen von euch, der euch geschickt wurde, damit ihr etwas Wichtiges durch ihn lernt.

Was ist die Quelle eurer Vorlieben und Abneigungen? Woher kommt das Urteil, mit dem ihr einen Menschen, der vor euch steht, annehmt oder ablehnt? Laßt ihr euch durch die Klasse bestimmen? Laßt ihr euch durch den Akzent bestimmen? Laßt ihr euch durch Beruf und soziale Position bestimmen? Laßt ihr euch durch Gesundheit und Krankheit bestimmen? Laßt ihr euch durch die Hautfarbe eines Menschen bestimmen? Laßt ihr euch durch Religion und Glauben bestimmen? Laßt ihr euch durch Sex bestimmen? Man könnte diese Liste fortsetzen. Ihr seid alle in verschieden hohem Maß durch die Gesellschaft, in der ihr lebt, konditioniert. Manche von euch beginnen jedoch ihre Konditionierung und Fremdbestimmung zu überwinden und die Faktoren zu durchschauen, die ihre Ansichten und Meinungen erzeugen. Deshalb seid ihr der Einheit des Lebens gegenüber offener und toleranter. Ihr beginnt, die Individualität aller Menschen zu respektieren, ihr göttliches Recht, das zu sein, was sie sein wollen, sich selbst entsprechend ihrer seelischen Qualität auszudrücken. Wenn euch etwas stört, was Menschen sagen oder tun, müßt ihr wissen, daß das nur etwas in euch selbst widerspiegelt, was ihr noch lernen, mit dem ihr noch zurechtkommen müßt.

Menschen, denen ihr begegnet, werden von euch durch eure magnetische Aura angezogen. Es hat immer einen Sinn, daß sie zu euch kommen: sie sollen euch prüfen, sie sollen euch eine Lektion vermitteln, sie sollen euch eine Botschaft überbringen, euch führen, euch auf eurem Lebensweg weiterhelfen. Macht euch klar, daß der unscheinbare Mensch, der in zerlumpter Kleidung vor eurer Tür steht und um ein Glas Wasser, um drei oder vier Minuten eurer kostbaren Zeit bittet, vielleicht ein großer Meister ist, der den Schlüssel zum nächsten Stadium eurer spirituellen Evolution hat. Jeder, der in eure Aura eintritt, ist eurer vollständigen Aufmerksamkeit und Achtung würdig. So wenige von euch sind dazu bereit, sie aufzubringen, weil ihr nicht erkennt, daß ihr in dem anderen Menschen die Göttlichkeit eures Schöpfers vor euch habt. Ihr wißt nicht, daß das Wesen, das vor euch steht, von eurem Schöpfer geschaffen wurde, um von seiner Energie weiterzugeben. Wie viele von euch sind heute bereit, den Menschen, die ihnen begegnen, Aufmerksamkeit und ihre ganze Energie zuzuwenden. Wenn ihr das tätet, wäre der Zyklus der Beziehung viel rascher abgeschlossen. Viele Beziehungen müssen heute nur deshalb bestehen, weil kein vollkommener Energieaustausch von Auge zu Auge, von Herz zu Herz, von Seele zu Seele stattgefunden hat. Wenn diese Energie gegeben würde, wenn ihr die Menschen, denen ihr begegnet, wirklich mit ganzer Aufmerksamkeit wahrnehmen würdet, könnte die Beziehung vervollkommnet und abgeschlossen werden. Ihr könntet einander das mitteilen, was ihr einander mitteilen sollt und das lernen, was aus der Beziehung zu lernen ist. Auf allen Ebenen würde wahre Kommunikation stattfinden, und so wäret ihr beide frei, dann wieder euren individuellen Weg zu gehen.

Gerade ein Mensch, mit dem ihr euch scheinbar in einer großen Auseinandersetzung befindet, könnte euch eine wichtige Botschaft bringen, eine Lektion für euch bedeuten. Aber weil ihr zwischen euch und den Menschen, die ihr nicht mögt, Barrieren errichtet, weil ihr nicht zulaßt, daß sie euch etwas mitteilen, nehmt ihr euch selbst die Möglichkeit, gerade das zu lernen, auf das ihr vielleicht schon gewartet habt, um euch auf eine neue Bewußtseinsebene bewegen zu können, größere spirituelle Erkenntnis zu gewinnen. Konflikte in Beziehungen sind ein Werkzeug der Evolution und geben euch die Gelegenheit, in diesem kritischen Stadium eures Lebens zu lernen und geprüft zu werden. Deshalb solltet ihr euch klar sein, daß jeder Mensch, mit dem ihr eine Beziehung eingeht und der sich zu euch hingezogen fühlt, von höchster Bedeutung ist, eine Gelegenheit ist, zu lernen und euch weiterzuentwickeln. Ihr solltet ihn willkommen heißen als Überbringer einer Botschaft von eurem Schöpfer, die euch auf eurem Entwicklungsweg weiterhilft. Lernt von ihm. Seht den Aspekt des Göttlichen, den ihr vor euch habt. Das ist der Sinn des Lebens. Erkennt, daß ihr ein Spiegelbild eures Schöpfers vor euch habt. Wenn ihr diese Begegnung erfüllt und vollendet, werdet ihr sie bald überwunden haben, aber wenn ihr Widerstand leistet, wenn ihr Haß entstehen laßt, wenn ihr all die Emotionen nährt, die euch positiv oder negativ mit dem Betreffenden verbinden, schafft ihr Belastungen, die ihr vielleicht jahrelang, ja sogar mehrere Leben lang mit euch herumtragen müßt.

Ich würde sogar sagen, daß ihr jeden Menschen, den ihr in diesem Leben besonders stark ablehnt, auch in vielen früheren Leben abgelehnt habt und das auch weiterhin tun werdet, bis ihr diese kontinuierliche Haltung durchbrecht. Zuneigung oder Abneigung sind Persönlichkeitszüge. Wie könnt ihr euren Schöpfer mögen oder nicht mögen? Euer Schöpfer ist die Kraft der Liebe, die sich durch jedes menschliche Wesen äußert. Auch wenn ihr den Sinn nicht kennt, den das Leben eines Menschen hat, auch wenn ihr nicht versteht, was er tut, auch wenn ihr die Verbindung nicht versteht, die aus einer Begegnung mit ihm entsteht, solltet ihr doch verstehen, daß all das Teil des göttlichen Planes ist. Ihr habt nicht das Recht, diese Göttlichkeit in Frage zu stellen, sondern sollt sie demütig akzeptieren in dem Wissen, daß es ja um euren Entwicklungsweg geht.

Versucht zu erkennen, daß ihr etwas aus dieser Beziehung zu lernen habt, da ihr euch sonst nicht gerade in diesem Augenblick über den Weg gelaufen wärt.

An all das solltet ihr denken, wenn ihr Menschen begegnet. Es steht euch nicht zu, zu lieben oder zu hassen, anzunehmen oder abzulehnen. Liebt ihr euer Spiegelbild, das ihr jeden Morgen seht, oder haßt ihr es? Beides wäre vergeudete Energie, denn der Spiegel ist nur ein Abbild eurer selbst und spiegelt dadurch das Göttliche wider. So solltet ihr auch die Menschen in eurer Umgebung betrachten. Bedenkt, wieviel Energie ihr vergeudet, indem ihr euch Lasten auferlegt, die ihr für lange Zeit nicht mehr loswerdet. Wenn ihr die sogenannten tragischen Ereignisse in eurer Umgebung seht, wenn ihr Menschen leiden seht, wißt, daß es kein blindes Schicksal ist, kein Zufall. Alles, was geschieht, hat einen Grund. Die Tatsache, daß in eurer Welt heute so viele Tragödien geschehen, beruht darauf, daß in dieser kritischen Zeit der Erdevolution die Schwingungsfrequenz des Planeten sich erhöht hat, daß so viel Karma aufgearbeitet wird und so viele Lektionen gelernt werden.

So war das nicht immer. Ihr lebt in einer schwierigen Zeit. Ihr lebt in einer Zeit, in der ihr nicht ausgeglichen und harmonisch bleiben könnt, wenn ihr nicht erkennt, daß alles göttlich ist, daß alles Sinn hat, daß alles Teil eines Planes ist, auch wenn ihr ihn nicht erkennt und er euch nicht bewußt ist. Grüßt deshalb jeden Menschen, wie ihr euch selbst grüßen würdet. Begegnet ihm, wie ihr euch selbst begegnen würdet, Auge in Auge, von Herz zu Herz, mit ausgestreckten Händen und einem Lächeln in eurem Gesicht. Auch wenn der Mensch, der vor euch steht, euch auf der persönlichen Ebene abstoßen mag, ist er göttlich. Könnt ihr das Göttliche ablehnen?

Ich möchte euch zum Schluß an eine Geschichte aus der Bibel erinnern, in der von der Frau erzählt wird, die die Aura des Meisters Jesus berührte und durch ihren Glauben geheilt wurde. Diese Frau war jahrelang krank gewesen und hatte viel gelitten. Ihre Beziehungen zu anderen Menschen waren durch ihr Leiden sicher sehr beeinträchtigt. Wahrscheinlich war sie an diesem Tag viele, viele Kilometer gelaufen und hatte vielleicht ein großes Opfer gebracht, um dort an einer bestimmten Stelle des Weges zu warten, an dem der Meister Jesus vorbeigehen würde. In diesem Bruchteil einer Sekunde, indem sie inmitten der Menschenmenge seine Aura voller Glauben und Erkenntnis berührte, wurde sie geheilt. Der Meister Jesus war sich dieses Augenblickes bewußt, trotz der Menschenmenge und trotz all der vielen Ereignisse dieses Tages. Er erkannte die Bedeutung dieses Augenblicks und handelte aus Liebe. Die Frau ging fort und sah den Meister nie wieder. Hier habt ihr ein Beispiel dafür, was Beziehungen zwischen Menschen bedeuten können, was Liebe und Göttlichkeit ist, was im Plan für die Menschheit vorgesehen ist.

# »Das sollt ihr auch ihnen tun«

Vor zweitausend Jahren wurde der Menschheit ein großes kosmisches Prinzip offenbart, das sich in der Bibel in den bekannten Worten niederschlägt:»Alles, was ihr wollt, das euch die Menschen tun, das sollt auch ihr ihnen tun.« Darin drückt sich ein großes kosmisches Gesetz aus. Wenn ihr nun ins Zeitalter des Wassermanns eintretet, könnte dieses Gesetz vielleicht etwas weiterentwickelt und auf eure Zeit abgestimmt werden. Ich würde es jetzt so formulieren:»Alles, was ihr wollt, das euch die Menschen tun, sollt auch ihr ihnen tun; denn es ist nicht wichtig, was andere euch tun und zu euch sagen; nur was ihr tut und sagt, wird festgehalten.«

Ihr lebt in einer Welt, in der Zerrissenheit und Unterdrückung zunehmen, eine Welt der Seuchen und Naturkatastrophen, und das alles kündigt den Beginn von Armageddon an. Ihr steht alle nur zu sehr unter dem Druck der Weltereignisse. Es scheint, als bekämpften fast überall auf diesem Planeten heute Nationen und Individuen, Rassen und Religionen einander. Und wenn sie das nicht tun, so mißbrauchen sie die drei anderen Reiche der Materie. Es ist eine Zeit, in der vor allem die Menschen mit Bewußtsein handeln müssen, in der sie mit aller Kraft die bösen Mächte bekämpfen und das, was sie als falsch erkannt haben, überwinden müssen. Es ist für euch in solch einer Zeit schwierig zu wissen, was man tun soll angesichts solcher Ereignisse; aber ich möchte euch heute bitten, euch mit dem zweiten Teil dieses Gesetzes zu befassen: daß es nicht wichtig ist, was die anderen euch zufügen und zu euch sagen, sondern daß nur zählt, was *ihr* tut und sagt.

Es gibt heute immer Menschen, die etwas gegen euch tun oder sagen, sei es bewußt oder unbewußt. Es gibt immer Menschen, die euch etwas Böses wünschen oder gegen die Gesellschaft, in der ihr lebt, kämpfen, da sie glauben, sie seien im Recht und nützten der Menschheit und vor allem der Rasse, der sie angehören und die sie für die wichtigste halten. Ihr jedoch, die ihr auf dem Weg der menschlichen Evolution etwas weiter fortgeschritten seid, werdet euch des universellen Ganzen immer mehr bewußt. Ihr beginnt zu erkennen, daß jede Rasse auf diesem Planeten ein wichtiger Teil der gesamten Menschheit ist und ein Bewußtsein entwickelt hat, das eine wichtige Rolle im gesamten menschlichen Lebensstrom der Evolution spielt. Ihr erkennt, daß jeder einzelne die Freiheit hat, seinen eigenen Weg zu gehen und nach den Ideen zu leben, die ihm wichtig sind. Das bringt natürlich unvermeidlicherweise Zusammenstöße mit sich. Da die Schwingungsfrequenz der Erde sich erhöht und die Zeit schneller abläuft, da dieser Planet sich dem apokalyptischen Augenblick der Verwandlung nähert, werden diese Konflikte auch immer mehr zunehmen. Darum ist jetzt die Zeit gekommen, da ihr erkennen müßt, daß ihr nur für euch selbst verantwortlich seid. Es ist die Einsicht in diese Verantwortlichkeit, die euch helfen wird, in dieser unheilvollen Zeit zurechtzukommen. Das bedeutet nun nicht, daß ihr nicht alle der gleichen Menschenfamilie angehört, daß ihr eigensüchtig sein und euren Mitbrüdern und Mitschwestern nicht helfen sollt. Aber ich bitte euch, darüber nachzudenken, wie ihr ihnen am besten helfen könnt. Wie könnt ihr sie wirklich fördern, wie könnt ihr das menschliche Bewußtsein verändern helfen?

Es gibt heute viele Menschen, die mit der besten Absicht Vorträge halten, Bücher schreiben, spirituelle Zentren gründen und versuchen, die Welt ihrem Bewußtsein entsprechend zu verändern. Aber in vielen Fällen geht es den Betreffenden bei diesen Unternehmungen doch nur um ihr Ego, um ihre Persönlichkeit. Wir erleben, wie unausgeglichene Menschen versuchen, unausgeglichene Prinzipien zu verbreiten. Ihr müßt erkennen, daß nur das wirklichen Einfluß auf die Menschen hat und sinnvoll für sie ist, was vollkommen ausgeglichen, harmonisch und auf Reinheit gegründet ist. Nur das Vollkommene wirkt verwandelnd. Ihr könnt als individualisierte Wesen nur aus einer solchen Vollkommenheit heraus durch euer Beispiel die Welt berühren und verändern.

Darum geht es uns von den spirituellen Hierarchien heute darum, den einzelnen zur Vollkommenheit und zu den höchsten Möglichkeiten seines Seelenbewußtseins zu führen. Beschäftigt euch nicht mit dem, was andere tun und sagen. Es ist ihr Karma, es ist ihre evolutionäre Lektion, es ist ihr Schicksal. Wenn ihr in Harmonie lebt, können sie euch nicht erreichen: eure Aura ist euer Schutz. Wenn ihr selbst vollkommene Harmonie ausstrahlt, kann keine Macht, sei sie nuklear oder physisch, geistig oder emotional, zu euch vordringen oder euch schädigen, denn die Vollkommenen stehen unter dem Schutz der Macht der unendlichen Vollkommenheit selbst. Um diese Welt zu verändern, müßt ihr euch selbst verändern. Das könnt ihr nur durch euer Beispiel tun, und dieses Beispiel besteht in eurer Seelenschwingung, eurem Licht, der Ausstrahlung eures vervollkommneten Wesens, die alle sehen können. Überlegt einmal, was euch im alltäglichen Leben am tiefsten berührt. Ich meine nicht die Vollkommenheit der Natur, die Schönheit eines Sonnenunterganges, eines Tieres, eines Baumes, sondern die Schönheit des Menschlichen. Kann man nicht sagen, daß es euch am tiefsten berührt, wenn einer eurer Mitmenschen bedingungslose Liebe ausstrahlt? Ihr könnt gar nicht anders, als euch von dieser Liebesenergie berühren und verwandeln zu lassen und danach, ermutigt durch diese verwandelnde Kraft, selbst zu versuchen, eure eigene Vollkommenheit zu suchen und selbst etwas von dieser Energie auszustrahlen. Wenn ihr seht, wie jemand wirklich etwas opfert, etwas gibt und anderen wirklich dient, dann seht ihr die Liebe eures Schöpfers, die sich auf der irdischen Ebene manifestiert.

Es ist das Erkennen dieser Liebe, die euch berührt. Ihr liebt nicht den Menschen, die Persönlichkeit, die diese Liebe ausstrahlt, sondern die Liebe selbst, denn in ihr ist euer Schöpfer gegenwärtig, jene Kraft des Geistes, die auch durch euch ausstrahlt und in euch pulsiert.

Ihr nähert euch einer Zeit großer Veränderungen. Ihr werdet in nicht zu ferner Zeit eine Welt sehen, wie ihr sie zuvor noch nie gesehen habt, und werdet vielleicht hoffen, auch nie wieder so etwas sehen zu müssen. Was rettet euch in solchen Zeiten? Wie könnt ihr solche Veränderungen bewältigen? Wie könnt ihr Leiden und Verfolgung sehen, ohne mit hineingezogen zu werden? Sollt ihr versuchen, euch dem Bösen auf einer physischen Ebene entgegenzustellen? Sollt ihr dagegen Krieg führen? Sollt ihr höhere Kräfte anrufen, damit jene, die euch bedrohen, euch nichts anhaben können oder zerstört werden? Denkt daran: Alles was ihr wollt, das euch die Menschen tun, das sollt auch ihr ihnen tun. Zum Befolgen dieses Gesetzes gehört es auch, daß man den göttlichen Willen, die göttliche Herrschaft annimmt. Nur jene, die sie in ihrem Herzen kennen, können diesen Willen akzeptieren. Wenn ihr nicht im innersten Herzen wißt, daß es einen Gott der Liebe gibt und diese Gottheit euch beschützt und jedes Haar auf eurem Haupt kennt, könnt ihr nicht in Freiheit leben, könnt ihr nicht getragen von der Erkenntnis des Lebenssinns aus der Fülle leben.

Ihr seid nur für eure eigene Entwicklung, für euren eigenen Bewußtseinsstand verantwortlich, und was die menschliche Rasse jetzt vor allem braucht, ist ein individualisiertes Bewußtsein, das nach Ausgeglichenheit und Vollkommenheit strebt. Auch wenn ihr sterben müßt, wie euer Meister Jesus starb, strahlt ihr bis zu eurer Todesstunde diese Vollkommenheit aus, durch die das Bewußtsein der Menschheit erleuchtet und verwandelt wird. Was ist der Tod? Es ist das Gespenst, das die Unbewußten fürchten, jene, die die Wirklichkeit des Lebens und die Unsterblichkeit der Seele nicht kennen, jene, die Angst vor dem haben, was die anderen ihnen antun. Wenn ihr in dieser Angst lebt, seid ihr Teil der Angst der Menschheit und werdet von den gleichen Problemen bestürmt, mit denen sie sich auseinandersetzen muß.

Seid euch deshalb bewußt, daß die Art und Weise, in der ihr euren Alltag lebt, eure Vollkommenheit manifestiert, von eurem Seelenbewußtsein ausstrahlt, die Welt verändert. Alle Reden, die gehalten werden, alle idealen Gedanken werden nichts bewirken, wenn nicht richtiges Handeln aus ihnen entsteht. Ihr müßt die Wahrheit eurer Erkenntnis leben. Ihr müßt sie sichtbar werden lassen, dann könnt ihr die Welt mehr verändern, als ihr euch vorstellt. Wenn ihr in die Kirche geht oder in einen Vortrag und einem inspirierten Sprecher zuhört, spürt ihr in dem Augenblick der Verwandlung, wenn ihr über Zeit und Raum hinausgehoben werdet, jene göttliche Energie, jene Einheit mit allem Leben. Ihr werdet so stark davon berührt, daß ihr diese Energie immer noch in euch tragt, wenn ihr diesen Ort verlassen habt. Sie hat ihre Spuren in euch hinterlassen. Ihr geht als Jünger dieser Energie ins Leben hinaus. Ihr erinnert euch nicht an den Mann oder die Frau, die gesprochen haben, obwohl ihr ihnen vielleicht Zuneigung entgegenbringt. Ihr nehmt etwas von der Energie mit, die sie ausgestrahlt haben. Aber ebenso könnt ihr als einzelne in eurem Alltagsleben wirken.

Ihr könnt und sollt Jünger des Lichtes sein, und was die Welt in dieser Zeit braucht, ist Licht. Laßt das Licht aus euch leuchten. Erinnert euch an den zweiten Teil des Bibelwortes: Nur was ihr sagt und tut, bleibt, ist in eurem karmischen Muster festgeschrieben, nehmt ihr mit in euer nächstes Leben, nur damit müßt ihr euch wieder auseinandersetzen, nur das müßt ihr verwandeln. Viele von euch machen sich so viele Gedanken über die Fehler der anderen, daß sie wenig Zeit haben, über ihre eigenen Fehler nachzudenken; aber wenn ihr euch mehr mit eurem eigenen Verhalten befassen würdet, damit, wie ihr euch anderen gegenüber benehmt und nicht, wie andere sich euch gegenüber verhalten, wie groß wäre dann euer evolutionärer Fortschritt. Denkt nicht daran, was andere sagen oder tun. Das ist ihre eigene Last. Ladet sie euch nicht auf. Geht euren Weg im Licht eures Geistes. Verlaßt euch auf euer Bewußtsein. Seid eurer Lebenserkenntnis treu. Laßt euer Licht leuchten und seid ein sich verwandelndes Wesen.

In der kommenden Zeit wird es selbst für eine hochentwickelte Seele schwer sein, den wahren Sinn des Lebens zu erkennen, denn ihr werdet Zeugen vieler erschreckender Ereignisse sein. Jetzt schon begegnet euch in der Zeitungslektüre und beim Fernsehen eine Welt, die sich auf unverständliche Weise gebärdet. Jeden Tag entwürdigt sich die Menschheit mehr. Die Menschen scheinen unmenschlich zu werden. Laßt euch davon nicht berühren. Das ist die Zeit von Armageddon. Es ist die Zeit, in der die Spreu vom Weizen getrennt wird. Wenn ihr Weizen seid, kümmert euch nicht um die Spreu, denn der Wind der Evolution wird sie fortblasen. Nur der Weizen wird bleiben, dieser Weizen muß rein, gesund, stark sein. Was wir jetzt brauchen, ist solche Stärke, ist solch ein Beispiel, ist solch ein Bewußtsein. Deshalb seid euch selbst treu. Seid dem Licht in euch treu und lebt es. Laßt es leuchten, als hinge euer Leben davon ab, denn es hängt wirklich davon ab.

## Fragen und Antworten

FRAGE: Wir haben vor, ein spirituelles Zentrum zu gründen. Könnt ihr mir dazu einen Rat geben?

ZT: Das Wort Zentrum hat heute eine ähnlich verwaschene Bedeutung wie das Wort Liebe. Es gibt Meditationszentren, Zentren von Weisheitslehrern, Gemeinschaftszentren, Zentren für alternativen Lebensstil und so weiter. Wenn man heute ein Zentrum gründet, scheint das zu implizieren, daß es sich um einen spirituellen Akt handelt, etwas Gutes, denn dann gehört man zur sogenannten New-Age-Bewegung. Leider sind viele Zentren eher »Old Age« und haben wenig mit einem neuen Zeitalter zu tun. Betrachtet es so, daß jeder von uns ein Zentrum ist. Jeder von uns manifestiert seine Energie und sein Licht und strahlt sie aus. Wenn ihr versucht, ein Zentrum zu bilden, wenn ihr die verbindende Kraft sein sollt, müßt ihr in Ausgeglichenheit und Harmonie leben, denn sonst werdet ihr nur Unausgeglichenheit hervorbringen. Wenn eure Motivation nicht rein ist, werdet ihr Unreines anziehen. Die Schwingung, die ihr habt, bestimmt, wen ihr für euer Zentrum anzieht.

Ich glaube deshalb, daß in deinem Fall ein wenig mehr Wachstum notwendig ist, ein wenig mehr Lebenserkenntnis, bevor du selbst sagen kannst, ich bin ein Zentrum, laßt die Menschen kommen und von meiner Schwingung lernen. Es wollen heute viele Menschen zusammenkommen und in einer kleinen Gemeinschaft arbeiten, gemeinsam wachsen, einander dienen, einander auf der Lebensreise beistehen. Das ist gut, denn ihr alle braucht in diesen schweren Zeiten Unterstützung und Verständnis. Mit dem Wort »Zentrum« muß man heute leider sehr vorsichtig umgehen. Ich würde dir raten, es organisch wachsen zu lassen, ihm Zeit zu lassen, nicht wie in einem Glashaus sein Wachstum beschleunigen zu wollen. Streue deine Saat aus in deinem schönen Land Amerika, aber laß dir Zeit, um zu wachsen. Versuche nicht schnell zu laufen, bevor du gehen kannst.

# Ein Pilger sein

Wer wahren Wert will seh'n
Betracht nur ihn:
Mögen auch Stürme weh'n
Unbeirrt wird er zieh'n.
Nichts kann den Mut ihm schwächen
Und niemals wird er brechen,
Was einst gelobt er hat:
Er ist ein Pilger.

Wer ihn gar ängst'gen will
Mit düstren Worten,
Verliert sein eigenes Ziel,
Stärkt ihn noch allerorten.
Ein Löwe schreckt ihn nicht,
Ein Ries' ist ihm ein Wicht,
Die Kraft verläßt ihn nicht:
Er ist ein Pilger.

Ihn ängstigt nicht das Sterben
Und nicht des Teufels Spuk.
Das Leben wird er erben,
Der Geist tröst' ihn genug.
So fliehet aller Schein;
Er fürchtet nicht der Feinde Reih'n,
Ohn' Unterlaß will er nichts sein
Als nur ein Pilger.

Die Gedanken, die John Bunyan vor über dreihundert Jahren in diesem Gedicht ausdrückte, gelten heute noch genauso wie damals. Und auch in dreihundert Jahren werden sie die gleiche Gültigkeit haben. Die Menschheit ist auf einer Pilgerschaft. Ihr seid alle Pilger. Jedes Leben kann als Pilgerschaft betrachtet werden, und viele von euch werden sich auch während ihrer Lebenspilgerschaft noch auf viele einzelne Pilgerreisen begeben, die gleichsam ein Mikrokosmos eures ganzen Lebens sind. Sie symbolisieren

Wesen und Sinn eures Lebens. Solch eine Pilgerreise ist dazu da, daß ihr den Zusammenhang eures Daseins und den Weg, der noch vor euch liegt, klarer seht. In allen Zeiten haben sich Männer und Frauen auf Pilgerschaften begeben. Die Anhänger jeder Religion, jedes Glaubens, jeder Rasse haben sich auf den Weg gemacht. In den alten Tagen bedeutete eine Pilgerschaft meist eine wagnisreiche Reise, die manchmal monatelang dauerte. Oft waren große persönliche Opfer dafür erforderlich. Eine Pilgerreise war kein sozialer Anlaß, es lag immer ein tiefer Sinn und eine spirituelle Absicht darin. Sie bedeutete für den einzelnen die Suche nach einem höheren Aspekt seiner selbst, den er nach Vollendung seiner Reise in seinem physischen Leben auf der Erde manifestieren konnte.

Eine Pilgerreise geschieht auf vielen Ebenen, nicht nur auf der physischen Ebene der Fortbewegung. Die Pilger früherer Zeiten, die sich auf den Weg zu heiligen Altären und Tempeln machten, taten das nicht nur, um den heiligen Stein zu küssen, um die heilige Reliquie zu sehen, in der Hoffnung, vielleicht eine Erscheinung oder ein Wunder zu erleben oder von einer schweren Krankheit geheilt zu werden, sondern weil sie sich von der Energie angezogen fühlten, die dort vibrierte und pulsierte. Sie begaben sich an diesen Ort, um sich einem spirituellen Kraftfeld, einem Energiewirbel auszusetzen. Die Pilger bewegten sich auf ihrer Reise in Wirklichkeit auf einer höheren Lebensebene und schufen ätherische Kraftlinien. Sie webten ein Netz aus Licht und Energie. Und wenn sie ihren Pilgerort verließen, waren sie für immer dieser Energie verbunden und konnten immer von ihr zehren, da sie mit der Quelle der Kraft in Berührung gekommen waren.

Ihr seid auf eurer Pilgerreise nach Glastonbury gekommen, einem Zentrum von großer Kraft und Tradition. Spürt ihr, daß ihr hier mit einer Energie in Berührung kommt, die so alt ist wie die Erde, und daß ihr immer mit ihr verbunden bleiben werdet, wenn ihr diesen Ort wieder verlassen habt. Die Energie von Glastonbury ist immer bei euch, wenn ihr eure Augen zur Meditation schließt und euch in euren inneren geistigen Raum begebt. Sie kann in schwierigen Zeiten eine große Hilfe sein. Sie kann euch Kraft und Inspiration geben, wenn ihr euch den Anforderungen eurer Welt stellen müßt. Wenn ihr euch auf Pilgerschaft begebt, erfüllt ihr zweierlei Funktionen: ihr gebt ebenso wie ihr nehmt. Ihr laßt von eurer Kraft etwas in die Quelle fließen und ihr nehmt etwas dafür aus dieser Quelle, und in dieser Mischung der Energien erfüllt ihr zwei Funktionen. Ihr seid wie die Bienen; die Bienen nehmen nicht nur Pollen aus den Blumen, sondern tragen durch ihr Wandern von Blume zu Blume zur Befruchtung bei. Ihr seid menschliche Bienen, ihr gebt und nehmt und erfüllt so den Sinn eures Lebens. Das ist die Symbolik der Pilgerschaft.

Ihr habt euch alle auf eine Pilgerschaft des Lichtes begeben. Ihr seid nicht nur hierhergekommen, um euch selbst zu finden, sondern um den heiligen Gral zu suchen. Ihr sucht dieses Licht, ihr sucht diese Einheit und Heiligkeit, diese Lebenserkenntnis, wie es die Pilger in den alten Zeiten taten. Auch sie lösten sich von den alltäglichen Angelegenheiten los und wurden Pilger, indem sie sich auf die innere Suche begaben. Sie hatten auf ihrer Pilgerreise mit Ängsten und Zweifeln zu kämpfen wie jeder andere Mensch, wie auch ihr in eurem heutigen Leben. Sie mußten auf dem Weg gegen Gefahren kämpfen. Sie mußten gegen die Unsicherheit kämpfen, die sie angesichts dessen befiel, was sie am Ziel ihrer Pilgerreise vorfinden würden. Würde alles umsonst sein? Würden sie finden, was sie gesucht haben und würden sie es auch erlangen? Würden sie rechtzeitig ankommen? Spiegeln sich in ihren Fragen nicht die euren wider? Stellt ihr nicht auch den Sinn eures Daseins auf dieser Erde in Frage? Macht nicht auch ihr euch Sorgen über das, was in der Zukunft liegt? Sucht ihr nicht auch nach dem heiligen Gral und fragt ihr euch nicht auch, ob ihr ihn in diesem Leben noch finden werdet?

Eine Pilgerreise ist deshalb ein Akt der spirituellen Hingabe. Es ist eine Zeit der geistigen Erneuerung, eine Zeit, in der sich der einzelne auf den Weg macht, um sein Schicksal zu suchen in dem Wissen, daß der Mikrokosmos der Pilgerschaft nur den Makrokosmos seines ganzen Lebens, ja des Planeten, auf dem er weilt, widerspiegelt. Jeder Pilger, der nach Glastonbury kommt und seine Energie spürt, wird etwas anderes erleben, denn jeder ist einzigartig. Diese Kraft wird jeden auf die Weise berühren und erheben, die seinem persönlichen Bewußtsein, seiner Anteilnahme und vor allem seiner Hingabe entspricht, denn Hingabe ist ein wesentlicher Teil jeder Pilgerschaft. Der Pilger muß sich der Quelle voller Demut nähern.

In den alten Zeiten beteten die Pilger auf den Knien vor dem Heiligtum oder warfen sich vor dem Altar auf den Boden. Sie gaben sich ganz hin, um etwas von der Quelle zu empfangen. Ihr lebt in einer Zeit, in der die große Masse der Menschheit die Quelle des Lebens leugnet und so ist kein Heil, keine Heiligkeit im Leben vieler Menschen. Sie erkennen das Göttliche nicht, das nicht nur in ihnen und in allen Menschen, sondern in jedem Aspekt der physischen Welt, in der sie leben, anwesend ist.

Dieses Jahr, 1984, ist ein Jahr der karmischen Entscheidungen und deshalb für Pilgerreisen sehr geeignet, ein Jahr, in dem sich jene von euch demütig auf die Suche nach ihrem heiligen Gral machen sollten, die bereit sind, sich hinzugeben und diesen Weg zu gehen. Bedenkt, daß der Weg eines Pilgers nicht leicht ist. Er erfordert Opfer. Er erfordert wirkliche Hingabe. Er erfordert Entschlossenheit und einen starken Willen. Es wird viele geben, die diesen Weg nicht gehen wollen oder können. Es wird viele geben, die euch abzuhalten versuchen. Materieller Besitz wird euch vom Weg ablenken wollen, denn zu keiner Zeit in der ganzen Geschichte der Menschheit hat die Technologie so sehr von der Spiritualität abgelenkt. Jene von euch, die in der westlichen Welt leben, sind von großem Überfluß umgeben und wissen den technologischen und materiellen Besitz oft nicht mit Klugheit und Respekt zu nutzen. Viele verlieren sich in diesem Überfluß, werden von ihm verzehrt und erkennen die Wirklichkeit der Natur und der sie umgebenden Welt und das Heiligste in ihrem Inneren nicht mehr.

Ihr seid auf eurer Pilgerschaft nach Glastonbury gekommen, dem Zentrum des Heiligen Geistes, des dritten Aspektes der Dreiheit eures Schöpfers, die oft als Vater, Sohn und Heiliger Geist beschrieben wird. Ihr wollt mit der Kraft des Heiligen Geistes, der Kraft der Initiation und Verwandlung in Berührung kommen, deren mystisches Symbol der Phoenix ist. Wie der Phoenix müßt auch ihr euch in das kosmische Feuer wagen, um erneuert daraus hervorzugehen. Es war diese Kraft, von der die Jünger Jesu berührt wurden und die sie so verwandelte, daß sie ihm wirklich nachfolgten. Diese Kraft wird auch euch verwandeln, wenn ihr sie auf einer inneren und nicht auf einer äußeren Ebene sucht. Jeder kann an diesem Ort eine Initiation erleben und ihn mit der Überzeugung verlassen, daß er nicht nur sich selbst, sondern auch die Welt verändern kann.

Warum ist das in dieser Zeit so wichtig? Weil die Welt selbst in naher Zukunft eine kosmische Feuertaufe erleben wird. Zerstörung und Tod werden kommen. Es wird Seuchen, Dürrezeiten und Erdbeben geben. Die Menschen werden viel zu leiden haben und viel Karma wird verwandelt werden. In der Natur werden tiefgreifende Veränderungen vor sich gehen, da die große Göttin die Heiligkeit ihrer Reiche wiederherstellen wird. Aus diesem verheerenden Umsturz wird eine neue Rasse von Männern und Frauen hervorgehen, eine Rasse von Menschen, die mit der Gottheit in Einklang sind, die den Akt der Verwandlung erlebt und sich innerlich wie äußerlich auf das neue Zeitalter vorbereitet haben. Jene, die sich auf den Gott in ihrem Inneren eingestimmt haben, die auf die leise innere Stimme hören, werden wissen, was geschieht. Sie werden wissen, wohin sie zu gehen haben und was für Aufgaben sie erfüllen sollen. Im Lauf der Zeit sind viele Pilger in dieses große Kraftzentrum von Glastonbury gekommen. Sie haben seine Energie gesucht, um sich zu verwandeln. Vielen ist es auch gelungen, aber viele sind auch gescheitert, denn sie haben die Kraft benutzt, um sich selbst weiterzubringen und nicht, um eine bessere Welt zu schaffen und die Evolution der Menschheit zu fördern. Diese Entscheidung liegt jetzt vor euch. Aber wenn ihr euch wirklich mit Hingabe auf eure Pilgerreise begeben habt, wenn ihr wirklich zum Opfern und Dienen bereit seid, habt ihr begonnen, euren Fuß auf den Weg zu eurem heiligen Gral zu setzen. Ich bitte euch deshalb, diese Hingabe sehr hoch zu schätzen, denn es gibt in dieser Zeit kein größeres Schicksal als das, die Menschheit auf einen neuen Weg zu führen, sein Licht leuchten zu lassen und es dorthin zu tragen, wo das Böse wohnt. Geht hinaus als Pilger, damit die anderen überall auf der Welt euer Licht sehen können.

Viele von euch sind von weither zu diesem Zentrum der Kraft gekommen. Obwohl jeder seine Rasse, seine Hautfarbe und seinen Glauben hat, seid ihr in dem Wunsch eins, zu dienen und den Geist, der in euch lebt, zu manifestieren. Seid eins in diesem Augenblick der Zeitlosigkeit, in dem das persönliche Selbst in den Hintergrund gerückt ist, in dem die Sorgen der Welt vergessen sind und in dem nur euer wahres Selbst gegenwärtig ist und lauscht. Erkennt diese Kraft des Geistes in euch. Erkennt, daß sie göttlich ist, daß sie mit dem Göttlichen verbunden und vor allem durch das Göttliche geschützt ist. Nichts kann euch schaden, wenn ihr auf diese Kraft des Geistes eingestimmt seid, denn eure Aura schützt euch immer, selbst vor der größten Gefahr. Das ist es, was die Pilger der alten Zeit erkannten.

Ich gebe euch meinen Segen, wenn ihr nun diesen Ort verlaßt. Möget ihr euch all jener würdig erweisen, die diesen Pilgerweg schon gegangen sind. Denkt daran, daß es, wie John Bunyan schon vor dreihundert Jahren in seinem berühmten Gedicht sagte, nichts Größeres gibt, als zu geloben, ein Pilger zu sein.

# Fragen und Antworten:

FRAGE: Könnt ihr uns etwas mehr über die Energie des Heiligen Geistes und die Energie der Göttin sagen und wie sie mit Glastonbury verbunden sind?

ZT: Zunächst müssen wir wissen, daß wir Mutter Erde meinen, wenn wir von der Göttin sprechen. Die drei Reiche der Materie der Erde sind die Schöpfungen der Göttin. Euer Planet ist deshalb von der Energie her weiblich. Wenn ich weiblich sage, möchte ich nicht, daß ihr das als männlich und weiblich im physischen Sinn auffaßt, sondern als positiv und negativ im energetischen Sinn. Die Form der Erde hat natürlich mit einer vorstellbaren weiblichen Gestalt wenig zu tun, ist aber dennoch weiblich. Die Göttin gibt euch euren physischen Körper, deren Materie ihr gehört. Deshalb entehrt ihr die Göttin, wenn ihr euren Körper nicht ehrt, denn euer physischer Körper ist ihr heilig.

Wenn wir von jener Energie, jenem Impuls sprechen, den man den Heiligen Geist nennt, sollte man wissen, daß dies ein Impuls ist, der von jenseits der Erde herrührt. In der Bibel wird von der Dreieinigkeit des Schöpferischen als von Vater, Sohn und Heiligem Geist gesprochen. Diese drei Aspekte der kosmischen Kraft sind auf der Erde durch die drei Berge der Kraft verkörpert, der eine in der nördlichen Mongolei, der den Vater verkörpert, der zweite im heiligen Land, in Palästina, die Verkörperung des Sohnes – deshalb wurde der Meister Jesus der Sohn Gottes genannt – und einer in Großbritannien, in diesem Zentrum von Glastonbury, in dem der Heilige Geist verkörpert wird. Diese drei Aspekte des Gottes dieses Sonnensystems, in dem wir leben, sind im zyklischen Muster der Sonnenzeitalter begründet, um den Evolutionszyklus der Menschheit zu erfüllen. Vor viertausend Jahren wurde bei der Geburt des Widderzeitalters der Vater-Aspekt begründet, vor zweitausend Jahren, am Beginn des Fische-Zeitalters, der Sohnes-Aspekt, und nun stehen wir am Beginn des zweitausend Jahre lang dauernden Zyklus des Wassermannes, in dem der Aspekt des Heiligen Geistes seinen Niederschlag finden wird.

So erleben wir hier in Glastonbury die Verbindung der Energien und Kräfte der Göttin und des Heiligen Geistes. Die Göttin unterliegt eher, wie ihr, dem Einfluß des Heiligen Geistes, da dieser Geist alles Leben im Leib unseres Schöpfers, unseres Sonnensystems, erfaßt. Viele Menschen verwechseln die Energie und Gegenwart der Göttin, jenes Wesens, das über die Erde und die Reiche der Materie herrscht, mit Gott. Viele der Kräfte, die als

287

Gott zugehörig betrachtet werden, gehen in Wirklichkeit von der Göttin aus. Ja, der Christus-Impuls, wie ihr ihn erlebt, wurde aus der Vereinigung unseres Gottes und der Göttin geboren. Der Christus ist eine Energie, die geschaffen wurde, um Veränderungen im menschlichen Bewußtsein zu bewirken. Es war ein großes Opfer, das uns Gott und die Göttin brachten, um eine spirituelle Verwandlung der aus der Gnade gefallenen Menschheit zu bewirken.

FRAGE: Ihr habt gesagt, daß Glastonbury ein wichtiger Ort ist, an dem sich die Energie des Heiligen Geistes manifestiert. Aber gibt es nicht auch anderswo solche Orte, und wenn ja, sind auch einige davon in den USA zu finden?

ZT: Wenn wir von Kräften und Energiezentren sprechen, müßt ihr auch an den Zeitverlauf der menschlichen Evolution denken. Obwohl es vielleicht schwerfällt, das zu akzeptieren, ist Amerikas Schicksalsaugenblick, seine große Zeit, noch nicht gekommen, denn obwohl dieses Land in der Welt große Macht hat, ist es noch sehr jung. Vor allem ist es spirituell noch jung. Der westliche Teil Amerikas ist jedoch bestimmt, der Garten Eden des kommenden neuen Zeitalters zu sein. Die Energie, die sich hier manifestieren soll, wird in gewisser Weise von der alten Zeit in die neue hinüberführen. Die von Glastonbury ausgehende Energie wird sich über den ganzen Planeten ausbreiten. Man könnte Glastonbury als eine kosmische Antenne betrachten, die über die ganze irdische Ebene Energie sendet. Auch wenn sie die einzige Antenne für diese Energie ist, ist sie doch so universell, daß alle Menschen auf der Erde an ihr teilhaben können. Aber ich kann auch sagen, daß der nächste Impuls der Dreieinigkeit in zweitausend Jahren von Amerika ausgehen wird.

FRAGE: Der Meister sprach von einer Zeit der Trübsal und des Umbruchs und riet uns, auf jene innere Stimme zu hören, die uns sicher durch diese Zeit führen wird. Wie kann man am besten immer mit dieser Stimme in Verbindung bleiben?

ZT: Wenn ihr immer mit eurer inneren Stimme in Verbindung sein könntet, so wärt ihr ein großer Meister! Wenn ihr nach dieser Vollkommenheit strebt, müßt ihr auch wissen, daß die meisten von euch sie nicht erreichen werden. Natürlich solltet ihr, wenn ihr meditiert, was ihr morgens und abends tun solltet, also in der Zeit, in der ihr die äußere Welt ausschließt und in die innere geht, in der Lage sein, mit eurer inneren Stimme in Kommunikation zu treten.

Aber ihr müßt auch wissen, daß ihr, wenn ihr der Mutter Natur nahe seid, durch sie ebenso viel erfahren könnt wie durch eure intuitive Wahrnehmung. Ihr wißt beispielsweise, daß vor einer großen Naturkatastrophe sich viele Tiere in Sicherheit bringen. Es gibt die Ruhe vor dem Sturm. Auf dieser Ebene ist die Natur eins mit dem Willen der Göttin und weiß, was geschehen soll. Deshalb beobachteten die alten Priester die Naturkräfte so genau. Hier in Großbritannien wußten vor allem die Druiden, daß man durch Beobachtung des Tierreiches genau vorhersagen könnte, was auf der ganzen Erde oder an diesem bestimmten Ort, an dem sie lebten, geschehen würde. Beobachtet also die Natur. Seid eins mit ihr, denn sie herrscht über die Kräfte, die entfesselt werden. Wenn ihr euch dieser Energie öffnet, kann sie euch jederzeit berühren. Ihr werdet augenblicklich wissen.

FRAGE: Ihr sagtet, daß die Druiden die natürliche Welt kannten und mit ihr in Einklang waren. Galt das nicht auch für die amerikanischen Indianer? Gibt es eine Verbindung zwischen den Druiden und den Indianern Amerikas?

ZT: Es gab einmal, wie viele von euch wissen, den großen Kontinent Atlantis zwischen Amerika und Europa. Bevor Atlantis unterging, wanderten viele der großen Priester in andere Kontinente, um die Samen von Atlantis mitzubringen. Das Druidentum und die als nordamerikanische Indianer bekannten Stämme haben tatsächlich die gleichen Wurzeln. Sie manifestierten sich zwar entsprechend ihrem Land und ihrer Rasse unterschiedlich, ihr Naturverständnis und ihre Lebensanschauung ähneln sich jedoch. Das Aufleben des Wunsches, hier in England mehr Erkenntnis über das Druidentum zu gewinnen, hat seine Entsprechung in dem Wunsch einiger Menschen in Amerika, sich mehr mit den Traditionen und der Kultur der nordamerikanischen Indianer zu befassen.

In Amerika wird heute die Technologie groß geschrieben. Der Intellekt regiert, und es fehlt an Weisheit und Wertschätzung der Mutter Natur, der Göttin. Amerika muß wieder ins Gleichgewicht mit seinem Evolutionsmuster kommen und die natürlichen Rhythmen der sogenannten Primitiven des Kontinents respektieren. Wer ist denn gesünder und klüger: der mächtige Geschäftsmann, der in seinem Hochhaus in New York sitzt und Reichtümer anhäuft oder der Indianer, der in seinem Reservat auf dem Boden seines Zeltes hockt? Wer von beiden wird am Ende seines physischen Lebens mehr Bewußtsein und mehr Lebenserkenntnis haben? Die Technologie hat zwar in der menschlichen Evolution ihre

Berechtigung, aber nur, wenn die Weisheit ihr die Waage hält. Intellekt ohne Weisheit, um ihn zu nutzen, ist nichts wert.

FRAGE: So viele haben, wie auch der Meister heute, gesagt, daß man dadurch andere verändern kann, daß man die Wahrheit lebt und selbst die Wahrheit wird. Aber es ist sehr schwer zu sehen, daß sich die anderen verändern, nur indem man die Wahrheit lebt. Könnt ihr erklären, wie das geschehen soll, nur dadurch wie man lebt?

ZT: Wenn ihr überlegt, wann ihr in eurem Leben zum letzten Mal einen Akt der Liebe, der Güte, einen Akt des Geistes gesehen habt, den jemand vollbrachte, der wahrscheinlich nicht einmal merkte, daß ihr ihn beobachtet, von jemandem, der als ein spirituelles Wesen handelte, könnt ihr euch erinnern, wie dieses Handeln euch berührte, denn eure Augen sind die Fenster eurer Seele. Selbst wenn ihr einen anstrengenden Tag vor euch habt, selbst wenn ihr von physischen Problemen belastet seid, wird dieser Tag schon deshalb anders für euch, weil ihr Zeuge eines solchen Bewußtseinsaktes wurdet. Ihr seid von der Kraft der Liebe berührt worden. Denkt an das Beispiel der Mutter Teresa von Kalkutta. Ihr Dasein berührt die Menschen nicht nur wegen ihrer Humanität und Liebe, nicht nur weil sie Menschen heilt und hilft, sondern weil sich in ihrer Liebe wirklich der Schöpfer zeigt. Die Menschen werden durch ihr Beispiel berührt.

Wenn sich Liebe wirklich äußert, berührt euch das, weil ihr durch Liebe geschaffene, von Liebe durchdrungene Wesen seid. Ein Beispiel der Liebe bewegt alle Menschen, und auch wenn manche das leugnen, auch wenn manche sich im Augenblick abwehrend verhalten, sind sie von dieser Energie ergriffen worden und werden später spüren, daß sie in sie eingegangen ist. So lebt und verwirklicht euer wahres Wesen, und ihr werdet die Welt verändern. Wo jetzt einer ist, werden zwei sein, aus den zweien werden vier werden, aus den vieren bald hundertundvierundvierzig. Unterschätzt nicht die Kraft eures Einflusses, denn ihr seid werdende Götter. Ihr seid spirituelle Wesen. Ihr seid schöpferische Wesen. Jeder Gedanke, den ihr in positivem Geist hervorbringt, erreicht jeden anderen im Universum und hat die Kraft zu verwandeln.

FRAGE: Aber sicher reicht es doch nicht aus, richtig zu denken? Man muß doch auch richtig handeln.

ZT: Ich sprach nicht nur vom Denken. Es wird viel zu viel gedacht in der heutigen Welt. Was wir brauchen, ist mehr Gefühl.

Wir haben gerade einen Zyklus der patriarchalen Evolution erlebt, in der der Mann in der Regierung, in der Religion, in der Medizin, in jedem Bereich menschlicher Tätigkeit herrschte; und da der Mann eher ein intellektuelles als ein Wesen der Weisheit ist, neigt er dazu, seinen Intellekt in all diesen Bereichen herrschen zu lassen. Die Menschheit muß heute das Gleichgewicht wiederherstellen, und deshalb sehen wir, daß der weibliche Aspekt wieder stärker wird, daß Weisheit wieder ein Gegengewicht gegen die Macht des Männlichen zu schaffen versucht. Das ist der Ursprung dessen, was ihr Frauenbefreiung nennt. Leider versuchen viele emanzipierte Frauen heute, den weiblichen Aspekt der Schöpfung auf männliche Weise durchzusetzen.

FRAGE: Der Meister sprach von Seuchen. In Amerika und in anderen Großstädten der Welt gibt es eine Krankheit, die man Aids nennt. Könnt ihr etwas dazu sagen?
ZT: Aids ist die erste von sieben Seuchen, unter der die Menschheit leiden wird. Sie ist ursprünglich durch den Mißbrauch des Tierreichs entstanden. Aids hat seinen Ursprung im Tierreich. Die Krankheit befiel erst Tiere und wurde dann auf Menschen übertragen. Ihr müßt aber wissen, daß der Sinn der Krankheit nicht ist, die Menschen zu strafen, sondern Veränderungen zu bewirken. Krankheit ist ein wichtiges Werkzeug der Evolution; jede Krankheit sollte so gesehen werden. Aids ist natürlich eine Krankheit, die meist auf sexuellem Weg übertragen wird. Die größte Krankheit der Menschen heute ist der Mißbrauch der Sexualität. Aids fordert deshalb sexuelle Verantwortlichkeit. Aids kann man mit einer genetischen Zeitbombe vergleichen, da letztlich nur jemand, der rein im Körper, in der Seele und im Geist ist, diese Krankheit überleben wird. Damit wird wirklich begonnen, die Spreu vom Weizen zu trennen.

FRAGE: Es geht mir sehr nahe, wenn ihr von Krankheit und von Trennen von Spreu und Weizen sprecht, denn es sind oft die Ärmsten und Schwächsten in unserer Gesellschaft, die am leichtesten von Krankheit befallen werden. Bedeutet das, daß die Menschen, die an Unterernährung oder an Krankheiten sterben, die Spreu sind, und wer entscheidet überhaupt, wer Weizen ist und wer Spreu?
ZT: Du assoziierst Spreu mit Krankheit und Leiden. Das ist falsch. Weil jemand krank ist, weil jemand Hunger leidet, ist er noch längst nicht Spreu. Manchmal lebt sogar eine sehr große Seele

in einem elenden Körper. Denkt daran, daß die Lektionen der Krankheit ebenso von denen gelernt werden, die sie sehen, wie von denen, die sie erleiden. Ich möchte jedoch betonen, daß ich von Bewußtsein und nicht von körperlichen Attributen spreche, wenn ich das biblische Bild von der Spreu und vom Weizen verwende. Ich sage, daß im kommenden Jahrtausend nur Seelen mit einem gewissen Bewußtseinsstand auf diese Erde zurückkommen und auf ihr leben dürfen. Zweitausend Jahre lang wird ein hochentwikkeltes Bewußtsein auf der Erde leben, und dann werden allmählich auch wieder weniger bewußte Wesen zurückkommen. Im Augenblick herrscht auf der Erde großes Ungleichgewicht. Es gibt so viele unentwickelte Seelen auf dieser Ebene, daß sie die entwickelten überschwemmen. Um ein anderes Bild zu gebrauchen, es ist nicht genug Sauerteig im Brot. Die entwickelten Seelen können die Masse der Menschheit nicht heben. Wir versuchen das Gleichgewicht wiederherzustellen, damit genug Sauerteig da ist.

FRAGE: Was geschieht mit diesen jungen Seelen, während sie auf ihre Rückkehr warten?

ZT: Sie werden auf anderen Ebenen leben. Man hört nicht auf, zu lernen und sich zu entwickeln, wenn man stirbt. Man lebt und lernt auf vielen verschiedenen Lebensebenen, dort begegnet man anderen Facetten, anderen Aspekten kosmischen Wissens und kosmischer Gesetze. Die Einschränkung bezieht sich nur auf die Inkarnation auf der physischen Ebene der Erde. Es interessiert euch vielleicht, zu hören, daß es eine Rasse von Menschen gibt, die unter der Oberfläche des Mondes leben. Sie haben sich früher auf der Erde entwickelt und warten auf die Zeit ihrer Rückkehr auf die Erde.

FRAGE: Wann wird dieser Zyklus beginnen und wo wird er sich auf der Erde manifestieren?

ZT: Das ist vielleicht die entscheidenste Frage, die heute abend gestellt wurde! Sie impliziert die Frage danach, was mit der Menschheit geschehen wird, welche Kontinente weiter existieren werden, ob sich die Erde weiter um ihre Achse drehen wird, welche Nationen überleben werden und so weiter. Ich glaube, selbst wenn ich all das wüßte und euch sagen könnte, würde ich es euch nicht sagen wollen! Ich weiß, daß viele Menschen solche Ereignisse prophezeit haben. Alles, was ich sagen möchte, ist, daß eine Verwandlung des Planeten geschehen wird. Manche Kontinente werden versinken, andere werden neu entstehen. Auf der

Erdoberfläche werden große Bewegungen, wie auch schon in der Vergangenheit, vor sich gehen. Dieses Energiezentrum von Glastonbury beispielsweise stammt von Atlantis her. Es wurde von diesem Kontinent abgespalten, als Atlantis unterging und mit der britischen Landmasse zusammenstieß. Die Inseln von Hawaii waren die heiligen Berge der großen lemurischen Zivilisation. Sagen wir also soviel: Große Ereignisse werden kommen und die menschliche Evolution ein entscheidendes Stück weiterbringen.

FRAGE: Viele Menschen fürchten sich aber vor diesen Ereignissen.

ZT: Die Menschen, die sich vor diesen Ereignissen fürchten, haben auch vor dem Tod Angst, denn es ist die gleiche Angst, das gleiche Gefühl. Wenn man den Tod und seinen Sinn nicht versteht, wird man auch in einer Katastrophe keinen Sinn sehen, aber eine hochentwickelte und bewußte Seele kennt die Furcht vor dem Tod zwar, entscheidet sich aber dafür, sie nicht zu empfinden. Wenn man im Krieg kämpft, ist der Tod immer gegenwärtig. Doch wenn man im Schatten der Todesangst lebt, ist es unmöglich zu leben, ein lebendiger Mensch zu sein. Angst verzehrt einen vollständig. Aber sobald man wirklich dem Augenblick lebt, gibt es keine Angst, weil es keine Zukunft gibt. Mit dem, was geschehen wird, kann man nur fertig werden, indem man jeden Augenblick ganz intensiv lebt, und aus diesem Leben wird auch das Verständnis für die kommenden Ereignisse erwachsen.

FRAGE: Ihr habt davon gesprochen, daß diese Veränderungen auf der Erde ein Katalysator für die Evolution sein werden. Könnt ihr uns sagen, ob es Kräfte gibt, die gegen die Evolution arbeiten, Kräfte wie ein Atomkrieg, industrielle Umweltverschmutzung, Entstellung des menschlichen Bewußtseins durch Ideologien, falsche Propheten und so weiter? Wie kann man gegen sie vorgehen und welche Wesen stehen dahinter?

ZT: Ihr müßt wissen, daß ihr euch einer Zeit nähert, in der die »größtmögliche Rettung« möglich ist, aber zugleich auch die »größtmögliche Versuchung« auf euch zukommt. Beides geht Hand in Hand. Die augenblickliche Weltsituation kann man mit einem Schmelztiegel vergleichen. Bringt man Gold oder Silber zum Schmelzen, kommen alle unreinen Elemente durch die Hitze des Schmelzvorganges an die Oberfläche. Die Welt erlebt diesen Vorgang jetzt, und alle auf den verschiedensten Ebenen vorhandenen Unvollkommenheiten der Menschheit treten an die Oberfläche. Deshalb wirken heute auf der Erde viele böse Mächte, wie ihr sie nennen würdet. Denkt daran, daß das Böse das genaue Gegenteil des Lebens ist (im Englischen: live = leben, und rückwärts gelesen evil = böse). Entweder lebt man oder man ist böse. Diese bösen Mächte wurden ins Spiel gebracht, um die menschliche Evolution weiterzubringen. Die Menschheit muß sich zwischen »Leben« und »bösem Leben« entscheiden.

Es kommt in dieser Zeit viel Böses an die Oberfläche, weil die Schwingungsfrequenz der Erde sich verstärkt hat, damit ihre Stabilität erhalten bleibt. Deshalb steht die Menschheit vor vielen Prüfungen, vor vielen Entscheidungen, nicht nur hinsichtlich eines Atomkrieges, der Verschmutzung des Planeten, der falschen Propheten, die auftauchen werden oder der finanziellen Entscheidungen, die die großen Institutionen zu treffen haben, sondern in jedem Bereich menschlicher Tätigkeit. Jedem Standpunkt, jeder Meinung wird widersprochen. Deshalb müßt ihr die große Gabe der Unterscheidungsfähigkeit nutzen. Wie ihr euch entscheidet und aus welchen Motiven, darin trennt sich im Grunde die Spreu vom Weizen. Viele werden den Weg des Unheils gehen, aber man kann noch vor den Toren der Hölle umkehren. Ihr geht einen Weg nur so lange, wie ihr wollt. Es wird viel Leiden in der Welt geben, aber nicht mehr, als die Menschheit ertragen und verstehen kann. Viele werden von den Seuchen nicht befallen werden. Wenn ihr beispielsweise Vegetarier seid und das Tierreich von einer Krankheit befallen wird, die jene Tiere vergiftet, die von vielen Menschen gegessen werden, wird euch diese Krankheit nicht befallen. Wenn ihr ein sexuell reines Leben führt, wird euch Aids nichts anhaben können. Wenn ihr körperlich, seelisch und geistig rein seid, wird vieles, was diese Erde befällt, euch nichts anhaben können.

FRAGE: Ich bemühe mich, Menschen mit tödlichen Krankheiten wie Aids beizustehen. Könnt ihr mir einen Rat geben, wie man ihnen helfen kann?

ZT: Es gibt viele Möglichkeiten, solchen Menschen zu helfen. Die Hilfe, die sie sich wünschen, ist natürlich, geheilt zu werden. Das ist nicht möglich. Deshalb muß man ihnen helfen, das Wesen ihrer Krankheit zu verstehen und vor allem sie zu akzeptieren. So viele Menschen, die heute krank sind, wollen nicht akzeptieren, daß sie selbst die Ursache ihrer Krankheit sind. Sie wollen nicht akzeptieren, daß sie ganz allein vollständig verantwortlich sind für alles, was sie zu erleiden haben. So kann man diesen Menschen vielleicht am besten helfen, indem man sie dazu führt, ihre Krankheit zu akzeptieren, das Wesen des Todes und die evolutionären Möglichkeiten, die daraus entstehen, zu erkennen. Ich muß hier allerdings auf etwas Wichtiges hinweisen. Ein andermal habe ich über Drogenmißbrauch gesprochen und gesagt, daß viele von den Menschen, die harte Drogen nehmen, an spiritueller Arroganz leiden. Sie wissen, daß diese Drogen ihrem Körper schaden, nehmen sie aber trotzdem. Sie wissen, daß sie den heiligen Tempel ihres Geistes mißbrauchen, tun es aber trotzdem, auch wenn der Tod die Folge ist. Man muß sagen, daß sie ihren Schöpfer mutwillig herausfordern. Sie zerstören die Göttlichkeit ihres Körpers und trotzen damit ihrem Schöpfer. Es ist schwer, solchen Menschen zu helfen, bevor sie nicht demütig geworden sind und sich der Kraft der Liebe geöffnet haben.

FRAGE: Manche Menschen mit tödlichen Krankheiten wurden geheilt. Gibt es nicht für alles eine Heilung, einschließlich Krebs, wenn die Krankheit dadurch verwandelt wird, daß man ihre Natur versteht?

ZT: Es gibt für alles eine Heilung, wobei ich aber nicht von medizinischer Heilung spreche. Jeder von euch hat in seinem Körper die Möglichkeit vollständiger Selbstverwandlung, er kann alles heilen, was den Körper befällt. Ihr könnt euch von allem heilen.

FRAGE: Viele Menschen, vor allem Kranke, fühlen sich allein. Wie können wir solchen Menschen helfen?

ZT: Ihr seid nie allein. Wenn ihr allein seid, dann deshalb, weil ihr euch dafür entschieden habt. Denkt daran, daß ihr in der Einheit des Geistes alle eins seid. In diesem Augenblick, während ihr in diesem Raum sitzt, seid ihr, gleichgültig, was eure Rasse, Religion oder euer Geschlecht ist, eins in der Einheit dieser Energie, ihr verkörpert die menschliche Rasse. Das ist die Aufgabe der menschlichen Rasse: eine große Kraft zum Guten zu sein, eine starke Manifestation göttlicher Liebe, die das ganze Universum sehen kann. Es gibt viele Planeten, die eure Göttlichkeit, eure Möglichkeiten nicht besitzen. Viele haben nicht den freien Willen, die göttliche Gabe der Kreativität. Ihr seid ganz besondere Wesen auf einem besonderen Planeten. Respektiert dieses große Geschenk.

# Tragödien

Ihr lebt in einer Welt zunehmender Gewalt, Gewalt nicht nur zwischen einzelnen und Ländern, sondern auch gegenüber den anderen Reichen der Materie, die diese Erde mit euch teilen. Gewalt wird heute im Fernsehen und im Film sogar als Unterhaltung gezeigt. Auch Kinder dürfen solche Dinge sehen, damit sie das Leben der Erwachsenen und die Realität der Welt, in der sie sind, kennenlernen. Überall auf der Welt befindet sich die Menschheit in Krieg und Konflikt auf physischer, ideologischer, religiöser oder finanzieller Ebene. Deshalb geschehen oft große Tragödien, oder das, was ihr eine Tragödie nennen würdet, und darüber möchte ich heute mit euch sprechen.

Das Wort Tragödie kommt natürlich aus dem Griechischen. Ursprünglich bezog es sich auf ein Drama, in dem die Schauspieler auf der Bühne durch ihr Spiel den tiefen Sinn des Lebens der dargestellten Menschen und eine prophetische Dimension enthüllten. Die Götter nahmen immer an den Dramen teil und griffen in die Handlung ein. Schauspieler wie Zuschauer sahen sich selbst als Marionetten, die von den Göttern vielleicht zu ihrem eigenen Vergnügen, vielleicht aber auch zur Belehrung bewegt wurden. Es ist interessant, daß man heute bei einer Tragödie nicht mehr an das Eingreifen der Götter denkt. Ihr seht eine Tragödie nur mit irdischen Augen und habt vergessen, was die Griechen darüber wußten.

Ich möchte zunächst sagen, daß es keine zufällige Tragödie gibt, keine Tragödie, die dem menschlichen Willen entspringt. Alles, was auf der irdischen Ebene geschieht, hat Sinn und Ziel. Ihr lebt in einer Welt, in der viele Menschen allem Anschein nach in große Tragödien verwickelt sind. Ihr lebt in einer Welt, die selbst auf eine sehr tragische Zeit zugeht, eine Zeit, in der viele Millionen Menschen leiden werden, und wenn ihr den Sinn solcher Tragödien nicht versteht, wenn ihr nicht erkennt, durch was sie ausgelöst werden und welchen Sinn sie haben, werdet ihr von den so entfesselten Kräften überwältigt werden.

Ich möchte zunächst betonen, daß es in der individuellen Anschauung liegt, was man als Tragödie betrachtet. Es mag zwar eine Reihe von Leuten geben, die eine bestimmte Tatsache übereinstimmend als tragisch betrachten, aber universell ist diese Anschauung selten. Laßt mich das anhand eines Beispiels aus dem letzten Weltkrieg erklären. Wenn eine Bombe explodiert wäre und Winston Churchill und sein Kabinett getötet hätte, wäre das hier in England als ein tragisches Ereignis betrachtet worden. Hätte eine Bombe jedoch Adolf Hitler und seine Generäle getötet, so hätte man das nicht als tragisches Ereignis gesehen, sondern eher als gerechte Strafe. Aber die Ansicht gilt vielleicht nur vom englischen und nicht vom deutschen Standpunkt aus. Was man als Tragödie ansieht, hängt von der eigenen Überzeugung ab, der Einstellung, die man zum Tod und zum Sinn des Lebens und zu den Geschehnissen auf der Erde im allgemeinen hat.

In eurer heutigen Welt sterben Millionen Menschen unter schrecklichen Umständen. Ihr wißt von dem Krieg im Fernen und im Nahen Osten und von den Zusammenstößen zwischen den Anhängern der großen Religionen und den schrecklichen Blutbädern, die stattfinden. Ihr wißt von den Dürrekatastrophen am Äquator, wo Tausende von Menschen jeden Tag Hungers sterben. Aber betrachtet ihr das als Tragödien, was in einem fernen Land geschieht und das euch nicht persönlich betrifft? Sind nicht die Ereignisse immer viel tragischer, die zu Hause geschehen? Betrifft euch nicht das mehr, was in eurer Familie passiert als das, was die Gesellschaft im Ganzen angeht?

Was verursacht eine Tragödie? Was ist das Wesen einer Tragödie? Wie solltet ihr reagieren, wenn ihr mit einer Tragödie konfrontiert werdet? Wieder möchte ich euch an das Bühnendrama und an die berühmten Worte Shakespeares erinnern, der sagte:

»All the world's a stage and all the men and women merely players. They have their exits and their entrances and one man in his time plays many parts, his acts being seven ages.«

Die Welt ist eine Bühne, und alle Männer, alle Frauen nur Schauspieler. Sie treten auf, sie gehen wieder, und jeder spielt verschied'ne Rollen, denn sieben Akte hat das Leben.

Dies sind weise Worte. Ihr spielt tatsächlich alle Rollen in den sieben Zyklen oder siebzig Jahren eures Daseins. Wenn ihr mit eurem Tod die Bühne verlaßt, was viele als die größte Tragödie ihres Lebens betrachten, werdet ihr alles, was mit der Tragödie zusammenhängt, in völlig anderem Licht sehen. Was haltet ihr für die größte Tragödie, die euch widerfahren könnte: den Tod eures

Mannes, eurer Frau, eures Kindes, irgendeines nahen Menschen, eurer Mutter oder eures Vaters, der Verlust eures Hauses, eures Geldes, eurer Gesundheit und so weiter? Alle, diese Dinge haben mit Verlust zu tun, mit der physischen Vergänglichkeit von Menschen, materiellem Besitz oder dem Leben selbst. Entweder wird euch etwas genommen oder es wird euch eine Beschränkung auferlegt. Aber seht ihr diese Beschränkung als etwas von Gott Gegebenes? Wißt ihr von den Herren des Karma und davon, daß es ein göttliches System der Gerechtigkeit gibt, das alles in der Schöpfung ausgleicht? Wißt ihr, daß jede menschliche Handlung eine göttliche Antwort herausfordert?

Ihr müßt wissen, daß jeder, der eine Tragödie erleidet, diese Tragödie selbst auf sich gezogen hat, indem er die entsprechende Energie erzeugt und ausgesendet hat. Menschen erleben Tragödien, weil sie sie als zu ihrem Schicksal gehörig gewählt haben oder weil sie dadurch eine notwendige Lektion lernen können. Natürlich werdet ihr, wenn ihr eine scheinbare Tragödie seht, wenn Menschen leiden, Mitleid empfinden, da ihr diese Lektionen in früheren Leben wahrscheinlich selbst gelernt habt. Aus dieser Erfahrung entsteht sowohl das Mitleid als auch die Einsicht in die Notwendigkeit dessen, was ihr eine Tragödie nennt. Ihr wißt, daß der seelische Schmerz notwendig ist, damit man zu einem Fortschritt in der Seelenentwicklung gelangt.

Viele würden beispielsweise sagen, daß der Tod des Meisters Jesus eine Tragödie war. Er war ein Mensch, der die Welt auch auf einer physischen Ebene hätte retten können, wenn er gewollt hätte. Er hätte die Gesellschaft verändern können, wenn ihm ein längeres Leben vergönnt gewesen wäre. Hätte er sein Bewußtsein in alle Teile der Welt getragen, welch eine Offenbarung wäre das gewesen! Dennoch wurde er von der irdischen Ebene hinweggenommen, und man sagt uns, daß das im göttlichen Plan vorgesehen war. In vielen Büchern können wir lesen, daß sein Leben und Sterben schon lange vor seiner Geburt prophezeit worden war. Das Leben Jesu war im göttlichen Plan vorgesehen, und sowohl der Zeitpunkt als auch die Art seines Todes waren schon tausend Jahre, bevor er sich inkarnierte, festgelegt. Vielleicht hatte Shakespeare recht: Vielleicht seid ihr nur Schauspieler auf der Bühne des Lebens und spielt eine Rolle, ohne zu wissen, warum. Alles, was ihr wißt, ist, daß ihr spielen müßt, und das Spiel ist das Blut, das durch eure Adern rinnt.

Manche Menschen können eine bestimmte Tragödie nicht ertragen, weil sie die entsprechende Lektion noch nicht gelernt haben. Wenn diese Lektion nicht Teil ihres Bewußtseins geworden ist, werden sie den wahren Sinn der Tragödie nie akzeptieren können. Sie sind dazu verurteilt, alle Tragödien zu erleben und mitzuerleben, von ihnen zu lernen und unter ihnen zu leiden, denn das ist die Misere aller, die an der Tragödie teilnehmen: daß sie mit den Leidenden leiden müssen. Niemand leidet auf dieser Erde ohne Grund. Niemand leidet auf dieser Erde ohne entweder in diesem oder in vergangenen Leben die Ursache durch sein karmisches Verhalten selbst geschaffen zu haben. Wenn ihr Zeugen der großen Tragödien in der heutigen Welt, sei es in Irland, im Mittleren Osten oder in Afrika, werdet und seht, wie Menschen unter schrecklichen Bedingungen sterben, viel Schmerz und Leiden ertragen müssen, habt ihr dann je darüber nachgedacht, was das Karma der Menschen sein wird, die das alles verursachen und was die Lektion ihrer nächsten Leben sein wird? Was wird ihre Tragödie sein?

Es ist schwierig, unparteiisch und innerlich distanziert angesichts einer Tragödie zu sein, aber das müßt ihr sein. Seht die Tragödie wie die alten Griechen als das, was sie ist: ein Akt des göttlichen Eingreifens, ein karmisches Wirken aus Gründen, die ihr im Augenblick nicht versteht oder erkennt, die aber ihren Sinn haben. Erkennt die Hand des Göttlichen in jeder Tragödie und versucht die evolutionäre Lektion zu begreifen, die darin liegt. Jeder kann aus einer Tragödie lernen, gleichgültig, wo sie geschieht, vor allem wenn er das Bewußtsein hat, darin die göttliche Hand zu sehen. Die eigentliche Aufgabe des Priesters besteht darin, den Sinn der Tragödie zu erklären, wie das auch die Propheten des Alten Testaments taten.

Ihr werdet mich fragen, welche Lektion ihr daraus lernen sollt, wenn Millionen Menschen in Afrika verhungern. Solch eine Tragödie wird vielleicht nicht nur durch das Verhalten der dort lebenden Menschen verursacht, dadurch, daß sie dieses Land kultiviert und mißbraucht haben. Sie kann ihren Ursprung auch in einer Tausende von Kilometern entfernt lebenden Gesellschaft haben, in deren Lebensweise und in deren Art, wie sie mit ihrer Umwelt umgeht. Es wäre gut, wenn ihr erkennen könntet, daß vielleicht die größte Tragödie darin liegt, daß ihr nicht erkennt, wie sehr ihr alle zusammengehört, daß dieser Planet ein Ganzes ist und daß alle, die auf ihm leben, nicht nur auf der physischen Ebene miteinander verbunden sind, sondern auch auf den höheren Lebensebenen durch ihren göttlichen Geist mit der Gottheit verbunden sind. Wie ihr euch hier in England verhaltet, beeinflußt Millionen von Menschen und hat einen Zusammenhang mit den

Dürrekatastrophen in Zentralafrika. Nicht nur die Menschen, die dort verhungern, sind schuld; ihr alle seid verantwortlich dafür, daß die Harmonie auf diesem Planeten erhalten bleibt. Und auch wenn ihr im Augenblick nicht die gleiche Tragödie erleben müßt wie sie, kann es sein, daß ihr, wie das auch im griechischen Drama gezeigt wird, jetzt die Saat für eine selbstverschuldete Tragödie aussät.

Ich möchte euch deshalb auffordern, Tragödien in einem neuen Licht zu sehen. Betrachtet die Menschen, die eine Tragödie erleben, mit Mitleid und Verständnis. Lernt aus ihrer Erfahrung. Seht Tragödien nicht so, wie die meisten Leute sie sehen, voller Angst und Haß, als etwas, das man vermeiden muß, als die Rache eines grausamen und ungerechten Gottes, sondern seht sie als göttliches Werkzeug der Evolution. Erkennt, daß dieses Werkzeug nur in Liebe gebraucht wird und daß alles, was auf der Erde geschieht, ein Aspekt der Liebe eures Schöpfers ist. Erkennt, daß durch euer Gewahrwerden dieser Liebe, die den Funken der Intuition in euch entzündet, Verständnis für den wahren Sinn der Tragödie in euch geweckt wird.

## Fragen und Antworten:

FRAGE: Auch nach dem, was ich jetzt gehört habe, bin ich nicht sicher, daß ich mit einer Tragödie in meinem eigenen Leben fertigwerden könnte. Welchen Rat könnt ihr uns für den Umgang mit einer persönlichen Tragödie geben?

ZT: Versucht euch vorzustellen, was die größte Tragödie wäre, die euch im Augenblick geschehen könnte. Das bedeutet nicht, daß ihr diese Tragödie heraufbeschwört, es soll nur ein Gedankenspiel sein. Und dann überlegt euch, warum es eine Tragödie ist.

Wenn ihr ehrlich wart, habt ihr euch irgendein Ereignis in der Zukunft vorgestellt, das ihr als tragisch betrachten würdet. Es ist aber nun doch so, daß viele von euch den Tod zu verstehen beginnen. Ihr fürchtet den Tod nicht mehr und seht ihn aus der richtigen Perspektive. Ihr erkennt ihn als einen Augenblick des Übergangs, eine Wiedergeburt. Vielleicht gelingt es euch auch, die Tragödie so zu betrachten. Wenn ihr an das Beispiel einer Tragödie denkt, die ihr euch ausgedacht habt, überlegt es, ob es nur eine Tragödie für euch selbst oder auch für andere wäre? Überlegt euch, wie weit eure Ansicht darüber, eure Vorstellung von einer Tragödie, von dem Stand eures spirituellen Bewußtseins abhängt. Würde eine höher entwickelte Seele mehr oder weniger Tragisches im Leben sehen? Hängt die Anschauung des Begriffes Tragödie irgendwie mit der Seelenentwicklung zusammen? Seid ihr Beobachter oder nehmt ihr an der Tragödie teil? Überlegt euch auch, ob es möglich wäre, einer Tragödie zu entgehen? Wäre es möglich, die Tragödie, die ihr euch ausgedacht habt, zu vermeiden? Kann man in seinen Gebeten um göttlichen Schutz davor bitten? Kann man sozusagen mit einem göttlichen Schutzschild gegen die Tragödie kämpfen?

Stellt euch das Kolosseum im alten Rom vor, in dem zwei Gladiatoren in der Arena kämpfen. Einer von ihnen wird gewinnen, der andere wird sterben. Ihre ganze Energie und Aufmerksamkeit ist auf den Kampf gerichtet. Die Zuschauer, die diesen Kampf betrachten, tun das zu ihrem Vergnügen, ja, der Tod eines der Gladiatoren gehört zu diesem Vergnügen. Ihr würdet, wäret ihr Beobachter dieses Kampfes, ihn vielleicht als Tragödie sehen. Aber ist er eine Tragödie für die Kämpfenden oder für die Zuschauer?

FRAGE: Wollt ihr mit eurer Analogie sagen, daß es nicht tragisch ist für die Menschen, die sterben, sondern nur für die, die zusehen?

ZT: Ich frage, ob es eine Tragödie für die Gladiatoren ist oder für die Menschen, die den Gladiatoren zusehen?

1. FRAGESTELLER: Es ist eine Tragödie für die Zuschauer. Für die Kämpfenden ist es keine Tragödie, denn sie sind so mit dem Kampf beschäftigt, daß sie oft gar nicht wissen, daß sie vielleicht gleich umgebracht werden. Die Tragödie, wenn es überhaupt eine Tragödie ist, erleben vor allem die Eltern, die Frauen, die Freunde der kämpfenden Gladiatoren. Oft sind diejenigen, die eine Tragödie erleben, so damit beschäftigt, zu überleben, daß sie sich anscheinend ganz ergeben ihrem Schicksal fügen.

2. FRAGESTELLER: Aber wenn man Soldat ist und in den Krieg zieht, ist die Wahrscheinlichkeit sehr groß, daß man umkommt. Das ist im Krieg nun einmal so. Wenn man die Frau eines Soldaten ist, hofft man zwar, daß es nicht geschehen wird, aber man erwartet es doch, weil es in der Natur der Dinge liegt. Wenn es dann doch geschieht, ist es dann überhaupt eine Tragödie?

3. FRAGESTELLER: Wenn man freiwillig Soldat ist und bereit ist, für sein Land zu sterben, wenn man versteht, was das Sterben bedeutet, wäre es keine Tragödie. Wenn die Frau dieses Soldaten so weit wäre, daß sie das auch erkennen könnte und sich nicht voller Trauer und Verzweiflung an ihn klammern, sondern ihr Leben auf

sinnvolle Weise weiterführen würde, wäre es auch für sie keine Tragödie.

4. FRAGESTELLER: Ja. Normalerweise ist es so, daß man, wenn ein geliebter Mensch stirbt, mehr mit seinem eigenen Leiden beschäftigt ist als mit dem Leiden des anderen, mit dem eigenen Verlust mehr als mit dem des anderen. Gibt es also überhaupt eine Tragödie? Vielleicht wollt ihr das damit sagen. Natürlich gibt es eine Verbindung zwischen Tragödie und Seelenentwicklung. Je entwickelter und bewußter man ist, um so weniger Tragödien gibt es für einen, da man in allem Sinn und Zweck sieht. Eine Tragödie ist wohl nur dann tragisch, wenn wir die Ereignisse als tragisch betrachten. Wenn wir nicht bereit sind, sie als tragisch zu sehen, sind sie es auch nicht.

ZT: Das Wort Akzeptieren ist sehr wichtig. Laßt uns überlegen, was Akzeptieren und Einsehen bedeutet. Kann es eine Tragödie geben, wenn man bereit ist, zu akzeptieren?

FRAGESTELLER: Nein. Wenn man sie akzeptiert, ist es keine Tragödie mehr.

ZT: Wenn ihr also aus den Ereignissen lernt und durch sie zur Einsicht kommt, gibt es keine Tragödie. Tragisch sind die Dinge nur dann, wenn man seine Lektion nicht lernt, wenn man sie nicht akzeptiert, wenn man sich gegen die Dinge wehrt und in einen inneren Konflikt gerät.

1. FRAGESTELLER: Der Mensch ist nun einmal so, daß er auf das, was er für eine Tragödie hält, mit Empörung und Bitterkeit reagiert.

2. FRAGESTELLER: Vielleicht könnte man einen Schritt weiter gehen und sagen, daß es überhaupt keine Tragödie gibt, wenn wir die Ereignisse in unserem Leben vollkommen annehmen, sie als den Willen Gottes ansehen und innerlich loslassen können.

3. FRAGESTELLER: Ein Flugzeugunglück wird eigentlich überall als Tragödie angesehen, vor allem, wenn es durch menschliches Versagen hervorgerufen wird. Kann man sagen, daß das Gottes Wille ist?

ZT: Bei einem Flugzeugunglück sterben viele Menschen in einem schrecklichen Augenblick. So zu sterben wird immer als tragisch angesehen, gleichgültig welcher Religion, Rasse oder sozialen Stellung man angehört. Aber ist es nicht so, daß manche Menschen schon vorher spüren, daß ein Unglück geschehen wird. Es sind intuitive Menschen, die wissen, daß etwas Schlimmes bevorsteht und steigen deshalb gar nicht in dieses Flugzeug oder fliegen zu einem anderen Zeitpunkt. Wenn man nun wie Shakespeare das Leben als ein Drama betrachtet, das auf der Bühne des Lebens gespielt wird, kann man dann selbst entscheiden, ob man in diesem Stück mitspielt? Kann man denn das Flugzeugunglück vermeiden, auch wenn es einem bestimmt war, mit hineingezogen zu werden? Die Antwort lautet: Ihr habt die freie Entscheidung, wie ihr euren Schicksalsweg gehen wollt, aber letztlich könnt ihr euer Schicksal doch nicht ändern.

Letztlich ist es entscheidend bei einer Tragödie, wie bei den Tragödien im alten Griechenland, daß man darin wie unter einem Mikroskop einen bestimmten Lebensaspekt deutlich sieht, ob es nun der Höhepunkt des Stückes oder der Höhepunkt des Lebens ist. Ihr konzentriert all eure Energie auf diese Tragödie. Verhalten sich die Menschen in tragischen Zeiten nicht liebevoller und großzügiger? Selbst im Krieg werden die feindlichen Seiten angesichts einer großen Tragödie oft milder gestimmt. Ein Matrose, der sieht, wie ein feindliches Schiff versenkt wird, weiß, daß auch er auf diese Weise sterben könnte und ist für die Beteiligten voller Mitgefühl. In einer tragischen Situation konzentriert man all seine Kräfte, und aus dieser Konzentration kann man viel lernen, je nachdem, wie man als einzelner auf die Tragödie reagiert.

Zum Schluß noch ein Beispiel. Ihr erinnert euch vielleicht an den Fall des britischen Politikers, der vor kurzem einem Bombenattentat zum Opfer fiel; das Verhalten seiner Frau in dieser Tragödie, die Tatsache, daß sie die Täter nicht nur nicht beschuldigte, sondern sich auch dafür einsetzte, daß sie nicht mit dem Tode bestraft wurden, sondern ihnen ihre Tat öffentlich vergab, machte aus dieser Tragödie ein Lehrstück für Millionen Menschen. Aus jeder Tragödie kann man etwas lernen. Ob ihr Beteiligte oder Zeugen seid, es liegt darin eine Gelegenheit zur Seelenentwicklung. Eure Reaktion darauf richtet sich danach, wie ihr die Tragödie seht, wie ihr sie versteht, und aus diesem Verständnis wird eine Kraft entstehen, mit der ihr eure eigene Tragödie tragen könnt, denn auch ihr werdet in irgendeinem Stadium eures Lebens eine Tragödie erleben, vor allem in diesem Zeitalter.

Vor allem laßt uns die Tragödie in die richtige Perspektive rücken. Natürlich nehmt ihr sie auf eure individuelle Weise wahr, aber ihr solltet die große Tragödie, die Tragödie des Planeten und des Tier-, Pflanzen- und Mineralreiches sehen. Sicher besteht die größte Tragödie darin, daß die Menschen die Göttlichkeit, aus der heraus sie leben und sich entwickeln sollen, nicht erkannt haben.

# Das Prinzip der Jungfräulichkeit

Man kann sagen, daß die Achtung oder Mißachtung, die eine Gesellschaft dem Prinzip der Jungfräulichkeit entgegenbringt, ihren Bewußtseinsstand und den Grad ihrer spirituellen Entwicklung deutlich erkennen läßt. Deshalb möchte ich euch nun zu einem tieferen Verständnis dieses Prinzips und seiner Auswirkungen auf euer Leben führen. Jungfräulichkeit ist etwas, das heute in der westlichen Gesellschaft ins Lächerliche gezogen wird. Man bezieht Jungfräulichkeit nur auf Frauen und sieht sie nur im Zusammenhang mit Sexualität. Dieser Standpunkt spiegelt jedoch nur die Einstellung zur Sexualität, die entsprechenden Verhaltensweisen eurer Gesellschaft, wider. In Wirklichkeit kann ein Mann ebenso wie eine Frau jungfräulich sein, und der Aspekt der Jungfräulichkeit, von dem ich jetzt sprechen möchte, hat mit Sexualität wenig zu tun.

Wenn es heute wenig bedeutet, jungfräulich zu sein, ja wenn man Unschuld sogar als Naivität abwertet, wurde sie in früheren Kulturen als wesentlich für jemanden angesehen, dessen Bewußtsein erweckt werden sollte. Die Priester der alten Religionen waren, ob Männer oder Frauen, immer jungfräulich. Das war ihre eigene, bewußte Entscheidung, keine Forderung, die man ihnen auferlegte und die sie sich zu erfüllen bemühten. Sie waren rein, weil sie um die Bedeutung der Jungfräulichkeit und um ihre Aufgabe auf der Erde wußten. Daß man den Begriff jungfräulich heute nur auf Frauen anwendet, zeigt, wie wenig sich die Welt heute im Gleichgewicht befindet. Viele der Menschheitsprobleme sind unmittelbar darauf zurückzuführen, daß die Frauen ihre Würde verloren haben. In den patriarchalen Gesellschaften, die die letzten zweitausend Jahre beherrschten, wurden die Frauen unterdrückt, verführt und ihrer wahren Natur entfremdet. Dadurch ging unvermeidlich die Wertschätzung ihrer Geschlechtlichkeit verloren. Es wäre so notwendig für die Menschheit, daß die Frau wieder ihre Würde zurückgewinnt und ihre wahre Jungfräulichkeit wieder annimmt: die Jungfräulichkeit der Priesterin, der Göttin. Aber auch der Mann sollte sich bemühen, nach den jungfräulichen Prinzipien zu leben.

Die jungfräuliche Geburt spielt eine wichtige Rolle in der Dogmatik der christlichen Kirche. Man glaubt, daß der Meister Jesus von einer Jungfrau geboren wurde. Obwohl ich schon mehrmals gesagt habe, daß dieser Glaube unzutreffend ist, kann man die christliche Vorstellung von der jungfräulichen Geburt als ein Bild für die natürliche Funktion des kosmischen Gesetzes betrachten. Die jungfräuliche Geburt bedeutet das Herabsteigen eines starken und reinen Impulses kosmischer Energie. Wenn man jungfräulich ist, also vollkommen rein im Denken, Reden und Handeln, körperlich, seelisch und geistig, dann ist man nicht nur physisch, sondern kosmisch schöpferisch. Man bringt nicht durch seine physischen Organe, sondern durch seine kosmischen Organe etwas hervor. Wenn man diesen Grad von Jungfräulichkeit erreicht hat, einen Zustand, den man auch Christus-Bewußtsein nennen könnte, kann man auf eine Weise schöpferisch sein, die euch kaum vorstellbar ist. So offenbart sich eine wirklich erweckte Seele, der jungfräuliche Aspekt der Schöpfung.

Es ist nicht die Bestimmung aller Menschen, aller Seelen, jungfräulich zu sein. Nur wenige Erwählte werden sich bemühen, diesen Weg zu gehen. Ihr solltet sie achten und euch bemühen, in eurem alltäglichen Leben dem Prinzip der Jungfräulichkeit höchste Wertschätzung entgegenzubringen. Ein wirklich jungfräulicher Mensch ist jemand, der zu Selbsterkenntnis erwacht ist, der versucht, durch Reinheit auf jeder Ebene sein Wesen mit dem göttlichen Fluß des Universums in Einklang zu bringen. Solch ein Mensch hat sein individualisiertes Selbst geopfert und ist zum Gefäß für diese universelle Energie geworden. Er läßt es zu, daß die Energie kosmischer Kreativität, das, was ihr die Energie des kosmischen Christus nennen würdet, durch ihn fließt und sich auf der irdischen Ebene manifestieren kann. Eine wahre Jungfrau ist also kosmisch und nicht physisch schöpferisch. Die Frauen bringen ihre Kinder heute physisch hervor. Darin zeigt sich der Stand der menschlichen Entwicklung und der Status der Frauen. Aber eine Geburt kann ein kosmischer Akt werden. Sie muß nicht in Form des physischen Prozesses, den ihr kennt, vor sich gehen. Erkennt, daß es die kosmische Geburt schon heute auf der Erde gibt, und daß sie von einigen auserwählten Wesen praktiziert wird.

Ihr solltet euch vor allem jetzt, wo der Mond in das Zeichen Jungfrau eintritt, bemühen, euch über den jungfräulichen Aspekt in euch selbst, eure Reinheit, klarzuwerden und zu spüren, ob ihr es zulaßt, daß diese kosmische Energie durch euch fließt. Vergeßt es nicht, was es für euch bedeutet, die Würde des Prinzips der

Jungfräulichkeit zu wahren. Man wird euch verspotten, man wird Steine auf euch werfen, physisch wie geistig, weil ihr anders seid als eure Mitmenschen. Ihr seid ein Spiegel dafür, was ihnen fehlt. Ihr offenbart etwas, was sie noch nicht erreicht haben, obwohl sie im Innersten ihres Herzens wissen, daß es auch ihr Weg wäre. Jungfräulich zu sein, heißt also, aufzufallen, allein zu sein. Denkt an das Leben all jener großen Geschöpfe, die über diese Erde gingen und das kosmische Bewußtsein wirklich manifestiert haben. Sie gingen ihren Weg immer allein. Sie waren immer jungfräulich, ob es nun Männer oder Frauen waren. Sie standen über der menschlichen Sexualität, wie ihr sie heute kennt. Sie lebten rein im Denken, Reden und Handeln und ließen ihr Bewußtsein ein Licht sein, dem alle Menschen folgen konnten. Ihr solltet wie sie nicht etwa jene verachten, die im Netz der menschlichen Sexualität gefangen, die im Denken, Reden und Handeln unrein sind, denn das ist die Lektion, die sie zu lernen haben, darin zeigt sich ihr gegenwärtiger Bewußtseinsstand. Sie werden sich einmal über diese Ebene hinaus entwickeln. Ihr seid nur für euch selbst verantwortlich. Ihr solltet euch nur mit eurer eigenen Jungfräulichkeit beschäftigen.

Was dieser Planet im Augenblick am meisten braucht, ist Jungfräulichkeit. Wenn ihr Frauen seid und ein Kind geboren habt, solltet ihr nicht denken, daß ihr nicht mehr jungfräulich sein könntet. Ihr könnt es sehr wohl. Ihr alle sollt in allem, was ihr denkt, sagt und tut, das Prinzip der Jungfräulichkeit manifestieren. Vor allem müßt ihr wissen, daß ihr physisch nichts in Reinheit hervorbringen könnt, wenn eure Gedanken nicht rein sind. Ihr müßt bei euren Gedanken anfangen, denn sie sind die Quelle eures Handelns. Wenn ihr euren Mitmenschen begegnet, bedenkt, daß die Art und Weise, in der ihr euren Aspekt des Prinzips der Jungfräulichkeit manifestiert, darüber entscheidet, wie die Beziehung sich entwickelt und was aus ihr hervorgeht. Der wirklich jungfräuliche Mensch ist ein Spiegel für die Menschen in seiner Umgebung. Der wirklich jungfräuliche Mensch bewirkt, daß die anderen sich selbst betrachten und das Jungfräuliche in sich selbst erkennen oder sehen, wie weit sie noch davon entfernt sind. Jeder von euch kann und soll danach streben, seinen eigenen jungfräulichen Aspekt zu entwickeln, die Würde der Jungfräulichkeit wiederzugewinnen; durch das Streben nach dieser Reinheit werdet ihr kosmische Energie anziehen, so daß sie durch euch fließen kann.

Wenn ihr rein, wenn ihr jungfräulich seid, steht ihr über der physischen Energie. Ihr seid ein kosmisches Wesen geworden, das die Fähigkeit hat, auf der irdischen Ebene kosmisch zu kreieren. Die Menschheit und dieser Planet können gerettet werden, wenn ihr jungfräulich werdet, wenn ihr es zulaßt, daß diese jungfräuliche kosmische Energie durch euch fließt und sich auf der Erde, auf der ihr lebt, manifestiert. Der jungfräuliche Mensch ist deshalb ein Führer, die Jungfrau ist das Prinzip, das von den anderen verehrt wird und dem sie folgt. Der jungfräuliche Mensch ist der Impuls zur Veränderung, er ist das Bild der Zukunft. Die jungfräulichen Menschen des Wassermannzeitalters sind aufgerufen. Ihre Kreativität wird die Welt verändern. Ihre Kreativität wird das Wassermannzeitalter gebären. Aus ihren Leibern werden bildlich gesprochen und konkret die Kinder des Wassermannzeitalters hervorgehen. Was sie jetzt in Reinheit hervorbringen, wird über das Wesen dieses Zyklus entscheiden.

Seht die Größe, die in der Jungfräulichkeit liegt. Schaut in euch selbst und erkennt diesen Aspekt eures Seins. Ehrt und würdigt das Prinzip der Jungfräulichkeit, und wenn ihr es an anderen seht, so achtet sie dafür, denn die Jungfräulichkeit ist im Grunde ein Bild für die Reinheit der Göttin, auf der ihr lebt, jenes Wesens, das euch nicht nur euren physischen Leib, sondern auch eure Lebensmöglichkeiten schenkt. Die Göttin ist ein hohes Beispiel für das jungfräuliche Prinzip und strahlt durch ihre Energie diese Reinheit aus. Sucht die Reinheit ihres Wesens. Laßt sie ein Licht sein, das in eurer Dunkelheit leuchtet. Tragt das Wissen darum in euch, was ihr der Jungfrau schuldig seid. Es kann keine größere Berufung, keinen wichtigeren Weg geben, als ein jungfräulicher Mensch zu sein.

## Fragen und Antworten

FRAGE: Wenn wir alle jungfräulich wären, würde die Menschheit aufhören zu existieren! Die menschliche Fortpflanzung durch den Sexualakt ist ein natürlicher Prozeß, der das Überleben der Spezies sichern soll. Wie kann man den Sexualakt mit der Unschuld des Prinzips der Jungfräulichkeit in Einklang bringen?

ZT: Ihr lebt in einer Gesellschaft, die Sinn und Zweck des Sexualaktes vollkommen entstellt hat. Ihr seid durch die Sexualität in eurer Welt, die schon in jeden Aspekt des physischen Lebens eindringt, so konditioniert, daß es euch schwerfällt, den wahren Sinn des Sexualaktes zu erkennen. Wenn wir eine andere schöpferische Energie, die Magie, betrachten, seht ihr vielleicht eher, was ich meine, weil ihr in diesem Bereich weniger durch konditionierte

Gedanken beeinflußt seid. Es gibt drei Arten von Magie: schwarze, weiße und reine. Schwarze und weiße Magie sind das gleiche. Es sind Formen der Magie, die nach der menschlichen Motivation und Inspiration zum Guten oder zum Schlechten verwendet werden können. Die einzig wahre Form der Magie ist die reine Magie, das ist Magie, die nur um des Prinzips selbst willen benutzt wird. Das bedeutet, daß man zwar die magischen Kräfte anruft, ihre Wirkung aber der Macht des Prinzips überläßt. Gottes Wille geschehe. Das ist der natürliche Prozeß, der Prozeß der Natur. Der Sexualakt sollte ein natürlicher Akt der Fortpflanzung sein. Werden die Sexualorgane medizinisch nicht Fortpflanzungsorgane genannt? Das ist ihre natürliche Funktion. In der Natur, im Tierreich, wo das Denken nicht eingedrungen ist, werden die Sexualorgane nur zur Fortpflanzung benutzt. Das Tierreich ist mit der Gottheit verbunden. Es hat keinen freien Willen und ist so im natürlichen Rhythmus schöpferisch. Kopulation geschieht nur dann, wenn die Erhaltung der Spezies erwünscht ist. Aber die Menschen haben einen freien Willen, und ihr Gehirn hat sich so entwickelt, daß es psychologisches Denken und das Streben nach Lust hervorbringen kann. Die Menschheit gründet ihr Leben heute zum großen Teil auf den Lust- und Genußtrieb, und so findet der Sexualakt meist entweder aus Begierde oder zu einem sogenannten spirituellen Zweck, wie der Steigerung der Kundalini statt, was im Grunde schwarze Magie ist.

Wenn die Menschen heute keine empfängnisverhütenden Mittel hätten, würden sie den Sexualakt mit anderen Augen sehen; wüßte man bei jeder Vereinigung, daß ein Kind daraus entstehen könnte, würde man sich klarmachen, was man da eigentlich tut. Man wäre sicher, daß das Hervorbringen einen schöpferischen Aspekt hat und würde verantwortungsvoller handeln. Bei jeder sexuellen Vereinigung ist man schöpferisch, wenn nicht auf der physischen Ebene, dann auf den höheren Lebensebenen. Menschen, die empfängnisverhütende Mittel verwenden, lehnen ihre Verantwortung nicht nur auf der physischen Ebene ab, sondern durch die Gedankenformen auch auf der ätherischen Ebene. Aber auch wenn eine Empfängnis verhütet worden ist, haben sie etwas geschaffen und werden nach ihrem Tod ihren ätherischen Kindern begegnen.

Ihr seid werdende Götter. Ihr lernt, Götter des Schöpferischen zu sein. Wenn man die Bedeutung des schöpferischen Aktes versteht, erkennt man auch, was es heißt, ein Gott zu sein und jungfräulich zu werden. Seht die gottähnlichen Wesen an, die auf der Erde waren und selbst jetzt noch unter euch sind. Haben die großen Meister je gelehrt, daß der Sexualakt nur zum Vergnügen da sein sollte? Haben sie je behauptet, man sollte ihn nur zur Steigerung des Bewußtseins ausführen? Hatten sie sich nicht über die Sexualität erhoben, waren sie nicht wirklich zölibatäre Wesen? Was ist der Wert des Zölibats? Man kann dadurch die schöpferische Energie in anderen Bereichen nutzen, in Bereichen, die der menschlichen Entwicklung förderlicher und seinen Möglichkeiten angemessener sind.

Ein bewußter Mensch, der im Augenblick lebt und mit der Gottheit in Einklang ist, lebt ein freudvolles, glückliches Leben, in dem Begierde oder Genußsucht keinen Raum haben. Eine sexuelle Vereinigung geschieht, wenn überhaupt, nur, wenn sie von der Gottheit inspiriert ist, damit ein vom Schicksal gewolltes Kind empfangen wird. Das ist der wahre und einzige Sinn des Sexualaktes: den Willen des Schöpfers zu erfüllen. Und wenn man das tut, ist man jungfräulich und rein. Die Göttin, das höchste Symbol der Jungfräulichkeit, wurde immer mit Fruchtbarkeit und Fortpflanzung assoziiert. Das ist die Rolle der Frau, der Mutterleib der Schöpfung. Wenige Menschen in der heutigen Welt haben die Fähigkeit zu einer wahren jungfräulichen Geburt, für die die kosmischen Organe entscheidender sind als die Fortpflanzungsorgane. Für die meisten Menschen ist die Fortpflanzung mit dem Sexualakt verbunden, entscheidend aber ist, ob das Motiv dafür aus einem jungfräulichen Geist und dem Annehmen des göttlichen Schicksals kommt oder ob es einem nur um die persönliche Befriedigung geht. Schafft man etwas nach dem Bild Gottes oder nach einem Selbstbild, das von den eigenen Bedürfnissen und Wünschen geprägt ist? Das ist die Frage, die ihr euch beantworten müßt.

FRAGE: Wie kann man wissen, daß man jungfräulich ist?

ZT: Jungfräulichkeit und Reinheit sind Eigenschaften, die der Spiritualität sehr ähnlich sind. In eurem Alltagsleben merkt ihr meist nicht, wenn ihr rein, jungfräulich oder spirituell seid, denn das ist eine Seinsweise. Aber ihr merkt es nur zu gut, wenn ihr nicht rein, jungfräulich oder spirituell ausgerichtet seid. So könnte man vielleicht sagen, daß ihr die positiven Kräfte, nach denen ihr sucht, hervorbringt, wenn ihr die unreinen Aspekte eures Wesens erkennt und sie korrigiert. Niemand von euch ist vollkommen. Ihr müßt all die vielen Facetten eures Diamanten abschleifen, aber wenn ihr nur die ersten Schritte tut und anfangt zu erkennen, wo die unreinen Seiten eurer Natur liegen, wächst eure Einsicht und beginnt die Verwandlung. Durch diese Arbeit an sich selbst erkennt man auch die in einem liegende Jungfräulichkeit immer mehr.

Deshalb bitte ich euch, euch auf einen Aspekt eures Wesens zu konzentrieren, der nicht jungfräulich ist, auf etwas, von dem ihr im Innersten wißt, daß es aus eurer Seele verbannt werden sollte. Beschließt, euch in der nächsten Zeit damit auseinanderzusetzen und es zu verstehen. Ihr werdet dann merken, daß ihr diesen Aspekt gar nicht braucht und daß er euer wahres Wesen nur einschränkt. Dadurch wendet ihr euch an die kosmische Energie, die durch euch fließt und könnt voller Stolz sagen, daß ihr dazu beigetragen habt, die Jungfrau in euch selbst zu Ehren kommen zu lassen.

# Die heilende Berührung

Da so viele von euch mit heilenden Schwingungen umgehen, möchte ich mit euch über die heilende Berührung sprechen. Bevor wir uns jedoch mit dem Wesen des Heilens und den Heiltechniken, die es heute auf der Erde gibt, beschäftigen, müssen wir uns mit der Krankheit befassen, die ja das Heilen notwendig macht. Die meisten Menschen sehen heute die Krankheit als etwas, das von außen in den gesunden Körper eindringt und das auch von außen geheilt werden kann. Heute wissen wenige Menschen, daß jede Krankheit selbstgeschaffen ist und daß die Samen jeder Krankheit im menschlichen Körper selbst liegen. Die medizinische Wissenschaft, die sich mit der Behandlung von Symptomen und nicht mit den Ursachen der Krankheiten beschäftigt, stützt die Anschauung, daß Krankheit nur von außen geheilt werden kann und das auch nur von qualifizierten Ärzten. Das führt dazu, daß der einzelne sich noch nie so wenig verantwortlich für seine Gesundheit gefühlt hat wie heute. Obwohl ihr in einer Welt der großen technischen Errungenschaften lebt, in einer Welt, in der die menschliche Wissenschaft zum Gott geworden ist, verstehen heute sehr wenige das wahre Wesen der Krankheit und erkennen nicht, wie göttlich der menschliche Körper ist.

Bevor man eine Krankheit heilen kann, muß man sie verstehen. Man muß wissen, daß jeder Mensch ein magnetisches Wesen ist, daß er durch seine Ausstrahlung die entsprechenden Dinge anzieht. Die Schwingungen, die man aussendet, kommen zu einem zurück, gleichgültig auf welcher Lebensebene man ist. Ihr habt eine magnetische Kraft in euch, die sich zum Guten wie zum Schlechten auswirken kann. Der Ton, der in euch erklingt, zieht die entsprechenden kosmischen Schwingungen an, denn auch im Kosmos liegt die Möglichkeit zum Guten und zum Bösen. Wie ihr mit dieser kosmischen Kraft umgeht, beeinflußt die Evolution. Es liegt an eurer Lebensweise, welche kosmischen Schwingungen ihr anzieht, und diese wirken sich auf die verschiedenen Elemente eures Körpers so aus, daß sie auch zu Krankheit führen können.

Wenn wir etwas betrachten, das so verbreitet ist wie das Rauchen von Zigaretten und die damit verbundenen Krankheiten, so sieht man sehr deutlich die Folgen des eigenen Handelns. Viele der heutigen Krankheiten sind aber psychosomatisch, wie ihr es nennen würdet und werden auf einer anderen Ebene erzeugt: Sie sind vom Geist geschaffen und nicht nur Folgen physischen Verhaltens. Solche Krankheiten werden vom einzelnen zunächst auf den höheren Lebensebenen erzeugt und manifestieren sich dann später auf der physischen Ebene. Jeder, der mit den notwendigen medialen Fähigkeiten begabt ist, kann eine Krankheit schon auf diesen Ebenen sehen, bevor sie sich konkret manifestiert.

Die Menschheit muß lernen, daß sie selbst die Verantwortung für alles trägt, was sie in ihrem göttlichen Körper erzeugt. Jede Krankheit, selbst Krebs, hat ihren Ursprung im Menschen selbst. Sogar Seuchen und Epidemien spiegeln nur die kollektiven Gedankenformen und die Energien der davon betroffenen Menschen wieder. Ein gesunder Körper kann jeder Seuche, jeder Krankheit widerstehen. Deshalb kann man Krankheit im weitesten Sinn als karmisch betrachten. Was man gesät hat, erntet man auch selbst.

Wenn wir uns mit dem Wesen des Heilens befassen, müssen wir vor allem die Quelle der Krankheit suchen. Die heutige medizinische Praxis mit ihren allopathischen Medikamenten und ihrer Chirurgie ermutigt kranke Menschen nicht, für ihre eigene Heilung die Verantwortung zu übernehmen. Meistens überlassen kranke Menschen ihren Körper sogar den Ärzten und Chirurgen, schlucken Medikamente und lassen sich operieren, ohne nach den kurzfristigen oder langfristigen Auswirkungen einer Behandlung zu fragen. Sie gehen davon aus, daß die Ärzte und Chirurgen gut sind, daß sie ihnen ihre Krankheit wegnehmen und ihnen die vollkommene Gesundheit wiedergeben. Die Medizin beschäftigt sich heute kaum mit der Göttlichkeit des Lebens und der Unversehrtheit und dem Heilsein des physischen Leibes. Die meisten Ärzte beschäftigen sich nicht damit, die Ursache einer Krankheit herauszufinden oder den Patienten dazu zu erziehen, sie in der Zukunft zu vermeiden. Die Krankheit wird als ein Fremdkörper angesehen, den man so schnell wie möglich entfernen muß, damit der Patient möglichst bald wieder weiterleben kann wie bisher.

Ihr lebt in einer Zeit, in der mehr Menschen als je zuvor beginnen, nach Heilweisen und Behandlungsmethoden zu suchen und mit ihnen zu experimentieren, die der Schulmedizin nicht bekannt sind und von ihr nicht anerkannt werden. Immer mehr Menschen erkennen die Göttlichkeit des Körpers, den sie behandeln und betrachten sich vor allem selbst als Instrumente der Heilung. Das heißt nun nicht, daß es überhaupt keine Chirurgen und anderen Ärzte gäbe, die den menschlichen Körper nicht als Schöpfung Gottes betrachten und sich behutsam auf ihn einstellen. Manche von ihnen tun das zwar, aber wenn man betrachtet, was gerade heute im Bereich der Chirurgie geschieht, sieht man, daß für viele Operationen eine Art intellektueller Übung sind, die ohne jedes Gefühl durchgeführt werden, ein Spiel, in dem man auf Kosten des menschlichen Körpers seine Geschicklichkeit ausprobiert und den Körper nur als Objekt betrachtet. Vergleicht diese Praxis einmal mit der heilenden Berührung, mit dem Handauflegen, mit der Einbeziehung höherer Energien, mit Gebet und Fernheilung. Bei diesen Formen der Behandlung ist die Erkenntnis wichtig, daß das Göttliche eine Rolle beim Heilprozeß spielt und daß jeder einzelne ein Gefäß der göttlichen Energie ist.

Wer mit der heilenden Berührung arbeitet, sollte sich also sicher sein, daß der Behandelte sich darüber im klaren ist, welche Kräfte beim Heilprozeß mitwirken. Denn wenn ein Patient daliegt und einfach erwartet, daß der Heiler ihn gesund macht, ist das auch nicht besser, als wenn er auf dem Operationstisch liegt und vom Messer des Chirurgen ein Wunder erwartet. Der Patient muß erkennen, was das Wesen des Heilens ist und vor allem, welche Verantwortung im Heilprozeß liegt. Der Patient muß sich bewußt sein, daß man sich an die heilende Energie wenden muß, daß durch ihn, durch die heilende Berührung, göttliche Energie fließt.

Heilung ist nicht nur ein Prozeß, bei dem ein Mensch einem anderen Energie übermittelt. Der Heiler ist eher der Vermittler von Energie, es ist ein Zusammenwirken von positiver Energie und negativer Aufnahmefähigkeit. Es muß Energie übertragen werden, damit Heilung stattfinden kann. Darum geht es bei der Geschichte aus der Bibel, in der die Frau in der Menge das Gewand Jesu berührte, als er vorbeiging, und dadurch geheilt wurde. Beide spürten, daß Energie übertragen wurde, aber es war der Glaube der Frau an die Macht dieses Meisters und ihre Anrufung dieser Energie, die den Fluß in Gang setzte und ihre Heilung bewirkte.

In der heutigen Welt, in der das Göttliche so wenig erkannt wird, ist die wesentliche Aufgabe des Heilers ebenso das Lehren wie das Heilen. Er sollte den Patienten zu der Quelle der heilenden Energie führen, zum Schöpfer allen Lebens. Und deshalb sollte jeder Akt des Heilens als Ritual betrachtet werden. Jeder Heiler sollte zum Ausdruck bringen, daß er nur ein Übermittler dieser göttlichen Energie ist und daß man die Quelle dieser

Energie anrufen und verehren soll und nicht dem Heiler danken. Er muß klarmachen, daß der Heilprozeß von den höheren Ebenen, nicht von der physischen Ebene ausgeht.

Wichtig ist auch die Erkenntnis, daß die Gottheit, die das Schicksal der Menschheit und die Ursache jeder einzelnen Krankheit kennt, nicht immer heilt. Manche Menschen erwarten, daß sie durch ein Gebet und durch eine Bitte um Heilung auch sofort geheilt werden, und vor allem in der Weise, wie sie es sich vorstellen. Man muß sich aber darüber klar sein, daß die Herren des Karma, jene großen Wesen, die das Gleichgewicht des menschlichen Lebens und die Schöpferkraft auf der Erde in der Gewalt haben und erhalten, ohne jede Emotion urteilen. Sie sehen nur die spirituelle Wirklichkeit dessen, was ein Individuum geschaffen hat und dessen, was es infolge davon anzieht. Es liegt im Wesen und im Schicksal mancher Menschen zu leiden. Es liegt im Wesen und im Schicksal mancher Menschen krank zu sein. Das muß man erkennen.

Die Menschheit muß erkennen, daß Krankheit eine evolutionäre Lektion ist. Sie ist nichts, das man verachten oder ignorieren sollte. Jede Krankheit hat ihren Sinn. Sie gehört ganz wesentlich zum Evolutionsmuster der Menschheit. Der Heiler wie der zu Heilende müssen das erkennen. Vor einer Heilung muß ein Erkenntnisprozeß stattfinden. Der Heiler ist nicht nur ein Übermittler von Energie, sondern er muß dem Kranken einen Spiegel vorhalten, damit er sieht, warum er krank ist. Nachdem der Kranke mit dem Heiler gesprochen hat, muß er selbst handeln, damit die Lektion dieser Krankheit, dieses Un-heil im Körper, verstanden wird.

In eurer heutigen Welt, in der so viele krank sind, muß der Heiler sich notwendigerweise entscheiden, wen er heilen will. Ihr könnt nicht jeden heilen. Es ist für den Heiler weder wünschenswert noch physisch möglich, die heilende Energie, die durch ihn fließt, ununterbrochen weiterzugeben. Man kann nicht immer heilen. Man muß seinen eigenen physischen Leib im Gleichgewicht halten. Man muß sein eigenes Wesen respektieren. Deshalb ist es wichtig auszuwählen, wen man heilt. Es müssen Menschen sein, die durch die heilende Berührung wirklich etwas gewinnen. Das spürt man instinktiv, wenn man den Menschen, die zu einem kommen, zuhört und auf sie reagiert. Man wird intuitiv erkennen, wem man helfen kann, wen man heilen kann. Wichtig ist auch zu wissen, daß es für verschiedene Krankheiten verschiedene Heiler gibt. Nur die großen Meister wie Jesus können universell heilen. Nur sie verfügen über die kosmische Heilkraft, die Macht, jemanden vom Tode zu erwecken. Solch eine Kraft wird nur denen zuteil, die den Sinn der Schöpfung verstehen und vor allem die Wirksamkeit der karmischen Gesetze erkennen. Viele Menschen beginnen heute zu spüren, daß sie eine Fähigkeit zum Heilen haben. Viele entdecken, daß sie Erfolg haben, wo die Schulmedizin scheitert. Man kann nicht mehr klar zwischen einem Arzt und einem Menschen unterscheiden, der durch Glauben heilt. Die Menschen beginnen zu verstehen, daß jeder heilen kann, wenn er den Sinn des Lebens und das wahre Wesen der Krankheit verstehen kann. Der Heiler wird wieder mehr zum Priester, zum gotterfüllten und spirituellen Wesen, wie das in früheren Zeiten war. Jesus war zugleich Priester und Heiler, und das ist das Ideal, nach dem ihr alle streben solltet. Ein wahrer Heiler nimmt große Verantwortung auf sich, denn wenn man ohne Sinn und Ziel heilt, stellt man damit das Wesen der Krankheit und die karmischen Gesetzmäßigkeiten in Frage.

Es ist zwar betrüblich, Menschen leiden zu sehen, aber der Heiler darf sich nicht erlauben, sich durch dieses Leiden niederdrücken zu lassen. Distanz und Abgeklärtheit sind deshalb wesentliche Eigenschaften eines Heilers. Wenn man diese Abgeklärtheit nicht hat, kann man nicht heilen oder nicht wirklich seine Fähigkeiten zum Heilen ganz ausschöpfen. Der Heiler muß den Patienten immer objektiv sehen: er soll zwar mitfühlen, muß aber die innere Distanz wahren. Der Heiler muß, wenn er seinem Patienten in die Augen sieht, sein Seelenwesen deutlich erkennen. Der Heiler muß die Quelle seiner Krankheit deutlich sehen, muß immer danach streben, nicht nur äußerlich die Krankheit, sondern ihre innere Ursache zu heilen. Es ist der weise Heiler, der zuerst auf die Ursache sieht und dann auf die Krankheit.

In einer Zeit, in der soviel Neues versucht wird, solltet ihr den Mut haben, eure Fähigkeit zum Heilen zu erproben. In dem Maß, in dem ihr alle göttliche Instrumente seid und euch mit dem heilenden Energiefluß aus dem Kosmos in Einklang bringt, erfüllt ihr den wahren Sinn eures Daseins. Viele neue Heiltechniken werden in nächster Zukunft entdeckt werden, und die alten Methoden werden allmählich verschwinden. Die Menschen des neuen Zeitalters werden sie als überholt betrachten. Damit soll nun nicht gesagt sein, daß die heutige Medizin insgesamt im Irrtum, daß jede Chirurgie unnötig ist, denn es ist bewiesen worden, daß in vielen Bereichen große Heilerfolge erzielt werden konnten. Die Hauptströmung der Schulmedizin hat sich jedoch heute von der Göttlichkeit des Lebens entfernt. Sie erkennt die Quelle des Lebens nicht. Sie erkennt nicht, daß der menschliche Körper und die Seele, die in ihm wohnt, etwas Göttliches sind. Für einen wahren Heiler stehen diese Tatsachen aber immer an erster Stelle. Ich möchte jene von euch, die Heiler werden wollen, bitten, sorgfältig zu erwägen, was sie vorhaben. Es kann keine wichtigere Aufgabe im Leben geben. Alle großen Meister, die auf der physischen Erde waren, wirkten als Heiler. Sie waren Heiler, weil die Welt immer krank war. Die Welt war immer un-heil, immer gespalten. Das ist der Weg des menschlichen Schicksals. Da die Menschen den freien Willen haben, da es Gut und Böse gibt, werden sich immer einige für das Böse entscheiden. Manche werden sich für den Lernprozeß der Krankheit entscheiden, und ihnen möchte ich sagen, sie sollen die Krankheit begrüßen, wie sie die Gesundheit begrüßen würden. Erkennt, daß ihr dadurch nicht nur eure eigene Entwicklung, sondern auch die Evolution der Menschheit weiterbringt.

## Fragen und Antworten:

FRAGE: In welchem Zusammenhang steht die Angst mit der Krankheit. Seht ihr sie als Ursache oder als Wirkung?

ZT: Es gibt viele Ebenen von Angst. Wahrscheinlich sprichst du von der Furcht vor Krankheit?

FRAGE: Ich meinte Angst als eine Emotion und nicht als Furcht vor einer bestimmten Krankheit.

ZT: Wenn man hinter das Gefühl der Angst sieht und sich vor Augen hält, wie die göttliche Lebensenergie durch jeden einzelnen von uns strömt, kann man sagen, daß dann Angst oder Furcht entstehen, wenn ihr mit diesem göttlichen Fluß, der Liebe eures Schöpfers, nicht in Einklang seid. So kann immer, wenn dies geschieht, Krankheit und Disharmonie sich in euch manifestieren, die möglicherweise zu Krankheit führt. Angst entsteht, wo auf irgendeiner Ebene keine Liebe da ist. Deshalb kann Angst als der Mangel in die wirkliche Einsicht der Göttlichkeit des Lebens betrachtet werden, wodurch dann, je nach dem Grad der Angst, Bedingungen im physischen Körper geschaffen werden, die zur Krankheit führen können.

FRAGE: Haltet ihr Operationen wie Herz- und Leberverpflanzungen für notwendig, auch wenn der Patient ohne sie wahrscheinlich sterben würde?

ZT: Das Problem der Organtransplantationen kann nicht isoliert gesehen werden. Ganz allgemein kann man sagen, daß der Arzt sich der Heilung des Lebens verschrieben hat. Das ist zwar für sich genommen ein nobles Ideal, in Wirklichkeit ist die Entscheidung, Leben zu erhalten, jedoch auf Angst oder ein Verkennen der Aufgabe des Todes gegründet. Darin spiegelt sich natürlich die gesamte heutige Einstellung der Menschheit wider. Die Menschen sind gegen den Tod, weil sie ihn nicht verstehen, weil sie ihn fürchten. Deshalb ist man dankbar für jede Möglichkeit, das Leben zu verlängern. Selbst ihr, die ihr bewußter mit Leben und Tod umgeht, würdet es euch gut überlegen, was ihr tun sollt, wenn ihr vor der Entscheidung zu solch einer Operation stündet. Man kann leicht sagen, daß man den Tod nicht fürchtet und und glücklich ist zu sterben, aber wenn man beispielsweise eine Mutter ist, die kleine Kinder hinterläßt, würde man sich schon aus dem Gefühl der Verantwortung heraus zu solch einem Schritt verpflichtet fühlen. Ihr würdet um eurer Kinder willen leben wollen, nicht um eurer selbst willen. So gibt es viele Faktoren, die eure Entscheidung beeinflussen können, aber letztlich muß der einzelne doch eine versöhnliche Einstellung zum Tod gewinnen.

Die Medizin hat immer mehr Erfolge in bestimmten Bereichen der Organtransplantation. Bei Herztransplantationen sieht sie sich noch vielen Schwierigkeiten gegenüber. Bei einer anderen Gelegenheit haben wir gesagt, daß im Bereich der Herztransplantation die größte Gefahr für die Menschheit liegt, da euer geistiges Wesenszentrum seinen Sitz in der linken Herzkammer hat. So entfernt man bei einer Herzverpflanzung den Sitz des Geistes und erzeugt eine wandelnde Leiche. In den meisten Fällen wehrt sich der Körper gegen ein fremdes Organ. Das ist ganz natürlich, und so muß man massive Dosen von Arzneimitteln anwenden, um die Anpassungsbereitschaft des Organismus an das neue Organ zu erhöhen. Das schafft in anderen Teilen des Körpers Disharmonie, und ich glaube, man kann sagen, daß jemand, der sich solch einer Operation unterzogen hat, nie mehr wirklich gesund wird.

Transplantationen bewirken also im Grunde nur eine Verlängerung des Lebens. Die Zahl der dadurch gewonnenen Jahre hängt vom Erfolg der Operation und der individuellen Gesundheit des Spenders wie des Empfängers ab. Letztlich müßt ihr als einzelne entscheiden, ob ihr bereit wäret, ein Organ zu spenden oder euch eines einpflanzen zu lassen. Es erfordert gründliches Nachdenken und ein hohes Bewußtsein, um zu verstehen, was bei einem solchen Vorgang wirklich geschieht. Gibt man dadurch Leben? Erhält man dadurch Leben? Beeinflußt man das Schicksal eines anderen Menschen? Was tut der Betreffende mit seinem Leben nach einer solchen Transplantation? Es wäre interessant, alle Menschen, die eine Organverpflanzung haben vornehmen lassen, zu beoachten und objektiv festzustellen, welche Qualität ihr Leben nach der Operation hat und zu sehen, was sie, abgesehen von der Freude, noch am Leben zu sein und noch eine Zeit mit ihnen nahestehenden Menschen verbringen zu können, wirklich gewonnen haben.

Ich kann nicht sagen, ob solche Operationen richtig oder falsch sind. Sie sind einfach ein weiterer Schritt auf dem Weg der Entwicklung der menschlichen Wissenschaft. Wie immer entscheidet das menschliche Bewußtsein darüber, ob man diese Technologie anwendet, ebenso wie das beispielsweise bei Atomwaffen der Fall ist. Solch eine Entscheidung ist ein Lernschritt der Evolution. Natürlich ist solch eine Entscheidung sehr schwerwiegend und hängt ganz von der Einstellung ab, die man gegenüber der Krankheit und dem Sinn des Lebens hat.

FRAGE: Ich möchte ein Zentrum gründen, in dem ich meine speziellen Heilmethoden anwende. Könnt ihr mir dazu einen Rat geben.

ZT: Wenn man sich auf ein Abenteuer wie das deine einläßt, muß man wissen, daß man kritischer beurteilt wird, weil man sich außerhalb der klassischen Medizin befindet. Wenn der Chirurg eine schwierige Operation vornimmt und sein Patient stirbt, akzeptiert man das als Risikofaktor der Chirurgie. Wenn er keinen Fehler gemacht hat, wird man ihn für den Tod des Patienten nicht verantwortlich machen. So großzügig geht man mit jenen, die nicht der Schulmedizin angehören, nicht um. Nimmt man aus irgendeinem Grund an, daß eure Behandlung negative Folgen nach sich gezogen hat, wird man euch öffentlich anprangern. So ist nun einmal die Welt, in der ihr lebt. Ich sage es nicht, um dir Angst zu machen oder dich von dem abzuhalten, was du dir vorgenommen hast. Bevor jedoch deine Form der Behandlung öffentlich oder medizinisch akzeptiert ist, muß ihre Wirksamkeit nachgewiesen werden. Zudem müssen Menschen, die für solch eine Behandlungsform eintreten und sie ausüben, selbst holistische Wesen sein und die göttliche Heilkraft erkennen, die durch sie hindurchfließt.

Oft beginnen Menschen heute eine neue Behandlungsform zu praktizieren, bevor sie sich darin vervollkommnet haben. Aber man setzt alles aufs Spiel, wenn man eine neue Form des Heilens versucht und sich dann wegen einiger schwacher Punkte Spott und Mißachtung aussetzt. Ich glaube deshalb, daß ihr beide in bezug auf eure Behandlungsweise Erfahrungen sammeln müßt, damit das Verständnis und das Vertrauen der Leute wächst. Ihr müßt eine gemeinsame Ebene finden, eine festgelegte gemeinsame Arbeitsmethode, die jedoch der Individualität der Behandlung des Behandelten Rechnung trägt.

Leider begegnet man in eurer Welt heute der Individualität mit Mißtrauen. Individuelle Heilmethoden und Behandlungen werden nicht als das angesehen, was sie wirklich sind, ein Bild für die Einzigartigkeit der Schöpfung. Da es so viele falsche Propheten gibt, so viele wunderliche Käuze und Stümper, wirft man alle in einen Topf, die außerhalb der Schulmedizin arbeiten. Deshalb darf ein System keine Schwachstellen haben, wenn es erfolgreich sein und allgemein akzeptiert werden soll. So solltet ihr zunächst mit kleinen Schritten anfangen und eurer Behandlungsmethode Zeit lassen, aus sich selbst heraus zu überzeugen, anstatt eure Arbeit zu schnell expandieren und ins Kraut schießen zu lassen. Wir sollten bei jeder neuen Heilmethode nicht die nächsten zwanzig, sondern die nächsten hundert Jahre im Auge haben.

# Frieden

Ihr seid heute in dieser Welt von Krieg bedroht, und daran sind vor allem die politischen und finanziellen Machtblöcke der Menschheit schuld. Ein großer Teil des zwischen ihnen stattfindenden Kampfes bleibt der Öffentlichkeit verborgen. Als einzelne habt ihr keinen Einblick in die Machenschaften der Mächtigen. Ihr wißt im Grunde sehr wenig von den Plänen, die bereitliegen und sofort ausgeführt werden können, wenn man sich entscheidet, auf irgendeine Art Krieg zu führen.

In der ganzen uns überlieferten Geschichte der Menschheit hat es Krieg gegeben. Es ist wohl kaum ein Jahrzehnt vergangen, ohne daß ein Land oder ein Stamm gegen ein anderes Land oder einen anderen Stamm gekämpft hätte, entweder um ein Stück Land zu erobern, um die eigenen Grenzen oder den eigenen Einflußbereich zu verteidigen oder um eines Vorteils willen, den man vorher nicht hatte. Daß es in den letzten vierzig Jahren keinen Krieg gab, liegt nur daran, daß die Großmächte der Welt keine Möglichkeit sehen, ohne eigene große Verluste einen Sieg zu erringen. Ihr nähert euch jedoch einer Zeit des planetarischen Eingreifens, in der kosmische Faktoren die Großmächte dieser Welt dazu bringen werden, weitreichende Entscheidungen zu treffen, eine Zeit, in der das Ende des Separatismus naht, weil diese Einstellung bewußt und freiwillig aufgegeben oder weil sie durch gewaltsame Einflüsse aufgehoben wird.

Viele Menschen streben heute überall auf der Erde nach Frieden. Sie versuchen das auf vielerlei Weise: durch Friedensbewegungen, durch Bücher und Zeitungsartikel, durch Märsche und Demonstrationen, durch Religion und Gebet. Aber werden sie den Frieden auf diese Weise erlangen? Warum hat sich der Friede den Menschen immer entzogen? Viele Menschen betrachten Frieden nur als Abwesenheit von Krieg, aber das ist kein wahrer Frieden, sondern nur eine Erweiterung des Krieges, vor allem wenn man in dieser Zeit immer noch Kriegsvorbereitungen betreibt. Friede ist nicht das Intervall zwischen zwei Kriegen. Kann es überhaupt Frieden geben, während Akte geistiger Aggression stattfinden und Massenvernichtungswaffen hergestellt werden? Kann man Frieden erlangen, indem man Atomwaffen abschafft oder zusichert, sie nur zu benutzen, wenn man selbst bedroht ist?

Da die Verhältnisse der internationalen Politik nun einmal so sind, seid ihr als einzelne gezwungen, Antwort auf all diese Fragen zu suchen. Zuvor aber müßt ihr herausfinden, wie euer eigener Friede beschaffen ist, was ihr zu akzeptieren bereit seid, wogegen ihr kämpfen würdet, worauf ihr zu verzichten bereit wärt. Man kann wohl sagen, daß die meisten Menschen heute einen äußerlichen Frieden suchen. Sie glauben, Frieden sei etwas, das man durch Verhandlungen erlangt, durch Übereinkünfte, durch Versöhnung: aber auf diese Weise ist noch nie Frieden auf der Erde entstanden. Auch wenn man einen Kompromiß gefunden und den Konflikt beigelegt hat, tauchen nach ein paar Jahren schon die alten Feindseligkeiten wieder auf, da immer noch der Wunsch besteht, über den anderen zu siegen. Und obwohl die ältere Generation sich noch der Leiden des Krieges erinnert, gibt es immer wieder Politiker, die bereit sind, einen Krieg als Instrument nationaler oder Stammes-Politik in Erwägung zu ziehen.

Es müßte euch also klar sein, daß Frieden etwas Innerliches ist. Wenn kein innerer Friede herrscht, kann auch kein äußerer herrschen. Zudem wird das Wesen eures inneren Friedens darüber entscheiden, wie euer Schicksal in den zukünftigen Konflikten ist, denn wenn ihr innerlich in Frieden lebt, werdet ihr durch die Energie, die ihr schafft und ausstrahlt, Frieden anziehen. Ihr seid mit magnetischen Kräften begabte Wesen, ihr zieht das an, was ihr ausstrahlt, und so können die anderen Krieg führen, ihr werdet inmitten des Krieges Frieden haben. Denkt daran, in wie vielen Teilen der Welt heute Krieg herrscht. Hunderttausende Menschen bringen einander jedes Jahr um, und dennoch seid ihr von diesem Leiden nicht persönlich betroffen. Das wird sich bald ändern. Die westliche Zivilisation wird sich bald einem solchen Druck ausgesetzt sehen, daß die Friedensvereinbarungen auf eine Zerreißprobe gestellt werden. Dieser Druck wird nicht nur von außen, sondern auch von innen kommen. Deshalb solltet ihr als einzelne in dieser entscheidenden Zeit im innersten Herzen euren Frieden wählen.

Wann ist man wirklich friedvoll? Man ist friedvoll, wenn man mit dem Willen seines Schöpfers in Einklang ist. Wenn ihr eins seid mit dem Unendlichen, habt ihr Frieden, und das bedeutet, selbstlos zu sein, das bedeutet, Teil der Einheit allen Lebens zu sein, eins mit der Gottheit zu sein. Wenn die Menschheit nur erkennen könnte, daß sie eine Einheit ist, bräuchte es keinen Krieg mehr zu geben. Gäbe es keine politischen, finanziellen oder rassistischen Spaltungen, so gäbe es auch keinen Krieg. Es sind die selbstgeschaffenen Trennungen der Menschen, die Unzufriedenheit bewirken, und diese Unzufriedenheit führt zum Krieg. Seht euer eigenes Leben an. Wie oft seid ihr in euren alltäglichen Beziehungen mit anderen Menschen oder in eurem Verhältnis mit den anderen Reichen der Materie im Kriegszustand. Macht euch bewußt, wie oft ihr nicht eins mit dem Unendlichen seid, wie oft ihr Krieg führt, um zu bekommen, was ihr wollt, um euren Willen durchzusetzen, gleichgültig, welche Opfer andere dafür bringen müssen.

Wenn ihr an die vergangenen Kriege der Menschheit denkt, könnt ihr sehen, daß sie wenig genutzt haben, obwohl Millionen Menschen dafür sterben mußten. Äußerlich mag es scheinen, als sei ein Land dadurch davor bewahrt worden, von einem anderen Land eingenommen zu werden, finanzielle Interessen wurden wohl verteidigt, eine Ideologie erhalten, aber was ist mit diesem Land, seinen Finanzen, seiner Ideologie fünfzig Jahre später? Die Länder, die den letzten Weltkrieg verursachten, haben viele ihrer Ziele, die sie militärisch erreichen wollten, auf andere Weise erreicht. Die Länder, die vor vierzig Jahren eure Feinde waren, sind jetzt eure Freunde; die eure Freunde waren, sind jetzt eure Feinde. Das macht deutlich, daß die Machtstrukturen, die in einem Krieg miteinander in Konflikt stehen, von Menschen geschaffen und sehr vergänglich sind. Es geht gar nicht um richtig oder falsch, um gut oder böse, oder gar, ob eine Seite für Gott und eine gegen Gott ist, denn alles ist von Gott. Diejenigen, die Krieg führen, erfüllen in gewissem Sinn nur den göttlichen Plan.

Dazu muß man natürlich sagen, daß Gott selbst den Krieg als eine Lektion für die Menschheit keineswegs wünscht oder in Gang setzt. Krieg ist eine Lektion, die sich die Menschheit selbst erteilt. Man kann aber zugleich nicht leugnen, daß sich die Menschen durch das Erlebnis des Krieges auch weiterentwickeln. Ist es nicht merkwürdig, daß in einem Land, in dem Krieg herrscht, die Menschen sich viel mehr zusammentun als sonst. Die kleinen Unterschiede, die früher trennend wirkten, sind in einer Krise schnell vergessen. Wenn die Menschen mit dem Leiden und den Verlusten des Krieges konfrontiert werden, wenn sie die Hinfälligkeit der menschlichen Existenz erkennen, kommen sie der Wirklichkeit und dem Sinn von Leben und Tod näher und merken, wie sie ständig davon umgeben sind. Diese Lebenserkenntnis kann man natürlich immer gewinnen, in Kriegszeiten jedoch gelingt vielen Menschen ein starker evolutionärer Durchbruch zu höherem Bewußtsein.

Ich fordere euch deshalb auf, in diesen entscheidenden Jahren in euch zu gehen und euren Frieden zu suchen, denn dieser Friede ist der einzig dauerhafte. Ist in euren Herzen kein Frieden, dann ist auch in euren Gedanken, Worten und Taten kein Frieden. Durch Krieg könnt ihr keinen Frieden erlangen. Ihr könnt durch Gewalt, durch Aggressionen keinen Frieden erlangen, auch nicht dadurch, daß ihr zerstört, was den Frieden bedroht. Wenn ihr einen Feind, der euch bedroht, vernichtet habt, ist dieser Feind vielleicht von der physischen Ebene der Erde verbannt, was aber ist mit den Gedankenformen, den Energien, die ihr geschaffen habt? Was ist mit dem Haß und der Rachsucht, die ihr in die Welt gesetzt habt? Was ist mit jenen Wesen, die zurückkommen werden und diese Gedankenformen und Energien erben?

Der Friede erfordert deshalb die Fähigkeit zur Demut, zur persönlichen Hingabe. Wenn jemand gegen euch kämpfen möchte und ihr laßt euch nicht auf den Kampf ein, wo ist dann der Sieg? Auch wenn dieser andere erreicht, was er will, wird ihn sein »Sieg« nicht befriedigen, denn er hat ihn sich nicht erkämpft, er wurde ihm freiwillig und liebevoll geschenkt. Was ist das Wesen der Hingabe? Ihr als Individuen findet es so schwierig, loszulassen, zu verzichten, etwas hinzugeben. Aber gerade das haben all die großen Meister vorgelebt: Verzicht auf das Physische in liebevoller Hingabe und die große Kraft, die daraus gewonnen wird. Wenn ihr an einige der Menschen dieser Erde denkt, die für den Frieden eingestanden sind, die durch ihr Vorbild den Krieg verurteilt haben, und wenn ihr bedenkt, welch starke Wirkung das auf die Menschen ausübte, könnt ihr erkennen, daß man sich viel mehr an einen solchen Menschen erinnert als an die Generäle und Soldaten, die durch Krieg Frieden erreichten. Durch Krieg erreichter Friede kann nur von sehr kurzer Dauer sein. Diese Form von Frieden hat keinen Bestand. Der dauerhafte Friede ist jener, den ihr durch eure Herzen schafft, durch eure Liebe, die von innen kommt.

Friede ist etwas, das man ganz persönlich hervorbringt. Es beginnt bei einem Menschen, breitet sich auf zwei, dann auf vier und dann auf immer mehr Menschen aus. Frieden ist eine Energie der Einheit, die immer von einem Punkt ausgeht. Friede kann nicht von oben verordnet werden. Es ist nicht möglich, daß irgendein größeres Land, irgendeine übergeordnete Macht den Frieden erzwingt. Ist es nicht merkwürdig, daß keines der vielen Wesen in unserem Sonnenkörper, keine der vielen anderen entwickelten Lebensformen in unserer Galaxie versucht, mit euch Krieg zu führen? Jene hochentwickelten Wesen von anderen Planeten, die in ihren Raumschiffen die Erde besuchen und große kosmische Kräfte besitzen, könnten leicht die Herrschaft über diesen Planeten und über die gesamte Menschheit erlangen. Sie tun es jedoch nicht, sondern bemühen sich eher, der Menschheit auf ihrem Evolutionsweg zu helfen. Darin liegt vielleicht eine wichtige Lehre für euch: die Macht des Bewußtseins, die Fähigkeit zum Herrschen zu haben und sie doch nicht zur persönlichen Machtausübung zu benutzen. Eure Brüder aus dem Weltraum respektieren eure Individualität, sie lassen euch die Freiheit zu sein, was ihr sein wollt, euch nach eurem eigenen Maß zu entwickeln, euren eigenen Weg zu gehen, euer eigenes Schicksal zu suchen. Diese Freiheit solltet auch ihr allen anderen lassen.

Seid also stark in diesen kritischen Jahren, in denen sich so viel auf der irdischen Ebene entscheidet. Wißt, daß es eine Kraft gibt, die euch beschützt, die größer ist als jede Waffe, die die Menschheit je hervorbringen kann: die göttliche Liebe. Erkennt, daß der göttliche Wille alles, was auf eurer Lebensebene geschieht, in Händen hält. Was euch schützt, ist eure Ausstrahlung, eure Einsicht in die Lebensgesetze. Innerer Friede zeigt sich in äußerer Harmonie, und selbst wenn ihr von extrem disharmonischen Energien umgeben seid, können sie euch nichts anhaben.

Sucht also nach diesem inneren Frieden, dieser inneren Weisheit. Seid euch bewußt, daß er die Einheit eures Schöpfers, die Einheit des Lebens ist. Sucht diese Einheit in allen Dingen, und ihr werdet jenen Frieden finden, der höher ist als alle Vernunft. Glaubt nicht, daß er für euch nicht begreifbar, nicht erreichbar wäre. Glaubt nicht, daß er nur durch langes Meditieren, Beten und Suchen erlangt werden könne. Er kann im Augenblick erlangt werden, wenn man die Göttlichkeit in sich selbst, im eigenen Schicksal, versteht. Das ist die Lehre dieser entscheidenden Zeit, die Entscheidung, die vor euch allen liegt, denn es werden Zeiten des Krieges kommen, Zeiten der Zerstörung und des Todes. Ihr müßt euch jetzt entscheiden, ob ihr sie miterleben oder euch über sie erheben wollt.

## Fragen und Antworten:

FRAGE: Es ist leicht, über den Seelenfrieden zu sprechen, vor allem, wenn wir ihn alle empfinden. Aber es ist nicht leicht, sich diesen Frieden für eine längere Zeit zu erhalten.

ZT: Wenn dieser Friede euch immer erfüllte, wärt ihr große Meister! Ihr habt immer auf irgendeiner Ebene und in irgendeinem Maß Konflikte. Im Alltagsleben wird es immer wieder Augenblicke geben, in denen ihr spürt, daß ein Konfllikt aufkommt, daß ihr vor eine Prüfung gestellt werdet, was natürlich nicht bedeutet, daß ihr physisch gegen jemanden Krieg führen sollt, sondern daß ihr im Fluß des Lebens mit ihm nicht eins seid. Manchmal bringt ihr eure Emotionen mit ins Spiel, und dann spürt ihr den Konflikt sehr tief und stark in eurem Emotionalkörper. Bei solchen Gelegenheiten könnt ihr sehen, was in eurem eigenen Inneren Friede und was Krieg ist, denn auf dieser Ebene ist es genau dasselbe, wie wenn sich Länder auf internationaler Ebene bekriegen. Ihr solltet sehr genau wahrnehmen, was ihr tut und warum ihr es tut und beginnen, euch ein wenig mehr im Verzicht zu üben. Viele von euch betrachten Verzicht und Kapitulation als einen Akt der Schwäche, nicht als ein Zeichen der Stärke.

FRAGE: Sicher muß man unterscheiden, um was für eine Situation es sich handelt, ob etwas nur für einen selbst oder ob es für das Leben hier auf der Erde wichtig ist. Nachzugeben und dadurch zuzulassen, daß viele Menschen leiden, wäre doch sicher falsch? Ich war vor kurzer Zeit in einer Situation, in der meine Schüler zu leiden gehabt hätten, wenn ich verzichtet hätte. Ich hörte, daß ich in einem Klassenzimmer unterrichten sollte, das ganz und gar ungeeignet war. Hätte ich klein beigegeben, so hätte das den Unterricht ein Jahr lang sehr belastet. Aber ich focht einen Kampf mit den Autoritäten aus und bekam einen anderen Raum. Ich bin sicher, daß es richtig war, in dieser Situation zu kämpfen.

ZT: Ich entnehme deinem Beispiel, daß da zwei Lehrer waren, die sich um ein besseres Klassenzimmer bemühten und daß der eine, der es nicht bekam, diesen »ungeeigneten« Raum benutzen mußte?

FRAGESTELLER: Ja. Das stimmt.

ZT: So wußten also beide Lehrer, daß der andere den ungeeigneten Raum bekommen würde, wenn er sich durchsetzen würde. In dieser Situation mußtest du wirklich die Entscheidung treffen, ob ein Verzicht am Platz wäre. Du sagtest, daß es falsch gewesen wäre, zu verzichten, weil du dann schließlich ein ganzes Jahr lang in einem ungeeigneten Klassenzimmer hättest unterrichten müssen, aber du solltest erkennen, daß der Akt des Verzichts kein Ende, sondern ein Anfang ist. Ihr müßt euch darüber klarwerden, was durch einen Verzicht erreicht werden kann. Was bewirkte der Meister Jesus beispielsweise dadurch, daß er sich in sein Schicksal ergab? War sein Tod ein Ende oder ein Anfang? Brachte sein Tod nicht viele schöpferische Energien hervor? Deshalb müßt ihr euch sehr genau damit befassen, was ihr durch einen Verzicht hervorbringt, was für eine Energie ihr damit schafft, und solltet dabei immer bedenken, daß ihr auf vielen Ebenen wirksam werdet. Wenn ihr solch einen Impuls in den Kosmos hinaussendet, wird vielleicht etwas zu euch zurückkommen, das viel größer ist als das, was ihr euch zuerst gewünscht habt. Ihr kennt alle die Geschichte vom heiligen Georg und dem Drachen. Es gibt einerseits den Bericht, in dem Sankt Georg den Drachen tötet, womit sich eine ganze Mythologie verbindet, andererseits aber auch die Version, in der der heilige Georg sich vom Drachen töten und verschlingen läßt, um mit ihm eins zu werden und ihn von innen heraus zu verwandeln. Welche der beiden Taten wird wohl einen dauerhafteren Erfolg haben und die folgenden Generationen der Menschen, die sich immer noch mit den Sachen auseinandersetzen, mehr beeinflussen? Wenn ihr es genauer bedenkt, habt ihr jetzt Krieg, weil die vergangenen Generationen Krieg führten. Ihr erntet das, was eure Vorfahren gesät haben. Vielleicht bedürfte es eines großen Verzichtsaktes, um diesen Kriegsdrachen zu verwandeln.

FRAGE: In der Weihnachtsgeschichte der Bibel sagen die Engel zu den Hirten: »Friede auf Erden und den Menschen ein Wohlgefallen«. Welche Rolle spielt der gute Wille für den Frieden, (»Wohlgefallen« ist in der englischen Bibelübersetzung mit »goodwill« übersetzt).

ZT: Die Engel brachten zum Ausdruck, daß wahrer Frieden zwischen den Menschen nur besteht, wenn guter Wille da ist, und was ist *guter* Wille anderes als *Gottes* Wille. Friede auf Erden kann es nur geben, wenn Gottes Wille auf Erden geschieht, wenn die Menschheit seinen Willen erkennt. Wenn ihr als einzelne in Harmonie mit dem göttlichen Willen handelt, seid ihr friedfertig. Wenn ihr Gottes Willen ausführt, habt ihr inneren Frieden; und es muß innerer Friede da sein, bevor äußerer Friede entstehen kann. Ihr müßt mit euch selbst in Einklang sein, bevor ihr Frieden mit der Welt haben könnt. Wenn ihr mit euch selbst in Streit liegt, führt ihr auch Krieg mit der Welt. Das ist unabänderlich. Deshalb sollte der gute Wille oder Gottes Wille im Umgang mit euch selbst regieren. Denkt an den Gott in euch, an den göttlichen Geist, der euch immer trägt. Wenn ihr inneren Frieden habt, zeigt den Menschen, die euch umgeben, euren guten Willen, tut ihnen, was ihr wollt, daß sie euch tun.

FRAGE: Jesus war gewiß ein friedfertiger Mensch, aber seht doch, was mit ihm geschah – er erlitt einen gewaltsamen Tod am Kreuz. Habt ihr nicht gesagt, daß man vor einem Tod durch Krieg oder Verfolgung geschützt sei, wenn man friedfertig ist?

ZT: Wenn du Frieden so betrachtest, dann hast du nicht verstanden, was damit wirklich gemeint ist. denn wenn du in Frieden mit dir selbst lebst, bedeutet das keineswegs, daß du vor Konflikten und Kriegen geschützt bist und dich nicht mit dem Tod auseinandersetzen mußt. Wenn du wirklich inneren Frieden hast, fürchtest du dich nicht vor physischen Dingen. Der Tod wird dann nicht mehr als Tragödie betrachtet, als etwas, vor dem man sich fürchtet, denn innerer Friede erzeugt Erkenntnis und Einverstandensein. Deshalb konnte Jesus am Kreuz sterben und jenen vergeben, die ihn dorthin gebracht haben. Das ist der Friede, der höher ist als jede Vernunft.

FRAGE: Es besteht offensichtlich eine große Kluft zwischen dem Mann auf der Straße und den Regierungen und den Militärs, in deren Händen die Macht liegt. Wie können wir erreichen, daß die Regierungen der Welt friedfertiger werden und die wahren Gefühle der von ihnen Beherrschten zum Ausdruck bringen?

ZT: Die Politiker und Generäle sehen die augenblicklichen Konflikte als einen Überlebenskampf, in dem sie nur für das Überleben ihres Landes, ihrer Religion, ihrer Ideologie verantwortlich sind. Sie glauben, daß nur sie ihr Volk verteidigen. Egoismus ist die größte Bedrohung des Weltfriedens. Natürlich handeln sie in der besten Absicht und oft aus sehr edlen Motiven, aber sie sehen die Welt und die Menschheit durch die falsche Brille. Sie rechnen nicht mit Gottes Willen. Die letzte Sicherheit kann nur der göttliche Wille sein. Die Einstellung der Regierungen und ihrer Politik kann nur verändert werden, wenn die von ihnen beherrschten Menschen Gottes Willen demonstrieren. Frieden und guten Willen zu leben und zu demonstrieren, zieht heutzutage Verfolgung nach sich, wie auch vor zweitausend Jahren, aber nur dadurch wird eine wirkliche Wandlung im menschlichen Bewußtsein bewirkt werden. Sät die Saat des Friedens jetzt, wenn nicht für euch selbst, dann für eure Kinder. Erkennt Gottes Willen, dann wird Friede auf Erden sein.

# Die schöpferische Ehe

Ihr lebt in einer Welt, in der fast jede menschliche Lebensäußerung und Tätigkeit entstellt ist. Selbst für entwickelte Seelen ist es schwierig, den wahren Sinn und Zweck fast allen irdischen Tuns zu erkennen, und das gilt ganz besonders für die eheliche Verbindung. Die meisten Menschen, die ihr heute fragen würdet, was der schöpferische Sinn einer Ehe ist, würden sich sagen »Kinder«, da die meisten Leute die Ehe heute als eine sozial akzeptierte Möglichkeit, Kinder zu haben, betrachten. Kinder großzuziehen ist sinnvoll, aber nicht der einzige Sinn der Ehe, denn es ist nur ein Aspekt der schöpferischen Energie, die sich in einer Ehe manifestieren kann. Viele Menschen, die heiraten, sollten keine Kinder haben, aber dennoch in der Lage sein, die schöpferische Energie ihres Gottes durch ihre Verbindung vollkommen zum Ausdruck zu bringen.

Ihr müßt also wissen, daß der Sinn einer Ehe weit über das Empfangen und Großziehen von Kindern hinausgeht. Um den wahren Sinn der Ehe zu erkennen, müssen wir an den Anfang der Schöpfung zurückgehen, zu jenem Zeitpunkt in der kosmischen Entwicklung, als ihr als Individuen geschaffen wurde. In diesem Augenblick der kosmischen Schöpfung wurde euer Geist in zwei Aspekte geteilt, in die Dualität von positiv und negativ, männlich und weiblich. Diese Dualität war notwendig, da es in diesem Stadium der Evolution beschlossen worden war, daß die Menschheit sich durch die Ausübung der göttlichen Gabe des freien Willens weiterentwickeln sollte. Der Sinn des Lebens auf dieser Erde liegt also darin, durch eine freie Willensentscheidung angesichts von Gegensätzen zu lernen, denn indem ihr das Licht erlebt, werdet ihr die Dunkelheit erkennen, und indem ihr die Dunkelheit erkennt, werdet ihr wissen, was Licht ist. Dadurch, daß beide Aspekte zum Ausdruck kommen und sich manifestieren, entsteht der Evolutionsprozeß.

Ihr müßt also erkennen, daß ihr nur eine Hälfte der schöpferischen Energie manifestieren könnt, selbst wenn ihr zur höchsten Bewußtheit gelangt seid. So ist es euer Schicksal über viele Leben hin, den männlichen oder weiblichen Aspekt eures Daseins zu entwickeln und durch das Leben vieler Beziehungen zu anderen Menschen, durch das Bestehen vieler Prüfungen, zu Selbsterkenntnis zu gelangen und Entscheidendes zu lernen. Nach vielen Evolutionszyklen wird der Augenblick kommen, in dem euer Geist, euer Sein mit seiner anderen Hälfte, seiner Entsprechung, verschmilzt und in dem ihr Vollkommenheit erlangt, den Christus-Geist erlangt, als einen vollkommen ausgeglichenen Aspekt der Energie, in dem die Möglichkeit der Gottwerdung liegt, die Fähigkeit, etwas Heiles, etwas Heiliges hervorzubringen.

So ist die Ehe ein Werkzeug der Evolution. In ihr sollen sich nicht nur die Gegensätze der menschlichen Sexualität, sondern auch der spirituellen Energie widerspiegeln. Die Ehe kann mit einem Spiegel verglichen werden, der beiden Partnern immerzu das Wesen der schöpferischen Energie, die ihrer eigenen entgegengesetzt ist, vor Augen hält. Durch die Auseinandersetzung mit diesem Bild lernt man sich selbst kennen. In eurer Welt glaubt man heute, daß Übereinstimmung die Basis einer guten Ehe sei, daß man eine vollkommene Verbindung erreicht hat, wenn beide gleich denken und in gegenseitiger Sympathie und im Verständnis füreinander eins werden. Ich möchte jedoch sagen, daß solche Ehen nicht immer zu spiritueller Entwicklung führen, sondern sehr oft zu spiritueller Gleichgültigkeit, seelischer Unzufriedenheit. Damit soll natürlich nicht gesagt werden, daß die Ehe ein Nährboden für Streit und Konflikt sein soll; aber auch in Konflikten kann Liebe sein, und auch ein Streit kann Menschen einander näher bringen. Ich möchte euch also daran erinnern, daß oft gerade das zu spirituellem Wachstum und zur Entwicklung führt, was im Augenblick einen geistigen Konflikt erzeugt.

Wichtig ist auch zu wissen, daß die schöpferische Energie in einer Ehe schon lange vorhanden ist, bevor ein Kind geboren wird, und daß Mann und Frau auf vielen Ebenen kreativ sein können, bevor sie wirklich physisch ein Kind zeugen, empfangen und gebären. Es gibt so viele Ebenen des Lebens, in denen Mann und Frau schöpferisch sein können, und wem es nicht bestimmt ist, Kinder zu haben, der hat die Möglichkeit, in jedem Bereich menschlicher Tätigkeit etwas hervorzubringen und jeden Aspekt des physischen Lebens zu beeinflussen. Gerade durch ein Verschmelzen ihrer inneren spirituellen Energien können Mann und Frau auf der physischen Ebene wirklich kreativ sein. Wenn sie keine Kinder hervorbringen, werden sie irgend etwas anderes schaffen im Bereich der Kunst, der Wissenschaft, des Geschäftslebens, der Regierung. Durch die Verbindung von positiven und negativen Energien entsteht schöpferische Kraft. Entwickelte Seelen sollten vor allem wissen, daß Mann und Frau gerade im Bereich des schöpferischen Denkens auf der physischen Ebene so viel Gutes bewirken können. Zwei entwickelte Seelen, die in einer harmonischen und ausgeglichenen Ehe zusammenleben, können eben durch ihre harmonischen Gedanken und Energien alles Böse auf der Erde verwandeln. Zudem werden sie durch ihr Wissen und durch ihre schöpferische Energie vielen weniger entwickelten Seelen helfen, auch ihr Dasein zu verändern. Deshalb bringt die Ehe große schöpferische Verantwortung mit sich. Ihr inkarniert euch auf der Erde, um sowohl individuell als auch kollektiv schöpferisch zu sein. Wenn man isoliert lebt, kann man nur nach seinem eigenen Bild erschaffen, man kann nur seinem eigenen Bewußtsein Entsprechendes hervorbringen und so nur die eine Hälfte der Schöpfung, sei es die männliche oder die weibliche, widerspiegeln. Aber wenn man in einer ausgeglichenen Ehe lebt, wenn man mit jemandem zusammen ist, der die andere Hälfte der Schöpfung, ihren Aspekt der Gottheit verkörpert, dann entsteht aus der Verschmelzung zweier kreativer Energien in Harmonie und Ausgeglichenheit ein Ganzes, es entsteht die Dreiheit der Schöpfung. Durch diese schöpferische Erfahrung, durch die Erfahrung des Evolutionsprozesses, der in der Ehe stattfindet, erhebt man sie auf eine andere Ebene, zu einem höheren Sein und kehrt so zur Quelle zurück. Aus der Zweiheit entsteht die Dreiheit, die dann zur Einheit zurückkehrt.

Wenn man die heutigen Ehen betrachtet, kann man sehen, daß die meisten Menschen aus ganz anderen Gründen heiraten, als um des Dienens willen oder um auf holistische Weise schöpferisch zu sein. Den meisten Menschen geht es bei der Ehe um die persönliche Befriedigung. Man heiratet, um es gut zu haben, um nicht einsam zu sein, um jemanden zu haben, dem man vertrauen kann und mit dem man die Probleme des Lebens gemeinsam tragen kann, auch um den sozialen Moralvorstellungen gerecht zu werden und so weiter, aber keiner dieser Gründe erfüllt den wahren Sinn der Ehe. Der wahre Sinn der Ehe ist ein spiritueller und wird es immer sein. Natürlich werden viele diesen spirituellen Aspekt nie erkennen. Darin spiegelt sich ihre Bewußtseinsebene wider. Auf dieser Ebene beginnen sie die Ehe und so beenden sie sie meistens auch. Aber Menschen mit einem höheren Bewußtsein, die sich der Göttlichkeit allen Lebens bewußt sind, die wissen, welchen Sinn alles menschliche Tun hat, betrachten die Ehe als ein heiliges Sakrament. Es ist ein Versprechen, das zwei göttliche Lebensfunken

330

ihrem Schöpfer geben. Sie verkörpert die Hingabe des einzelnen an die Quelle. Die Ehe ist ein Akt des Dienens, ein Opfer, das man dem anderen Aspekt der Schöpfung bringt. Durch dieses Dienen, dieses Opfer, schafft man ein Band der Liebe, durch das nicht nur die Ehe, sondern auch der ganze Planet veredelt wird. Um das zu vollbringen, muß man erkennen, daß der Sinn der Ehe etwas Höheres ist als selbst der Wille und die Wünsche der beiden Partner. Um das zu erreichen ist Hingabe und vor allem Demut notwendig.

Wir haben oft von der Bedeutung des Gleichgewichts in der Ehe gesprochen. Gleichgewicht kann nur dadurch erreicht werden, daß beide Partner bereit sind, ihren individuellen Willen und ihre Wünsche der größeren Macht der Ehe zu opfern und zu erkennen, daß das Gemeinsame wichtiger ist als das Persönliche. Aber wenn jeder einzelne seine göttlichen Talente entwickelt und seine Möglichkeiten nach Kräften entfaltet, geschieht das ebenso zur Ehre des Partners wie zur Ehre des Schöpfers. Erfreut euch gegenseitig an eurer Stärke. Erfreut euch daran, daß jeder seinen einzigartigen Bewußtseinsstand erlangt hat. Erfreut euch an den göttlichen Talenten, die ihr auf diese Erde mitbringt und erkennt, daß das größte Geschenk, das ihr eurem Partner machen könnt, darin besteht, ein reines Gefäß für die schöpferische Energie zu sein, die euch zuteil wird. Die Ehe ist ein Spiegel für euren Entwicklungsstand, für euer Bewußtsein. Die Ehe ist eine Lernerfahrung, die ihr auf einer anderen Lebensebene selbst gewählt habt. Viele Menschen neigen heute dazu, ihren Partner verantwortlich zu machen, wenn Probleme auftauchen und Prüfungen zu bestehen sind, aber sie sehen nur die Schwäche des Partners und nicht seine Stärke. Und so vergessen viele Menschen heute, daß die Ehe ein Spiegel für ihre eigenen Schwächen, aber auch ihre eigenen Stärken ist.

Die Ehe ist eines der großen evolutionären Werkzeuge des physischen Lebens und von eurem Schöpfer zu diesem Zweck vorgesehen. Selbst in der perfektesten Ehe werden zwischen den beiden Partnern Konflikte entstehen, aber man sollte es so sehen, daß diese augenblicklichen Konflikte Wachstum und Weiterentwicklung mit sich bringen. Glaubt nicht, daß die Ehe als etwas gedacht sei, das immer glatt abläuft. Glaubt nicht, die Macht der Liebe würde alle Konflikte, alle Unterschiede beseitigen. Das ist nicht der Fall. Denkt daran, daß durch das Opfer für den Ehepartner die Möglichkeit entsteht, das Potential, das in der Ehe liegt, zu entfalten und mehr Kreativität hervorzubringen. Seht deshalb euren Ehepartner nicht als ein Individuum an, das man wegen seiner persönlichen Charakterzüge, wegen der Seelenaspekte, die er in physischer Form manifestiert, mag oder nicht mag, sondern als die Quelle göttlicher Schöpferkraft, einen Aspekt der Gottheit, der einen selbst in jeder Weise ergänzt. Durch eine Vereinigung dieser höheren Aspekte könnt ihr eine Kraft schaffen, die auf vielen Lebensebenen Gutes bewirkt. Was eure Welt heute vor allem braucht, ist ausgeglichenes und harmonisches Schaffen in Gedanken, Worten und Taten, und durch diese Schöpferkraft wird ein neues Kind, eine neues Wesen entstehen, das diesen Planeten wirklich verändert und eine neue Menschenrasse begründet.

## Fragen und Antworten

FRAGE: Was war gemeint, als gerade vom Hervorbringen eines neuen Kindes gesprochen wurde? War dabei von einem physischen Kind die Rede?

ZT: Ihr wißt, daß ihr bei jeder sexuellen Vereinigung ein Wesen auf den höheren Lebensebenen zeugt, auch wenn ihr kein physisches Kind hervorbringt. Ihr schafft ein energetisches Kind, ein spirituelles Wesen, das in Ewigkeit existiert. Deshalb ist der Äther erfüllt von vielen spirituellen Energien, von denen manche gut, manche schlecht sind, je nach der Motivation, aus der heraus sie entstanden. In der ehelichen Vereinigung sollten entwickelte Seelen sich nun über das erheben, was ich den Sexualakt nennen möchte und sollten in einer anderen Weise, auf einer höheren Ebene schöpferisch sein. In einer Ehe zwischen hochentwickelten Seelen kann man auf einer Ebene Schöpferisches in die Welt setzen, die für diese Welt, in der ihr lebt, viel segensreicher ist. Das bedeutet nicht, daß der Sexualverkehr unnötig und für den Fortpflanzungsprozeß nicht mehr gebraucht würde. Doch ich möchte euch bitten, an das Prinzip der jungfräulichen Geburt zu denken und euch bewußt zu werden, daß es möglich ist, ohne den euch bekannten physischen Vorgang etwas auf die Welt zu bringen.

FRAGE: Meint ihr damit eine Energie?

ZT: Ja. Habt ihr euch je überlegt, was geschieht, wenn Mann und Frau zusammen beten oder meditieren? Die Energie, die sie auf den höheren Ebenen des Lebens hervorbringen, könnte beispielsweise ein Unwetter bewirken.

FRAGESTELLER: Ja. Ich glaube sicher, daß das stimmt.

ZT: Durch die vollkommene Vereinigung kann man die physische Welt, in der ihr lebt, beherrschen. Ihr könnt die Herren der Materie sein. Euch sind die anderen Reiche der Materie auf dieser Erde unterstellt. Dadurch kommt ihr mit der Kraft der Magie in Berührung, einer Kraft, die auf eurer Erde so oft mißverstanden wird, und wenn ich Magie sage, meine ich nicht schwarze oder weiße, sondern reine Magie, von der ich schon zu einem anderen Zeitpunkt gesprochen habe.

FRAGE: Ich möchte gern etwas mehr über den Sinn der Sexualität in der Ehe erfahren.

ZT: Wie es viele Ebenen der menschlichen Entwicklung gibt, so gibt es auch viele Ebenen der menschlichen Sexualität. Jeder geht mit der Sexualität seinem eigenen Bewußtseinsstand entsprechend um, und was für den einen richtig ist, wird für den anderen falsch sein. Deshalb muß man sehen, daß der Bereich der sexuellen Energie so umfassend ist wie das Spektrum der menschlichen Evolution. Er reicht von der sexuellen Energie des Tierreichs, in dem sie natürlich erlebt wird, ganz in Einklang mit der Natur, zu der des großen Meisters, der sie auf kosmische, euch unvorstellbare Weise lebt.

Die meisten von euch denken an den Sexualakt, wenn von sexueller Energie die Rede ist. Ihr könnt diesen Akt nicht von der Energie trennen, worin sich deutlich die Einstellung der Gesellschaft, in der ihr lebt, widerspiegelt. Ich möchte euch jedoch klarmachen, daß die sexuelle Energie etwas anderes ist als die Energie, die durch den Sexualakt entsteht. Natürlich kann man die grundlegende Anziehung in einer Ehe sexuell nennen, aber das beziehe ich auf die Energie der Geschlechter; wenn ihr diese Energie jedoch als schöpferische und nicht als sexuelle Energie betrachtet, könnt ihr sehen, daß der Umgang mit ihr die ganze Schöpfung beeinflußt. Euer Umgang mit der schöpferischen Kraft beeinflußt die Welt, in der ihr lebt. Wenn ihr ohne inneres Gleichgewicht oder aus niedrigen Motiven heraus etwas hervorbringt, wird sich das in der Außenwelt niederschlagen. Die Sexualität eines Mannes und einer Frau kann in jedem Bereich menschlicher Tätigkeit schöpferisch sein, sie kann aber zudem auch zur Hervorbringung eines Kindes führen. Heute jedoch hat man den eigentlichen Sinn der sexuellen Energie auf den Kopf gestellt. Sexuelle Energie ist nicht mehr ein Mittel zum Dienen, ein Mittel, um der Schöpfung etwas zu geben, ein Mittel, um nach dem Urbild der Quelle zu schaffen, sondern um nach dem eigenen Bild zu erschaffen, um die Wünsche des eigenen niedrigen Selbst zu erfüllen. Für viele Menschen ist der Sexualakt zur Selbstbefriedigung geworden und nicht mehr zu einem Akt des Dienens, das zeigt sich deutlich in der Welt, in der ihr lebt. Die Menschen sind egozentrisch, sie leben nur für sich selbst. Sie leben nur dafür, ihre eigenen Bedürfnisse und Wünsche zu erfüllen. Sie erkennen die Einheit des Lebens nicht mehr, die Vollkommenheit der Energie, die durch sie hindurchfließt.

FRAGE: Aber kann man nicht sagen, daß der Sexualakt ein Akt der Liebe sein kann und daß man, wenn man empfängnisverhütende Mittel benutzt und kein Kind bekommt, einander und dadurch auch der Welt im Ganzen nur Gutes zufügt?

ZT: Wie ich schon oft sagte, ist der eigentliche Sinn des Sexualaktes der, die Menschheit fortbestehen zu lassen. Ihr lebt in einer Welt, die sich scheinbar der Vorzüge der Empfängnisverhütung erfreut. Wenn es so etwas wie Empfängnisverhütung nicht gäbe, wenn man bei jeder sexuellen Vereinigung mit der Zeugung eines Kindes rechnen müßte, dann würden die Menschen und vor allem die Frauen ihre Einstellung gegenüber dem Sexualakt vollkommen ändern.

FRAGESTELLERIN: Als Frau kann ich das nur bestätigen.

ZT: Ohne Empfängnisverhütung ist man gezwungen, sich über den eigentlichen Sinn des Sexualverkehrs klar zu werden, und wenn man kein Kind zeugen wollte, hätte man auch keinen Verkehr. Doch ihr lebt in einer Welt, die auf der Jagd nach dem Vergnügen ist, und was ist Vergnügen anderes als die Wiederholung von etwas schon Erlebtem.

Ich habe schon über den Unterschied zwischen Vergnügen und Freude gesprochen. Ich habe gesagt, daß Vergnügen etwas mit Erinnerung zu tun hat, während Freude aus dem Erleben des Augenblickes entspringt. Vergnügen ist etwas, was man sich verschafft, und wenn es einem Spaß macht, zu wiederholen versucht, aber Freude kann nicht reproduziert werden, man kann sie sich nicht »verschaffen«. Freude ist etwas, das im Augenblick entsteht, weil man der Welt gewahr wird. Freude ist das, was man empfindet, wenn man sein Kind zum ersten Mal anblickt, jener Augenblick der spirituellen Ekstase, wenn man eine große kosmische Wahrheit erfährt, das Erlebnis eines schönen Sonnenunterganges, und so weiter. Alle diese Dinge werden im Augenblick geboren und vergehen dann. Ihr könnt nicht in einem Zustand unaufhörlicher Freude leben, es sei denn, ihr wäret ein höheres Wesen. Deshalb entsteht zwischen den Augenblicken der Freude ein Vakuum, das ihr füllen zu müssen glaubt. Ihr versucht es mit Vergnügen zu füllen, was ihr als eine Form der Freude anseht, aber das ist es nicht, und wenn ihr dem Augenblick gegenüber offener wärt, würdet ihr öfters wirkliche Freude empfinden, denn Lebensfreude ist immer für euch da.

Für die meisten von euch ist der Sexualakt kein schöpferischer Akt mehr, sondern eine Möglichkeit des Selbstausdruckes. Ihr versucht euch dadurch zum Ausdruck zu bringen, gleichgültig, was ihr dadurch auf irgendwelchen anderen Lebensebenen schafft. So ist für die meisten Menschen der Sexualakt eine egoistische Ausdrucksform geworden. In einem natürlichen Zustand würden Mann und Frau nur in sexuelle Beziehung treten, wenn sie die Schöpfung eines Kindes beabsichtigten. Aber die Menschheit besitzt auch die schöpferische Kraft des rationalen Denkens. Ihr wurde die göttliche Gabe des freien Willens verliehen, mit dem sie entscheiden kann, wann und auf welche Weise sie schöpferisch sein will. Es gehört zu den großen Lernerfahrungen des Lebens, mit der schöpferischen Kraft verantwortungsvoll umzugehen.

FRAGE: Könnt ihr uns sagen, was der spirituelle Sinn unserer Ehe ist und wie sie sich weiterentwickeln wird? Ist es unsere Aufgabe, auf unserem Grund und Boden eine Gemeinschaft zu bilden?

ZT: Es gibt vielerlei Gründe, aus denen Menschen heiraten, aber entwickelte Seelen wissen immer, warum sie sich verbinden. Das bedeutet nun nicht, daß sie das Schicksal ihrer Ehe kennen, daß sie wissen, was für Kinder sie haben werden, welche Aufgabe sie im einzelnen erfüllen werden, aber doch, daß sie den Sinn ihrer Ehe im großen und ganzen erfassen können. Sie haben ein inneres Wissen um den Grund ihrer Verbindung und die Schöpferkraft, die sich durch sie offenbaren kann. Das ist natürlich ein spirituelles Gespür, und, wie ich schon oft sagte: Wenn ihr zuerst nach den geistigen Dingen trachtet, wird euch alles andere gegeben. Ist die Ehe auf gesunde geistige Prinzipien gegründet, wird sich auch auf den anderen Ebenen alles fügen. Wenn man in spiritueller Harmonie lebt, ist man ganz von selbst auch auf niedrigeren Lebensebenen in Harmonie.

Als ihr heiratetet, habt ihr sicher erkannt, daß eure Ehe Sinn und Ziel hat, daß ihr gemeinsam etwas schaffen wolltet und nicht mehr nur jeder allein. Ihr saht, daß aus eurer Verbindung mehr Schöpferkraft und Sinnhaftigkeit entstehen würde. Damit hängt natürlich das Schicksal eures Landbesitzes und euer Wunsch, eine Gemeinschaft zu gründen, zusammen. Natürlich könnt ihr nur, wenn ihr wirklich eins seid, wenn ihr in vollkommener Harmonie und im Gleichgewicht schöpferisch seid, eine Gemeinschaft oder irgend etwas anderes von dauerhaftem Wert und Sinn schaffen. Deshalb braucht ihr beide Zeit, Zeit um zusammenzuwachsen, um das Einssein eures Wesens und eurer Zielsetzung zu erkennen, Zeit, um die spirituellen Verbindungen zu entdecken, die zwischen euch bestehen, Zeit, um auf den höheren Lebensebenen etwas hervorzubringen. Durch diese Suche werdet ihr entdecken, was eure Bestimmung in diesem Leben ist.

Die ersten Jahre jeder Ehe sind eine Zeit des gegenseitigen Erforschens, indem man den anderen Aspekt des eigenen Seins entdeckt, denn die Ehe ist wie ein Spiegel, in dem man sich selbst entdeckt, und durch diese Entdeckung entsteht Wachstum und Weiterentwicklung. Wenn die Ehepartner die verborgenen Aspekte ihres Seins zum Leben erweckt haben und ausgeglichene ganzheitliche Wesen geworden sind, können sie Unvorstellbares schaffen.

FRAGE: Manche von uns, die schon jahrelang verheiratet sind, haben das Gefühl, daß es zu spät ist, das Muster jetzt noch zu verändern, daß nicht mehr genug Zeit für die Verwandlung bleibt, von der ihr sprecht.

ZT: Dann möchte ich euch eine neue Anschauung von Zeit geben! Wenn eure physische Inkarnation dazu bestimmt ist, achtzig Jahre zu dauern, können die ersten neunundsiebzig Jahre nichts als eine Zeit der Vorbereitung sein, und erst in eurem letzten Lebensjahr, dem achtzigsten Jahr, habt ihr den wirklichen Sinn eurer Inkarnation erfaßt, lernt ihr die Lektion, die ihr in diesem Leben lernen solltet und erreicht den euch bestimmten Bewußtseinsstand. Spirituelle Einsicht kann einem in einem Augenblick zuteil werden. Ihr habt genug Zeit, um alles zu erreichen, wonach euer Herz sich sehnt.

FRAGE: Das klingt, als sei die Ehe eine Initiation. Mir scheint, nur ein großer Meister kann darin erfolgreich sein.

ZT: Die Ehe ist tatsächlich eine Initiation, und das nicht nur für die Ehepartner, sondern für alle, die Zeugen dieser Ehe werden. Eine gute Ehe hat tatsächlich die gleiche Wirkung wie ein Meister.

Menschen, die eine gute Ehe erleben, die die Energie einer ganzheitlichen Verbindung spüren, können mit jemandem verglichen werden, der einem großen lebenden Meister oder Guru begegnet. Es ist eine ähnliche Erfahrung, die die Seelen aller Beteiligten berührt.

FRAGE: Ich habe drei Kinder und glaube, daß mir in diesem Leben auch nicht mehr Kinder bestimmt sind. Deshalb wäre ich bereit, auf Sexualverkehr zu verzichten, kann es aber nicht, weil mein Mann noch das Bedürfnis danach hat. Darum benütze ich empfängnisverhütende Mittel. Haltet ihr das für falsch und meint ihr, ich solle meinem Mann nicht nachgeben?

ZT: Nur ihr könnt entscheiden, ob ihr empfängnisverhütende Mittel verwendet oder nicht. Das ist keine Frage von richtig oder falsch. Das Bewußtsein deines Mannes und dein Bewußtsein werden letztlich entscheiden, wie ihr euch verhaltet. Wichtig ist jedoch, welche Energien ihr auf den höheren Lebensebenen hervorbringt, wenn ihr euch körperlich vereinigt. Ihr solltet jeden Liebesakt eurem Schöpfer widmen und um positive Energie für eure Vereinigung bitten. Zudem solltest du auch, wenn du empfängnisverhütende Mittel verwendest und dein persönliches Ich im Gegensatz zu deiner Seele gegen ein Kind eingestellt ist, bereit sein, es anzunehmen, wenn dennoch ein physisches Kind gezeugt wird. Es kann der Wunsch deines Schöpfers sein, gegen den man sich nicht stellen sollte. Nur wenn du es auf einer seelischen Ebene begrüßt hast, kann überhaupt ein Kind zu dir kommen. So sollte man vielleicht jede Art von Empfängnisverhütung als gottgewollt betrachten.

FRAGE: Und was ist, wenn ich zur Empfängnisverhütung eine Eileiterunterbrechung oder Sterilisation vornehmen lasse?

ZT: Das ist keine Empfängnisverhütung. Das ist eine Verstümmelung des physischen Körpers um des sexuellen Vergnügens willen. Eine wirkliche »Empfängnisverhütung« geschieht auf einer viel höheren als auf der physischen Ebene. Wahre Kontrazeption ist die Folge einer auf der seelischen Ebene getroffenen Übereinkunft.

*Alle Dinge wachsen im „Dunkeln"!!!*

# Wintersonnwende

Jetzt ist die Zeit der Wintersonnwende. Diese Tage waren für die alte Bevölkerung dieses Landes die heiligsten des Jahres. Obwohl die meisten Christen die Weihnacht am 25. Dezember feiern, hat dieser Zeitpunkt für sie keine wirkliche spirituelle Bedeutung. Die Wintersonnwende symbolisiert den Augenblick der Geburt, den die christlichen Kirchen mit der Geburt des Meisters Jesus in Verbindung bringen. Die Geburt, von der ich jetzt spreche, die Geburt, die die Welt wirklich feiert, geht viel weiter zurück als die Geburt dieses Meisters, denn ihr feiert eigentlich die Entstehung des kosmischen Bewußtseins, in der das Licht die Finsternis durchdringt. Die Inkarnation des Meisters Jesus auf der irdischen Ebene war ein Symbol für jene größere Geburt, und so ist jetzt eure Feier der Wintersonnenwende mit der Erkenntnis verbunden, daß sich das göttliche Licht in euch manifestiert hat.

Astronomisch ist das natürlich für euch auf der nördlichen Hemisphäre die Zeit des kürzesten Tages und der größten Dunkelheit und somit eine Zeit des Wachstums, denn alle Dinge wachsen im Dunkeln. Das Licht kommt aus der Dunkelheit wie ein Kind aus der Dunkelheit des Mutterleibes hervorkommt. Geburt ist die Schöpfung des Lichtes. Diese Geburt feiert ihr jetzt. Es muß Dunkelheit geben, das ist ein notwendiger Teil des göttlichen Planes. Aber aus dieser Dunkelheit kommt das Licht. Ihr seid Lichtwesen in dieser dunklen Welt. Ihr inkarniert euch, um von eurer Energie, eurer Liebe und eurer Schöpferkraft zu geben, euer Sein in dieser Dunkelheit leuchten zu lassen und so Licht zu erschaffen.

Wenn ihr euch jetzt in der Welt umseht und die Konflikte und Uneinigkeiten sowohl auf individueller wie auf internationaler Ebene wahrnehmt, muß euch eure Zeit sehr finster erscheinen, ja es scheint, als würde diese Welt wieder in einem Urchaos versinken. Aber erinnert euch an das Versprechen eures Schöpfers, das Versprechen dieser Wintersonnenwende, daß das Licht aus der Dunkelheit geboren werden wird. Wenn die Sonne ihre Bahn nicht mehr über dieser Erde zieht, wenn keine Sonnwendfeiern mehr begangen werden können, wenn dieses Versprechen aufgehoben sein wird, manifestiert sich ein neues Zeitalter auf dieser Erde. Aber solange ihr diese Wintersonnwende feiern könnt, erinnert euch an das heilige Versprechen eures Schöpfers: das Geschenk des Lichtes, das die Menschen aus der Dunkelheit führen soll. Denkt in dieser Zeit daran, daß Licht wie Finsternis einen Sinn haben. Seht die Finsternis nicht als etwas Böses an, sondern als eine Möglichkeit zur Geburt. Glaubt nicht, es sei eure Pflicht oder euer Recht, das Böse zu vernichten, denn das ist nicht die Aufgabe eines Retters. Als Retter müßt ihr euch an jene letzte Offenbarung des Christus-Bewußtseins halten und erkennen, daß ihr gekommen seid, um diese Erde zu retten, um ihre Bewohner zu retten, um euer Licht leuchten zu lassen, so daß es denen hilft, die in der Finsternis sind. Die wahre Bedeutung dieses Tages ist also Erneuerung, ist Hingabe. Ein Versprechen wird von eurem Schöpfer erneuert. Der göttliche Plan manifestiert sich auf der Erde. Habt keine Furcht. Aus der Dunkelheit wird Licht erstehen. Geprüft wird nur eure Reaktion auf die Dunkelheit. Ihr könnt nur für euch selbst die Verantwortung übernehmen, für den Weg, den ihr geht, für das, was ihr denkt und hervorbringt auf dieser irdischen Ebene. Ihr könnt eure eigene Dunkelheit verlassen: das ist die wahre Bedeutung dieses Tages. Ihr könnt die Dunkelheit hinter euch lassen und ins Licht hineinwachsen. Ihr könnt aus eurem innersten Sein Licht hervorbringen. Ihr seid nicht nur gekommen, um euch selbst zu retten, sondern dieser verdüsterten Welt zu helfen.

Wie groß die Finsternis also ist, wie stark das scheinbare Böse, wie schlimm Konflikte, Leiden und Entwürdigung, die die Menschheit selbst verursacht hat – vergeßt nicht, daß das Licht da ist, daß es einen göttlichen Plan gibt, daß es einen Gott gibt, der jedem Menschen auf der Erde nahe ist. Die Wintersonnwende ist ein Symbol der Hoffnung, des Lebenssinnes, des göttlichen Plans, des göttlichen Geistes. Die Menschen der alten Zeit kamen an diesem Tag zusammen, um ihrem Schöpfer für die Erneuerung des Lichtes zu danken, für die Zyklen und Jahreszeiten der Erde, auf der sie lebten, die Zyklen von Dunkelheit und Licht. Sie erkannten die Dunkelheit und dankten dafür ebenso wie für das Licht, denn sie wußten, daß aus der Dunkelheit Licht kommen würde, jenes große kosmische Prinzip, das Christus-Prinzip. Dafür solltet auch ihr heute danken. Werdet des Lichts gewahr, das in dieser Zeit der Dunkelheit in euch wächst. Spürt den Lichtsamen, wie eine Mutter den Samen spürt, der in ihrem Leib wächst. Erkennt, daß ihr etwas auf die Welt, ins Licht bringen sollt. Das ist der Sinn eures Daseins auf der Erde.

*Hingabe - Dein Wille*

Gerade diese Wintersonnwende kündigt eine Krisenzeit für die Erde an, da im nächsten Zyklus große Veränderungen zu erwarten sind. Diese Veränderungen werden nicht nur individuell und kollektiv in den Menschen vorgehen, sondern auf der gesamten iridischen Ebene. Ihr müßt wissen, daß das keine gewöhnliche Zeit ist und auch keine gewöhnliche Dunkelheit. Es ist der Anfang von Armageddon, die Zeit, in der aus tiefer Dunkelheit helles Licht kommen wird, ein großer Retter. Ihr bereitet euch jetzt auf dieses Licht, auf diesen Retter vor. Das erfordert Opfer und Hingabe. Ihr müßt euch vollkommen hingeben, wenn ihr dieses Licht hervorbringen wollt. Ihr müßt etwas geben, damit ihr etwas bekommt. Ihr müßt zuerst auf der inneren Ebene etwas hervorbringen, damit dann etwas Sichtbares geschaffen werden kann.

Viele Menschen werden in dieser Zeit der Finsternis verwandelt werden. Manche werden ganz neue Menschen sein, die völlig anders leben. So dankt für die Finsternis, denn wo die größte Finsternis, das größte Unheil ist, liegt auch die größte Möglichkeit zum Wachstum und zum Lernen, denn die Macht des Lichtes ist ebenso groß wie die Macht der Finsternis und kann durch den Widerschein eines menschlichen Spiegels entstehen. Ihr müßt dieses Licht jetzt in die Finsternis scheinen lassen. Ihr müßt vorangehen, damit die anderen euch sehen und euch folgen. Ihr müßt ein Vorbild geben. Auf euch kommt es an.

Wie die Menschen von Atlantis und die Druiden, die in ihre steinernen Kreise traten, solltet ihr daran denken, daß ihr jetzt das Fest der Natur feiert. Die Menschheit hat keinen Anteil an der Sonnenwende. Die Menschheit hat sie nicht hervorgebracht. Sie ist nur anbetend vor den Altar der Natur, den Altar des Sonnengottes und der Erdgöttin, getreten. So viele Feste sind heute nur intellektuelle Zeremonien, in denen sich das Wesen der Religion und der Kirche widerspiegelt, aber ihr seid hier an einem heiligen Tag zusammengekommen, um die natürlichen Vorgänge zu feiern, die mit der Erdumdrehung zusammenhängen. Sucht auch in euch selbst solche Augenblicke, denn es gibt natürliche Zyklen und Ereignisse, die in euch stattfinden und die ihr so oft nicht wahrhaben wollt oder mit euren Emotionen und eurem Intellekt überdeckt. Es gibt in euch etwas, in dem sich die wahre Natur eures Seins offenbart. Öffnet euch an diesem heiligen Tag dafür. Enthüllt euer wahres Wesen zum Ruhm des Schöpfers, der es euch verliehen hat.

So feiert gemeinsam mit uns Wesen von den spirituellen Hierarchien dieses Naturereignis. Vereinigt euch mit den sichtbaren wie mit den unsichtbaren Kräften der Natur. Verbindet euch in dieser Zeit, in der so viele Tiere gemordet werden, mit dem Tierreich, und versucht euer Bewußtsein mit seinem Bewußtsein in Einklang zu bringen. Erkennt das Wesen eures Opfers und das des Opfers der Tiere. Seht, daß alle Dinge im Schicksal dieser Erde eins sind. Nicht oft genug können die Worte aus der Weihnachtsgeschichte gesprochen werden: »Ehre sei Gott in der Höhe und Friede den Menschen auf Erden.« Es kann kein größeres Gebet geben: Ehre sei Gott, jenem Wesen, das euch Licht und Finsternis gab, und Friede auf Erden: euer Licht, das in der Dunkelheit leuchtet. Feiert dieses Ereignis. Feiert Kommunion mit der Natur und seid eins mit der allesdurchdringenden Lebenskraft.

## Fragen und Antworten

FRAGE: Das ist unsere letzte Zusammenkunft vor dem Weihnachtsfest. Möchtet ihr uns noch etwas sagen, bevor wir uns trennen?

ZT: Ich glaube, man kann sagen, daß das für viele von euch ein schwieriges Jahr* war. Es war kein Jahr der Weltkatastrophe, wie viele Leute es prophezeit hatten, sondern, wie wir schon zu Beginn des Jahres sagten, ein Jahr der Entscheidung. Viele von euch haben wichtige Entscheidungen auf der inneren und äußeren Ebene getroffen. Es war ein Jahr der Seelensuche, ein Jahr des Nach-Innen-Schauens, aber nicht, um egoistische Nabelschau zu betreiben, sondern um die inneren Hindernisse zu entdecken, die eurem spirituellen Ziel, eurem Schicksal im Wege stehen. Diese inneren Hindernisse manifestieren sich natürlich äußerlich als die Probleme, die euch begegnen, als die konkret-physischen Aspekte des Lebens, die eure Aufmerksamkeit erfordern. Es besteht immer eine Beziehung zwischen den inneren und den äußeren Ebenen. Das nächste Jahr wird allerdings anders sein. Es wird für viele von euch wichtig werden, denn ihr werdet Veränderungen erleben, Veränderungen, die aus den im letzten Jahr getroffenen Entscheidungen resultieren. Ihr werdet euch auf vielerlei Weise und in vielerlei Richtungen verändern. Manche von euch werden in ein anderes Land ziehen, manche ihr äußeres Leben verändern und andere Aspekte ihres Innenlebens. Manche von euch werden ganz neue Wege gehen, manche werden Aspekte ihres Wesens entdek-

---

* 1984

*Eilsamkeit -Dienen!*

ken, an die sie nicht einmal im Traum gedacht hätten. Deshalb bitte ich euch, seid offen für Veränderungen. Sucht sie nicht bewußt, aber bekämpft sie auch nicht, wenn sie kommen. Denkt daran, daß ihr selbst die Samen der Veränderung sät, und wenn ihr sie bis jetzt noch nicht gesät habt, ist es zu spät, denn die Sonnenwende ist gekommen, die Erde hat sich gedreht, die neue Struktur ist da. Ein Gärtner kann auch nicht mehr säen, wenn der Frühling vorbei ist. Dann ist es zu spät. Er hätte die Samen zur rechten Zeit in die Erde legen müssen. Aber jenen, bei denen die Saat bereitet ist, sage ich: »Seht«, denn die Dunkelheit wird sich in Licht verwandeln, und wenn ihr euch Ostern nähert und die Saat zu sprießen beginnt, werdet ihr neue Aspekte eures Selbst entdecken.

FRAGE: Manchmal fühle ich mich sehr allein, wenn ich versuche, so zu leben, wie es die Meister uns gezeigt haben. Liegt das an mir oder ist das etwas, was wir einfach akzeptieren müssen? ZT: Du bist nie allein. Selbst in der dunkelsten Stunde ist Licht, ist Geist in dir. Das ist das Versprechen deines Schöpfers. Du bist immer mit ihm verbunden. Du bist nie allein. Wenn du allein bist, dann, weil du es so gewählt hast. In dieser Jahreszeit habt ihr oft Mitleid mit den Menschen, die allein sind; sehr oft aber haben sie sich ihre Einsamkeit selbst geschaffen, weil sie nicht leben wollen. Die Antwort auf Einsamkeit ist Dienen. Denn wenn man dient, hat man keine Zeit für Selbstmitleid und für Einsamkeit. Wenn ihr jemanden seht, der einsam ist, sagt ihm, er solle geben, solle anderen dienen, in den Fluß der Menschheit untertauchen und mit ihm eins werden.

FRAGE: Während einer Sonnwend-Offenbarung vor ein paar Tagen wurde kurz auf einen Energieschub hingewiesen, der im Jahr 1984 im Äther auftreten solle. Das erinnerte mich an eine ähnliche Ankündigung, die ich vor vielen Jahren hörte und die sich auf die späten sechziger Jahre bezog. Könntet ihr vielleicht etwas Genaueres über diese Energieschübe sagen? ZT: Das Schöpferische auf der Erde beruht auf Gegenseitigkeit, wobei ich jetzt nicht von menschlicher Fortpflanzung, sondern von kosmischer Hervorbringung spreche. Menschen sind wie kosmische Radioantennen: sie empfangen und senden gleichermaßen. Auf der einen Seite sind die Gedanken, die Wünsche und Willensakte der Menschen, die hinausgesendet werden, auf der anderen Seite die Energie eures Schöpfers, der Impuls eures Gottes, der auf die Erde herabstrahlt, um den Evolutionsplan, ein kosmisches Muster, zu erfüllen, von dem sich die Menschen keinen Begriff machen. Es ist euch bei eurem Bewußtseinsstand unmöglich, das schöpferische Prinzip zu verstehen, deshalb sollten wir einfach akzeptieren, daß das sich auf Erden manifestierende menschliche Muster Teil eines großen kosmischen Planes ist. Das physische Leben auf Erden kann mit einer Schule verglichen werden, in der die Evolution der Menschheit gefördert werden soll, und wie in einer Schule stehen viele Klassenräume bereit, um die für euch zum Lernen geeignete Umgebung zu schaffen.

Kosmische Impulse werden auf die Erde heruntergeschickt, um Lernzyklen zu initiieren, Schübe kosmischer Energie, die in die Aura der Erde eindringen, das Bewußtsein der Menschheit berühren. Natürlich werden manche Menschen stärker von diesen Impulsen berührt, aber im Grunde sind die Impulse dazu da, die notwendigen Lern-Räume zu schaffen. Es gibt natürlich sehr starke Impulse, die Zyklen wie das Fische- oder das Wassermannzeitalter einleiten, aber auch kleinere Impulse, die Ereignisse wie Winter- oder Sommersonnwende in Gang setzen; der Impuls jedoch, von dem in jener Offenbarung die Rede war, betraf den gesamten Verlauf des Jahres 1984. Ich möchte jetzt nicht näher in Zahlengeheimnisse eingehen, aber wie ihr wißt, ist 1984 ein karmisches Jahr, was mit der Zahl 22 zusammenhängt, und das bedeutet, daß 1984 Karma aufgearbeitet und verwandelt werden muß. Es ist ein Jahr, in dem die Menschheit das ernten muß, was sie gesät hat.

Wenn ich das Wesen des Energieimpulses beschreiben müßte, der dieses Jahr herabgeschickt wurde, würde ich ihn als Entscheidungsimpuls bezeichnen. Wie die Menschen mit den Prüfungen dieses Jahres umgehen und wie sie sie bestehen, wird über die Art der zukünftigen Ereignisse entscheiden. Wie ihr das kommende Jahr lebt und erfüllt, wie ihr auf die Führung durch das innere Licht reagiert, wird über das Karma entscheiden, das ihr in der Zukunft zu verwandeln habt. Dieses Muster wiederholt sich natürlich überall auf der Welt, in jedem Bereich menschlichen Lebens und Sterbens. Es ist ein Jahr der Entscheidung, in dem alte Verhaltensmuster und Vorstellungen verwandelt oder ganz aufgegeben werden müssen.

# Ein Weihnachtsspruch

Wenn nun die weihnachtliche Energie spürbar wird, wollen wir der zwischen uns fließenden Energie gewahr werden, des Sich-Öffnens unserer Herzen, des Verströmens unserer Liebe und Kraft, wie auch des sich ergießenden Geistes. Laßt uns an die Geschichte der Weih-Nacht und an das große Licht denken, das in die Welt der Finsternis herabsteigt. Laßt uns eins sein in diesem Geist. Laßt uns verbunden sein mit diesem Licht und es jetzt und immer ausstrahlen.

Laßt uns eins sein mit der Energie der Weih-Nacht. Wir wollen beschließen, das Böse nicht zu bekämpfen, sondern zu verwandeln, nicht Feind zu sein, sondern Spiegel, nicht herauszufordern, sondern standzuhalten. Laßt uns einander die Hände reichen in einem Kreis des Friedens, und laßt uns diesen Frieden in die verdüsterte Welt hinaussenden. Laßt uns gemeinsam unsere Kraft und unser Licht hinaussenden, damit es jeden Aspekt der Finsternis auf diesem Planeten erreicht, und laßt uns im gemeinsamen Tun erkennen, daß wir uns im Geben auch für das Empfangen öffnen, damit uns die Freude der Weih-Nacht zuteil werde.

Möge jeder von uns den ihm bestimmten Weg gehen, um in der Welt zu wirken und die Menschen zu berühren, in dem Wissen, daß wir Teil des Lichts sind, verbunden mit dem Licht und dem Lichte dienend.